소비자피해구제 법제도 및 소비자상담

허경옥 지음

신정

머리말

인터넷 및 SNS 발달 등 소비자들을 둘러싸고 있는 시장환경이 계속 변화하면서 소비자들의 불만이나 피해가 끊이지 않고 있다. 과거와 다른 유형의 소비자피해가 광범위하게 확산되면서 소비자피해를 구제하기 위한 법제도적 조치 및 소비자상담은 중요한 사항이 되고 있다. 오래전부터 소비자피해구제를 위하여 소비자단체, 기업, 정부 행정기관, 한국소비자보호원 등에서 상담 서비스를 적극적으로 제공해 왔고 법제도적 개선과 변화가 계속되고 있다.

소비자상담의 중요성이 더욱 부각되고 있는 상황에서 1부에서는 1장부터 4장까지 소비자상담에 관한 기초적인 내용을 살펴보고자 하였다. 소비자상담의 기초 이론적 내용과 상담기법, 상담주체별 소비자상담, 구매 전·후 소비자상담, 기업의 소비자상담에 대해 자세하게 다루고 있다. 2002년부터 시행되고 있는 「소비자전문상담사」 국가자격증 시험에 대해서도 간단하게 다루고 있고, 최근 문제가 되고 있는 블랙컨슈머 이슈와 감정노동 문제에 대해서도 다루고 있다.

2부에서는 소비자피해구제와 직접·간접적으로 관련 있는 법들에 대해 살펴보았다. 최근 소비자 관련법들이 많은 제·개정을 해와 구체적으로 그 내용을 파악하고자 하였다. 다만 법의 내용 그 자체를 샅샅이 살펴보기보다는 소비자들의 피해구제와 관련된 내용과 실제 현실에서 활용하는 측면에 더 초점을 두고 서술하였다. 5장부터 9장까지 약관규제에 관한 법률(이하 약관규제법), 표시광고의 공정회에 관한 법률(이하 표시광고공정화법), 제조물책임법, 개별법으로 제정되지는 않았으나 집단소송 법제와 징벌적 손해배상 법제, 할부거래에 관한 법률(이하 할부거래법), 방문판매 등에 관한 법률(이하 방문판매법), 전자상거래 등에서의 소비자보호에 관한 법률(이하 전자상거래법), 금융소비자보호에 관한 법률(이하 금융소비자보호법) 등에 대해 구체적으로 살펴보았다.

3부에서는 소비자피해구제와 관련한 기초 이해 및 실생활에서 알아야 하는 내용들을 다루고 있다. 10장에서 내용증명, 불만편지 작성, 청약철회 방법, 소비자분쟁해결기준 등에 대해 자세하게 살펴보았다. 또한, 제품과 서비스로 구분하여 소비자피해 관련 이슈를 살펴보고, 실제 피해구제 사례 및 해결방법에 대해 논의하였다. 제품의 경우 11장에서 공산품, 가전제품, 가구, 자동차, 학습교재, 화장품 등 다양한 제품의 피해 사례 및 해결방법 등에 대해 자세하게 다루어 일상 소비자들의 문제를 해결하는 데 도움이 되고자 하였다. 12장에서 서비스에 대해 다루고 있는데 여행, 교통, 이사, 부동산중개, 자동차정비, 학원, 세탁, 예식업 등 일상에서 자주 사용하는 서비스를 중심으로 소비자피해 이슈와 해결방법을 살펴보았다.

급변하는 소비환경 속에서 소비자상담 및 소비자 법제도와 관련한 최신의 교재나 자료들이 충분치 않은 상황에서 본 저서가 기업이나 소비자단체 등 현장에서 상담업무를 수행하는 소비자상담사들에게 그리고 소비자피해를 입은 많은 소비자들이 피해구제를 받는 데 도움이 되기를 기대한다. 또한, 소비자학 및 관련 유사전공 학생들이 본 저서를 통해 학업 및 진로에 도움이 되기를 기대한다. 본 저서의 출판을 허락해 주고 도와준 신정 출판사 여러 분들께 진심으로 감사드린다.

2024년 1월

저자 허경옥

차례

1부
소비자상담

제3장 소비자 유형별 소비자상담 / 71

제4장 기업의 소비자상담 / 93

2부
소비자 관련 법제도

제5장 약관 및 표시광고법과 소비자피해구제 / 117

제6장 소비자피해보상 관련 법과 소비자피해구제 / 148

제11장 제품 품목별 소비자피해구제의 실제 / 297

제12장 서비스 품목별 소비자피해구제의 실제 / 337

1부

소비자상담

소비자와 기업을 둘러싸고 있는 시장환경이 급속히 변화하고 있다. 소비자들의 기호가 다양해지고, 소비자 주권 의식이 증대되면서 소비자들의 상담 요구는 증가하고 있다. 이에 기업들은 소비자지향적 경영, 소비자만족경영을 실천하기 위해 소비자상담 부서를 설치하고 효율적 소비자상담을 수행하고 있다. 소비자단체, 정부, 공공기관들은 소비자복지 차원에서 소비자불만 및 소비자피해구제 관련 법제도적 조치를 통해 소비자들의 행복 추구를 지원하고 있다. 효율적인 소비자상담 및 소비자피해구제가 당사자인 소비자와 기업은 물론 사회, 국가의 경쟁력에 중요하므로 소비자피해구제와 소비자상담은 우리 모두에게 중요한 사항이라고 하겠다.

1부에서 다루는 소비자상담 관련 내용들은 허경옥(2021), 허경옥(2011), 허경옥(2010)의 저서, 김영신 외(2007) 등 소비자상담 관련 저서들과 공정거래위원회, 한국소비자원, 기업들의 사이트, 포털 사이트 등을 참조하여 정리·종합하였음.

제1장
소비자상담의 기초[1)]

우리 사회에서 소비자권익 향상이 계속되고 있음에도 소비자불만 및 소비자피해는 끊이지 않고 있다. 소비자문제나 소비자피해는 대량생산, 대량유통, 대량소비의 시장구조에서 더욱 보편화되고 있고, 광범위하게 발생하고 있다. 또한, 지구촌이 하나의 시장으로 통합되면서 소비자상담 및 피해구제는 한 국가만의 문제가 아니고 많은 국가들의 공통적 현안이 되었다. 결국 소비자가 상품이나 서비스를 구입하여 사용하는 과정에서 입는 소비자피해를 구제하는 것은 소비자와 기업 간의 당사자 문제를 넘어 사회적 과제 그리고 전 지구적 과제가 되었다.

이 같은 상황에서 우리나라 민간 소비자단체들은 소비자상담 및 소비자피해구제 업무를 오래전부터 주도하여 왔다. 기업은 소비자와 거래 당사자로써 소비자불만 개선과 소비자피해구제를 넘어 소비자중심 경영실천의 수단으로써 소비자상담업무를 적극적으로 수행해오고 있다. 기업의 소비자상담은 단지 자사제품에 대한 불만 처리뿐만 아니라 모니터링, 고객과의 의사소통, 연구 및 조사활동, 소비자상담 및 자문, 기업활동에 대한 반영, 사내·외의 소비자 교육 등 다양하고 폭넓은 활동을 포함하고 있다.

1) 허경옥(2021), 허경옥(2011), 허경옥(2010), 박희주(2007), 김영신 외(2007) 등의 자료와 공정거래위원회 사이트, 한국소비자원 사이트, 기타 포털 사이트들을 참조하여 정리 종합하였음.

정부와 지방자치단체는 소비자상담을 포함하여 각종 소비자정책을 시행하여 왔다. 2010년부터 공정거래위원회에서는 단일 통합소비자상담전화(국번없이 1372)를 개설하여 통합소비자상담센터를 운영해오고 있다. 공정거래위원회 관할 1372 통합소비자상담센터는 단일 전화망 상담시스템으로써 소비자들로부터 상담전화를 받아 소비자의 거주지, 상담의 내용, 상담의 복잡성 등을 고려하여 위탁 상담기관인 소비자단체 중 적절한 단체를 선택하여 1차 전화상담을 연결·의뢰하고 있다. 이때 의료 분야의 경우는 전문성이 요구되는 서비스 분야이므로 한국소비자원에서 1차 전화상담을 하도록 연결·배정하고 있다. 한편, 의료 분야가 아닌 일반 분야 상담은 한국소비자원에서 직접 받지 않고, 소비자단체가 1차 상담을 받도록 하는데 1차 상담 결과 피해구제를 위한 분쟁조정 등이 필요한 경우 한국소비자원이 2차 온라인 상담을 받고 필요시 한국소비자원 내외 소비자 분쟁조정을 개시하도록 하고 있다.

1. 소비자상담의 이해

소비자상담의 기본 특성과 본질을 이해하기 위해 일반 상담에 대해 먼저 살펴볼 필요가 있다. 구체적으로 살펴보면 다음과 같다.

1) 일반 상담 분류

보통 상담은 다양한 형태로서 크게 심리상담, 자문상담, 치료상담, 소비자상담을 포함한다. 구체적으로 살펴보면, 첫째, 심리상담은 개인적인 고민이나 적응 문제에 대한 해결이 주요 활동인 상담을 의미한다. 상담사는 고민에 대해 조언해 주거나, 또는 직접적으로 조언하지 않더라도 문제에 대한 해답을 스스로 찾도록 유도하면서 고민이나 심리적 문제에서 벗어나도록 도와준다. 직장 동료나 친구의 고민상담, 학생이나 병사의 적응 문제 상담, 전화로 진행되는 자살 예방 상담, 정신과 병원이나 심리상담센터에서 이루어지는 치료적 상담 등이 여기에 해당한다.

둘째, 자문상담은 어떤 분야의 전문지식과 경험을 갖춘 사람이 해당 분야의 전문적인 조언을 해주는 것을 말한다. 예를 들어, 법률 상담, 세무 상담은 자문상담이라고 하겠다. 치료상담은 우울증, 불안증, 공포증, 공황증, 피해의식과 같은 심리적 증상을 치료하는 상담이다.

셋째, 소비자상담은 제품이나 서비스를 판매하는 기업 측에서 마케팅이나 영업 또는 사후 서비스의 일환으로 제공하는 상담을 말한다. 소비자상담의 주요 업무는 첫째, 신규 고객을 유치하기 위해 제품과 서비스를 홍보하고 정보를 제공하고 설득하는 상담이다. 둘째, 제품이나 서비스를 구매한 소비자의 불만을 응대하는 것이다.

2) 일반 상담과 소비자상담의 비교

일반 상담의 유형은 불만응대, 조정, 치료적 자기인식, 정보제공, 권유와 설득, 공감, 위로와 격려, 설명, 조언 등을 모두 포함한다. 정보제공 상담은 소비자상담에서 가장 많은 부분을 차지하는 상담 유형이다. 불만응대는 불만에 대한 수용, 사과, 보상을 위한 타협 등이 함께 포함된 상담으로써, 인바운드 상담의 대표적 유형이다. 이때, 불만응대에서 필요한 것은 타협이다.

소비자상담은 가족상담, 심리상담 등 다른 형태의 상담과는 달리 객관적이고 정확한 소비자 정보 전달을 우선적으로 하는 상담 유형이다. 가족상담, 심리상담 등이 상담을 요청한 사람의 정서적 지원을 중요시한다면, 소비자상담은 합리적 소비선택을 위한 소비자 정보제공, 구매 후 소비자문제 및 소비자피해구제를 전문적 지식과 정보, 피해구제방법 조언 등에 초점을 둔다. 소비자상담이란 복잡한 소비환경 속에서 소비자피해구제를 위한 1차적 목적 외에도 소비자 정보제공, 소비자 선택과 의사결정을 도와주는 상담을 포함한다. 소비자상담 주체는 거래 당사자인 소비자와 기업, 제 3자를 포함하는데, 제 3자는 소비자단체, 한국소비자원, 기타 정부기관 등을 말한다.

한편, 조정은 제 3자가 개입하여 분쟁 당사자 양측의 갈등을 해소하고 타협에 이르도록 노력하는 것이다. 조정이란 용어 대신 중재란 용어가 사용되기도 한다. 법조계에서는 이 두 용어를 구별해서 사용하고 있는데 상담의 의미를 더 반영하는 법적 개념은 조정이다. 중재의 경우 분쟁 당사자에게 제 3자가 개입하는 것은 같지만, 제 3자의 판단이 법적인 효력을 지니며 분쟁 당사자는 이를 따라야 한다. 반면, 조정은 제 3자의 판단이 법적인 효력을 지니는 것은 아니며, 분쟁 당사자가 이를 승인하면 좋지만 그렇지 않을 수도 있다.

조정 상담을 할 때 소비자상담사가 주목해야 하는 것은 첫째, 소비자상담사 자신이 정서적으로 지치게 된다는 것이다. 조정 전후로 소비자상담사는 양쪽으로부터 불만이나 피해를 입은 소비자들의 호소나 압력을 받기 때문에 정서적인 부담이 막중하다. 둘째, 조정 과정에서 소비자상담사는 중립을 지켜야 하는데 중립을 지키는 것은 쉽지 않다. 조정 과정에서 소비자상담사는 세심한 노력을 해야 하는데, 예를 들면 말을 허용하는 시간이나 서로 떨어져 앉는 거리까지도 신경 써야 한다. 중립을 지키지 못하면 양쪽을 더 갈라놓게 되고 분쟁을 더 악화시킬 수 있기 때문이다.

2. 소비자상담[2)]

소비자피해구제를 위한 소비자상담의 필요성이 더욱 높아지는 이유는 첫째, 소비자문제 및 피해 심화, 소비자 역할 확장으로 인한 소비자상담 수요 증가, 둘째, 기업 간 경쟁 가속화 속에서 고객중심적 경영전략 수단으로서 소비자상담의 중요성 부각, 셋째, 소비자피해는 보통 소액이며, 빈발하고, 그 피해의 범위가 광역적이고 동시 다발적이며, 책임소재의 규명이 어렵다는 특성을 가지고 있다. 이 같은 특성은 소비자피해구제의 어려움 또는 장애의 요인이 되고 있다. 이 같은 이유에서 소비자피해구제에 대한 사회적 차원의 지원이나 상담이 필요한 것이다.

1) 소비자상담의 중요성

소비자상담의 중요성에 대해 소비자, 기업, 정부의 입장에서 살펴보면 다음과 같

2) 보통 고객이라는 용어는 기업 입장에서의 표현으로써 흔히 자사제품이나 서비스를 구매한 소비자를 말한다. 기업에서도 잠재고객, 가망고객 등도 포함하기도 하는데, 본 저서에서는 기업 입장이 아닌 소비자 관점에 더 치중하고 있으므로 고객상담이라는 용어보다 주로 소비자상담 용어를 사용한다.

다. 첫째, 소비자 입장에서 소비자상담은 소비자불만 및 피해증가, 소비선택의 어려움 및 소비자정보 부족 등으로 소비자상담 요구가 증가한다. 소비자는 기업보다 정보, 기술, 조직, 능력면에서 불리하다 보니 여러 형태의 소비자상담이 필요하다.

둘째, 소비자들의 기호 및 욕구가 다양해지고 개성화되고 있는 상황에서 기업은 소비자만족을 높이기 위한 수단으로써 소비자상담의 중요성이 높아지고 있다. 소비자불만을 해소하고 피해구제를 해줌으로써 기업 이미지를 높이고 재구매를 유도하는 것은 기업 생존에 중요한 사항이라 할 수 있다. 소비자상담 전담 부서, 명칭은 기업들마다 차이가 있으나, 고객상담실, 소비자상담센터 등의 명칭으로 소비자상담실을 운영하고 있다.

셋째, 소비자불만 및 피해구제를 위한 소비자상담은 정부의 여러 정책분야 중 하나이다. 소비자피해가 급증하고 소비자불만이 계속된다면 사회가 불안하게 되기 때문이다. 따라서 정부나 지방자치단체, 정부 출연 기관인 한국소비자원, 공공기관 등에서는 소비자피해구제 및 소비자불만 해소를 위한 소비자상담을 직접 실시하기도 하며, 소비자단체 등에게 소비자상담이나 피해구제업무를 위탁하거나 다양한 형태의 지원을 하고 있다.

2) 소비자상담의 유형

소비자상담은 아웃바운드 소비자상담(보통 고객관리 중점 상담)과 소비자들이 먼저 요청하는 인바운드 소비자상담으로 구분할 수 있다. 이때, 소비자상담사는 고객관리 중점의 아웃바운드 상담과 인바운드 형태의 소비자불만 상담의 특징과 차이점 등을 잘 파악해야 효율적이고 성과 있는 상담업무 수행이 가능하다.

(1) 고객관리 중점 아웃바운드 상담

고객관리는 흔히 고객관계관리의 준말로써 기업이 고객을 장기간 유지하며 고객이탈을 방지하기 위한 노력을 말한다. 예를 들면, 고객과의 관계를 유지하기 위해 정기적으로 고객들과 접촉하여 만족도를 조사하거나, 최신 정보를 제공하거나, 고객의 관심 제품에 대해 구매를 권유하거나, 샘플이나 사은품 제공, 고객의 불만사항에 응대하는 등의 서비스를 제공한다. 이때, 고객유지 및 유치를 위한 고객관리 상담 형식은 주로 아웃바운드가 많은데 인바운드 상담도 가능하다.

소비자상담사가 잠재고객이나 가망고객에게 먼저 전화 또는 접촉을 하므로 아웃바운드 상담이 진행되는 것이다. 소비자상담사는 회사의 상품이나 서비스의 장점을 강조하는 방식으로 상담을 진행하게 된다. 소비자상담사가 고객에게 먼저 전화 혹은 대면 접촉하여(아웃바운드) 고객과의 친분을 유지하고, 혹시 있을지 모르는 불만을 사전에 차단하며, 새로운 제품이나 서비스에 대한 정보를 제공함으로써 재구매를 유도하는데 소비자상담사가 선도적으로 고객에게 접촉한다는 점에서 고객관계관리형 아웃바운드 상담은 고객에 대한 서비스라고 하겠다.

물론, 잠재고객이나 가망고객이 먼저 전화를 걸어오는 경우도 있는데(인바운드), 구매 결정을 내리기 전에 소비자가 사전 정보탐색을 위해 인바운드 상담을 요청하는 경우가 많다. 이때 인바운드 상담의 경우 고객이 어느 정도 구매의사가 있기 때문에 설득 작업이 더 쉬울 것이다.

만족한 고객은 회사나 제품이 좋다는 말을 평균 5명에게 알리고, 불만족한 고객은 평균 20명에게 알린다고 한다. 또한, 새로운 고객을 개척하는 비용은 기존 고객을 만족시키는 비용보다 5배나 더 들고, 고객 이탈률을 5% 줄이면 기업 이익을 최고 85%까지 개선시킬 수 있다는 주장도 있다(이철, 1995). 이 같은 연구조사 결과는 고객 관점의 소비자상담의 중요성을 알려준다.

(2) 소비자불만처리 인바운드 상담

소비자불만응대 및 처리를 위한 상담은 소비자가 먼저 소비자상담사에게 전화 등 접촉을 시도하는 인바운드 상담으로 진행된다. 인바운드 소비자상담의 경우, 소비자들이 강한 불만을 쏟아놓는 경우가 많아 소비자상담사들은 분노를 다루어야 하는 어려움에 직면한다. 소비자들은 자신이 입은 손해나 상처 받은 내용을 불만 형태로 표출하므로 소비자상담사는 소비자들의 불만에 공감하고 위로해 주는 것이 필요하다. 이때, 소비자상담사는 기업을 대리하는 입장인데 소비자들은 소비자상담사에게 사과를 받고 싶어한다는 점에 주목해야 한다.

3) 소비자상담의 기능

소비자상담의 기능은 상담 주체에 따라 그리고 상담 내용에 따라 차이가 있다. 즉 상담의 역할이나 효과는 상담 주체에 따라 또 상담 내용에 따라 다소 다르게 나타난다. 기업의 소비자상담은 소비자와의 접점 현장에서 실행되는 서비스이므로 기업 입장에서는 기존 고객을 유지하고 불만고객의 이탈을 방지할 수 있는 등 기업 이익을 추구하는 수단이 될 수 있다. 물론 소비자상담 서비스는 인건비 등 추가적인 기업 비용의 상승을 초래하나 소비자상담 서비스는 장기적으로 소비자 신뢰향상 등 기업 이익에 긍정적이라는 것이 지배적인 견해이다. 기업의 소비자상담 기능은 주로 소비자피해구제의 기능, 고객유지 및 재구매 유도 기능, 고객의 소리 청취 기능 등이다.

소비자단체의 소비자상담 기능은 기업과 다소 차이가 있다. 소비자단체는 소비자상담을 통해 소비자권익 향상 및 소비자주권실현을 추구한다. 결론적으로 소비자단체에서 수행하는 소비자상담의 기능은 소비자피해구제 기능, 소비자 정보제공 기능, 의사소통의 기능, 소비자정책 수립 촉진의 기능, 소비자교육의 기능 등이다.

3. 상담 단계별 소비자상담

소비자상담을 단계별로 구분하면 대체로 경청 단계, 불만사항 파악 및 공감 단계, 불만해결 단계로 구분할 수 있다.

1) 경청 단계

경청은 잘 듣는다는 뜻이며 크게 언어적인 것과 비언어적인 것으로 나눌 수 있다. 먼저 언어적인 것을 살펴보면 3가지 정도로 나눌 수가 있는데, 이는 사실 정보, 생각, 그리고 감정이다. 첫째, 사실 정보는 예를 들어, 제품 가격, 구입 경로, 배달 시간과 같은 사실 관련 정보를 말한다. 그런데 상담에서 정보를 너무 강조하느라 고객의 감정 정보를 소홀히 하는 일이 있어서는 안 될 것이다. 둘째, 생각 유형이다. 상대방의 말을 경청하다 보면 그 사람의 생각을 들을 수 있다. 셋째, 감정을 경청할 수 있다. 물론 감정은 언어로 굳이 전달하지 않아도 되겠으나, 어떤 사람들은 자신의 감정을 말로 전달하는데 감정을 언어로 표현하는 사람의 경우에는 비교적 솔직하고 개방적인 사람이라 할 수 있다. 반면, 어떤 사람들은 감정표현에 익숙하지 못한데 이들은 감정을 드러내는 것에 불편함을 느껴 오히려 감추는 경우가 많다. 따라서 소비자상담사는 소비자들의 비언어적 정보를 파악함으로써 소비자들의 감정을 파악할 수 있다. 비언어적 정보에는 몸의 자세, 손발의 제스처, 시선, 표정, 목소리의 강약이나 떨림 등이다.

경청 단계는 대체로 2가지 측면에서 유용하다. 첫째, 소비자의 문제가 무엇인지 정확하게 파악하는데 필요하며, 둘째, 소비자에게 잘 듣고 있다는 것을 전달하여 신뢰 관계를 형성하는 것이다. 결국 경청을 통해 소비자상담사는 불만사항을 정확히 파악하고, 불만과 관련된 고객의 감정이나 욕구를 파악하고 공감하게 된다. 이때 무엇 때문에 불만이 생겼고 고객이 무엇을 요구하는지를 파악하는 것도 중요하나 소비자들에게서 드러나지 않은 상황과 감정도 중요하다. 소비자들은 드러나는 것과 달리 마음 깊은 곳에서 복잡한 감정과 욕구를 감추고 있을 수 있다. 효과적인 불만응대를 위해서는 이런 깊은 감정과 욕구를 파악하고 공감해 주는 것이 필요하다. 감정은 표층감정과 심층감정으로 구분할 수 있는데, 심층 감정에 좀 더 다가갈 수 있어야 불만응대를 성공적으로 수행할 수 있다.

그런데 경청하는데 방해가 되는 사례가 몇 가지 있다. 첫째, 상대방에게 또는 상대방의 이야기에 관심이 없다는 것이다. 둘째, 소비자상담사의 '다 안다'는 식의 태도이다. 소비자가 조금만 얘기하면 소비자상담사가 그것에 대해 다 알고 있다는 태도로 응답하는 경우 상대방인 소비자는 하던 말도 멈추고 싶어진다. 셋째, 경청의 방해사례로써 소비자상담사가 소비자의 행동이나 문제에 대해 선입견으로 평가하거나 비판적으로 바라보는 태도이다. 소비자의 고민에 대해 비도덕적이라든지 잘못되었다든지 하는 선입견이 있는 경우에는 상대의 말을 경청하기 어렵다. 두 번째와 세 번째 방해 요소의 경우 소비자상담사는 듣기보다 자기 말을 더 하려는 경향이 있다. 그러나 사람의 입장은 다 다르므로 섣불리 평가하지 말고 그대로 말을 들어봐야 한다. 네 번째 경청의 방해 사례로써 소비자상담사가 지나친 동정심을 가진 경우이다. 동정심이 지나치면 상대방이 애처롭고 안쓰럽게만 여겨지며, 그 사람이 전달하는 세부 내용은 놓칠 수 있다. 다섯째, 경청 방해 사례는 소비자상담자가 듣는 도중 다음에 무슨 말을 할지 미리 생각하는 태도이다. 따라서 소비자상담사는 소비자의 말을 들을 때는 여유를 가지고 유연하게 들어야 한다.

〈표 1-1〉 경청을 방해하는 요인

구분	요인
일반요인	다른 사람을 계속 비교하려 들 때, 내담자의 말을 미리 짐작하거나 읽으려고 할 때, 자신이 말할 내용 준비, 걸러 듣기, 미리 판단하기, 공상하기, 자기경험과 관련 짓기, 충고하기, 언쟁하기, 자기 주장하기, 주제 이탈하기, 비위 맞추기
상담사 개인 요인	신체적 건강 상태, 잡념이 심할 때, 심리적 혼란상태, 편견, 잘못된 추측, 청각 능력의 감소, 너무 느리거나 빠른 말의 속도, 적절한 대응 방법을 모를 때
환경요인	소음, 전화벨이 자주 크게 울릴 때, 다른 소비자상담사에 의한 방해, 상담실 집기비품 등

2) 불만사항 파악과 공감 단계

경청은 자연스레 공감 단계로 이어진다. 공감은 상대방의 감정을 상대방의 입장에서 있는 그대로 함께 느껴주는 것이다. 반영은 느낀 바를 말로 표현해서 다시 되돌려주는 공감의 한 기법이다. 공감이 중요성은 아무리 강조해도 지나치지 않다. 이해받는다는 느낌은 내 편이 있다는 느낌을 주고 또 힘을 준다. 특히 부정적인 감정을 토로했을 때 그것을 비판하지 않고 공감해 주면 상담을 요청한 소비자는 자신이 존중받고 있다고 느끼게 된다.

소비자불만에 응대하는 소비자상담사는 회사를 대신하여 소비자의 불만을 수용하고 사과하며 마음을 어루만져 줘야 한다. 그런데 이때 무뚝뚝한 어조로 사과를 하거나 고객의 감정에 대한 한마디 언급도 없이 사과를 하는 것은 진정성이 떨어져 보일 수 있다. 또한 섣부른 사과도 소비자들에게 악용될 소지가 있다. 따라서 고객불만을 응대할 때는 반드시 소비자의 감정을 공감하며 어루만지는 것이 중요하다. 소비자상담사가 소비자의 생각과 감정에 대해 공감해 줄 때 소비자는 이해받는다는 느낌을 갖게 되고, 그 결과 타협이나 보상절차가 쉽게 진행될 수 있다.

3) 불만해결 단계: 합리적 보상 제안

불만을 응대하는 소비자상담사는 먼저 소비자 입장에 서서 소비자들의 불만을 누그러뜨려 주려고 노력해야 한다. 그 이후 소비자가 감정적으로 진정되었을 때 회사의 입장에서 절충안을 제시하여야 한다. 이때 소비자상담사는 소비자의 입장과 회사의 입장을 동시에 고려하는 균형감을 갖추어야 한다. 소비자상담사가 소비자의 감정을 받아주며 신뢰의 분위기를 형성하였다면, 소비자상담사의 적극적인 리더십을 발휘하여 본격적인 문제해결 단계로 들어가는 것이 좋다. 구체적인 절차는 첫째, 불만사항을 접수하였음을 알리고 안심시킨다. 둘째, 합리적 보상을 제안한다. 셋째, 소비자들의 불만해소를 확인하고 상담을 종료한다.

소비자상담사가 불만 문제를 해결하는 소비자상담의 기본적 방향은 크게 두 방향이 있다. 첫째, 좌절된 소비자의 욕구나 기대를 충족시켜 주고 보상해 주는 것이다. 그런데 어떤 소비자는 감정의 수용과 사과만으로 더 이상 기업에게 요구하지 않는 경우도 있다. 둘째, 소비자불만이 생긴 원인을 자신에게 돌리고 더 이상 문제 해결을 요구하지 않도록 하는 것이다. 즉, 소비자가 불만의 원인이 과도한 기대임을 깨닫고 기대치를 낮추거나 귀인 오류를 수정하는 것이다. 소비자가 잘못 생각한 부분에 대해 알려 주며 오해를 풀어주면 될 것이다. 소비자가 오해를 인정한다면, 반품이나 환불요구 대신 소비자 자신의 구매를 정당화하고 제품을 그냥 사용할 가능성이 높다.

4. 구매과정에 따른 소비자상담

소비자의 구매과정에 따라 소비자상담은 구매 전 상담, 구매시 상담, 구매 후 상담으로 구분할 수 있다. 지금까지 소비자단체, 기업, 한국소비자원 등 대부분의 상담 주체들은 구매 후 소비자상담에 많은 비중을 두어 온 것은 사실이다. 그러나 점차 소비자문제 및 소비자피해를 사전에 예방하고 보다 합리적인 선택을 유도하기 위한 구매 전 상담의 중요성도 부각되고 있다. 구매시 소비자상담은 구매 현장에서의 상담으로써 판매원 중심의 상담이 대부분이므로 여기서는 구매 전과 구매 후 소비자상담에 대해 구체적으로 살펴보고자 한다.

1) 구매 전 소비자상담의 중요성

구매 전 소비자상담의 중요성은 더욱 높아지고 있으며 상담의 내용 및 범위도 확대되고 있다. 구매 전 소비자상담의 중요성은 크게 두 가지로 살펴볼 수 있다. 첫째, 구매 전 소비자상담은 소비자의 합리적 선택을 도와주므로 중요하다. 제품 생산 등에서 기술이 급속도로 개발되면서 복잡하고 다양한 제품에 대한 소비자들의 지식이 부족하고, 소비자들은 각종 선택의 문제에 부딪치게 된다. 따라서 합리적인 선택을 위한 각종 정보제공 및 상담은 소비자들의 이 같은 문제를 해결해 줄 수 있다. 이때, 소비자상담은 정확하고 충분한 정보제공에 초점을 두는 것이지 특정 제품을 사도록 권유하는 형태를 띠지 않는다.

둘째, 구매 전 충분한 소비자상담을 통해 합리적 선택이 유도되므로 구매 후 발생할 수 있는 소비자문제 및 피해를 예방할 수 있다는 측면에서 구매 전 소비자상담은 그 가치가 있다. 소비자문제 및 소비자피해의 많은 부분은 충동구매, 비계획적인 구매, 정보탐색의 부족으로 인한 비합리적 선택에 근거하는 경우가 많으므로 구매 전 상담은 중요하다고 하겠다. 구매 전 소비자상담은 구매의사결정과 관련한 정보제공의 형태를 띤다. 소비자상담사가 구매 전 제공할 수 있는 정보에 대해 구체적으로 살펴보면 다음과 같다.

- 선택 가능한 대체안의 존재와 특성 정보
- 대체안 평가방법 / 평가기준 정보(예: 주관적 · 객관적 기준, 상품별 평가기준)
- 가격, 판매점 등 각종 시장정보
- 다양한 판매방법, 구매방법, 지불방법 정보
- 사용방법, 보관방법, 관리방법, A/S, 고장 · 수리 · 수선정보, 소비자피해해결방법

소비자는 구입한 상품과 서비스의 본질적 기능 이외에 상품과 서비스가 주는 여러 가지 특성으로부터 효용을 얻는다. 따라서 소비자상담사가 구매 전 상담을 효과적으로 수행하기 위해서는 무엇보다도 소비자욕구에 대한 사전파악이 전제되어야 하며 동시에 제품의 다양한 특성에 대한 정확한 지식이 요구된다. 소비자상담사가 소비자

욕구에 부응하는 소비자정보를 제공할 수 있는지의 여부가 소비자상담의 성패를 결정한다고 해도 과언이 아니다.

구매 전 상담에서 소비자상담사는 구매와 관련한 다양한 정보와 조언을 제공하게 된다. 그러나 무엇을 사라, 사지 마라 등의 정보나 지시는 하지 않기 때문에 판매원의 권유와는 구별된다. 구매 전 상담을 위한 소비자상담사의 역할을 구체적으로 살펴보면 다음과 같다.

- 소비자욕구에 대한 정확한 파악 및 이에 부응하는 소비자 정보제공
- 제품의 성능, 안전성, 경제성 등 다양한 특성 파악 및 정보제공
- 사용목적에 따른 구매 상담
- 상품과 서비스의 적절한 취급방법에 대한 정보 파악 및 정보제공
- 소비자를 위한 팸플릿, 소책자, 상품설명서 등 각종 자료 작성

한편, 소비자상담사가 구매의사결정에 대한 다양한 소비자정보를 충분히 그리고 적절하게 제공하기 위해서는 소비자상담사 스스로가 정보를 수집·정리하여 자료 구축을 해 놓거나, 소비자상담실이 자체적으로 소비자정보시스템을 구축하여야 한다. 효과적인 구매 전 소비자상담을 수행하기 위한 상담실 운영은 다음과 같다.

- 소비자정보시스템의 구축
- 상담실 내 관련 전문가 배치
- 구매 전 상담만을 위한 인원 별도 배치
- 타 기관과의 유기적 협조체제 유지

구체적으로 구매 전 상담을 위한 상담실 운영 방안을 더 살펴보면 첫째, 각종 다양한 소비자정보를 제공하기 위해 소비자상담실에서 소비자정보시스템을 체계적이고 과학적으로 구축하여야 한다. 예를 들면, 인터넷, 전화배분장치, 챗봇서비스 등 효율적인 시스템, 전산화 시스템은 정보체계의 과학화 및 효율화를 위해 필수적이다.

둘째, 관련 전문가를 채용하거나 적절하게 활용하여 다양한 제품이나 서비스에 대한 전문적인 정보를 소비자들에게 제공하도록 한다. 예를 들면, 자동차의 경우 엔지니어, 또는 관련 분야 전문가, 식품의 경우 영양사 및 식품 관련 전문가를 배치하여 체계적이며 분업화된 운영 시스템을 통해 정확하고 객관적인 소비자정보를 제공하

여야 한다.

셋째, 소비자상담실 또는 소비자상담 부서 안에 구매 전 상담업무 만을 전담하는 부서를 특별히 설치하여 효과적인 상담실 운영을 꾀하는 것도 바람직하다. 1명의 소비자상담사가 구매 후 소비자불만 및 피해상담과 구매 전 소비자상담을 모두 수행하는 것보다 상담업무를 구매 단계로 구분하여 분담함으로써 효율적으로 운영할 필요가 있다. 이때, 구매 후 소비자문제를 파악하여 구매 전 상담에 응용하는 것이 중요하므로 서로 간의 정보교환 및 협력체제 구축이 요구된다.

넷째, 기업 소비자상담실에서는 기업이나 타 기관과의 유기적인 협조체제를 갖출 필요가 있다. 구매와 관련한 소비자정보는 매우 방대하고 또 전문적이어야 하므로 소비자상담사 개인이 또는 한 기업의 상담실이 모두 갖추기는 어렵다. 그러므로 소비자상담사는 타 기관과의 긴밀한 공조체제를 유지한다면 매우 효과적인 구매 전 소비자상담을 수행할 수 있다.

2) 구매 후 소비자상담

구매 후 소비자상담은 주로 기업 당사자, 소비자단체 등을 중심으로 이루어져 온 전통적인 소비불만접수 및 피해구제상담 유형이다. 1960년대 후반 이후 소비자단체의 주요 역할이 구매 후 소비자상담이었다 해도 과언이 아닐 만큼 대부분 구매 후 소비자상담이 이루어져 왔다. 한편, 1987년 개원한 한국소비자원 역시 구매 후 소비자상담을 적극적으로 펼쳐 왔으나 최근에는 의료 등 전문상담이 아닌 일반제품이나 서비스 분야의 1차 전화상담은 하지 않고 있다.

그런데 당사자인 소비자와 기업 간에 소비자문제 및 피해구제가 충분히 해결되지 못하면 소비자문제는 소비자단체 및 타 기관으로 이전되거나 법적 소송으로까지 이어지므로 기업의 1차적인 구매 후 소비자상담은 중요하다. 결국, 구매 후 발생하는 소비자문제 및 피해를 효과적으로 구제하기 위해서는 기업 차원에서 효율적 소비자상담이 전제되어야 한다고 하겠다.

구매 후 소비자상담은 크게 3가지 측면에서 매우 중요하다. 첫째, 소비자문제 발생 시 그 문제를 해결하여야 하므로 구매 후 소비자상담은 필수적이다. 다시 말해, 구매 후 소비자상담은 소비자문제해결 및 피해구제 등 소비자 이익 추구의 직접적인 방법으로서 중요하다.

둘째, 구매 후 소비자상담이 효과적 또는 성공적으로 이루어지지 않는 경우 불만이 누적되어 악순환이 된다. 예를 들어, 소비자상담사가 불친절하여 발생하는 소비자불만은 최초 제품으로 인한 불만보다 더 높은 불만을 초래할 수 있다. 따라서 효과적인 구매 후 소비자상담은 소비자불만의 악순환을 끊기 위해 중요하다.

셋째, 구매 후 소비자상담이 효과적으로 이루어지지 않았을 경우, 즉 소비자가 상담 후에도 불만이 해소되지 않았거나 피해가 충분히 구제되지 경우 계속적인 소비자상담을 요구하게 되므로 사회적 비용이 높아지고 동시에 사회적 문제로 대두될 수 있음에 주목해야 한다.

구매 후 소비자상담에서 소비자불만이 해소되지 않는 경우 소비자들은 크게 2가지 형태의 대응 행동을 취하게 된다. 첫째, 더 이상 소비자상담을 포기하고, 소비자는 재구매 거절, 브랜드 전환 등의 행동을 취하고, SNS 등 부정적 구전활동을 하게 된다. 소비자가 상담을 포기하고 교환이나 환불을 요구하지 않는 소극적인 대응 행동을 취한다 해도 재구매 거절, 부정적 구전 활동을 펼치므로 기업에게는 기업 이미지 악화, 장기적 구매포기 등의 부정적 영향을 미치게 된다. 둘째, 소비자는 법적 해결을 시도하게 된다. 소비자가 법적 소송을 취하는 경우 기업 이미지에 부정적 영향을 미칠 수 있으며 기업 입장에서는 소송으로 인한 사회적 비용이 높아지므로 1차 상담에서 소비자상담이 효과적으로 성과 있게 이루어져야 한다.

5. 소비자상담의 주체

소비자상담의 주체는 기업[3], 소비자단체, 기업, 한국소비자원, 공공기관, 정부기관, 지방자치단체 등이라고 할 수 있다. 상담 주체에 따라 소비자상담은 각기 서로 다른 특성이 있는데 〈표 1-2〉에 정리하여 제시한 바와 같은데 구체적으로 살펴보면

3) 기업은 소비자불만처리 및 여러 소비자상담의 당사자로서 중요하므로 여기서는 간단하게만 논의하고 별도의 4장에서 자세하게 논의하고자 한다.

다음과 같다.

〈표 1-2〉 상담 주체별 소비자상담의 특성 비교

주체/기준	소비자단체	기업	한국소비자원
상담부서	소비자연맹, 소비자시민모임, 한국소비자교육중앙회, YMCA, YWCA, 한국여성소비자연합, 녹색소비자연대	• 고객만족실 • 고객지원센터 • 소비자/고객상담실 • 소비자보호실 등	• 소비자상담실 • 소비자정보센터
상담동기	• 소비자권익증진 및 소비자복지 실현	• 소비자피해구제의무수행 • 고객의견·욕구 파악	• 시장실패부분 해결 • 소비자피해구제
상담/피해 구제 근거	• 소비자기본법 • 소비자단체의 역할 규정	• 소비자기본법 • 사업자의 피해구제의무	• 소비자기본법 • 한국소비자원 역할
상담특성	• 소비자문제·피해구제 • 소비자권익 증진 • 소비자정책·법 입안 자료 수집	• 자사제품에 관한 상담 • 고객필요·욕구 등 파악 • 고객만족경영 자료 수집 • 마케팅전략 정보수집 • 기업 이미지 쇄신 • 재구매유도	• 소비자문제·피해구제 • 소비자정책·법 입안을 위한 실증자료 수집 • 소비자복지 실현 • 시장경제실현: 기업규제
제약 및 문제점	• 재정취약성 • 전문성 결여 • 지역상담의 부족 • 정보 네트워크 축적 부족	• 마케팅 차원에서의 상담 • 기업 내 소비자상담 부서의 지위 및 역할문제	• 지역적 소비자상담 부족 • 소비자단체와 업무 중복
활성화 방안	• 상담업무의 분담화 • 구매 전 상담으로 확대 • 소비자 정보제공의 충실성 • 상담정보 및 업무 체계화 • 온라인 네트워크 구축	• 상담부서 독립적 지위확보 • 소비자 입장 적극 상담 자세 • 상담자료의 경영 활용	• 지자체를 통한 지역적 소비자상담의 활성화 • 전문화 및 분업화 추진 (소비자단체와 업무중복)

출처: 허경옥(2011). 소비자상담과 피해구제. 교문사.

1) 기업 소비자상담

기업의 소비자상담은 단지 자기 회사의 상품에 대한 불만처리뿐 아니라 모니터링, 고객과의 의사소통, 연구 및 조사활동, 소비자상담 및 자문, 기업활동에 대한 반영, 사내·외의 소비자 교육 등 다양하고 폭넓은 역할을 포함하고 있다. 기업은 거래 당사자라는 이유, 사회적 비용, 문제해결의 효율성 등 여러 측면에서 소비자상담 주체자들 중 가장 중요하다. 기업은 고객상담실, 소비자상담실, 고객불만센터, 고객센터 등 다양한 명칭으로 상담부서를 두고 사용하고 있는데, 기업에서의 소비자상담은 소비자문제 및 피해상황을 직접 듣고, 상담, 처리하는 역할을 수행한다. 기업의 소비자상담은 소비자만족을 높여 판매 재창출을 유도하여 기업 이윤을 증가시키는 데 있다. 기업 소비자상담실의 주요 업무는 다음과 같다.

- 소비자불만 상담
- 소비자 생명·신체 및 재산상 위해 피해구제 및 손해배상
- 자사제품의 가격, 품질, 표시, 광고, 판매 등 소비자 정보제공
- 소비자보호 관련 정부 시책에 협력(기업 내 홍보 및 교육활동)
- 한국소비자원과 소비자단체 활동(피해구제, 제품검사/시험, 교육/정보 등)에 협력

2) 소비자단체의 소비자상담

우리나라에서 소비자불만상담 및 피해구제는 민간 소비자단체에 의해 시작되었고, 오랜 기간 소비자단체의 주요 업무로 간주되어 왔다. 1960년대에 소비자고발센터(한국부인회, 1965; 한국YMCA, 1968)가 운영되기 시작하였고, 1980년대와 1990년대를 거치면서 소비자문제를 연구하는 시민의 모임, 한국소비자연맹, 한국소비자교육중앙회, 녹색소비자연대 등 전문 소비자단체들의 활동으로 발전하였다. 개별 소비자단체 외에도 현재 10개 소비자단체의 연합체인 소비자단체협의회가 활동하고 있다.

소비자단체의 소비자상담과 피해구제는 지금껏 민간소비자단체들이 소비자들을 보호하기 위한 제1 업무로서 다른 상담기관보다 가장 큰 역할을 해온 영역이다. 지금까지 소비자가 부정/불량상품이나 부당한 거래, 서비스 등으로 인해 피해를 보상받도록 도와주었으며, 부정/불량상품의 개선을 위한 고발과 상담 활동이 적극적으로 이루어져 왔다. 최근 소비자 전문단체들이 보다 적극적으로 소비자문제를 발굴하여 정책제안을 하는 등 그 활동 영역을 넓히고 있다. 소비자단체의 고발처리는 1건의 피해보상에 그치지 않고, 소비자 전체를 위한 활동으로 확대될 수 있다. 소비자단체에 접수된 피해사례와 불만들은 제조업체와 판매자는 물론 소비자정책에도 많은 영향을 끼쳐 많은 상품과 서비스의 질적 향상에 큰 공헌을 해 왔다.

소비자단체를 통한 소비자고발, 상담과 피해구제는 소비자들이 자주적 권익보호단체에 상담과 도움을 요청한 점, 소비자단체가 그 대리인으로서 문제해결에 적극적

으로 나선다는 점에서 정부나 기업의 피해구제와는 다른 특징이 있다. 구체적으로, 소비자보호단체협의회의 조사에 의하면, 소비자단체의 소비자고발센터를 이용한 사람들이 기업체나 정부기관 등에 피해구제를 요청한 경우보다 더 높은 만족도를 보인다는 것이다. 이것은 소비자단체가 기업들의 이해관계나 정치적 목적 등을 떠나 소비자의 입장에서 적극적으로 해결방법을 알려주었기 때문이다. 소비자들 스스로도 소비자단체를 기업이나 정부와 달리 소비자의 편으로 인식하는 긍정적 태도를 갖기 때문인 것으로 보인다.

한편, 소비자단체의 소비자상담업무는 대부분 비슷하나, 세탁물 관련 분쟁은 개별 소비자단체 몇 군데에서 1주일에 한 번씩 세탁물에 대해 적극적으로 심의하고 있다. 세탁 분야에 전문적 경험을 가진 전문가의 1차적 해결이 되지 않은 경우, 세탁물 재심의 경우 매주 수요일 서울 YMCA에서 이루어지고 있다. 이외에도 고발센터를 찾아오기 어려운 취약지대 소비자들을 대상으로 소비자단체들이나 지역 지방자치단체에서 이동고발센터를 운영하고 있다.

소비자단체에서의 소비자상담은 여러 기능을 수행한다. 첫째, 소비자단체는 소비자의 입장에서 적극적으로 처리방안을 강구하거나 해결방법을 소비자에게 알려주고 또 피해구제 지원의 기능을 수행한다. 둘째, 소비자 정보제공, 피해구제 관련 정보제공 및 지원활동 등을 통해 소비자들의 교섭력을 확보함으로써 지속적이고 효과적으로 피해구제를 수행하는 기능을 한다. 셋째, 소비자단체의 구매 후 피해구제뿐만 아니라 구매 전 피해구제 활동은 소비생활과 관련한 신속하고 정확한 정보를 제공함으로써 소비자들의 합리적 소비생활에 기여한다. 특히, 지역의 소비자단체는 그 지역의 제품이나 서비스에 대한 가격이나 품질 조사를 수행하는 등 각종 소비자운동을 펼침으로써 지역 소비자들의 합리적 소비생활을 지원하는 기능을 한다. 넷째, 소비자상담 과정을 통해 피해 사례, 피해구제 정보, 상담자료 등을 축적함으로써 그 내용을 기업이나 정부에 시정 요청하거나 피드백시킬 수 있다.

3) 정부기관의 소비자상담

소비자피해는 계약자유의 원칙에 의거 가해자인 사업자가 해결하는 것이 바람직하나 실제로는 당사자 간 소비자피해구제가 원활하게 이루어지지 않고 분쟁으로 이어지는 경우가 많으므로 이때 정부가 개입하게 된다.

(1) 정부의 다양한 소비자 지원 정책

정부는 소비자와 사업자의 거래 관계에 개입하여 소비자의 불리함을 개선해 주고 소비자상담을 직접·간접적으로 수행·지원하고 있다. 기업과 소비자의 권리가 대립하는 경우 정부는 서로의 권익을 조정하는 중요한 기능을 수행하게 된다. 소비자와 기업과의 관계에서 소비자는 실질적으로 약자의 입장에 놓이기 때문에 정부는 소비자보호나 권익실현의 입장에 서서 당사자 간의 관계에 개입하게 된다. 이때, 정부가 기본적으로 중립적 입장에서 조정이나 개입을 하는 것이 기본 원칙이다. 소비자기본법에서는 소비자의 기본적 권리가 실현되도록 다음과 같은 정부의 의무를 규정하고 있다.

- 소비자 지원 관계 법령의 제정
- 소비자권익 및 지원에 필요한 행정조직의 정비 및 운영개선
- 소비자권익 및 지원에 필요한 시책의 수립 및 실시
- 소비자의 건전한 조직 활동 육성

〈표 1-3〉 정부 부처별 소비자정책 업무

정부 부처	업무 내용
공정거래위원회	• 소비자정책의 총괄 및 각 부서 시책의 종합적 조정 • 소비자기본법, 약관의 규제에 관한 법률 운용 • 표시·광고의 적정화를 위하여 교시·광고규제기준 제정 • 공정거래에 관한 교육·홍보 • 소비자정책위원회 운영 • 한국소비자원 및 민간 소비자단체 지원·육성
금융감독원	• 금융, 보험, 증권업 관련 소비자불만처리/소비자보호시책 수립·시행
행정안전부	• 지방자치단체의 소비자보호 시책 총괄
산업통상자원부	• 공산품, 유통업, 가스업 소비자불만처리/소비자보호시책 수립·시행 • 가격표시제 운용 • 석탄, 석유, 가스업 관련 소비자불만처리/소비자보호시책 수립·시행
농림수산부	• 농약, 축산물 관련 소비자불만처리/소비자보호시책 수립·시행
보건복지부	• 식·의약품 관련 소비자불만처리/소비자보호시책 수립·시행
국토부	• 운수업 관련 소비자불만처리/소비자보호시책 수립·시행
방송통신위원회	• 정보통신 및 체신 업무 관련 소비자불만처리/소비자보호시책 수립·시행

출처: 허경옥(2011). 소비자상담과 피해구제. 교문사.

한편, 중앙 정부는 소비자정책의 최고의결기구, 즉 소비자정책과 관련된 각종 사안에 대한 심의를 담당하는 소비자정책위원회를 운영하고 있다. 이 위원회는 공정거래위원회위원장과 민간위원장 공동위원장으로 하는 비상설 의결기구이며, 20인 이내의 당연직 위원과 위촉위원으로 구성된다. 소비자정책위원회의 심의사항은 다음과 같은데 소비자상담 및 피해구제와 연관된 주요 내용은 다음과 같다.

- 소비자 종합시책의 수립
- 소비자의 생명·신체 및 재산상의 위해를 방지하기 위하여 사업자가 지켜야 할 기준
- 표시에 관하여 사업자가 지켜야 할 기준
- 광고에 관하여 사업자가 지켜야 할 기준
- 품목별 소비자분쟁해결기준
- 소비자의 합리적 선택방해 및 손해 끼칠 우려 사업자의 부당한 행위 지정
- 소비자 관련 분쟁조정기구의 설치 및 운영에 관한 사항
- 기타 소비자보호 및 소비생활에 관한 기본 정책 심의

정부, 지방자치단체, 공공기관에서는 소비자불만해결 및 피해구제 관련 상담을 직·간접적으로 수행하고 있다. 또한 정부는 소비자단체들의 소비자상담 및 피해구제 업무를 지원하고 있다. 구체적으로 정부 중앙행정기관, 지방자치단체, 한국소비자원, 금융감독원, 법률구조공단 등에서 소비자 정보제공, 소비자불만해결, 소비자피해구제 등 다양한 소비자 관련 업무 수행을 지원하고 있고, 소비자상담 및 피해구제를 직접 수행하거나 위탁하는 형태로 소비자피해구제업무를 지원하고 있다. 결론적으로 정부 및 관련 기관에서는 상담을 통해 기업과 소비자 사이에서 중재자로서, 해결 지원자로서의 역할을 수행하고 있다.

(2) 지방자치단체의 소비자상담

지방자치단체는 지방 소비자정책위원회를 설치하여 지역 실정에 맞는 소비자업무를 수립하고 시행하고 있다. 지방 소비자정책위원회는 지방자치단체의 소비자정책위원회 운영조례에 근거하여 구성되는데, 중앙의 소비자정책위원회의 구성 및 운영과 유사하다. 지방자치단체는 사업자의 표시 및 거래 등의 적정화를 유도하기 위한

조사 · 권고 · 공표, 그리고 소비자단체 및 소비자 조직들의 활동 지원, 소비자피해구제 기구의 설치 · 운영, 소비자의 능력 향상을 위한 소비자교육 및 정보제공 등 지역 소비자의 권익 증진에 필요한 업무를 수행하고 또 지원하고 있다.

지방자치단체는 소비자불만 및 피해를 처리하기 위해 각 시 · 도 · 군 · 구청에 소비자피해구제 기구로써 소비자고발센터를 설치하고 있다. 지방자치단체는 지역에 소재한 민간소비자단체들에게 소비자업무를 위탁하여 운영하기도 하며, 관련 부서에서 직접 소비자불만문제를 해결하기도 한다. 그러나 지방자치단체의 소비자피해 업무에 대해서는 소비자들의 인지도는 낮은 편이라 이용 소비자가 많지 않다.

(3) 공정거래위원회 관할 1372 통합상담센터

소비자단체, 정부기관들은 오래전부터 소비자상담센터를 설치하여 소비자불만해소 및 소비자피해구제 등 소비자업무를 수행해왔고, 괄목할 만한 성과를 창출하였다. 그러나 여러 기관들의 중복 업무, 특히 중복상담으로 인한 비효율성이 문제로 제기되어 왔다. 또한 여러 상담기관의 존재로 소비자들의 상담쇼핑 등으로 소비자상담의 통합 창구가 필요하다는 목소리가 높았다. 이 같은 상황에서 공정거래위원회에서는 이 같은 사회적 요구를 받아들여 2010년부터 단일 소비자상담 전화(국번없이 1372), 즉 통합소비상담센터를 운영하기 시작하였다. 물론, 소비자가 1372 통합상담센터가 아닌 특정 개별 소비자단체에 직접 전화상담을 요청할 경우 소비자단체는 소비자로부터 걸려오는 전화상담업무를 수행하고 있다.

공정거래위원회 관할 1372 통합 소비자상담 센터에서는 단일전화망 상담 시스템을 통해 소비자들로부터 전화상담 요청을 받으면 즉시 소비자의 거주 소재지, 상담의 내용, 상담의 복잡성 등을 고려하여 위탁 상담기관인 여러 소비자단체 중 1개를 선택하여 연결시켜 줌으로써 1차 소비자상담이 진행되도록 하고 있다. 이 같은 통합상담은 소비자상담자료, 데이터베이스 축적에 용이한 전화망 시스템(기술적 장비)을 활용하고 있다. 다시 말해, 소비자가 희망 위탁 상담기관을 정하지 않을 경우, 1372 통합 상담센터에서는 여러 기준에 의거하여 적절한 위탁 상담기관을 정해 소비자의 상담 대응 기관을 연결해 주고 있다. 1372 통합 상담시스템에서 구축한 상담자료는 소비자정책의 자료로 활용하게 된다.

한국소비자원은 소비자들과 1차 상담을 하지 않고 있는데, 예외적으로 전문성이 필요한 의료 전화상담 요청에 대해서는 1차 전화상담을 받고 있다. 한국소비자원은 1372 위탁 상담기관인 소비자단체의 1차 상담에서 해결되지 않은 상담 또는 한국소비자원의 피해구제나 분쟁조정이 필요한 경우 2차 상담 형태로 온라인 상담을 받고 있다. 즉, 한국소비자원은 2차 상담기관으로써의 역할을 수행하고 있다. 의료 상담은 아니나 금융 및 법률 서비스 분야 등 전문 서비스 관련 상담의 경우 소비자단체 또는 한국소비자원이 1372 통합소비자상담센터로부터 상담을 이관받아 1차 상담도 수행하고 있다.

4) 1372 통합상담센터의 조직 및 상담 흐름

2010년부터 공정거래위원회 주도로 국번없는 1372 통합상담센터가 개소되었는데 그 조직과 상담시스템은 〈그림 1-1〉과 같다.

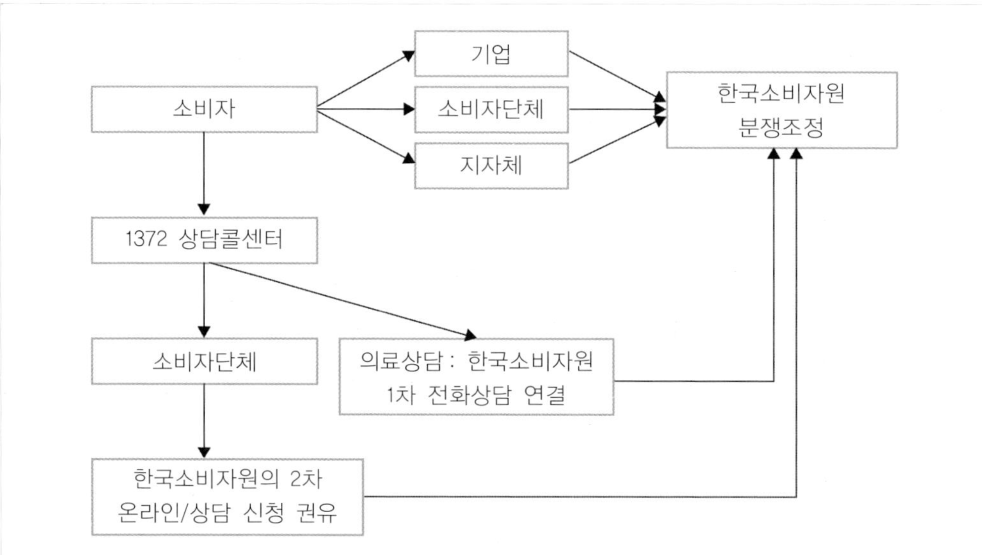

〈그림 1-1〉 소비자상담 조직 및 상담체계

한국소비자원의 발표에 따르면, 2023년 2월, 1개월간 1372 통합소비자상담센터에 접수된 상담 건수는 41,722건으로 2023년 1월(44,852건) 대비 7.0%(3,130건) 감소하였으며, 2022년 2월(40,926건) 대비 1.9%(796건) 증가하였다(한국소비자원 보도자료, 2023.3.17).

〈표 1-4〉 1372 통합소비자상담센터 상담 건수 현황 (단위: 건)

구분		2022년 2월	2023년 1월	2023년 2월
상담건수		40,926	44,852	41,722
증감률	전월대비	-8.0%	-7.7%	-7.0%
	전년 동월 대비	-4.3%	0.8%	1.9%

2023년 2월, 1개월간 소비자상담 다발 상위 3개 품목은 헬스장, 이동전화 서비스, 의류・섬유 순서로 나타났다. 헬스장(1,374건, 3.3%)이 가장 많았고, 이어서 이동전화 서비스(1,082건, 2.6%), 의류・섬유(823건, 2.0%) 등이다. 상담 사유를 중심으로 살펴보면, 상담 다발 상위 3개 상담 사유는 품질・A/S 관련(10,241건, 24.5%), 계약해제・위약금(10,003건, 24.0%), 계약불이행(6,648건, 15.9%)이었다. 일반 판매를 제외한 판매방법을 구분하여 살펴보면 국내 전자상거래(12,702건, 30.4%) 상담건수가 가장 많았고, 전화권유 판매(1,810건, 4.3%), 방문 판매(1,554건, 3.7%) 순서로 나타났다.

〈표 1-5〉 1372 통합상담센터 상담 시 유별 다발 상담 품목

상담 사유	상담 다발 품목 비율
품질・A/S 관련	세탁서비스(3.6%), 휴대폰/스마트폰(2.7%), 신발운동화(2.5%), 점퍼재킷류(2.5%), 자동차수리・점검(2%)
계약불이행	이동전화서비스(4.4%), 국외여행(3.4%), 항공여객운송서비스(3.2%), 의류섬유(2.7%), 택배화물운송서비스(2.4%)
계약해제・위약금	헬스장(10.8%), 국외여행(3.2%), 유사투자자문(3.2%), 항공여객운송서비스(2.9%), 필라테스(2.9%)

5) 한국소비자원의 소비자상담

1980년 제정, 1986년 개정(제2차)된 소비자보호법(현 소비자기본법)에 의해 1987년 7월 한국소비자원이 설립되었다. 현재는 공정거래위원회 산하 특수공익 법인으로서 소비자의 기본권익을 보호하고 소비생활의 합리화를 도모하며 나아가 국민경제의 건전한 발전에 기여토록 하는 목적으로 운영되고 있다.

한국소비자원의 주요 업무는 소비자의 불만처리 및 피해구제, 제품 및 서비스의 시

험·검사, 소비자보호 시책의 연구 및 건의, 소비생활 합리화에 필요한 각종 정보제공, 소비자교육 및 홍보 활동 등이다. 소비자기본법에 따르면 한국소비자원은 소비자의 기본적 권리를 보장하기 위하여, 소비자불만처리 및 피해구제 업무를 수행하도록 되어 있다. 따라서 소비자는 제품의 사용으로 인한 소비자피해구제를 한국소비자원에 청구할 수 있다. 물론 사업자, 소비자단체, 국가 또는 지방자치단체도 한국소비자원에 피해구제처리를 의뢰할 수 있다. 소비자피해상담 신청이 제기되면 한국소비자원은 상담신청에 대하여 적절한 조치를 취하여야 한다. 한국소비자원은 필요한 소비자정보를 제공하고, 소비자불만을 처리하거나, 피해구제를 수행하여야 한다. 다만, 피해사건이 너무 복잡하거나 고도의 법률적 판단이 요구되는 경우, 한국소비자원의 처리 제외 대상 품목으로서 상담이나 처리가 불가능한 경우 한국소비자원은 청구인에게 그 사유를 통지하고 그 처리를 중지하거나 다른 기관을 알선하도록 되어 있다.

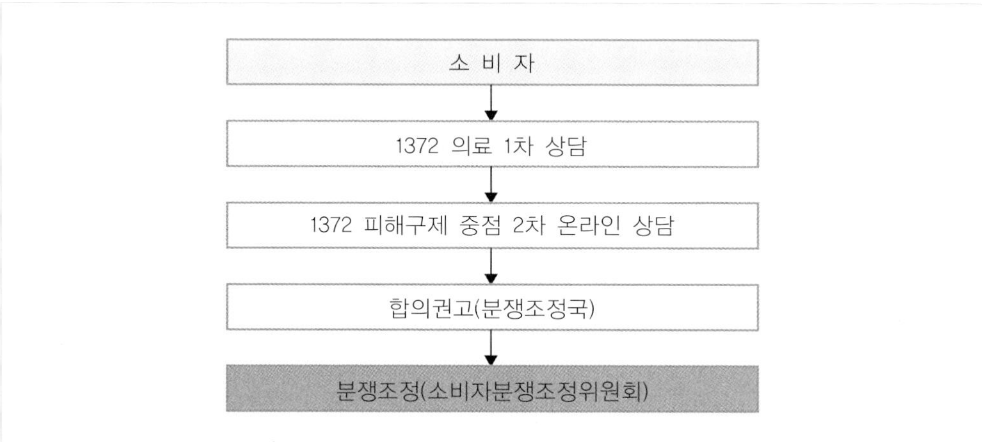

〈그림 1-2〉 한국소비자원의 소비자피해구제절차 도식

한국소비자원에서 소비자피해구제를 수행하는 절차는 크게 1372 통합상담센터를 통한 1차 전화상담으로써 의료상담을 수행하고 있다. 즉, 공정거래위원회 관할 1372 통합상담센터를 통해 의뢰된 전화상담 중 의료 관련 소비자상담은 전문상담 영역으로 간주하여 한국소비자원으로 전화 이관되고 있다. 금융상담의 경우는 전문상담 영역이긴 하나 일반 상담처럼 소비자단체에게도 1차 전화상담으로 연결되고 있다. 결론적으로 의료 분야 전문 서비스를 제외하고 대부분의 1차 상담은 소비자단체에 이관되고 있고, 한국소비자원은 2차 온라인 상담에 응하고 있다. 2차 온라인 상담 이후 피해구제 합의권고나 분쟁조정이 필요한 사건의 경우 한국소비자원 내 설치된 분쟁조정위원회에서 분쟁조정업무를 수행한다.

6. 소비자피해 분쟁조정제도

법원은 최종적인 소비자분쟁 해결 수단으로서 모든 절차의 공개를 원칙으로 하고, 3심제를 갖추고 있는 사법 제도이다. 그러나 법원의 민사소송법에 따른 엄격한 절차와 과정을 요하고 있어 신속한 해결이 어렵고, 이를 위해서 적지 않은 비용이 소모된다. 또한 민사소송은 1심만으로도 1~2년이 소요되고 있어, 긴 소송 기간으로 인한 심리적 지침은 소송을 통한 소비자피해구제의 장애가 되고 있다. 민사소송보다 훨씬 편리하고 민사소송의 단점을 보완한 제도가 분쟁조정(ADR: Alternative Dispute Resolution)제도 또는 대체적 분쟁해결제도이다.

1) 소송외적 분쟁조정(ADR)제도

소송외적 소비자 분쟁조정(ADR)제도는 법원 소송이 아닌 제 3자의 관여로 조정, 중재, 알선 등의 방법으로 분쟁을 해결하는 제도를 말한다. ADR의 가장 큰 장점은 비용의 경제성과 처리 기간의 신속성이다. ADR은 심리 기간이 길고 상소가 가능한 소송과는 달리 단심제로 진행되기에 상대적으로 사건을 빨리 해결할 수 있다. ADR의 사건 처리 기간은 각각의 근거 법령에서 규정하고 있는데, 평균 사건의 소요 기간은 국내 사건은 약 6개월 이내이다. 예를 들면, 한국콘텐츠진흥원 분쟁조정의 경우 신청된 날로부터 60일 이내에 처리하는 것을 원칙으로 하고 있다.

ADR은 법원에 의한 정형화된 수동적인 분쟁해결과 달리, 당사자의 견해가 보다 적극적으로 반영될 수 있다. 특히 조정은 분쟁당사자가 문제해결의 최종 장본인이기 때문에 스스로 분쟁해결의 결론을 찾는 노력을 할 수 있다.

그런데 여기서 조정과 중재의 개념을 비교해 볼 필요가 있다. 조정은 중립적 위치에 있는 제 3자(조정인)가 양쪽의 주장을 절충해 분쟁해결에 이를 수 있도록 돕는 역할을 하는 것이다. 분쟁당사자에게 결과를 강요할 수 없다는 점에서 중재인이나 재판관과 구별된다. 반면, 중재는 당사자의 합의에 의해 선정한 민간인 신분의 제 3자에게 판정을 맡기고 그 판정에 복종함으로써 당사자 간의 분쟁을 해결하는 일종의 사적 재판이다. 중재의 경우도 분쟁 당사자 스스로 중재인을 선임할 권리가 있을 뿐 아니라 단심제이기 때문에 중재인에게 충분한 변론 기회와 변론 시간, 그리고 증인 또는 증거물 제출 기회를 요구할 수 있다. 현재 우리나라는 상사 중재를 중심으로 하는 대한상사중재원 이외에는 중재기관이 존재하지 않고 있다(오피니언뉴스, 2019.9.1).

2) 한국소비자원의 소비자분쟁조정위원회

한국소비자원은 소비자분쟁조정위원회를 두고 소비자분쟁조정(ADR) 제도를 운영하고 있다. 소비자분쟁조정위원회는 소비자대표, 사업자대표, 소비자문제전문가, 변호사, 위원장(2인: 민간 공동위원장 1인 포함)으로 구성되어 있다. 소비자분쟁조정위원회에서 조정된 결과는 법률상 화해와 같은 효력을 갖는다. 한국소비자원 소비자분쟁조정위원회 발표에 따르면 소비자분쟁조정 요청 건수는 연평균 약 5천 건으로 2022년의 경우 5,065건의 분쟁조정 사건을 처리하였다(한국소비자원 보도자료, 2023.2.24).

〈표 1-6〉 최근 소비자분쟁조정 접수 현황 (단위: 건)

구 분	2017년	2018년	2019년	2020년	2021년	2022년	증감
접수 건수	2,790	3,147	3,392	5,265	4,803	4,119	52.1%
3개년 평균		3,110			4,729		

2022년 한국소비자원의 소비자분쟁조정위원회의 분쟁조정 사건을 분석해 보면, 과거보다 미결 건수는 대폭 감축 되었고, 양 당사자가 조정결정 내용을 수락하는 분쟁조정성립률은 3%p 향상된 70.9%로써 수락률이 높아졌음을 알 수 있다. 이 수치는 일반 민사조정의 성공률을 크게 넘어서는 수치이다.

〈표 1-7〉 최근 2년(2021~2022)간 소비자분쟁조정 접수 및 처리 현황 (단위: 건)

구 분	2021년	2022년	증감
접수 건수(A)	4,803	4,119	△684 (△14.2%)
처리 건수(B)	4,229	5,065	836 (19.8%)
B-A	△574	946	-
총 미결 건수	2,505	1,558	△947 (△37.8%)

참조: 분쟁조정이 성립되면 재판상 화해와 동일한 효력을 갖는다.

분쟁조정 품목별로 살펴보면 헬스장(530건), 이동전화 서비스(161건), 필라테스(144건) 순서로 나타났는데 이 결과는 문화 · 오락(헬스장 · 숙박 · 여객 등) 또는 국민생활 밀접 분야(이동전화 등)와 분쟁 사건이 많음을 알려 준다.

〈표 1-8〉 2021, 2022, 2년간 소비자분쟁조정 접수·처리·미결 현황 (단위: 건)

구 분	2021년	2022년	증감
접수 건수(A)	4,803	4,119	△684(△14.2%)
처리 건수(B)	4,229	5,065	836(19.8%)
B-A	△574	946	-
총 미결 건수	2,505	1,558	△947(△37.8%)

3) 각 기관별 분쟁조정위원회

공공 또는 민간기관에서는 다양한 분야에 해당하는 분쟁조정위원회를 두고 소비자불만이나 피해 관련한 분쟁을 조정하고 있다.

(1) 금융분쟁조정위원회

은행, 증권사, 보험사, 신용금고, 종금사 등 금융기관을 이용하다가 불이익을 받은 경우 금융감독원 산하에 설치된 금융소비자보호센터에서 상담을 받을 수 있다. 금융감독원에서의 상담으로 분쟁이 해결되지 않아 조정이 필요한 경우 「금융감독기구 등의 설치에 관한 법률」에 의해 1999년 출범한 금융분쟁조정위원회에서 분쟁조정업무를 수행하고 있다. 금융분쟁조정위원회에서 담당하고 있는 주요 분쟁 내용은 보험책임, 어음, 수표사고, 신용카드피해, 예금 및 적금의 반환 청구 등이다.

금융분쟁조정위원회에 분쟁조정 신청이 접수되면 분쟁조정국에서 당사자의 진술 청취, 해당 금융기관에 대한 사실 조사를 거친 후 당사자 간의 합의 권고를 유도한다. 합의가 이루어지지 않으면 다시 한번 합의를 유도하고, 이때에도 합의되지 않으면 심의 및 의결을 거쳐 조정결정을 통지하게 된다. 조정안도 받아들여지지 않는 경우 소비자는 법적 소송을 통해 피해보상을 요청할 수 있다. 이때, 분쟁조정위원회의 조정안은 준사법적인 효력으로서 화해와 같은 효력을 갖는다.

(2) 보험분쟁조정위원회

보험상품이 점차 다양해지고 복잡해지고 있어 보험과 관련한 소비자문제 또는 소비자불만이 증가하고 있다. 많은 소비자들이 보험상품에 가입하면서도 그 상품에 대한 약관 및 정확한 계약내용을 알지 못한 상태에서 가입하여 예기치 않은 일이 발생하기도 하는데, 보험에 관한 상담 및 분쟁은 금융감독원내의 금융분쟁조정위원회, 생명보험협회의 보험분쟁조정위원회에 분쟁신청을 의뢰하여 조정을 받을 수 있다.

(3) 의료심사조정위원회

소비자가 병원에서 치료를 받고 불만을 느끼거나 의료사고를 당한 경우 법원에 소송을 제기하게 되는데 소송은 비용, 시간이 과다하게 소요되며, 전문성이 부족하여 패소하는 경우가 많아 소비자가 의료서비스로 인한 피해구제를 받기 어려운 실정이다. 이 같은 문제를 완화시키기 위하여 「의료법」에 의해 보건복지부 산하 의료심사조정위원회가 설치되어 있으므로 소비자는 이 위원회에서 의료 분야 분쟁조정을 받을 수 있다.

(4) 변호사분쟁조정위원회

소비자는 변호사의 과다 수임료, 소송 진행 사항을 소비자에게 제대로 알려 주지 않는 것, 변론 준비를 게을리 하는 것 등에 대한 불만이나 피해를 입는 경우가 발생한다. 그러나 소비자가 이 같은 불만을 해결하고 피해구제를 받기 위해 해당 변호사를 상대로 직접 소송을 내 이기기가 어려운 데다가, 이를 맡아줄 다른 변호사를 찾는 것도 사실상 어렵다. 이 같은 경우 변호사법에 의거하여 변호사와 사건을 의뢰한 소비자 간의 분쟁을 해결하기 위한 지방변호사회에서 분쟁조정 서비스를 받을 수 있다.

(5) 환경분쟁조정위원회

일부 기업들이 공공재인 환경자원을 남용하여 소비자에게 환경피해를 입히는 경우가 발생하고 있다. 미래세대의 환경권을 침해하는 환경피해는 공익적 과제인데 최근 환경피해 관련 분쟁이 증가하고 있어 환경부는 환경분쟁조정위원회를 설치하였다. 환경부에서는 위원장 1인을 포함한 9인의 위원으로 중앙 환경분쟁조정위원회를 구성하고 있고, 시・도지사가 임명할 수 있는 16개의 지방 환경분쟁조정위원회(20인 이내의 비상임위원)를 설치하고 있다. 환경분쟁조정위원회는 사법적 피해구제 방법의 시간 및 비용의 과다소용, 환경피해구제의 어려운 점 등을 해결하기 위하여 환경분쟁을 신속・공정하게 해결하고자 설립되었다.

(6) 국토부 하자심사・분쟁조정위원회

건설사와 입주자 간의 아파트 하자 분쟁은 줄어들지 않고 있다. 아파트 입주자들이 집단으로 한꺼번에 하자 분쟁사건을 신청하고 빠르게 결과를 받아볼 수 있는 제도가 국토부의 하자심사・분쟁조정위원회 제도이다. 국토교통부 산하 하자심사・분쟁조정위원회는 공동주택에서 균열・누수・붕괴 등 하자가 발생해 입주자와 사업주체 간에 분쟁이 일어나는 경우 법정소송으로 가기 전에 신속히 해결하고 도와주고자 소송 대체적 제도인 분쟁조정제도(ADR)를 운영하고 있다.

4) 소비자분쟁조정(ADR) 제도의 개선 방향

소비자피해구제에서 중요한 수단인 소비자분쟁조정(ADR) 제도의 개선점이나 향후 발전 방향에 대해 살펴보면 다음과 같다.

(1) 민원 부서 공유 및 효율화 필요

분쟁사건 접수 및 업무절차 과정에서 반드시 확인해야 할 사항을 항목별로 정리한 민원 업무 체크리스트 도입 등 실무 밀착형 업무가 필요하다. 현재 소비자와 사업자

간 분쟁이 아닌 경우(법적 요건), 당사자의 기본 정보가 누락되었거나 쟁점이 명확하지 않은 사건(절차 미흡) 등 사실 확인 미비로 인한 비효율이 발생하고 있다.

(2) 분쟁조정 결과 보고서 표준화 및 효율적 상담정보 데이터베이스 축적 필요

ADR 제도 운영에서 사건보고서를 간소화하고 조정결정서와 양식을 통일할 필요가 있다. 즉 분쟁조정에서 보고서 간 정합성을 제고하여 업무 효율성 증대가 필요하다. 현재 품목별·처리팀별로 사건보고서 양식이 다르고, 조정회의 안건 보고를 위한 사건보고서와 당사자 송달을 위한 조정결정서의 양식이 달라 효율성 저하로 이어지고 있음에 주목해야 한다.

(3) 신속조정부 제도의 도입 필요

분쟁조정 운영에서 정보통신 등 다발·반복적 유형사건 등 신속 처리 가능한 사건이 인력 부족으로 장기간 대기 상태로 머물러 미결 사건이 누적되는 문제가 존재한다. 따라서 ADR 제도 운영에서 향후 비상임위원을 활용한 신속조정부 제도를 도입·운영할 필요가 있다. 신속 조정부에 신속 처리가 가능한 분쟁사건을 배당하여 분쟁해결 기간을 단축하는 등 신속성 개선이 필요하다. 신속조정부 제도란 비상임위원(145명) 중 신속조정부위원으로 활동할 위원을 선발해 조정전합의권고 역할을 강화하고, 다발·반복적 유형의 사건을 빠르게 심의하는 제도이다.

(4) 당사자 지정 가이드 마련 필요

현재 온라인 플랫폼 거래, 이동통신 계약 및 인테리어 공사 계약 등 분쟁 대상사업자가 복수이거나 관계가 복잡한 경우, 사업자의 법적 지위 착오 또는 당사자 지정 누락 등이 발생하고 있다. 따라서 품목별 그리고 계약 유형별로 사업자의 법적 지위를 정리하고, 당사자 지정이 누락되기 쉬운 유형에 대한 운영가이드를 제작하고, 공유할 필요가 있다.

(5) 집중심의 방식 도입 필요

현재 대부분의 ADR 운영에서 분쟁 사건을 순차적으로 선입선출 방식에 따라 개별

건 단위로 처리하는 방식이 사용되고 있다. 그러나 품목별 그리고 쟁점별로 유사한 분쟁 사건을 모아서 집중적으로 심의하는 집중처리방식을 도입하여 분쟁조정업무의 효율성 향상 및 신속성을 제고할 필요가 있다.

(6) 전문 서비스 분야 전문성 강화

의료, 금융 등 소비자와의 정보 비대칭성이 큰 전문 서비스 분야에 대한 조정 결정에서 신뢰성을 제고하고, 경쟁력을 확보할 필요가 있다. 의료, 금융보험 등 전문가를 적극 활용하는 전문위원회를 활성화시키고, 금융보험 협력체계 구축, 의료 전문성 강화 프로그램 운영 등이 필요하다. 예를 들면, 의료 분야 법원 판례·분쟁조정 사례 연구, 의료 품목별 전문화 교육이 필요하다.

(7) 집단분쟁조정 대응력 강화

최근 안전성 검증이 미흡한 제품에 대한 집단적 소비자분쟁, 예를 들면 2018년 라돈 침대사건, 2019년 의류 건조기 기능 불량, 2021년 아기욕조 프탈레이트계 가소제 검출 사건 등이 빈발하고 있다. 또한 온라인 거래 일상화로 사업자의 책임과 범위가 불문명한 신유형의 분쟁 사건이 증가하고 있다. 향후 집단중심 의제, 전원합의체 회의(상임위원 전원참석) 등의 도입을 검토할 필요가 있다. 또한 환경이나 금융 등 신유형 분쟁 사건 분야에 전문가 확보를 통해 분쟁조정의 대응력 향상이 시급하다.

(8) 지방 분쟁조정 확대 및 사회적 이슈 신속 대응 필요

수도권과 지방 간 소비자행정의 수혜 격차가 커지는 등 분쟁조정이나 피해구제 분야에서 양극화 문제가 심화되고 있다. 향후 지역 사회에서 소비자분쟁에 대한 공공기관의 책임 있는 조정을 위해 지방분쟁조정회의 개최 확대 및 지역 분쟁조정사례 공유[4)]가 필요하다.

4) 지방분쟁조정회의(조정부) 개최횟수: 2019년 24회로 집계되었다. 2020년 29회, 2021년 30회, 2022년 31회로 지방분쟁조정 사례제공횟수 2021년 125건, 2022년 150건으로 집계되었다.

(9) 온라인 분쟁조정 활성화

스마트폰 이용이 보편화되고 있으므로 소비자 니즈를 반영한 모바일 분쟁조정 서비스를 도입할 필요가 있다. 또한 분쟁조정제도(ADR) 운영에서 전자고지[5] 활성화를 통해 소비자의 이용 편의성 향상 및 송달비용 절감, 서면 출력 절감 등을 추구할 필요가 있다.

5) 전자고지: 조정결정서 등 통지를 모바일로 제공하는 시스템 이용률은 2021년 58.5%, 2022년 62.3%로 집계되었다.

제2장
소비자상담의 이론과 기술

소비자상담을 성공적으로 진행하기 위해서는 무엇보다도 소비자불만, 소비자니즈(needs)를 명확히 파악해야 한다. 즉 소비자가 무엇 때문에 불만스러운지, 무엇을 필요로 하는지, 어떤 형태의 불만처리를 원하는지 등에 대한 파악이 중요하다. 소비자의 불만 내용과 요구에 따라 상담의 내용과 진행이 달라질 수 있기 때문이다. 소비자의 요구를 정확하게 파악한 후 소비자의 특성에 맞게 잘 대응하는 것이 소비자상담의 기본이다.

소비자상담의 성패는 소비자의 일대일 관계에서 소비자상담사의 대응 능력에 크게 좌우된다. 다양한 소비자와의 상담 상황에서 소비자상담사가 어느 정도 상담기술이나 노하우 등을 갖추고 자연스럽게 소비자를 응대하여 처리하여야 한다. 전혀 예상치 않은 사건과 상황이 발생할 경우 준비된 소비자상담사 또는 경험과 기술을 갖춘 노련한 소비자상담사의 경우 쉽게 당황하지 않을 수도 있다. 결국 소비자상담의 기술과 전략이 중요하고, 이를 향상시키기 위한 소비자상담사 교육 및 훈련이 필요한 것이다.

1. 소비자상담의 이론적 접근

1) 소비자불만에 대한 이론적 접근

기업에서는 소비자불만을 흔히 컴플레인(Complaint) 또는 클레임이라 부르는데, 소비자불만은 개인의 욕구가 내적, 외적 방해에 의해 만족이 좌절되는 것을 의미한다. 소비자는 불만 상태를 해소하기 위해 해당 기업이나 거래업체에 불평행동[1)]을 취하는데, 가벼운 불평에서부터 과격한 공격행동으로까지 나타날 수 있다.

정신분석 이론에서는 사람이 욕구 만족을 방해받을 때 겪는 좌절이 분노의 원천이 된다고 설명한다. 이 이론에 따르면 불만상태에 있는 사람들은 토라지거나 짜증을 낼 수도 있으나 때로는 상대방에게 강한 분노 감정을 표현한다. 분노를 행동으로 표현하는 것을 공격행동이라고 하는데, 소비자는 불만 또는 분노를 소비자상담사에게 표출하게 된다. 소비자상담사는 소비자의 이 같은 분노를 들어주며 어루만져 주어야 하는 어려운 업무를 수행하게 된다.

여기서 소비자의 불만 발생원인이 어디에 있는지에 대한 파악이 중요하다. 소비자불만을 설명하는 대표적인 이론은 기대성과비교 이론이다. 소비자는 제품이나 서비스를 구매할 때 나름대로 기대하는 바가 있는데, 실제로 기대에 못 미치는 성과가 산출된다면 실망하게 된다. 따라서 소비자상담사는 소비자의 최초 기대가 무엇이었는지를 파악할 수 있다면 소비자의 마음을 어루만지면서 불만응대 상담을 원활하게 끌고 갈 수 있다.

한편, 소비자들의 불만의 탓을 어디에 두느냐를 설명하는 귀인 이론은 개인의 문제 상황의 원인을 어디에 돌리고 있는가를 중시하는 이론이다. 귀인 이론에 따르면 불만소비자가 실망의 원인을 내적 요인으로 돌리느냐 아니면 외적 요인으로 돌리느냐에 따라 개인의 반응이나 불만표출행동이 달라진다고 설명한다. 소비자불만에 귀인 이론을 적용하면, 제품이 불만스러울 때 소비자의 귀인 상황이 중요하다. 일시적

---

1) 소비자의 불만표출행동은 여러 연구에서 소비자불평행동이라는 용어를 많이 사용하고 있으나 허경옥(1997, 1998, 2002)은 불평이라는 용어가 우리 사회에서 주는 부정적 이미지를 감안하여 중립적 용어인 소비자불만대응행동이라는 용어의 사용을 주장하였다.

인 제품 불만 원인이 자신의 사용 실수 등에 있다고 느낀다면 소비자불만의 강도는 상대적으로 약할 것이다. 소비자불만의 원인이 소비자상담사에 있다고 인지한다면, 먼저 소비자의 감정을 잘 어루만진 후 귀인 오류의 문제를 짚어 주며 문제를 해결해 줄 수 있을 것이다.

한편, 성격심리학이나 이상심리학에서 규정한 성격장애(인격장애) 중 반사회적 성격은 지능이나 문화적 결손이 없음에도 상습적으로 비도덕적 행위나 범법 행위를 저지르고, 타인의 고통이나 아픔을 느끼지 못하며, 잘못된 자신의 행위에 죄책감을 느끼지 못하는 성격을 의미한다. 반사회적 성격 이론은 블랙컨슈머의 악성적 행동을 설명할 때 응용할 수 있는 이론이다. 블랙컨슈머는 단순히 이기적인 사람으로 보기 어렵다는 주장도 있다. 이기적인 사람의 경우에도 타인의 고통에 공감하는 능력은 갖추고 있다고 보는 것이다. 반사회적 성격의 소유자는 타인의 아픔에 공감하지 못하므로 뻔뻔한 짓을 서슴지 않고 저지를 수 있는 것이며, 후회나 죄책감이 없으므로 여러 차례 반복해서 범법행위를 저지르는 것이다.

결국, 소비자불만 자체에 대한 충분한 이해가 있어야 효율적인 소비자상담이 가능함에 주목해야 한다. 지금까지 소비자불만을 설명하는 이론적 접근에 대해 논의하였다. 소비자의 상담에 유용하게 적용될 수 있는 몇 가지 이론적 접근을 살펴보면 다음과 같다(허경옥, 2011).

2) 소비자문제 해결중심상담

소비자문제나 피해구제는 소비자들의 감정과 소비시장 환경과 연루되어 있어 복잡하고, 해결하기 쉽지 않다. 따라서, 소비자문제를 단순하게 생각하여 피상적 해결을 시도하거나 제안하는 것으로는 소비자상담의 목적을 충분히 달성할 수 없다.

소비자문제 해결중심상담은 Eagan(1994)에 의해 제시된 모델을 응용할 수 있는데 문제해결 과정을 이해하고, 상담을 수행하는 데 적용할 수 있는 모델이다. 문제해결 상담에서 문제란 한 개인이 자신의 환경 내에서 효과적으로 기능하기 위해서 반응이 필요한 특정 상황이나 기타 관련된 상황을 말한다. 문제관리적 상담에서는 모든 일이 다 잘 되게 하는 것이 목표가 아니다. 문제 중 어떤 종류의 문제관리가 가능한지 그리고 어느 정도까지 문제를 관리할 수 있는지를 소비자들이 발견할 수 있도록 도와주는 것이 중요한 목표이다.

문제해결상담 이론의 특성은 소비자의 느낌, 태도, 행동 등에 대해 공감적 이해가 되지 않으면 적절하지 못한 직면에 처하게 된다는 것이다. 불만응대 상담의 과정은 대개 비슷하다. 먼저 소비자상담사는 경청을 통해 어떤 부분이 불만스러운지를 파악하고 공감이나 위로, 격려 등으로 불만을 어루만진다. 그리고 소비자가 마음이 안정된 후에 소비자상담사는 합리적으로 타협하는 순서로 진행한다. 그런데 마음을 파악하고 어루만지는 것이 결코 쉽지 않을 수 있다. 불만이 생겼다 해도 사람마다 그 이유가 조금씩 달라 어루만져야 하는 감정도 조금씩 다르다. 소비자상담사는 이 부분을 콕 집어내어 공감하는 것이 중요하다. 만일 그렇지 못한 채 소비자상담사가 두루뭉술하게 대응한다면 소비자는 이해받지 못했다고 여겨 합리적 타협의 단계로 넘어가지 않을 것이다. 결론적으로 소비자문제 해결중심상담에서는 소비자상담사가 불만사항을 파악하며 마음 공감 및 어루만지고 궁극적으로 합리적 타협을 통한 문제해결을 추구하는 것이다.

3) 현실 소비자상담

Glasser는 1950년대에 현실 치료적 상담을 주창하였는데, 이 관점은 소비자상담사가 소비자문제를 해결하고 사회의 현실적 요구에 대처하도록 돕는데 응용할 수 있다. Glasser의 상담이란 인간은 자신이나 환경을 통제할 수 있는 존재이며, 또한 자신의 행동을 포함한 자신에 대해 책임질 수 있는 존재이기 때문에 자신의 행동, 느낌, 생각, 환경적 여건에 대해서 책임지고 스스로 통제하며 효율적으로 살아가는 방법을 도와주는 것을 의미한다. Glasser의 통제이론에서는 누구나 자신의 삶에서 중요한 선택을 스스로 할 수 있고, 선택한 것에 대해 책임을 질 수 있는 사람이 행복한 사람이라고 주장한다. 즉 사람들은 누구나 의식이 있는 한 책임 있는 인간이 될 수 있고, 자기 운명의 주인이 되며, 자기 삶을 바꿀 수 있는 힘을 가지고 있다고 강조하고 있다.

소비자상담의 궁극적 목적은 소비자가 목표하고 노력하는 바를 성취할 수 있도록 상담자가 소비자를 돕는 것이다. 소비자상담의 7대 원리는 ① 개별화의 원리, ② 의도적 감정표현의 원리, ③ 통제된 정서관여의 원리, ④ 수용의 원리, ⑤ 비심판적 태도의 원리, ⑥ 자기결정의 원리, ⑦ 비밀보장의 원리이다(허경옥, 2011).

4) 기타 다양한 상담 이론

소비자상담을 설명하는 이론은 다양한데(허경옥, 2011), 첫째, 정신분석적 상담 이론을 응용할 수 있다. 겉으로 드러난 행동에는 항상 그 원인이 있다고 보고, 내면에 자리 잡고 있는 원인을 치료해 주는 것이 정신분석적 상담 이론의 목표이다. 둘째, 인간중심적 상담 이론이다. 이 이론은 1940년대 칼 로저스에 의해 창시된 상담 이론인데 이 이론에 따르면 인간은 무의식에 지배받는 것이 아니라 자신의 잠재적 능력을 실현하려는 경향을 가지고 있으며, 상담사는 스스로 그 문제를 해결하도록 지원하는 역할을 수행한다는 것이다. 셋째, 인지행동적 상담 이론이 존재한다. 이 이론은 인간 중심이 아니라 인간이 지니고 있는 여러 요소 중 인지적 측면을 중요시하는 관점이다. 즉, 인간의 감정이나 행동은 어떻게 생각하느냐에 따라 달라질 수 있다는 것이다.

2. 소비자상담의 목표 및 원리

1) 소비자의 요구 파악

소비자와의 상담은 크게 인바운드와 아웃바운드 유형으로 구분할 수 있다. 여기서 무엇보다 중요한 것은 소비자의 요구(needs)를 정확하게 파악하는 것이라 할 수 있다. 소비자의 요구가 정확하게 파악되어야 그것을 충족시킬 수 있는 방법을 찾을 수 있기 때문이다. 일반적으로 소비자가 원하는 것은 관심과 정성, 적시에 제공받는 서비스, 소비자문제에 대한 공감과 공정한 처리, 유능하고 책임 있는 일처리에 대한 기대 등이다.

소비자상담사가 소비자와의 상담 과정에서 진단하고 파악해야 할 것은 첫째, 소비자의 문제, 둘째, 그 문제를 발생시키거나 지속시키는 조건들, 셋째, 소비자 요구 등이다. 이 3가지 중에서 소비자의 요구(needs)나 욕구(wants)를 파악하는 것이 가장 중요하다. 그 이유는 소비자 요구를 알아야 소비자와의 대화가 시작될 수 있기 때문이다.

2) 소비자 요구 파악 방법

소비자가 원하는 것을 소비자상담 과정에서 구체적으로 알아내기 위해서는 개방형 질문과 폐쇄형 질문을 활용하고 이 두 가지 방법을 적절히 구사할 필요가 있다. 개방형 질문은 누가, 언제, 어디서, 무엇을, 어떻게, 왜 해야 하는가를 결정하는 데 도움을 주는 질문을 하는 것이다. 폐쇄형 질문은 짧은 한 마디의 답을 이끌어 내는 질문 유형인데 새로운 정보를 얻지는 못한다.

3) 상담목표 파악 및 합의

소비자상담사가 소비자가 원하는 것을 파악한 이후 합리적인 상담목표를 논의해야 한다. 소비자의 욕구가 그대로 상담목표가 될 수 없는 경우도 많기 때문이다. 소비자가 상담으로 얻고자 하는 것이 정보인가, 의사결정을 알려주는 것인가, 지지나 위로인가, 교환인가, 환불인가를 파악해야 한다. 상담목표는 합리적으로 세우되 소비자와 논의하고 합의하는 과정에서 결정하는 것이 적절하다. 즉, 소비자상담의 목표 중 하나가 상담의 목표를 세우고 이에 대해서 소비자상담사와 소비자가 서로 동의할 수 있어야 한다. 그런데 어떤 소비자는 자기가 소비자상담에서 원하는 것이 무엇인지 정확히, 구체적으로 알지 못하는 경우가 있다. 이런 소비자는 대개 말하는 내용의 초점이 없으며, 산만하며, 문제에 관한 주변 정보만을 제공하는 경향이 높다. 따라서 소비자상담사는 소비자의 욕구나 상담목표에 대한 논의가 구체적이지 못하고 다분히 모호하게 진행되지 않도록 주의해야 한다.

4) 능동적 대화과정 조절

소비자상담 과정에서 소비자상담사는 능동적인 대화 조절을 해야 한다. 능동적인 대화 조절은 반드시 적극적일 필요는 없으며, 상황 조건과 소비자 특성에 따라서 소극적일 수도 있고, 적극적일 수도 있는, 즉 소비자상담사의 판단에 의해 융통성 있게 대화를 조절해야 한다.

5) 단호함과 융통성

소비자상담 과정에서 소비자상담사의 단호함과 융통성이 요구된다. 소비자상담은 짧은 시간 이내에 소기의 목적을 달성해야 하므로 소비자상담을 통해서 얻을 수 있는 것과 얻을 수 없는 것을 분명히 구분하고, 소비자가 상담을 통해 얻고자 하는 것을 얻을 수 있도록 방향과 능률을 제공해 주어야 한다. 여기서 소비자상담사의 전문적 확신과 단호한 태도가 필요하다. 즉 이 소비자를 전문적으로 도와줄 수 있다는 소비자상담사의 태도는 소비자에게 신뢰감과 안정감을 줄 수 있는 것이다. 이때 소비자상담사의 확신과 단호함은 전문적 판단에 근거한 합리적인 것이어야 한다. 만약, 소비자상담사의 능력 이외의 것에 대해서 허황된 확신과 단호함을 보인다면 이것은 전문적인 상담행위가 아니다. 한편, 소비자상담사의 융통성은 주로 소비자의 성격을 반영하고 대인관계에서 필요한 기본적 요건이다. 소비자의 인지, 지각, 양식, 언어표현 방식 등도 고려하여 이에 맞게 소비자상담을 진행하는 소비자상담사의 융통성이 필요하다.

6) 소비자의 문제해결 동기 유지

소비자상담을 받으려는 소비자는 문제를 해결하거나 상황을 개선시키려는 의지와 동기를 갖고 있지만 이와 동시에 문제해결 가능성에 대한 비확신과 자신 없음을 강하게 느끼는 것이 보통이다. 따라서 소비자상담에서 소비자상담사는 소비자의 긍정적, 희망적 동기를 높일 수 있어야 한다. 많은 소비자는 상담에서 항상 긍정적, 희망적, 건설적 동기만을 유지할 수는 없으며 때로는 비관적, 자포자기적, 자기파괴적으로 변한다. 소비자상담사는 소비자의 이런 부정적 감정과 행동을 수용하면서 소비자가 다시 긍정적 동기를 회복할 수 있도록 도와주어야 한다.

7) 소비자상담사의 역할지각 한계

대부분의 소비자상담사는 소비자상담사로서 자신의 한계에 직면하는 어려움을 갖게 된다. 모든 소비자를 성공적으로 상담하는 것은 현실적으로 불가능하다. 경험이 많은 소비자상담사도 자신이 어떻게 할 수 없는 소비자가 있다는 사실을 인정하지 않을 수 없을 때, 의기소침해지거나 자신의 가치를 의심하게 되기도 한다. 이때 소비자상담사는 모든 소비자들을 대상으로 모두 다 성공적으로 상담할 수는 없다는 사실을 상담사 자신이나 소비자가 인정해야 할 것이다. 소비자상담사는 소비자들이 소비자상담사가 자신 있는 것처럼 위장하는 것보다는 솔직함을 훨씬 더 좋아한다는 점을 인식해야 한다. 소비자상담사의 한계를 솔직히 인정하는 것이 소비자의 신뢰를 잃어버리지 않는 방법일 것이다.

3. 상담의 기술과 전략

1) 지시적 상담기법과 비지시적 상담기법

소비자상담사의 태도와 행동 양식을 근거로 소비자상담의 접근 방법은 크게 지시적 상담과 비지시적 상담으로 분류할 수 있다.

〈표 2-1〉 지시적 상담과 비지시적 상담의 기법

지시적 상담	비지시적 상담
예, 아니오, 또는 구체적 정보로 한정적 대답을 요하는 구체적 질문을 한다.	소비자가 표현한 감정이나 태도를 어떤 식으로든 인정한다.
문제나 상담에 관해서 설명·토론하고 혹은 정보를 제공한다.	일반적 처신, 구체적 행동, 또는 이전에 한 말 등에 나타난 감정이나 태도들을 해석하거나 인정한다.
대화의 주제를 지시하나 그 전개는 소비자에게 맡긴다.	대화의 주제는 제시하나 그 전개는 소비자에게 맡긴다.
소비자에게 말한 주제의 내용을 인정한다.	소비자가 말한 주제의 내용을 인정한다.
소비자가 말한 것의 주제 내용을 인정한다.	예, 아니오, 또는 구체적 정보로 한정적 대답을 요하는 상당히 구체적인 질문을 한다.

증거들을 제시하고 제안된 행위를 실천하도록 소비자를 설득한다.	문제/상담에 관해 설명·토의하고 또는 정보를 제공한다.
고쳐야 할 필요가 있는 조건이나 문제를 지적한다.	면담상황을 사용하는 것을 소비자의 책임으로 규정한다.

출처: 허경옥(2011). 소비자상담과 피해구제. 교문사.

지시적 상담은 구체적인 대답을 요구하는 대단히 구체적인 질문과 함께 이루어지는 접근 방법이다(허경옥, 2011). 반면, 비지시적 상담은 소비자가 자신의 문제를 이야기하고 소비자 자신의 감정과 태도를 다루는 것이 중심이 되는 상담유형이다. 소비자상담사가 사용하는 기본적인 상담기법은 감정, 태도, 반응 유형 같은 것을 소비자 자신이 더 잘 이해하도록 돕고, 또 그러한 것들의 표현을 격려하는 것이다. 성공적 상담 서비스 요건은 다음과 같다(허경옥, 2011).

- 소비자와 눈높이를 맞춘다.
- 서비스에도 도상 훈련이 필요하다.
- 비판하는 소비자가 진짜 소비자다.
- 소비자를 안심시킨다.
- 기발한 서비스로 감동시킨다.
- 소비자 한 명을 위해 전 직원을 동원한다.
- 소비자 앞에서 규정을 들먹이지 않는다.
- 최고경영자부터 앞장선다.
- 직원들이 즐거워야 좋은 서비스가 나온다.
- 현재 서비스 점수는 50점이다.

2) 소비자상담사 태도

소비자상담사의 성격이 밝고 명랑한 외향적 성격일 경우 훨씬 상담사로서의 적성에 맞다고 할 수 있다. 이런 성격의 소비자상담사는 가벼운 마음으로 구매를 권유하고, 거절당하더라도 심각하게 여기거나 속상해 하지 않는다. 그런데 어떤 소비자상담사는 거절당할 때 매우 속상해하며 자신감도 잃는다. 이 같은 유형의 상담사는 잔뜩 긴장한 채 상담에 임하게 되고 소비자는 이런 긴장감을 알아차리고 부담스러워하게 된다. 따라서 소비자상담사는 가급적 편안한 마음으로 소비자상담을 진행할 수 있어야 한다.

현대 사회의 제품이나 서비스는 소비자의 다양한 관심사에 맞춰 매우 복잡하고 정교화되어 있다. 따라서 소비자상담사는 소비자의 관심사를 잘 파악하도록 노력해야 하며, 이를 위해 소비자상담사는 필요한 훈련을 받아야 한다. 소비자 관심에 대한 소비자상담사의 파악은 언제나 경청으로부터 출발한다. 한편, 소비자상담사가 갖추어야 할 주요 태도 및 자질은 다음과 같다.

(1) 소비자에 대한 정확한 이해

소비자상담사는 소비자란 어떤 존재인가에 대한 정확한 이해가 필요하다. 소비자에 대한 소비자상담사의 올바른 이해는 다음과 같다.

- 소비자는 우리가 일할 수 있는 직장을 제공해 주는 사람이다.
- 소비자는 우리의 존재 유・무를 결정하는 사람이다.
- 소비자가 우리에게 의존하는 것이 아니라 우리가 소비자에게 의존하는 것이다.
- 소비자는 우리에게 소원을 말하고, 우리는 그 소원을 해결해 주어야 한다.
- 소비자는 우리의 예절과 대접을 최고의 수준으로 받을 권리가 있다.
- 소비자는 논쟁의 대상도, 희롱의 대상자도 아니다.

(2) 소비자만족에 대한 이해

소비자상담사는 소비자만족에 대해서 정확한 이해를 할 수 있어야 한다. 〈표 2-2〉와 같이 소비자만족의 유형은 다양하다.

〈표 2-2〉 소비자만족의 단계

단계	주요 유형	설명
1단계	소비자지향	공급자, 생산자 중심 폐쇄적 사고에서 소비자 배려도 중요하다고 인식하는 단계, 소비자에게 약간의 관심 보이며 '고개 돌리는 정도'의 단계
2단계	소비자초점	조직의 여러 가지 사고/행동을 소비자 존재에 초점 맞춤, 소비자 존재에 대해 인지적 사고로만 볼 뿐 마음과 감정으로는 보지 않는 단계
3단계	소비자만족 (소비자기쁨)	조직의 여러 가지 사고/행동이 소비자의 기쁨과 즐거움을 제공하는 데 초점이 맞추어지는 단계, 소비자의 Need에 부응하는 서비스 제공에 초점을 두어 만족감을 유도함(칭찬받는 서비스)

4단계	소비자감동 (소비자감격)	소비자 기대/욕구 이상을 제공하여 소비자의 마음을 사로잡는 데 초점이 맞추어진 단계, 조직과 소비자의 심리적 상호작용에 의해 보다 큰 만족과 기쁨을 주고자 함(신화적/전설적 서비스)

(3) 소비자 중심적 사고

소비자상담사는 〈표 2-3〉처럼 소비자 눈높이에서 사고하여야 한다.

〈표 2-3〉 소비자중심으로의 인식 전환 예시(허경옥, 2011)

사업자 중심 예시	소비자 중심 예시
표 파는 곳	표 사는 곳
현금자동 지급기	현금 출금기
버스정류장	버스 승강장
분실한 구두에 대해 일체 책임지지 않습니다.	분실된 구두는 저희 업소에서 책임지겠습니다.

소비자중심적 사고는 소비자상담사에게 다음과 같은 결론을 이끌어 낼 수 있게 한다.

- 소비자는 우리에게 급여를 주는 사람이므로 최선을 다해 서비스해야 한다.
- 우리의 급여는 소비자의 불만과 고통을 해결해 주는 대가이다.
- 소비자가 있으므로 우리의 직장이 있고 우리의 생활이 있다.

한편, 소비자중심적 사고를 토대로 소비자만족을 위한 소비자상담사의 응대 자세는 다음과 같다.

- 소비자가 심리적 위안을 느낄 수 있도록 배려한다.
  - 소비자의 입장에서 사건을 이해하고 공감하도록 노력한다.
- 소비자의 눈높이에 맞는 상담 서비스를 제공한다.
  - 어려운 법률용어 대신 이해하기 쉬운 용어로 설명한다.
- 최선을 다하는 모습을 보여준다.
  - 소비자의 피해를 나의 피해인 것처럼 여러 가지 해결 방안을 모색하는 등 열심히 노력하고 있다는 것을 느끼도록 한다.
- Plus One Service(One More Service)를 제공한다.

– 진행 상황 한번 더 설명, 친절인사 한번 더, 추가 정보를 제공한다.

(4) 친절 서비스

소비자상담사가 갖추어야 할 자질로 친절 서비스가 중요한데 이는 상대방을 위하는 마음을 그 바탕으로 하여 정성된 마음을 담아 응대함으로써 상대방이 편안하고 고맙게 느낄 수 있도록 지속적인 노력을 기울이는 활동이다. 소비자상담사는 다음과 같은 친절의 개념을 갖아야 한다.

- 친절은 잘 모르는 남과의 관계를 전제로 한다.
- 친절에 대한 평가는 내가 하는 것이 아니라 상대방이 하는 것이다.
- 친절은 서비스를 받는 상대방이 편안하고 고맙다고 느끼도록 하는 것이다.
- 친절은 인내심이 필요하고 바쁠수록 침착하고 여유 있게 행해야 한다.
- 친절은 완전히 습관이 되어 잘 맞는 옷처럼 자기 몸에 배어야 한다.
- 친절을 흔히 남의 일로 생각하기 쉬우나 바로 나 자신을 위한 일이다.
- 참된 친절 서비스가 되려면 자기 나름대로의 철학이 있어야 한다.

한편, 친절한 대화의 기본 원칙은 다음과 같다.

- 소비자의 자존심을 최대한 존중할 것
- 대화 분위기를 파악하면서 말할 것
- 부드럽고 상냥한 완곡화법이나 언쟁을 피하는 화법을 익힐 것
- 칭찬과 감사의 말을 찾아 최대로 활용할 것
- 소비자의 입장에서 말할 것
- 소비자를 자극하는 말이나 행동을 하지 말 것
- 어떤 이유에서든 소비자와 불쾌한 언동을 하거나 시비를 벌이지 말 것
- 소비자 신뢰와 호감을 받을 수 있도록 마음과 정성 담아 겸손하게 말할 것
- 말은 의사전달이 되도록 명확하게 할 것
- 항상 충분한 준비를 하여 책임 있는 대화를 할 것

끝으로, 소비자상담사의 부적절한 상담 표현은 다음과 같다.

① 친절성 부족

• 조정 결정 사항은 담당자에게 확인하세요(차가운 느낌 줌)

→ 표현 수정 방향: 담당자에게 확인하시면 자세한 사항을 안내받으실 수 있습니다(통화하시면 답변을 들으실 수 있습니다).

② 충분성 부족

• 접수 사항은 담당자가 내용 확인 후 연락할 것이므로 기다려 주시기 바랍니다. (언제까지?)

→ 표현 수정 방향: 담당자가 내일 중(또는 접수 후 ~일 내)으로 연락을 드릴 것입니다. 혹 연락이 오지 않으면 O번으로 문의해 주시기 바랍니다.

③ 단정적 표현

• 보증금은 계약서에 특약조항으로 기재하지 않았다면 전액 반환이 불가합니다.
  - 보증금은 손해담보로서 공제할 것이 없다면 반환 가능

→ 표현 수정 방향: 어려울 것으로 판단됩니다.

• 상품이 훼손된 경우는 무조건 해약이나 반품할 수 없습니다.

→ 표현 수정 방향: 해약이나 반품하기가 어려울 것으로 판단됩니다.

④ 성급한 종결 표현

• 사업자 측에서 소비자가 해명서류를 보내주면 위약금 없이 해지해 드리겠다고 통보해 왔으므로 이 건을 종결합니다.

→ 표현 수정 방향: 해명서류를 보내신 후 사업자가 원하시는 대로 이행되지 않을 경우는 … 로 연락주시기 바랍니다.

3) 소비자상담사의 기본자세

상담과정에서 어떤 상담이론 및 상담 전략이 적용되든지 간에 소비자상담사가 공통적으로 취해야 할 가장 기본적인 태도는 소비자에게 관심 집중, 경청, 이해 등으로 요약 된다(김계현, 1996). 유능한 소비자상담사는 소비자의 음성적 의사소통과 비음

성적 의사소통에 의한 메시지들을 주의 깊게 듣고 알아차리는 능력을 선천적으로 혹은 후천적으로 연습과 훈련을 통해 습득해야 한다.

(1) 경청

경청이란 매우 적극적인 과정으로, 단순히 귀의 통로를 통해서 소리 파장을 모으는 신체적 행동인 청취와는 다른 개념이다. 경청에 있어서 음성언어와 비음성언어 모두 중요하다. 자기의 말에 주의를 기울이고 들어 주기를 바라는 사람이 진정으로 원하는 것은 자기가 한 말을 반복하는 능력이 아니고 심리적, 정서적으로 함께 해 주는 것이다.

〈표 2-4〉 비언어적 긍정·부정 행동 단서

비언어적 긍정적인 행동	비언어적 부정적인 행동
• 짧게 직접 눈 마주치기 • 눈 크게 뜨기 • 미소 짓기 • 소비자 바라보기 • 긍정적으로 끄떡이기	• 다른 사람 보기 • 하품하기 • 찡그림/비웃음 • 다른 문제나 상품에 주의를 기울임 • 성급하게 상품을 처리함
• 의미 있는 손 제스처 • 몸 자세 개방하기 • 인색하지 않은 제스처 • 소비자가 말할 때 침묵하기 • 전문가적인 외모 • 청결한 작업 장소	• 손 제스처를 억제하거나 최소화함 • 팔짱을 낌 • 소비자를 단호하게 또는 차갑게 노려봄 • 간섭하기 • 소비자에게 손가락/물건으로 지적하기 • 단정치 못한 외모 • 무질서하고 어수선한 작업장

비음성언어는 음성언어와 함께 복합적으로 사용되는 경우가 많은데, 비음성언어는 음성언어를 재확인하거나 부정하는 기능을 한다. 만약 고개를 연속 끄덕이며, 몸을 약간 앞으로 세우면서(비음성), "맞아요. 내 기분이 꼭 그래요"라고 말했다면 비음성언어를 확인하는 것이고, 소비자가 "난 아무렇지도 않아요"라고 말하면서 목소리가 떨리고 얼굴이 상기되었다면 상당히 무의식적으로 비음성언어를 부정하는 것이다.

〈표 2-5〉 경청 능력자가 평가 척도

경청 능력 측정 질문(5점 척도, 3점 척도 등으로 측정)(허경옥, 2011)
1. 대화할 때 상대방에게 나의 모든 주의를 기울인다.
2. 대화하는 동안 의식적으로 문제나 세부 사항을 찾아본다.
3. 메시지를 전부 듣고 난 후까지 다음 소견을 준비하지 않는다.
4. 진심으로 듣고자 하는 마음과 흥미를 가지고 의사소통에 접근한다.
5. 나의 감정으로 인해 듣기가 방해되지 않도록 한다.
6. 이야기를 들으면서 공상에 잠기는 것을 피한다.
7. 상대방의 입장이 되도록 노력하고 상대방이 말하는 것에 감정이입을 하려고 노력한다.
8. 대화 중 비약을 피하기 위해, 다른 사람이 무엇을 말하려는지 알고 있다고 생각하지 않는다.
9. 상대방이 말한 메시지를 이해한다는 것을 증명하기 위하여 내가 들은 것을 피드백한다.
10. 내가 이해하지 못하는 단어/문장 명확히 하기 위해 질문하여 의미 이해하고 있는지 체크한다.
11. 무관심하게 보이지 않기 위하여 적극적으로 듣는다.
12. 상대방이 이야기할 때 그들을 쳐다보든지 눈을 맞춘다.
13. 내가 말하는 것에 대해 그 사람이 어떻게 반응하는지에 대해 생각한다.
14. 나에게 예민한 주제라 할지라도 상대방에게 아이디어를 제시하도록 허용한다.
15. 들을 때 다른 물건이나 소리에 방해받지 않도록 한다.
16. 객관적으로 들으며, 상대방을 판단하지 않는다.
17. 들으면서 노트를 한다.
18. 단지 사실이나 세부사항뿐 아니라 새로운 생각에 대해 들으려고 귀를 곤두세운다.
19. 중요한 대화 시작 전 주의산만해지지 않고, 효과적으로 들을 수 있는 위치를 선택한다.
20. 상대방의 신체적 자세와 몸짓을 관찰하고 평가한다.

소비자상담사가 소비자의 요구나 상담요청 내용을 좀 더 잘 경청할 수 있도록 도움을 주는 많은 방법들이 소개되고 있다. 일반적으로 다음과 같은 전략이 자주 언급되고 있다(이승신 외, 1998).

- 소비자상담사는 연속해서 질문을 하거나 계속 말하지 않도록 주의한다.
- 경청할 수 있는 만반의 준비를 한다.
- 적극적으로 들어야 한다.
- 경청하고 있음을 알려야 한다.
- 공감하고 있음을 보여주어야 한다.
- 개념을 듣도록 한다.
- 인내한다.

- 열린 마음으로 경청한다.
- 긍정적인 비음성적 단서들을 사용한다.
- 필요하다면 메모한다.
- 질문한다.

(2) 진실성

진실성은 소비자상담사가 소비자와의 관계에서 나타내는 반응이 순간순간 그가 내적으로 경험하고 느끼는 바와 합치되는 상태를 의미한다. 즉 소비자상담사는 상담 관계 속에서 소비자에게 단순히 소비자상담사로서의 역할을 수행하는 행동을 취하며 가식하거나 '~체' 하지 않고 인간으로서의 자신의 모습을 진솔하게 나타내는 것을 말한다.

(3) 공감적 이해

공감과 이해는 소비자상담에서 매우 핵심적으로 필요한 요소이다. 원래 공감은 주로 감정, 느낌, 정서에 관한 현상에 관계하고 이해는 지적인 측면에 관계하는 것을 말하는데, 소비자상담사가 소비자를 공감한다는 것은 소비자의 감정, 느낌, 정서를 이해한다는 의미이다. 소비자상담사가 소비자를 이해하는지 또는 공감하는지는 소비자상담사 자신이 어느 정도는 정확히 느끼고 판단할 수 있어야 한다. 공감과 이해의 전달은 음성언어, 비음성언어, 그리고 음성언어와 비음성언어의 복합에 의해서도 이루어진다. 기만적 판매상술 때문에 엉뚱한 물건을 사는 데 큰돈을 써 버린 소비자에게 소비자상담사도 함께 걱정해 주는 눈, 목소리, 호흡, 표정 등은 어떤 형태의 음성언어에 의한 공감반응보다도 더 공감적일 수 있다.

4) 소비자상담사의 기초 능력

소비자상담사가 갖추어야 할 기본 능력은 다음과 같다.

(1) 기본 능력

- 의사소통 능력: 언어적, 비언어적 대화를 통한 의사소통을 위해 듣기 능력, 말하

기 능력, 자료의 읽기 능력, 보고서 쓰기 능력 등을 의미한다.

- 외국어 능력: 외국 제품 견본의 인쇄물 읽기 능력을 의미한다.
- 수리적 능력: 사칙연산 능력, 수리해석 능력, 확률과 통계에 대한 이해와 계산 능력을 의미한다.
- 문제해결 능력: 문제해결을 위한 문제인식 능력, 대안선택 능력, 대안적용 능력, 대안평가 능력을 의미한다.
- 정보 능력: 정보수집 능력, 정보분석 능력, 정보관리 능력, 정보활용 능력, 컴퓨터활용능력을 의미한다.
- 대인관계 능력: 소비자만족 능력, 타인특성 확인 능력, 자기역할 확인 능력, 자기관리 능력을 의미한다.
- 기술 능력: 과학기술 이해 능력, 과학기술 선택 능력, 과학기술 적용 능력을 의미한다.

(2) 소비자불만 파악 능력

소비자불만 파악은 크게 4가지 방법으로 가능하다. 첫째, 질문을 통한 욕구 파악이다. 모든 소비자가 관심사를 잘 말해 주는 것은 아니다. 소비자는 정확히 설명하지 못하는 경우도 있고 대략적으로는 알지만 구체적으로 파악하지 못하는 경우도 있다. 이 경우 소비자상담사는 경청뿐만 아니라 적극적 질문을 통해 소비자의 관심사를 파악해 내야 한다.

둘째, 직접질문과 간접질문을 통해 소비자불만을 파악한다. 직접질문은 간혹 상당히 단호하고 냉정하거나 단도직입적으로 들리기 때문에 상대방이 부담을 느낄 수 있다. 이런 부담을 줄이기 위해 간접질문을 사용하는 것이다. 이와 관련된 질문의 격언 중 하나는 '질문이 질문처럼 느껴지지 않을수록 좋다'이다. 질문은 상대로부터 정보를 얻어내려는 것인데, 소비자의 경우 자신이 말하고 싶은 바를 소비자상담사가 건드려주었을 때 마치 기다렸다는 듯이 대답을 하게 된다.

셋째, 소비자상담사가 이중질문을 해 본다. 이중질문은 한 번에 두 가지 이상의 내용을 질문하는 것이다. 이것은 대개 바람직하지 않다. 왜냐하면 응답자의 입장에서는 두 가지 중 하나만을 선택해서 응답하고 나머지 하나를 놓치게 되거나, 어디에 응답해야 할지 몰라서 전혀 엉뚱한 제 3의 방향으로 응답하게 되기 때문이다.

넷째, 역동적 상호작용이 필요하다. 소비자상담사는 소비자의 말을 경청하면서 소비자가 관심 가질 만한 부분에 대해 반 발짝 정도 앞서가며 질문을 던진다. 그러면 소비자는 소비자상담사가 자신의 마음을 잘 파악하고 있다고 여길 것이다. 그리고 안심이 된 소비자는 자신이 궁금한 것에 대해 질문을 던지며, 이때 가장 핵심적인 부분을 소비자상담사에게 물어 온다. 그러면 소비자상담사도 소비자가 원하는 정보를 주며 소비자상담이 역동적으로 진행될 것이다. 이 같은 역동적 상호작용은 소비자상담을 만족스런 결과로 이끌어갈 것이다.

(3) 설득 능력

설득 능력은 간접설득과 직접설득을 통해 가능하다. 첫째, 간접설득은 소비자와의 상담 작업 자체를 하나의 설득 작업으로 보는 것이다. 소비자는 원하는 정보를 얻으려고 하는데, 소비자상담사가 다양한 정보를 제공하면서 소비자의 욕구를 만족시킬 때 신뢰가 형성되면서 이 회사의 제품이나 서비스를 이용해 볼 마음이 생기는 것이다. 즉 직접설득하지 않았음에도 불구하고 소비자가 구매의사결정을 내리는 것이다. 이런 소비자는 대개 상품을 이용할 마음의 준비가 되어 있고, 합리적인 판단을 내린다.

둘째, 간접설득으로 완료되지 않은 경우 직접설득이 필요하다. 대부분 소비자의 경우 최종적으로 구매 결정을 하기 전에 소비자상담사가 설득 해 주길 바란다. 보통 고객설득의 6가지 원리는 ① 상호성의 법칙(호의는 호의를 부른다), ② 일관성의 법칙(일단 작은 요청으로 개입시킨 후 본격적으로 요청하라), ③ 사회적 증거의 법칙(다수의 행동으로 설득하라), ④ 호감의 법칙(매력적으로 보여라), ⑤ 권위의 법칙(전문가의 의견으로 설득하라), ⑥ 회귀성의 법칙(가질 수 없다고 느끼게 하라)이다.

4. 소비자상담사의 상담기법 교육 및 훈련

소비자 유치를 직업으로 하는 소비자상담사의 경우, 소비자상담의 성과는 높은 보수나 승진으로 이어질 수 있다. 기업 차원에서도 매출로 이어지기 때문에 소비자 유치 역량을 높이기 위해 소비자상담사를 대상으로 다양한 교육을 실시하고 있다. 그러나 많은 교육에서 적극성이나 도전 정신은 강조하는 반면 인간의 심리에 대한 교육은 부족한 문제가 있다. 소비자상담사의 교육 및 훈련에서 갈등 및 긴장해소 이론, 소비자상담사와 소비자 간의 신뢰감 형성 이론, 설득 이론, 욕구좌절과 분노 이론 등을 다양하게 다뤄야 할 것이다.

1) 기본 교육

소비자불만을 응대하는 소비자상담사는 항상 감정이 먼저 임을 명심해야 한다. 물론 소비자상담사는 상담조치를 취하지 않을 수는 없다. 그러나 급한 마음으로 조치를 취하는 것보다 조금 돌아가는 마음으로 소비자의 감정을 먼저 어루만져야 할 것이다. 소비자상담사는 소비자가 표출하는 감정의 정체를 섬세하게 파악하여 짚어 주면 좋을 것이다. 불만에는 다양한 감정이 밑에 깔려 있는데, 예를 들어 실망감, 억울함, 무시당함, 섭섭함, 번거롭고 귀찮음, 창피함 등이 있을 것이다. 소비자의 마음을 콕 짚어줄 수 있는 상담이 진행된다면 소비자문제 해결이 쉬워질 수 있다.

(1) 경청과 재진술

경청은 잘 듣는 것이다. 이때 간혹 상대방이 말하는 것을 따라 말하는 경우가 있다. 재진술은 상대방이 말한 내용을 다시 한번 반복해서 말하는 것을 의미한다. 즉 앵무새처럼 따라 말하는 것인데, 상대방이 말한 것을 잘 듣고 있다는 메시지를 전달하는 효과가 있다. 소비자상담사가 적절하게 재진술을 사용할 경우, 혼란된 내용을 간결하게 정리해 줌으로써 이야기의 주제를 부각시키고 소비자문제에 핵심으로 다가갈 수 있다. 재진술이 효과를 보려면 소비자상담사는 상대방이 의식하지 못할 정도로 부지불식간에 하는 것이 좋다. 이럴 경우 소비자는 자신이 대화가 방해받는다고 여기지 않을 것이다.

(2) 공감과 반영

흔히 불만응대 소비자상담사들은 회사의 대변인으로 여겨진다. 그러나 회사 입장을 대변하면서 협상하려 드는 것은 소비자에게도 소비자상담사에게도 바람직하지 않을 수 있다. 대화중에 느끼는 공감은 비언어적으로 상대에게 전달되는데 소비자상담사가 회사 입장에 있다고 소비자가 감지할 수 있다. 이럴 경우 소비자는 소비자상담사로부터 이해받는 느낌을 얻을 수 없고, 결과적으로 불만은 누그러지지 않을 것이다. 따라서 소비자상담사가 소비자의 입장을 동일시하여 경청하고 공감한다면 소비자는 소비자상담사와 협조할 수 있다. 이것은 쉽지 않은 일이지만 불만응대 소비자상담사라면 기본적으로 갖추어야 할 태도이다.

소비자는 불만을 제기할 때 어느 정도 긴장한 상태일 것이다. 자신이 제기한 불만을 상대가 잘 수용해 줄지에 대한 확신이 없다. 소비자는 자신이 불만을 제기하면 상대방에서 수용하기보다는 맞서 싸우는 쪽의 반응을 예상할 수 있다. 부정적 상황에 대한 소비자의 예상은 정서적 긴장을 증가시킨다. 이때 소비자상담사는 불만제기가 소비자의 당연한 권리이며, 이는 회사의 발전에 도움이 된다고 응대하면 소비자를 안심시킬 수 있다. 이것은 소비자의 선입견을 전환시키며 긴장을 덜 수 있게 하는 전략이다. 이때 소비자상담사는 소비자불만을 제기하는 국면에서 소비자와 보상을 협의하는 국면으로 전환하는 기회를 마련할 수 있다.

결론적으로 소비자문제 해결에서는 소비자의 감정에 대한 소비자상담사의 공감과 반영이 필요하다. 반영은 소비자의 말 속의 감정을 놓치지 않고 언어로 되돌려 전달해 주는 것을 의미한다. 감정을 반영해 주면 소비자는 이해와 지지를 받는다고 느끼고 힘을 회복한다. 반영의 표현 방법은 소비자가 한 말을 재진술한 후에 말 속에 담긴 감정을 언급해 주면 된다.

〈표 2-6〉 반영의 표현 방식

표현 방식	실제 표현 예
~ 때문에 ~를 느끼시는군요. ~ 하였다니 ~하겠네요. ~ 하게 느끼는 것이군요.	- 그런 대우를 받았다니 정말 억울했겠군요. - 그걸 들켰기 때문에 부끄러워하시는 거군요. - 동생 부탁 들어주면서 네 부탁 안 들어주는 엄마가 미웠겠구나. - 절망스럽게 느끼는 것이군요.

(3) 감수성과 언어 능력

소비자상담사는 소비자의 감정을 언어로 표현해 주어야 하므로 언어구사 능력이 필요하다. 소비자상담사가 감수성을 동원하여 소비자의 감정을 포착하여 정곡을 찌르는 언어로 되돌려줄 때 소비자는 마음속 깊이 이해받는다고 느끼게 되고 결국 상담이 성공적으로 수행될 수 있다.

(4) 조언과 설명의 타이밍

소비자상담사는 조언과 설명의 효과를 높이기 위해 타이밍을 훈련할 필요가 있다. 조언의 경우, 막연하게 어려움을 호소한다면 아직은 조언해줄 타이밍이 아니며 이럴 때는 그냥 들어주기만 하면 된다. 소비자가 뭔가 조언을 해달라고 요청할 때 소비자상담사가 조언을 해 주어도 늦지 않다. 소비자상담사가 그 전에 섣불리 조언을 해 주어도 소비자는 준비가 되지 않아 받아들이지 않을 것이고, 소비자상담사는 지치게 될 것이다. 또한 소비자상담사는 소비자의 조언 요청이 얼마나 구체적인가를 살피는 것도 중요하다. 소비자가 막연하게 한마디 해 달라고 하면 소비자상담사는 위로해 주는 것으로 충분하다. 하지만 소비자가 원하는 것이 구체적일 때는 소비자상담사도 구체적인 해결책을 제시할 수 있어야 하고, 이때 소비자상담 효과도 클 것이다.

(5) 풍부한 경험과 균형 잡힌 시각

소비자상담사는 문제를 회피하기보다는 도전적으로 맞서면서 풍부한 경험을 쌓을 필요가 있다.

2) 상담 전략 교육 및 훈련

(1) 설명하기

누구나 이해되지 않을 때 좋은 설명을 들으면 마음이 놓인다. 특정 상황의 의미나 타인의 의도를 말로 설명함으로써 이해시키는 것이 중요하다. 이것은 '아는 것이 힘이다'라는 접근이라고 하겠다.

(2) 충고하기

따로는 따끔한 충고가 필요할 때도 있다. 이때 상대방이 발전하고 행복해지기를 바라는 진심이 깔려 있어야 충고가 받아들여질 것이다. 섣부른 판단이나 충고는 금물이다. 어떤 사람들은 상대방이 고민을 얘기할 때 섣불리 판단하며 충고하는데 이것은 금물이다. 이 같은 경우 효과적인 조언하기가 더 필요하다고 하겠다.

(3) 안심시키기의 효과와 한계

조언과 더불어 일반적 대화에서 자주 쓰일 수 있는 기법은 안심시키기이다. 안심시키기는 염려하지 말고 잘 될 것이라는 희망을 불어넣어 줌으로써 상대방을 부정적인 기분에서 벗어나도록 유도하는 기법이다.

(4) 지속적으로 관심을 보여주고 보살피기

소비자상담사는 소비자문제가 해결될 때까지 지속적으로 소비자에게 관심을 갖고 보살펴야 한다. 소비자상담에서 주목해야 할 부분은 문제 자체가 아니라 소비자에 대한 관심이다. 소비자문제의 해결을 위해 소비자상담사는 위로와 격려, 설명, 직면, 조언, 안심시키기 등 다양한 활동을 전개할 수 있다. 그런데 소비자상담사가 이 같은 개입을 한 두 번 한다고 해서 소비자문제가 바로 해결되는 것은 아니다. 적응 문제의 해결에는 시간이 필요하다. 만일 소비자상담사가 소비자문제해결의 경험과 노하우를 전수한다고 할 때에도 한 번 설명하는데 그칠 것이 아니라 그것을 몸에 익힐 때까지 옆에서 관심을 가지고 지켜봐 주고 보살펴 주는 것이 필요하다. 이를 위해 단발성 소비자상담에 그쳐서는 안 되며 소비자상담사는 반복적인 상담을 통해 소비자문제해결에 대한 조언의 실행, 결과, 문제점 등을 꾸준히 점검해야 할 것이다. 소비자문제해결의 경험과 노하우를 전수한다는 것은 단순히 지식을 전달하는 의미가 아니며, 경험자가 애정과 관심을 가지고 초심자를 보살핀다는 의미가 있다.

소비자상담에서 해결하려는 것은 인간의 문제이지 법률이나 세무의 문제가 아니다. 인간의 문제를 해결할 때는 항상 관심과 신뢰의 바탕, 즉 라포의 토대 위에서 해결이 가능하다. 라포가 깨진다면 더 이상 기회는 없을 것이다. 예를 들어, 소비자가 아직 받아들일 마음의 준비가 되지 않았음에도 불구하고 직언을 한다면, 소비자가 소비자상담사를 미워하게 되는 결과를 피할 순 없을 것이다. 물론 소비자상담사는 의무를 다했다고 자위할 수 있다. 그러나 소비자상담사는 자기 자신과 소비자를 동시에 보호하는 성숙한 모습을 보이지 못했다. 미움 받을 것을 각오하고 직언을 하는 것은 소비자상담사의 한계이다. 소비자상담사는 미움 받지 않으면서 비폭력적으로 상대방을 깨우치는 성숙한 모습을 보여 주었어야 한다. 좋은 소비자상담사가 되려면 인간에 대한 관심, 그리고 비폭력적으로 관계를 맺는 방식 등을 꾸준히 훈련해야 한다.

(5) 자기몰입에서 빠져나오기

소비자상담사는 자기몰입에서 빠져 나오기 실천이 필요하다. 인간적인 관심을 유지하는데 방해가 되는 것 중 하나가 자기몰입이다. 어떤 사람들은 돈이나 외모에 대한 집착, 즉 자신의 관심사에 몰입되어 있으면서 다른 사람의 마음이나 행동을 관찰하고 돌볼 여유가 없어진다.

〈표 2-7〉 소비자상담 직원의 전화상담 준수사항

소비자요구	전화상담 요청 소비자불만	MOT 서비스 표준
신속한 수신	전화벨 울려도 전화를 받지 않거나 늦게 받는다.	전화벨 2번 울릴 때 받는다. 4회 이상 벨이 울린 경우는 반드시 "늦게 받아 죄송합니다"라고 말한다.
책임감 있는 응대	전화를 받는 영업조직 누구인지 이름 말하지 않는다.	전화 수신시 전화 받은 직원의 〈인사-소속-이름〉을 말하고 소비자가 쉽게 알아들을 수 있도록 안내한다.
성의 있는 응대	옆 사람과의 대화 내용이 모두 들린다.	소비자를 기다리게 할 때는 주위 소음이 들리지 않게 수화기의 보류키를 누른다.
담당자와의 연결용이	전화 연결 시 전화가 끊긴다.	전화 연결 시 중간에 끊어지지 않도록 하고, 연결하는 전화번호를 꼭 안내해 준다.
원스톱 업무처리	전화를 이리저리 토스한다.	처음 수신자가 One-stop 업무처리하고, 불가능할 경우 담당자가 소비자에게 직접 전화하도록 조치한다.
신속한 회신	담당자에게 전화 달라고 메모 남겨도 전화 안 온다.	소비자가 메모 남겨 전화 부탁한 경우 메모를 전달받은 직원은 30분 내로 소비자에게 전화를 한다.
상대방에 대한 배려	사무적으로 대하는 느낌을 준다.	전화를 끊기 전에 더 궁금한 사항은 없는지 묻는다(네~하고 끊지 않는다.).
친절한 수신종료	철컥 전화 끊어 기분 상했다.	종료 인사 후 약 3초 후에 전화를 끊는다.
적절한 시간에 전화	내 스케줄과 상관없이 직원이 편한 시간에 전화를 준다.	소비자에게 전화 발신 시 가능한 오전 10시~12시, 오후 2시~5시까지 하고, 통화 시 소비자의 통화 가능 여부를 묻는다.
핸드폰 에티켓	직원의 핸드폰 연결이 어렵고 핸드폰을 불친절하게 받는다.	업무시간에 전화 받을 때 여보세요? 라고 받지 않고 "네, ooo입니다"라고 받는다.

출처: 허경옥(2011). 소비자상담과 피해구제. 교문사.

소비자상담사의 기본 자질은 다양한 측면에서 다양한 특성과 자질이 요구된다. 예를 들면, 일에 대한 열정, 자신에 대한 이해, 경청 능력, 기초 지식, 쾌활성, 전문성 등이다. 바람직한 소비자상담사의 자세는 다음과 같다.

- 일에 대한 열의와 신념이 있어야 한다.
- 소비자문제 해결에 필요한 삶의 지혜와 지식・전문성을 갖춰야 한다.
- 정서적 안정과 삶의 통합성이 필요하다.
- 자신에 대한 성찰과 개선 노력이 필요하다.
- 인간관계에 대한 노력이 필요하다.

〈표 2-8〉 효과적인 전화상담을 위한 점검표

	예	아니오
전화벨이 세 번째 울리기 전에 응답했는가?	______	______
밝은 목소리로 인사했는가?	______	______
나는 나의 이름을 말했는가?	______	______
나는 나의 소속기관을 말했는가?	______	______
나는 도움을 제안했는가?	______	______
나는 능동적으로 들었는가?	______	______
나는 종종 상대방의 이름을 사용했는가?	______	______
나는 분명한 발음으로 말했는가?	______	______
나는 전화상담 중 계속 미소를 짓고 있었는가?	______	______
나는 상대방에 맞춰 말의 속도를 조절했는가?	______	______
나는 대화도중 종종 멈추었는가?	______	______
나는 말의 음량을 조절했는가?	______	______
나는 나의 주위를 산만하게 하는 것을 미리 제거했는가?	______	______
나는 올바른 문법을 사용해서 말했는가?	______	______
나는 목소리에 변화를 주어 말했는가?	______	______
나는 전화상담을 위해 나름대로의 준비를 했는가?	______	______
나는 수화기를 제대로 잡고 바른 자세로 말했는가?	______	______
나는 불필요하게 오래 전화상담에 매달리지 않았는가?	______	______
나는 소비자의 요구, 불평, 질문 등을 제대로 다루었는가?	______	______
나는 소비자가 먼저 전화를 끊을 때까지 기다렸는가?	______	______

출처: 이승신 외(1998). 소비자서비스 어떻게 할 것인가. 석정(출판사), 198-199.

한편, 소비자상담에서 소비자상담사가 갖추어야 할 기본적 태도는 친밀감, 공감대 형성, 소비자의 성격을 파악하여 대화의 형태를 변화, 명확한 표현, 상대방의 입장을 이해, 소비자가 주로 말하도록 유도, 전문적인 단어와 저속한 단어 사용금지, 친절과 성실, 적당한 크기의 음성과 음의 고저, 적절한 위트나 화제, 경어 사용, 자신감과 능동적인 태도, 소비자의 가치관과 신념 파악 등이다.

소비자상담사로써 소비자상담을 할 때 가져야 할 태도 중 중요한 것 몇 가지는 다음과 같다.

① 일에 대한 열정

무엇보다도 소비자상담사는 소비자상담의 중요성과 그 의의를 이해하여 자신이 하는 일에 대한 사랑과 열정을 가져야 한다. 즉, 소비자상담사는 소비자상담이 소비자를 돕는 것이며 나아가서 자신이 속한 기관의 이익에도 도움이 됨을 인식해야 한다. 또한 소비자상담사는 자신의 업무가 소비자와 사업자 사이의 힘의 균형을 꾀함으로써 궁극적으로 시장경제 시스템의 균형 있는 발전을 위한 역할을 수행하고 있는 것이라는 것이라고 의식하는 것이 중요하다.

② 인내심

소비자상담은 많은 경우에 제품의 구매나 사용 중에 어려움을 겪는 소비자를 돕게 되기 때문에 즐거운 상태의 소비자를 대하기보다는 화가 나거나 짜증이 난 상태의 소비자를 대하는 업무이다. 따라서 소비자상담사는 인내심을 가지고 이러한 소비자의 문제를 해결해 주는 자세가 필요하다. 제품이나 서비스에 대한 문제를 겪은 소비자가 소비자상담사를 대상으로 화를 내게 되는데, 이 같은 화는 소비자상담사 자체에게 화가 난 것이 아니라 자사제품에 대해 화가 난 것이므로 소비자상담사는 이를 구분해야 한다. 소비자단체나 행정기관 등에서 근무하는 소비자상담사가 소비자문제의 해결을 돕는 경우에도 기업과의 합의를 유도하여 피해를 구제하기까지의 과정을 쉽게 포기하지 않고 끝까지 일을 해 나가는 인내심이 필요하다.

③ 긍정적인 태도

소비자상담사는 긍정적인 태도로 임해야 할 것이다. 소비자는 소비자상담사에게 고맙거나 기뻐서 도움을 청하기보다 어려움을 해결하기 위해 도움을 청하는 것이므로 소비자상담사는 소비자문제가 나의 노력으로 해결될 수 있다는 자신감을 가지고 긍정적인 태도로 임해야 한다.

④ 공감

소비자상담사는 소비자가 겪는 어려움이나 곤란한 상황에 대해 공감함으로써 소비자의 입장에서 생각하고 감정이입할 수 있는 능력이 필요하다.

⑤ 공유 의식

소비자상담사는 자신이 가지고 있는 지식을 소비자와 함께 나누려는 공유 의식을 가져야 한다. 소비자상담사가 내가 가진 지식과 능력을 활용하여 소비자를 기꺼이 도우려는 태도가 필요하다. 일에 대한 열정, 인내심, 공감 능력, 긍정적인 태도, 지식의 공유 의식 등은 단기간에 얻을 수 있는 능력이 아니다. 평소에 풍부한 인간관계 속에서 타인의 어려움에 공감하고 자신의 능력으로 다른 사람을 적극적으로 돕고자 하는 태도를 길러나가야 할 것이다. 결론적으로, 소비자상담사는 소비자를 대할 때 단정한 복장과 밝은 표정을 지으면서 상대방을 적극적으로 돕고자 하는 열성적인 태도로 소비자상담에 임해야 할 것이다.

3) 소비자상담사 태도 교육 및 훈련

일부 기업에서는 마케팅이나 영업을 위한 목적에서 제품에 대해서만 교육할 뿐 소비자상담 이론, 대화기법, 소비자상담사 업무에 초점을 둔 훈련은 소홀히 한다. 특히 소비자불만응대와 같이 감정처리가 중요한 상담에 대한 교육에서 단지 업무적인 내용이나 친절한 태도에 대해서 강조하는 경우가 많다. 그러나 이는 소비자상담사의 감정노동 강도만 높일 뿐이다. 인간 마음의 원리나 상호 작용에 대해 교육하는 것이 필요하며, 전문적인 상담기법과 불만응대 과정에 초점을 맞춘 체계적인 소비자상담사 훈련이 필요하다.

(1) 소비자 이해 교육 및 훈련

불만응대 상황에서 친절한 태도보다 더 핵심적인 것은 소비자 입장에서 소비자의 마음을 이해하는 것이다. 소비자의 입장에 서지 못한 채 소비자상담사가 겉으로 친절한 척하면서 불만을 듣고 있자면, 시간이 지날수록 소비자는 도저히 견딜 수 없게 될 것이다. 소비자상담자가 이를 예민하게 감지하지 못하면, 소비자와 소비자상담사의 관계는 더 악화될 수 있다.

(2) 소비자감정을 존중하는 교육 및 훈련

불만응대에서 소비자상담사가 감당해야 할 것은 소비자의 분노이다. 소비자상담사는 화를 내는 소비자를 대할 때 사과뿐만 아니라 무엇에 화가 났는지 파악하는 것이 중요하다. 소비자가 화를 낼 때 화 자체에 반응하며 소비자를 미성숙한 사람으로 쉽게 판단해 버리기도 하는데 이것은 소비자나 소비자상담사 모두에게 좋지 않다. 소비자상담사는 기본적으로 인간을 존중하며, 특히 감정을 존중할 줄 알아야 한다. 감정을 표현하는 것을 미성숙하다고 보면 문제해결이 어렵다. 소비자상담사 대상 교육에서 감정을 표현하는 것은 자연스럽고 오히려 인간적일 수 있음에 대해 교육 및 훈련을 쌓아야 한다. 특히 부정적 감정을 솔직하고 건설적으로 표현할 수 있는 사람은 성숙한 사람이며, 상대의 입장도 이해할 수 있다.

(3) 상담기법 교육

소비자상담사 교육에는 이론뿐만 아니라 상담기법의 실습이 이루어져야 한다. 상담사 교육생들에게 소비자상담사의 역할과 소비자의 역할을 각각 맡게 한 후 실습을 진행하는 것도 좋다. 이때 교육자는 대사 한 마디 한 마디를 체계적으로 지도해 주는 것이 필요하다. 그냥 역할연기로 개별 실습하는 경우, 익숙한 기존 대화 방식에서 벗어날 수 없고, 발전 또한 없다. 각 상담기법별로 실습을 시킬 때, 경청, 반영, 설명, 설득 조언 등 다양한 상담기법을 훈련시켜야 한다.

(4) 소비자상담사 자기이해 교육

소비자의 유형을 파악하는 것뿐만 아니라 소비자상담사가 자기 자신을 파악하는 것도 소비자상담 효율성을 높이는 데 도움이 된다. 소비자상담을 잘하기 위해서는 궁극적으로 소비자상담사는 자신을 이해하는 것이 전제되어야 한다. 어떤 소비자상담사는 소비자의 사소한 불평을 참기 어려워하고 또 어떤 소비자상담사는 소비자가 위협적으로 나올 때 심리적 거리를 두지 못한 채 상처를 심하게 받아 회복하지 못하는 경우도 있다. 소비자상담사는 자신의 강점과 약점을 잘 파악해야 하며 자신의 약점을 건드리는 소비자 앞에서는 특히 주의해야 한다. 즉, 소비자상담사 자신이 어떤 사람인지, 어떤 소비자는 잘 다룰 수 있지만 어떤 소비자는 피하는 것이 현명한 지 등에 대해서 알아야 할 것이다.

(5) 감정노동 교육

기업 차원에서 소비자상담사를 보호하는 제도적 조치 그리고 감정노동 관련 교육 프로그램이 필요하다. 기업은 신입 소비자상담사 교육을 시킬 때 무조건 소비자 위주로 응대하도록 교육하지만, 소비자상담사 역시 기업의 소중한 자산이며 블랙컨슈머를 무조건 왕으로 접대해도 기업에 이익이 되지 않음을 인식해야 한다. 기업과 소비자상담사 자신은 소비자상담의 스트레스 관리 필요성에 대해 인식시켜야 한다. 소비자상담사들의 처우 개선 방법, 감정노동관리, 스트레스 관리 등에 대한 교육도 제공되어야 한다.

5. 국가자격증 소비자전문상담사

소비자들의 불만해결이나 피해구제, 소비자의사결정을 지원하는 각종 정보제공 등의 업무를 수행하는 사람을 소비자상담사라고 한다. 소비자상담사는 주로 기업의 소비자 관련 업무부서(예: 소비자상담실, 마케팅 부서), 소비자단체, 한국소비자원, 지방자치단체의 소비생활센터 및 관련 업무부서(예: 생활경제팀), 기타 공공기관 등에서 활동한다.

소비자상담의 중요성이 더욱 부각되면서 소비자상담업무를 담당하는 사람들의 전문성 함양 및 자질을 높이기 위해 정부에서는 산업인력공단에 소비자상담사 자격제도를 위탁운영하고 있다.

2003년 소비자전문상담사(1급과 2급)라는 명칭의 국가자격증이 신설되어, 시행되고 있다.[2] 국가시험을 통해 검정하고자 하는 소비자전문상담사의 능력, 소비자전문상담사의 응시자격, 자격 취득 요건은 〈표 2-9〉에 제시한 바와 같다.

〈표 2-9〉 소비자전문상담사의 검정기준

종목	검정 기준
소비자전문 상담사 1급	복잡한 소비자문제를 상담 및 해결·처리하고, 소비자문제 처리업무를 기획 및 관리·평가하며, 소비자 조사를 기획 및 시행하고, 체계적인 소비자 교육과 소비자 정보의 수집·분석·가공·제공 및 정보관리기법을 개발·시행하며, 소비자와 기업, 행정기관, 소비자단체 간의 업무를 연결 및 조정하고 전략을 수립하는 능력
소비자전문 상담사 2급	소비자 관련법과 보호제도를 토대로 물품·서비스 등에 관한 소비자의 불만을 상담하여 해결하고, 물품·서비스 등의 구매·사용·관리방법을 상담하며, 모니터링, 시장조사 및 각종 정보를 수집 및 분석·가공·제공하고, 소비자 교육용 자료를 수집 및 제작하고 시행하는 능력

출처: 한국소비자학회(2000). 소비자전문상담사 1·2급 국가기술자격 종목 개발 연구보고서.

〈표 2-10〉 소비자전문상담사 자격시험 교과

구분	등 급	시험 과목	문제 유형
1차 시험	2급(필기)	1. 소비자상담 및 피해구제 2. 소비자관련 법 3. 소비자교육 및 정보제공 4. 소비자와 시장	객관식
	1급(필기)	1. 소비자 조사법 2. 고급 소비자상담(소비자법, 정책, 상담 포함) 3. 소비자 정보관리	객관식
2차 시험	2급(실기)	소비자상담실무	주관식
	1급(실기)	고급소비자상담실무	주관식

참고: 1급과 2급 실기의 경우 공히 1차 필기시험 합격자에 한정하며, 1차 필기시험 합격 후 2년 내 2차 실기시험에 합격하여야 함, 그렇지 않을 경우 1차 필기시험을 다시 보아야 함.

참고: 2급 시험의 경우 1년에 2회, 1급의 경우 1회 실시하고 있으며, 과목별 출제기준 등은 산업인력공단 홈페이지 참조(전문사무 분야 내 소비자전문상담사).

2) 산업계의 요구에 의해 종목 개발이 완료된 37개의 국가기술자격종목이 2001년 9월 8일 노동부 공고 제 20001-70호와 71호로 입법되었다.

소비전문상담사의 자격시험교과는 〈표 2-10〉과 같다. 소비자전문상담사의 응시자격은 1급과 2급의 경우 응시자격의 제한 없이 누구나 응시가 가능하다. 소비자전문상담사 자격검정시험은 1급은 객관식 4지 택일형의 1차 필기시험과 주관식 논문형의 2차 실기시험, 2급은 객관식 4지 택일형의 1차 필기시험과 2차 논술시험으로 구성되어 있으며 1·2급 모두 1차 필기시험 과목당 100점 만점에 40점 이상 전 과목 평균 60점 이상을 취득하여야 하며, 2차 시험은 1차 시험 합격자에 한하여 실시하고 100점 만점에 60점 이상을 취득해야 한다. 한편, 지금까지 논의한 소비자전문상담사 자격 외에도 소비자상담 관련 자격증에는 텔레마케팅자격증, CS관리사, 재무상담사 등이 존재한다. 게다가 민간등록자격증으로 한국소비자업무협회가 부여하는 소비자업무전문가, 소비자재무설계사, 소비트렌드전문가, CCM업무전문가 등이 있다.

제3장
소비자 유형별 소비자상담

소비자상담은 상담 대상 소비자들에 대한 이해를 기초로 상담 요청 소비자에 맞는 적절한 상담기법과 전략을 활용하여야 한다. 소비자상담기법의 성과는 소비자상담사와 소비자들 간에 적절한 관계가 잘 형성되었을 때 그 효과가 크다. 다양한 유형이나 특성을 가진 소비자들에게 소비자들과 적절하고 차별적이며 맞춤 형태의 관계 형성이 되지 않았는데 일반적이고 정해진 보통의 상담기법만을 적용하면 오히려 역효과가 날 수 있다. 모든 종류의 소비자상담은 소비자상담사와 소비자 사이에 인간적 관계 형성을 전제로 할 경우 성공적으로 이루어질 수 있다.

1. 소비자에 대한 이해

소비자상담에서 소비자상담사의 소비자에 대한 이해는 중요하다. 소비자들의 공통적 특징은 대체로 자기중심적이고, 소비자는 논쟁을 좋아하지 않으며 소비자는 불만을 기억 속에 저장하는 경향이 있고, 소비자는 불만을 회사에 잘 말하지 않는 경향이 있다. 이 같은 소비자들의 특성, 목소리(VOC), 소비자들의 불만과 불만표출 행태는 중요하다. 1980년대 초 Goodman의 조사결과에 따르면 구매 소비자의 40%가 제품에 불만을 느끼고, 또 그 중에 40%가 불만을 토로한다고 한다. 그리고 불만에의 대응이 신속해서 만족하게 되면, 80% 넘는 소비자들이 재구입을 한다고 한다. 이는 불만을 가졌더라도 불만을 기업에 표출하지 않은 소비자들의 재구입률 9%를 크게 웃도는 수치이다. 또한, 만족했던 사람이 5명에게 좋은 평판을 전하는데 반해, 불만을 가졌던 사람은 10명에게 나쁜 평판을 전한다고 한다. 이처럼 잘 알려진 사실은 소비자불만 표출이 기업에게 매우 중요하며 이를 위한 기업의 대응, 즉 소비자상담이 매우 중요함을 알려준다.

소비자들의 욕구는 크게 2가지 유형으로 구분할 수 있다. 첫째, 개인적 욕구이며, 나머지 하나는 실제적인 욕구이다. 첫째, 개인적 욕구란 자기의 존재를 알아주고 자신을 대접해 주길 원하는 소비자들의 욕구이다. 소비자들은 소비자 자신이 중요한 사람이라는 느낌을 가질 수 있기를 원하는 욕구를 가지고 있다. 둘째, 실제적 욕구는 제품과 서비스 그 자체에 대한 소비자 욕구이다. 소비자상담 서비스 담당 직원이 이러한 소비자들의 욕구를 얼마나 정확하게 파악하고 만족시켜 줄 수 있는지가 기업 소비자상담부서의 중요한 과제이다.

특히, 통신기술 및 인터넷의 발달로 소비자 집단화/여론화가 용이하며 소비자가 의견을 개진하는 성향이 능동적이고 적극적으로 변화하고 있음에 유의해야 한다. 이 같은 변화는 기업이 소비자의 접점, 즉 소비자상담을 전략적으로 실천하고 소비자와의 관계 관리가 중요함을 알려준다.

여기서 MOT(Moment of Truth), 즉 소비자접점이 중요하다. MOT는 진실의 순간, 결정적 순간, 피하려 해도 피할 수 없는 순간, 또는 실패가 허용되지 않는 매우 중요한 순간을 의미한다. MOT와 관련하여 중요한 사항은 다음과 같다.

- 소비자는 서비스를 처음으로 접한 15초 안에 서비스 품질이 좋고 나쁨을 판단한다. 기업은 MOT는 귀중한 15초 시간 안에 소비자를 만족시킬 수 있는 서비스를 제공해야 한다. 즉, 소비자와 기업이 접촉하여 그 제공된 서비스에 대해 느낌을 갖는 순간, 이 기업을 선택한 것이 가장 좋은 선택이었다는 사실을 소비자에게 입증시켜야 할 소중한 시간이 MOT라고 하겠다.
- 소비자는 조직의 어느 일면과 접촉하는 것으로 그 서비스 품질에 대해 긍정적 또는 부정적 인상을 받는다.

- 소비자(또는 잠재소비자)가 개인적으로 또는 전화나 광고를 통해서 기업과 맺게 되는 상호행동은 소비자와 기업과의 사이에 좋은 관계를 맺게 하거나 반대로 그 관계를 깨뜨릴 수 있다.

소비자들은 기업이 제공하는 서비스, 특히 소비자상담을 경험하는 동안 여러 가지 순간들이나 느낌을 접하게 된다. 이렇게 소비자에게 서비스가 제공되는 경험의 순간들을 나타내는 개념이 서비스 접점(MOT)이다. 여기서 중요한 것은 만약 소비자들이 어느 하나의 서비스 접점 품질 수준이 형편없다고 느낄 경우 소비자들은 전체적인 서비스가 형편없다고 결론짓는 경향이 있다는 것이다. 따라서 소비자들에게 높은 수준의 상담 서비스를 제공하기 위해서는 서비스 접점에서 소비자 경험의 긍정적 수준을 높여야 한다고 하겠다.

2. 소비자불만 이해와 대응 방법

1) 소비자불만에 대한 이해

소비자불만은 크게 다음과 같이 3가지이다. 첫째, Claim(처리가 가능한 불만)으로써 소비자가 청구권을 주장하거나, 보상 또는 손해배상을 청구하거나, 반환 및 소비자권리 등을 획득하고자 하는 경우이다. 둘째, Complain(처리가 불가능한 불만)으로써 소비자는 불평(푸념)하거나, 불만을 털어 놓거나, 하소연(호소)하는 경우이다. 셋째, 소비자의 원하는 것이 싸움이 아니라 소비 문제의 해결인 경우이다. 따라서 소비자상담사들은 이 같은 소비자들의 불만에 대해 잘 파악해야 한다. 한편, 불만 소비자를 접할 때 소비자상담사가 생각해야 할 것은 다음과 같다.

- 소비자는 왜 화를 낼까? 소비자의 불만에는 반드시 이유가 있다.
- 소비자는 왜 언성을 높이고 거친 말을 할까? 불안과 불신이 클수록 표현은 강화된다.
- 소비자는 누구에게 화를 내는 것일까? 나에게 화를 내는 것은 아니다.

- 소비자는 나에게 무엇을 말하려는 것일까? 어떻게 표현하든지 그것은 나에게 도움을 청하는 절실한 목소리이다.

한편, 불만을 느낀 소비자들의 언어는 다음과 같은 특성을 갖는다.

- 무리한 요구와 강력한 어감의 말: 자신의 행동을 자신이 잘 알고 있다.
- 합리적이고 논리적인 면이 부족한 말: 이성보다 감성이 앞서 있어서 능동적인 통제가 어렵다.
- 이해하려는 말이 아니라 이해시키려는 말: 자신의 입장에서 생각하고 행동한다.
- 들어야 하는 우리보다 말하고 있는 소비자가 훨씬 더 답답함: 스스로 해결할 수 없는 어려운 문제를 갖고 있다.

〈표 3-1〉 ART 응대 기법

약어	응대 기법	신뢰 형성
A	Active Listening (적극적 경청): 소비자 수준에 맞추어 줌	Pace 감정+표면화된 사실
R	Receiving Empathically (공감적 수용): 구체적으로 소비자의 감정을 존중하며 맞추어 줌	Pace 감정+특성 및 구체적 사실
T	Trust Building (신뢰관계 형성): 기대 이상으로 맞추어 줌	Lead 감정+파생될 수 있는 가능성

출처: 허경옥(2011). 소비자상담과 피해구제. 교문사.

2) 소비자불만 상담 및 응대의 주의사항(허경옥, 2011)

- 상담내용 중 객관적 사실과 일방적 주장을 분리하여 파악할 것
- 소비자의 선택권을 존중할 것
- 소비자의 기본적인 신상정보를 파악할 것
- 소비자의 주장에 대해 아니오라고 답변할 수 있는 능력을 향상시킬 것
- 소비자의 이야기를 경청하되, 일방적 동의는 삼가는 것이 좋음
- 소비자가 진술하지 않은 부분에 대한 파악을 위해 노력할 것
- 적절한 대안을 모색하고 제시
- 수시로 전문가와 상의하고 교육을 통해 지식을 습득할 것

3) 단계별 소비자불만 처리

소비자불만처리 단계 단계는 크게 4가지로 경청, 감사와 공감 표시, 사과, 해결 약속 단계이다. 한편, 불만소비자를 대응하는 소비자상담사의 전략(MPT법)은 MPT 모델로 설명할 수 있는데 다음의 〈표 3-2〉와 같다.

〈표 3-2〉 MPT응대 전략

	기본 전략	세부 전략
M(man)	처리할 사람을 바꾼다.	• 책임자나 연장자에게 상담할 수 있도록 안내한다. • 업무 인수자에게 상담 진척/소비자 요구사항/문제점, 자신의 의견 등을 정확히 전달하여 소비자를 만났을 때 실수가 없게 한다.
P(place)	장소를 바꾼다.	• 특별대우 제공 느낌으로 분위기 바꿔 조용한 별실로 안내한다. • 장소를 바꿔 곧바로 상담 연결하지 말고 음료/차 먼저 들여보낸 뒤 조금 있다가 들어간다.
T(time)	시간을 바꾼다.	• 사람과 장소 바꿔도 안 되면 시간을 바꾼다. • 단, 5분간이라도 시간 격차를 두어 상담하는 것이 좋다.

출처(허경옥, 2011). 소비자상담과 피해구제. 교문사.

소비자불만에 대한 소비자상담사의 상담 전략은 무엇보다 끝까지 들어주는 것, 공감하는 것, 사과하는 것, 행동에 책임을 지는 것 등이다. 구체적으로 소비자상담사의 전략을 살펴보면 다음과 같다.

(1) 끝까지 들어 줌

사실 듣는 것은 누구에게나 말하는 것보다 더 힘들다. 소비자상담사는 사람의 입은 하나, 귀는 두 개라고 생각할 필요가 있다. 소비자상담사들은 소비자들의 얘기를 잘 들어주는 것만으로도 문제의 반은 해결한다는 것을 인식할 필요가 있다. 그러나 때로는 소비자상담사가 적정선에서 들어주기를 중단시킬 수 있는 기술이나 전략도 필요하다.

(2) 공감

소비자상담사는 소비자에게 사과하기 전에 소비자들의 불만이나 목소리에 공감을 갖는 것이 더 중요하다. 정말 자사의 잘못이 인정될 때에는 진심 어린 사과를 해야 한다. 그런데 사과 이전에 공감한다는 표현이 더 중요하다. 소비자상담사의 공감 방법은 다음과 같다.

- 사실에 대해 언급
- 느낌에 대해 공감
- 목소리 톤을 소비자와 맞춤
- 호흡도 같이, 맥박수를 높임
- 소비자는 당신이 쩔쩔매는 것을 보고 싶어함
- 접점 직원의 공감 능력에 따라 클레임 처리가 달라질 수 있음

(3) 고마움을 전하는 사과 표현

소비자상담사는 사과를 표현하면서도 고맙다라는 것을 강조할 필요가 있다. 예를 들면, 다음과 같다.

- 이런 점이 소비자분을 가장 언짢게 하셨을 겁니다.
- 소비자분께서 염려해 주시는 점이 무엇인지 알겠습니다.
- 저라도 소비자분과 같은 심정이었을 겁니다.
- 소비자분께서 그렇게 말씀해 주시는 것은 당연합니다.
- 다시 한 번 회사를 대표해서 사과 말씀 올리겠습니다.
- 소비자분의 지적 말씀이 저희에게는 매우 소중합니다.
- 그 부분은 입이 열 개라도 드릴 말씀이 없습니다.
- 염치없게도 소비자분께서 너그러이 용서해 주시기만을 바랄 뿐입니다.
- 제가 소비자분이라면 지금보다 더 했을 겁니다.
- 회사는 소비자분의 말씀을 애정 어린 채찍으로 여깁니다.

(4) 무조건 소리치는 소비자 다스리기

소비자상담사는 소비자들의 불만에 공감을 먼저하고, 방문소비자라면 메모할 종이나 노트 등을 들고 와서 적는 모습을 보여주는 것이 좋다. 전화상담의 경우 소비자상담사는 열심히 입력하고 있다는 것을 소비자들이 느낄 수 있게 해 준다. 소비자가

심하게 소리를 치는 등 해결이 되지 않을 경우 소비자상담사는 상담할 사람을 바꾸거나, 상담장소를 바꾸거나, 상담시간을 바꾸어서 분위기를 바꿀 필요가 있다.

(5) 소비자상담사 기분 다스리기

소비자상담사는 화난 소비자, 소리치는 소비자만을 주로 만나므로 소비자상담사 자신도 많은 스트레스와 업무로 인한 괴로움에 처하게 된다. 이때, 소비자상담사 자신도 자신의 기분을 다스려야 한다. 실제 업무현장에서 소비자상담사는 자신의 스트레스 해소를 위해 상담 이후 다음과 같은 전략을 추천할 수 있다.

- 실컷 미워하라.
- 심호흡을 하면서 상상하라.
- 전화기를 팍….
- 누구와 이야기하라.
- 드라마의 마무리를 만들어라.
- 5년 후를 상상하라.
- 자화자찬하라.

(6) 소비자상담사의 전문성과 권위

소비자상담사는 상담의 전문성과 어느 정도의 권위가 필요하다. 이를 위한 소비자상담사의 전략은 다음과 같다.

- 용모 복장 말투에서 전문가다운 느낌
- 말투는 정중하게 그러나 밝게, 전문 지식 습득
- 규정을 이야기할 때는 중간 톤으로
- 가슴은 펴되 허리나 고개는 약간 숙임
- 매너는 good! 흥분과 어린이 말투는 금물

3. 소비자의 행동 스타일과 소비자상담[1]

행동 스타일이란 사람들이 어떤 일을 할 때 또는 사람들을 대할 때 보여주는 지속적인 어떤 경향이다. 소비자상담 전문가들이 인간의 행동 스타일을 이해하는 것은 중요하다. 소비자상담을 잘하기 위해서는 먼저 자신의 행동 스타일을 파악하고 다른 사람의 행동 스타일을 이해하여 모든 사람은 서로 다르다는 것을 알 필요가 있다. 그리고 소비자상담사 자신이 선호하는 방법이 아니라 소비자들이 선호하는 방식, 즉 소비자들의 행동 스타일에 맞는 소비자상담 서비스를 제공하도록 노력해야 한다.

(1) 단호한 스타일

보통 단호한 행동 스타일의 소비자들은 빠르게 움직이고, 즉각적인 결과나 즉각적인 욕구충족을 추구한다. 또한 이런 유형의 소비자들은 해결을 하기 위해 적극적으로 일하고, 추진력이 있으며 경쟁적인 성격을 가지고 있다. 단호한 행동 스타일에 속하는 소비자들은 자신만만하고 때로는 거만해 보이며, 구체적이고 직접적으로 질문하며, 짧고 직선적으로 답변한다. 또한 이 같은 소비자들은 자기주장이 강하고, 듣기보다는 말하며, 토론하기를 좋아한다. 게다가 이런 유형의 소비자들은 자신의 위세를 강조하기 위해 권력의 상징을 사용하며, 보통 힘차게 악수하며, 강하게 직접적으로 상대방을 응시하는 경향이 있다.

(2) 호기심 많은 스타일

호기심 많은 행동 스타일을 가진 소비자들은 자발적인 감정이 거의 없다. 이런 유형의 소비자들은 자신의 감정을 표현하기보다는 관련 있는 질문을 구체적으로 한다. 또한 이들은 직장과 개인 생활을 분리시키는 경향이 있고, 전화나 직접적인 접촉보다는 우편 교류를 선호한다. 이런 행동 스타일을 가진 소비자들은 보통 미소 없이 형식적이고 간단한 악수를 하며, 차림새는 매우 완벽한 편이다. 이 같은 소비자들은

1) 본 저서에서 소비자행동 스타일에 대응하는 상담 전략은 허경옥(2011), 이기춘 외 6인(2011)을 참조하여 재구성함

시간을 엄수하며, 질문에 대한 답을 얻고자 할 때는 긴 대화를 계속해서 하는 경향이 있다. 게다가 이들은 목적을 달성하거나 주장을 관철하기 위해 날짜, 시간, 객관적 사실 및 실용적 정보에 매우 의존하는 편이다.

(3) 합리적인 스타일

합리적인 행동 스타일을 가진 소비자들은 매우 참을성이 있다. 이런 행동 스타일을 가진 소비자들은 친근감 있는 눈빛과 얼굴 표정을 보이며, 일대일 또는 소규모 집단 내의 상호작용을 선호한다. 또한 질문에 대해 구체적이고 완전한 설명을 추구하며, 그들 자신이나 상황에 대해 주의를 환기시키는 것을 좋아하지 않는다. 또 다른 특성으로 이들은 일반적으로 갈등을 회피하고 화를 내지 않는다. 자신의 의견을 말하기보다는 질문을 하며, 그룹 내에서 말하기보다는 관찰하는 경향이 있다. 결론적으로 합리적인 행동 스타일을 가진 소비자들은 간단하고 사무적인 악수를 하고 가끔 눈을 마주치며, 격식을 차리지 않은 편안한 사무실 공간을 좋아한다.

(4) 표현적인 스타일

표현적인(expressive) 행동 스타일을 가진 소비자들은 친근감이 있고 긍정적인 태도를 보여주며, 열정적이고 활발하게 말하거나 몸짓을 사용한다. 또한 이들은 미소를 띠며 개방적인 신체언어를 사용하고, 말할 때 가깝게 접근하거나 접촉하는 경향이 있다. 게다가 이 같은 유형의 소비자들은 억양의 변화가 크고, 큰소리로 표현적으로 말한다. 보통 이 같은 유형의 소비자들은 직접적인 눈맞춤과 열정적이고 따뜻한 (보통 두 손으로) 악수를 한다. 뿐만 아니라 시간을 잘 의식하지 않는 편이고, 약속에 자주 늦는 경향이 있다.

〈표 3-3〉 소비자 유형별 소비자상담사의 응대 전략 및 방법

소비자 유형	소비자상담사 응대 요령
적극적/쾌활 소비자	빠르면서 경쾌하게
소극적/의심 많은 소비자	진실 되게, 천천히, 정확한 자료
우울해 보이는 소비자	명랑하고, 희망적으로
나이 많은 소비자	겸손하면서 자상하게
어린이 소비자	알기 쉽고 자세하게

빨리빨리형	가부를 분명히 해야 함, 시원시원하게 응대함
트집형	경청하고 맞장구를 침, 추켜세우고 설득함
거만형	정중하게 대함, 자기과시욕이 채워지도록 내버려 둠
싹싹 · 쾌활형	만만하게 대하지 않음, 인간적인 교류까지 가능하도록 함
온순 · 얌전형	정중하고 온화하게 대함, 차근차근 빈틈없이 처리해 줌
의심형	자신감 있는 태도로 간결 명확하게 응대함, 증거나 근거를 제시함, 책임자로 하여금 응대하는 것도 필요함

출처: 허경옥(2011). 내용과 포털사이트에서의 정보를 재구성하여 표로 제시함.

지금까지 분류한 유형 외에도 소비자의 표현 및 행동에 따라 소비자들을 다음과 같이 다양하게 분류할 수 있다.

- 권위형, 과시형, 급행형, 왕가형, 전문가형
- 불평, 신경질, 짜증형, 꽈배기형
- 의심, 경계형, 우유부단형
- 고장 난 레코드, 횡설수설형, 침묵형
- 애교형, 통사정형, 매너형, 친화형, 유머형
- 욕설형, 폭력형

4. 소비자 유형별 소비자상담 전략

동일한 소비자불만이나 요구라 하더라도 소비자들의 다양한 특성에 따라서 소비자상담 진행 방법이 달라져야 한다. 예를 들면 소비자가 외향적인지, 내향적인지, 태도는 권위주의적인가, 합리주의적인가, 우유부단한가 등과 같은 소비자들의 특성을 빨리 파악하여야 소비자상담을 보다 효율적으로 진행할 수 있다.

1) 불만 소비자 대상 상담 전략

불만족한 소비자를 소비자상담사가 잘못 응대하여 회사의 이미지를 악화시키는 경우가 많다. 그러므로 소비자상담업무의 분담 등으로 인해 소비자불만 및 상담 전

후 사정을 잘 모른다면 소비자상담사는 더욱 신중히 대처하여야 한다. 제품을 구매하고 이를 이용하는 과정에서 불만족한 소비자들의 특성은 다음과 같다.

- 자신의 구매행위 및 실수에 대한 자책감(화난 상태)
- 관련 법규나 전문가와 상의한 후 상담 요구
- 보상거절에 대한 불안심리 존재
- 소비자상담사가 자신의 문제를 해결해줄 것으로 믿음
- 금전적 손해에 대한 보상 희망
- 즉각 화를 내거나 공격적 상태가 많음
- 애원하며 호소함

불만 소비자들의 반응은 소비자의 96%는 불만을 말하지 않고, 단지 4%만 불만을 말한다는 점에서 중요하다(허경옥, 2012). 소비자가 기업에 불만을 전달하지 않는 이유는 다음과 같다.

- 불만의 이유를 입증하는 것이 귀찮다.
- 누군가를 비난해야 한다.
- 빨리 잊고 싶다.
- 주변의 여러 사람에게 회사를 비난한다.

한편, 소비자가 불만을 기업에게 표출하는 이유는 다음과 같다.

- 대화를 통해서라도 해결하고 싶다.
- 다시 한번 만족스러운 서비스를 받고 싶다.
- 불만이 신속히 해결되면 회사를 신뢰하게 된다.

〈표 3-4〉 소비자불만 원인

소비자불만 형태	서비스 불만	소비자상담실에 대한 불만
• 응대행태 불만 • 처리절차 불만 • 처리결과 불만	• 불만감정 전파 • 재이용 기피	• 접수 안내 미흡, 소극적인 업무처리 • 까다로운 증빙 요구에 대한 불만, 전문성 부족 • 접수 및 진행 상황 안내 지연 불만 • 소극적인 업무처리에 대한 불만 • 상담 적체에 대한 불만 • 사업자 두둔, 기대에 못 미치는 답변

〈표 3-5〉 불만 소비자들의 다양한 유형

불만소비자 유형	실제 소비자의 언행 행태
① 해외파형	선진국의 법이나 기준 등을 들먹이며, 자신의 피해를 구제해 줄 수 없는 우리나라 현실을 비난하는 타입
② 무대포형	기대치가 너무 높아 수리 등의 피해보상은 수용하지 않고, 무조건 제품교환이나 환불만을 고집하는 타입
③ 일확천금형	제품 사용 중 이물질 등으로 인해서 치아나 신체의 일부를 다친 것을 이유로 과다한 피해보상을 요구하는 타입
④ 노매너형	상담하는 동안 끝까지 반말, 맘에 들지 않으면 상담원 직책과 이름을 묻거나, 상사를 바꾸라고 요구하는 타입
⑤ 스토커형	자신의 건을 접수한 후 계속적으로 1-2일 간격, 시간 단위로 전화하여 담당자를 괴롭히는 타입
⑥ 고위층 빙자형	자신이 정부 또는 정계의 고위층과 친구나 가족관계에 있다며 잘 처리해 줄 것을 요구하는 타입
⑦ 대화상대 찾는 형	상담원의 설명이나 상담내용에는 별로 관심이 없고, 자신의 피해내용이나 일상사를 끝까지 들어줄 사람을 찾는 타입
⑧ 작업형	상담원에게 목소리가 예쁘다, 나이가 몇이냐며 언제 차나 식사를 하자고 제안하며 작업(?)을 시도하는 타입
⑨ 정의파형	자신의 피해는 보상받지 않아도 좋지만 (실제로는 더 많은 것을 요구함) 4천만 소비자들의 권리를 보호하기 위해서 민원을 제기하는 것이라며 사회정의를 주장하는 타입
⑩ 마마보이형	가정에서 부모님들이 모든 것을 처리해주는 것에 길들여진 10-20대들이 피해구제에 필수적인 사항들도 알려주지 않고 소보원에서 모든 것을 처리해 줄 것을 요구하는 타입

출처: 허경옥(2011)의 내용에 포털사이트에서 제공하는 내용을 종합하여 표로 재구성함

〈표 3-6〉 불만소비자 대상 소비자 전략

구분		
불만 소비자 대응 자세	• 천천히 침착한 목소리로 이야기 • 문제 어려운 경우 관리자가 해결 지원 • 대안을 강구해 줌 • 소비자와 합의한 대안은 성실히 실천 • 소비자가 만족할 수 있는 방법 제시 • 전문기관 알선 • 개방형 질문	• 충분한 배려 • 보상받기 원하는 것에 대한 질문 • 공감하면서 경청 • 열심히 소비자불만 들음 • 먼저 사과 • 소비자 관점 어휘 사용으로 공감대 형성 • 변명하지 않음
논쟁 회피 방법	• 상대방 의견 일부분과 일치시킴 • 상대방 생각과 동일했다고 말함 • 대부분 소비자 의견과 일치하고 있음을 인정해 줌 • 상대 공격 이전에 칭찬에 인색하지 않음	• 불평에 맞대응하지 말고 더욱 예의 갖춤 • 불평 나쁘게만 생각지 말고 일단 수긍 • 기분 좋게 해 주는 표현을 씀

소비자 화나게 하는 사례	• 소비자 무시 • 약속 파기 • 무책임 주의 • 침묵 제일주의	• 전문성 부족 • 소비자와 함께 흥분하기(소비자 가르치기) • 정당화하기(회사 규칙상…) • 아무 반응도 보이지 않기(사후처리)
화가난 소비자 대응 기법	• 경청, 안심, 긍정적인 태도 • 원인규명, 소비자 감정상태, 화난 이유 인지	• 객관성 • 불만감소 • 해결책 협의, 지속적 소비자접점
불만 소비자 응대 기본 원칙	• 해결책을 강구함 • 불평불만을 잘 끝까지 들어줌	• 불평불만 정확한 원인 판단/분석 • 불평 받아들일 수 있는 시스템 제도화
불만 소비자 응대 전략	• 청취 • 배려, 긍정적인 태도 • 미소 짓고, 이름 알려주고, 도움 제공 • 변명하지 말 것 • 개방형 질문, 정보 분류, 적합한 행동	• 참을성 있게 공감적 경청 • 차분하게 목소리 상대적으로 낮춤 • 문제해결 최선 다하고 있음 전달 • 문제해결 만족스러웠는지 확인

출처: 허경옥(2011)의 내용에 포털사이트에서 제공하는 내용을 종합하여 표로 재구성함

2) 우유부단한 소비자 대상 상담 전략

우유부단한 소비자는 상대방이 이야기하는 것에 대해 특별한 긍정도 부정도 하지 않고 모두 맞다고 받아들이는, 즉 주관 없는 특성을 보인다. 이런 유형의 소비자를 응대할 때 소비자상담사는 대화의 내용을 제대로 이해하고 있는지 가끔 확인하면서 소비자상담을 진행하여야 한다. 우유부단한 소비자의 특성 때문에 상담의 진척이 느리다 하여도 소비자상담사는 상대가 소비자라는 사실을 기억하며 인내하여야 한다. 또한 소비자상담사는 가능한 많은 정보를 얻기 위해 개방형 질문을 사용하고, 소비자의 언어적 메시지뿐 아니라 비언어적 메시지에도 주의를 기울여야 한다. 소비자상담사는 응대하는 소비자가 의사결정을 하는데 도움이 될 수 있도록, 소비자의 기분이 상하지 않도록 하면서 결론을 제시하는 상담 전략을 사용하는 것이 적절하다.

〈표 3-7〉 우유부단한 소비자 대상 상담 전략

우유부단한 소비자의 특성	우유부단한 소비자의 대응전략
• 상담자가 대화 과정을 리드하여, 소비자가 스스로 의사결정 할 수 있도록 조력 • 소비자의 말과 행동에 긍정적 태도를 보이고, 소비자 자신의 결정에 믿음을 주어야 함 • 집요한 강요와 설교는 역효과 초래 • 객관적 분석 자료와 통계 이용을 통한 소비자의 선택에 신념 부여 • 인내심으로 경청 • 문제 분석 후 선택에 필요한 정보제시 • 상대방을 먼저 칭찬하면서 경청 • 주의 깊게 경청	• 상담자가 대화 과정을 리드하여, 소비자가 스스로 의사결정 할 수 있도록 조력 • 소비자의 말과 행동에 긍정적 태도를 보이고, 소비자 자신의 결정에 믿음을 주어야 함 • 집요한 강요와 설교는 역효과 초래 • 객관적 분석 자료와 통계 이용을 통한 소비자의 선택에 신념 부여 • 인내심으로 경청 • 문제 분석 후 선택에 필요한 정보제시 • 상대방을 먼저 칭찬하면서 경청 • 주의 깊게 경청

출처: 허경옥(2011)의 내용에 포털사이트에서 제공하는 내용을 종합하여 표로 재구성함

3) 화난 소비자 대상 상담 전략

화가 나 있는 소비자를 응대할 경우 소비자상담사의 죄송합니다라는 한마디가 중요하다. 소비자상담사가 선입관으로 응대한다든지 사무적으로 처리하면 반드시 반발을 사게 된다. 또한 소비자상담사가 소비자에게 부당성을 지적하려고 하는 응대는 소비자를 더욱 화나게 한다. 소비자상담사는 화난 소비자의 감정 상태에 공감하며 문제해결에 소비자의 참여를 유도하는 방향으로 상담을 진행한다.

〈표 3-8〉 화난 소비자 대상 상담 전략

화난 소비자의 특성	화난 소비자의 대응 전략
• 화를 표출한 후 허전하거나 후회하는 경향 • e-mail로 욕설을 퍼붓는 경향 • 문제해결이 잘못되면 대표이사를 찾고 매스컴에 고발 등 문제를 확대하는 경향 • 문서상담에서도 불쾌한 표현 사용 • 전화를 걸자마자 화를 냄 • 선동하는 경우	• 같이 화를 내는 것은 금물 • Yes, But 화법으로 정중히 사과 • 화내는 이야기에 공감하면서 경청 • 원인을 정확하게 분석하여 규명 • 침착하게 응대 • 긍정적 자세로 소비자를 안심시키기 • 전화상담에서 오래 기다리게 하지 말기 • 불만을 줄이도록 노력 • 사후 확인, 사과 및 감사를 표시 • 동의 구하기, 해결방법을 협의

출처: 허경옥(2011)의 내용에 포털사이트에서 제공하는 내용을 종합하여 표로 재구성함

화가 난 소비자에게 대응하기 위한 소비자상담사의 상담 전략을 다시 정리하면 다음과 같다.

- 먼저 사과를 한다.
- 소비자의 감정을 상하게 하지 않도록 불만 내용을 끝까지 참고 듣는다. 단 소비자의 감정에 휘말리지 않고 객관성을 유지하여야 한다.
- 진실을 확인하고 변명하지 않으며 불만사항에 대하여 정중히 사과한다.
- 근본적인 불만의 원인을 규명한다.
- 최선의 해결책을 제안한다. 경우에 따라서는 소비자로부터 문제해결의 아이디어를 구하는 등 해결책을 협의한다. 그래도 설득이 되지 않을 때는 직원과 상담 장소를 바꾼다.
- 소비자가 문제해결책에 만족하였는지 점검한다. 책임감을 갖고 전화를 받은 직원의 이름을 밝혀, 소비자를 안심시키고, 끝으로 한번 더 사과한다는 말을 한다.

4) 요구사항이 많거나 오만한 소비자 대상 상담 전략

요구사항이 많거나 오만한 소비자는 까다로운 소비자인 동시에 아이디어 창구의 역할도 하는 소비자이다. 이들은 일반 소비자에 비해 자신의 불만과 불평사항을 적극적으로 기업에게 표현하는 편이다. 소비자상담사는 오만한 소비자에게 기술적인 대응보다는 소비자 가치 제공이라는 소비자상담 전문가다운 자세로 안정되고 공정한 태도를 유지하며 소비자상담을 진행하여야 효과적이다. 소비자 가치 제공을 위해서 소비자 내면의 요구를 파악함과 동시에 소비자와의 커뮤니케이션 노력을 강화해야 한다. 요구사항이 많고 오만한 소비자에게 효과적으로 소구하기 위해서 소비자상담사는 기계적인 상담 대신에 소비자와의 대화 노력, 특히 감성적 연대에 많은 노력을 기울여야 한다. 소비자와의 감성적 연대를 강화할 수 있는 강력한 장치가 소비자불만처리센터 또는 콜센터가 되어야 한다. 일반적으로 많은 사람들은 콜센터가 소비자의 불만을 처리해 주는 역할을 한다고 생각한다. 그러나 콜센터의 역할은 소비자들의 불만을 충실히 들어줌으로써 문제가 설사 해결이 안 되더라도 스스로 어느 정도 만족감을 느끼게 해주는 것이다. 따라서 기업들은 콜센터를 이용하여 요구사항이 많거나 오만한 소비자와 진지한 대화를 통해 관계를 강화할 수 있도록 노력해야 한다.

5) 무례하거나 경솔한 소비자 대상 상담 전략

소비자의 감정상태 때문에 소비자상담사 자신의 감정이 격해지지 않도록 조심해야 한다. 소비자가 유쾌해질 때까지 소비자상담사는 공정성을 유지해야 하며, 침착함을 유지하면서 소비자보다 한 단계 우위에 서서 전문적으로 문제를 해결해야 한다.

6) 수다스러운 소비자 대상 상담 전략

템포가 빠르고 이야기하는 것을 좋아하는 수다스러운 소비자를 대상으로는 소비자상담사가 가능한 따뜻하게 수용하며 소비자의 용건을 해결하고 이를 위해 개방형 질문을 사용한다. 가능하다면 가벼운 농담을 주고받으며 될 수 있는 대로 소비자에게 이야기를 시키는 것이 전략이다. 그러나 불필요하게 소비자상담 시간을 길게 끌지 않기 위해 소비자들의 요구사항을 파악하고 난 후에는 폐쇄형 질문으로 소비자들의 참여기회를 감소시키고 상담사가 주도권을 가지고 소비자상담을 진행해 나가야 한다.

7) 온화한 소비자 대상 상담 전략

매우 느리며 온화하게 이야기하는 소비자의 경우 소비자상담사가 일방적으로 이야기를 하지 않도록 주의한다. 온화한 소비자 대상 소비자상담사의 응대 요령은 다음과 같다.

- 말이 없다고 소비자가 흡족해 한다고 착각해서는 안 된다.
- 말없는 소비자는 오해도 잘하기 때문에 정중하고 온화하게 대해 주어야 한다.
- 일 처리는 빈틈없이 신경 써서 처리해 주어야 한다.

8) 신경질적인 소비자 대상 상담 전략

소비자상담사는 신경질적인 소비자에게 불안감이나 불만을 주지 않도록 배려하여야 하며 애매한 표현을 사용해서는 안 된다. 신경질적인 소비자들에 대한 소비자상담사의 응대 전략은 다음과 같다.

- 상대방의 감정을 격화시키지 않도록 인내를 가지고 응대한다.
- 말씨나 태도에 주의한다.
- 불필요한 대화를 줄이고 신속히 조치한다.

9) 까다로운 소비자 대상 상담 전략

까다로운 소비자들을 대상으로 설득하고 효율적인 소비자상담을 위한 전략들은 다음과 같다.

- 1단계: 소비자가 감정을 발산할 수 있게 해 줌
- 2단계: 부정적인 생각이 끼어들지 않도록 주의함
- 3단계: 소비자에게 동감을 표함
- 4단계: 능동적으로 문제해결을 시작함
- 5단계: 해결책에 서로 동의함
- 6단계: 후속 조처를 함

한편, 까다로운 소비자를 위한 소비자상담사들의 청취 기법이나 전략은 다음과 같다.

- 초연함을 유지함
- 순간적으로 정신적 · 육체적으로 한 걸음 뒤로 물러남
- 호흡을 가다듬음
- 프로정신을 가지고 침착함을 유지함
- 맞서지도 말고 또 개인적으로 받아들이지도 말 것
- 한 걸음 물러서서 다시 대응함

10) 상담 현장 상황별 소비자 대상 상담 전략

소비자상담은 진행하는 대면상담 현장의 특성에 따라 소비자상담사들은 〈표 3-9〉와 같은 상담 전략을 활용할 수 있다.

〈표 3-9〉 상담 현장 상황별 소비자상담 전략

소비자 유형	소비자 특성	상담 응대 요령
그룹형 소비자	• 시끄럽고 구매 소비자는 적음 • 가끔 간섭함	• 모두 중요한 소비자로 응대 • 구매 소비자를 신속하게 발견 • 다른 소비자에게 의견을 들음 • 대화에 참여시킴
연인 동반 소비자	• 자기들만의 시간을 갖고 싶어함 • 이성에게 우쭐대고 싶어함	• 남성보다 여성에게 더욱 친절 • 필요 없이 대화에 끼어들지 말기 • 본인이 특별한 소비자라는 인상을 주어 이성에게 자랑스럽게 느껴지도록 함
어린이 동반 소비자	• 자신보다 아이에게 신경씀 • 자기 자식을 최고로 인정하려 함	• 어린이의 칭찬거리를 찾아 칭찬 • 최대한 관심 표현 • 장난감 선물로 효과 유도

출처: 허경옥(2011)의 내용을 표로 재구성함

한편, 소비자들의 의사소통 유형에 따라 소비자상담사들은 〈표 3-10〉과 같은 전략을 활용할 수 있다.

〈표 3-10〉 소비자 의사소통 유형에 따른 소비자상담 및 응대 전략

의사소통 유형	소비자 응대 전략	
이야기 맞장구 치는 소비자	• 필요 이상의 말을 삼가 • 동조하면서 상담을 진행	• 핵심을 제시
말을 더듬는 소비자	• 이야기에 보조를 맞춤 • 해결방법을 천천히 편안하게 이해시킴	• 핵심을 주의 깊게 경청
주저하며 말하는 소비자	• 대화 내용을 빨리 이해함 • 용기를 갖게 하여 상담함	• 마음을 편안하게 만들어줌 • 문제해결대책을 구체적으로 제시
비유 잘하는 소비자	• 주의 깊게 경청함 • 이해시키며 방법을 제시	• 논리적으로 설명 • 동의를 구함
과장된 말 잘하는 소비자	• 메모하면서 경청 • 내용 메모/확인받아둠	• 내용을 듣고 확인시킴 • 논리적 상담 전개/그때그때 확인
이치 따지기 좋아하는 소비자	• 맞서서 따지는 것은 삼감 • 문제해결책 구체적 사례 제시	• 우선 상대 의견 인정해 줌 • 협조를 구하며 상담을 진행
생각 많이 하는 소비자	• 문제 핵심을 잘 경청 • 근거 자료에 의해 상담 처리	• 문제해결 대안을 자신 있게 제시
빈정대는 소비자	• 상대방의 자존심을 존중 • 진지하게 응대	• 논리적으로 응대 • 결론 확실히 내리고 상담 종결
말을 자르는 소비자	• 상대방의 말을 경청 • 논리적으로 상담 진행	• 상담계획대로 진행 위해 양해구하며 상담 • 간단명료하게 핵심을 제시

유창하게 말하는 소비자	• 반론 제기는 삼가 • 사례 근거 문제해결대책 제시	• 문제의 핵심을 재확인 • 전문가답게 대응, 상담
격렬한 어조로 말하는 소비자	• 주의 깊게 경청 • 메모하면서 확인	• 음성을 낮추면서 대응 • 논리적으로 확실하게 대안 제시

출처: 허경옥(2011)의 내용을 표로 재구성함

이외에도 〈표 3-11〉와 같이 다양한 소비자행동 유형이나 스타일에 따른 소비자상담사들의 상담 전략은 다음과 같다.

〈표 3-11〉 소비자행동 유형/스타일 특성별 소비자상담 전략

	유형	소비자 특성	상담 전략
1	신중형/분석형	• 신중하고 비판적이며 고집 셈 • 경청형, 사려 깊고 상황 철저 분석함 • 발언 너무 길고 자세한 경향 • 충실 자료/증거 제시 사람에게 호의적 • 실용성 질문 많이 하나 망설임 많음	• 자료 제시하고 애매한 일반화는 회피 • 초조해하지 않고 질문에 성의껏 답 • 사례 예로 들며 추가 설명 • 혼자 생각할 수 있는 시간적 여유 줌
2	자존심 강한 소비자	• 상대가 아는 체 하면 불쾌 감정 드러냄 • 자신 문제보다 사회정의 실현 주장 경향 • 자존심 건드리는 언어/표현에 즉각 반발	• 말 끝나면 일단 내용에 대해 인정 • 가능한 모든 존칭 다 사용 • 즉석에서 칭찬 가능한 소재 끄집어냄 • 면전에서 자존심 상해도 그 순간 참음
3	편협적, 유아 독존적	• 주장 내용 논리적 비약 경향 있음 • 법령 질서를 무시한 독선적 주장 경향	• 지나친 주장에 원인과 부당성 조리 있게 • 다른 사례와 비교하여 주장 무리 이해하게 함 • 주장 받아들이면서도 문제점 도출해 이해시킴
4	의심 많은 소비자	• 뻔히 알 수 있는 것도 질문 되풀이함 • 여러 경우 미리 예상하여 계속 질문 • 지나치게 자세한 설명/친절도 의심	• 결코 답답해하거나 짜증 내지 않음 • 의견을 들어주면서 차분하게 설명 • 분명한 증거나 근거를 제시하여 설명
5	수다형	• 상황에 따라 기분 변화가 많은 편 • 문제요점 설명보다 장황 늘어놓는 편	• 그저 참고 듣는 수밖에 없음 • 최대 친절하게 소비자 한 말 요약/결론
6	무례형, 뽐내는 거만형, 자기 과시형	• 부정적 반응 많음 • 보상 금액에 얽매이지 않는 듯 표현 • 다 알고 있다는 듯 설명 잘 듣지 않음 • 자기 자랑이 심하고 거만 • 직원보다 책임자에게 접근하려고 함 • 특정 직원을 찾고, 특별대우 희망 • 유명인 이름 거론 • 자신의 지위 과시	• 되도록 정중하게 대함 • 소비자 특이사항 찾아내어 칭찬해 줌 • 욕구가 충족되도록 추켜세워 줌 • 의견에 대해 맞장구를 침 • 자기과시욕 채워지도록 뽐내게 하도록 함 • 소비자가 찾는 직원에게 서비스를 하도록 함 • 책임자가 인사하고 상품 설명, 호칭 배려 • 동반 소비자에게도 존경심 표현

7	깐깐한 소비자	• 말이 별로 많지 않음 • 예의 있어 직원에 깍듯이 대해 주나 직원 잘못은 꼭 짚고 넘어가는 형 • 반대견해에 규정/근거 요구하는 편	• 정중하고 친절히 응대 • 잘못 지적할 때에는 반론을 펴서는 안 됨 • 받아들이는 자세 취함
8	빨리 빨리형	• 빨리 빨리 재촉 심함 • 다른 소비자 응대 사이에 잘 끼어듦 • 한꺼번에 얘기하고 질문도 많고 짧음 • 금방 동의 내용 번복 가능성 높음 • 업무지시까지 함	• 정중함보다 신속함 보여 줌 • 동작 외에도 빨리 처리한다는 말 표현 필요 • 늦어지는 사유 분명히 말하고 양해 구함 • 언짢은 내색 안 되고, 원리원칙만 내세우지 않음
9	비현실적 요구 소비자	• 모든 사람 인격 존중함 • 유연하고 창의적인 자세를 가짐 • 때로는 고의적 문제 제기/고액 요구 • 고의적 소란 경우 있음 • 문제점과 약점을 잘 알고 있음 • 신문, TV, 고발센터 고발 운운 • 형사고발 등 법적 대응 등의 엄포형	• 불만 내용 주의 깊게 메모하면서 경청 • 소비자 존중하면서 응대 • 문제해결 필요한 전문 지식 사전 준비 • 전문가 조언을 받아 대안 수립 • 소비자에게 대체안을 제시하고 협조 요청 • 쌍방간 양보/합의도출 사과/이해시키고 협조 요청
10	직선적 소비자	• 행동과 말 솔직함 • 다소 급한 성격 • 종종 감정적 발언 • 쾌활하면서 다소 거친 면	• 언어 사용에 주의 • 잘 듣고, 요구사항에 즉각적 조치 • 간결/요점 간추려 설명, 이해 못하면 부연설명
11	사교적 소비자	• 접근 쉽고 상당히 친절함 • 미소/친절 단 속마음 알기 어려움 • 활발한 성격, 유머러스한 언변	• 속마음 알 수 없어 신경 써야 함 • 사교적 언변 끌려 상담 목적 달성 못할 수 있음 • 소비자상담사가 더 친절해야 함 • 업무 외 인간적 모습으로 접근 • 호기심 자극하고 소비자 반응 적절히 파악
12	경제적	• 주의력/사고력 풍부 • 상품구입 시 많은 시간 투자 • 침착/온화한 성품 • 상품, 서비스 폭넓은 지식 • 참을성 많고 소비자상담사 말 현혹되지 않음 • 질문에 구체적/완전한 해답 요구 • 대화에 적극적 동참, 상당히 활동적 • 저단가/공짜 선호, 바겐세일 선호	• 사전에 정확하고 완전한 해답 준비 • 구체적인 수치나 사례로 신뢰성 부여 • 소비자의 의사표시에 칭찬과 지지 표명 • 경청 기법으로 소비자의 말에 주의 • 소비자 상품지식 높게 평가해 주기 • 공짜 서비스, 가끔 선물 제공 • 사용 중 비용 적게 소요되는 제품 권고 • 고단가 상품은 가능한 추천 삼가
13	반항적	• 다소 불친절한 모습 • 자신의 기분에 따라 종종 흥분 • 종종 낮춤말 사용 • 도도하고 상당히 거칠음 • 타인의 말 무시, 설명에 관심 없음 • 쉽게 흥분하고 언성을 높임 • 대화 도중 침묵/화내기도 함	• 긍정적 질문 사용, 소비자 마음 순화 • 소비자 성향 빨리 파악하여 예의 갖춤 • 감정적 부분 건드리지 않도록 주의 • 소비자 질의에 신속한 말과 행동 • 소비자 화에 같이 흥분 말고 시종일관 친절 • 상담과정 중 실수 발생의 최소화

14	권위주의 소비자	• 특별대우 원하고 자기과시 • 자신 기억해 주길 바람, 직접 나서지 않음 • 자신만만, 거만한 태도, 자기주장 강함 • 엄숙한 모습/제한된 비언어적 의사표현 • 구체적, 직접적, 직선적 질문 제시	• 신뢰성 있는 말과 행동 • 최고 서비스 제공, 소비자정보 기억하여 활용 • 제공 정보 질 높이고 직접적/구체적 설명 • 특별대우 느낌을 받도록 서비스 제공
15	호인형 소비자	• 사귀기 쉽다 • 쾌활하고 명랑함	• 사용하여 칭찬 • 단도직입적 요점으로 유도 • 대화 중 주제를 벗어나지 않도록 주의
16	유머형 소비자	• 활발한 성격 • 유머러스한 언어사용 • 친숙해질 수 있음	• 예의에 어긋나지 않도록 대화 • 맞장구치며 동감 • 소비자에게 상품안내/상품설명 많이 하게 함
17	깍쟁이형	• 할인 요구, 성취에 자기만족 • 안 산다고 겁을 줌 • 타 경쟁품과 비교	• 소비자 입장 존중 • 품질과 서비스를 보장 • 책임지겠다고 강조 • 상품 품질/이점 강조, 가격 나중에 제시
18	반말형	• 도도하고 거침 • 남녀 구별 없이 반말 • 잘난 척	• VIP로 대접 • 행동 하나하나 민첩함을 보여줌 • 친절하고 정중함, 진실한 모습 제시
19	신경질형	• 괴팍한 성격 • 쉽게 신경질을 내고 성격이 급함	• 조용히 안내하면서 깔끔한 서비스 제공 • 신속한 응대 • 과잉 친절 금물
20	전문가형	• 잘난 척 • 상품에 대한 사전 지식 풍부 • 구체적 질문 • 논리적	• 아는 척하지 말고, 질문에 답변만 제시 • 동행 소비자 앞에서 VIP 대접, 호칭 배려 • 소비자 상품지식 높이 평가 • 책임자가 인사하고 상품 설명 • 소비자의 설명 부정 삼가, 권위의식 인정
21	최고형 소비자	• 직원에게 일임 • 고가품, 희귀품, 외제품 선호	• VIP 대접 • 신뢰성 있게 상품 설명/최대만족 유도

출처: 허경옥(2011)의 내용을 토대로 표로 재구성함

5. 소비자 대상별 상담 전략

소비자가 외국인인가 장애인인가 등 대상에 따라 같은 내용의 소비자불만이나 소비자피해라 할지라도 소비자상담 전략이 달라진다. 소비자상담사들은 〈표 3-12〉를 참조하여 소비자상담을 진행하면 적절할 것이다.

〈표 3-12〉 소비자 대상별 상담 전략

유형	소비자 특성	상담 응대 요령
외국인 소비자	• 한국말에 익숙하지 않음 • 우리의 관점 이해 못할 수 있음 • 생각 자유롭고 자신 권리 의식 강함 • 소비자의식 강하고, 불친절/불만 서비스 민감 • 자신의사 분명 표현, 구체적 해결방법 원함	• 외국어 사용에 대한 장벽을 제거해 줌 • 성실하고 적극적인 태도 • 외국인 의사 정확/파악하고 구체적 해결 제시 • 외국인 언어적, 비언어적 의사표현에 집중 • 외국인과의 대화 도중 한국말로 속삭이는 것 삼가 • 시종일관 미소 유지
장애인 소비자	• 일반 사람 접근 꺼림 • 자신을 좋게 보지 않을 것으로 생각 • 특별한 대우를 불편하게 생각 • 소극적/자신 결정 신념 갖지 못하기도 함 • 스스로 무엇인가를 해내려는 신념이 강함	• 일반인과 다르게 특별/불친절 대우 안 됨 • 장애인 입장에서 사안 파악하는 과정 필요 • 지나친 대접 삼가, 도움 주되 동정 모습 삼가 • 장애인 눈높이 맞추어 공손/예의바른 상담
노인 소비자	• 새로운 소비자 계층으로 부각 • 소비성향 높으며 자존심 강함 • 보수성과 개방성 동시에 내재 • 자신의 신념 쉽게 꺾지 않음 • 자신의 관점에 따라 이해하고 결정 • 집단을 형성하여 다니기도 함	• 노령자 심리상태 적절히 이해하고 상담 • 웃어른에 대한 공손한 자세 유지 • 무시는 금물 • 적절 호칭/상황에 따라 적절 사용 • 인내심 가지고 의견을 존중
어린이 소비자	• 소비 경험 부족 • 부모의 상담 행동 모방	• 어리다고 비하하는 태도나 언어 조심 • 전문가적 이미지와 긍정적 서비스 제공 • 어린이 연령 적당한 단어 사용/설명 • 직접 경험하도록 놀이/게임 등 유희적 방법 사용
미성년 소비자	• 다소 소극적인 모습 • 지식 범위가 좁아 충동적 모습을 보임 • 자신의 나이가 어리다고 생각하지 않음 • 어린아이처럼 대우받는 것을 싫어함 • 정당한 소비주체로서의 대우 희망 • 호기심 많고, 질문하기를 선호	• 장래 소비주체 임을 인식 • 미성년자 입장에서 생각해 보는 과정 필요 • 부모 등에 의해 취소될 수 있음 • 미성년자 구전 효과 감안 정직한 모습 상담 • 착오 없도록 명확한 설명/재확인 필요 • 하나의 인격체로서 존중 • 질문 많더라도 친절하고 상냥하게 답변

출처: 허경옥(2011)의 내용을 토대로 표로 재구성함

제4장
기업의 소비자상담

소비자불만 및 소비자피해 발생 시 거래 당사자인 기업이 소비자불만 처리 및 피해구제를 위한 소비자상담업무를 수행하는 것은 매우 중요하다. 기업의 소비자상담은 거래 당사자라는 이유 그리고 사회비용, 효율성 등 여러 측면에서 다른 상담 주체자들(예: 소비자단체, 정부)보다 중요하다고 하겠다. 기업에서 소비자불만처리 부서의 명칭은 다양하게 사용하고 있으나 가장 많이 사용하고 있는 명칭인 기업의 소비자상담실[1]에서는 소비자불만 접수 및 피해구제 외에도 자사제품에 관한 상담, 소비자상담자료 정리, 분석 및 보고, 소비자만족도 조사, 사내외 소비자교육, 소비자단체, 소비자정책 동향 파악 및 대응책 마련, 소비자불만 및 피해 사전 예방 노력 등 다양한 업무를 수행한다. 기업 소비자상담의 궁극적인 목표는 소비자만족을 높여 판매 재창출을 유도하고 결국 기업 이윤을 증가시키는 데 있다.

1) 기업 입장에서 고객을 자사제품 구매 고객 또는 과거와 미래 자사제품 구매(예정) 고객이라고 할 수 있다. 이에 고객 상담, 고객 서비스, 고객의 소리 등의 용어를 선호한다. 소비자라는 용어는 자사제품과의 관계를 떠난 일반적인 불특정 사람들이다. 그러나 본 저서에서는 광범위하고 넓은 의미에서 소비자라는 용어를 사용하고자 한다.

1. 기업 소비자상담의 기초

세계화 및 소비의 지구촌화가 계속되면서 기업 간의 경쟁이 더욱 치열해지고 있을 뿐만 아니라, 소비자의 기호 및 욕구가 다양해지고 개성화되었다. 이 같은 상황에서 기업이 경쟁력을 가지기 위해서는 소비자만족을 높이기 위한 효율적인 소비자상담 수행이 중요하다. 따라서 소비자만족을 지향하는 기업들에게 있어 소비자상담 부서를 설치・운영하는 것은 거의 필수적이라 할 수 있다.

1) 기업 소비자상담의 중요성

기업 입장에서 소비자상담은 기업 이미지 향상, 소비자 유지, 소비자정보수집 및 활용 등의 측면에서 매우 중요하다. 여기에서 주목해야 하는 것은 기업에서 소비자 불만이나 피해구제 처리는 기업의 비용 증가가 아니고 장기적으로 이익을 창출하게 된다는 것이다. 소비자상담 부서와 접촉한 경험이 있는 소비자들 중 감동한 소비자의 경우는 90%가 재구매하겠다고 응답하고 있는 반면, 상담 부서에 불만족한 소비자의 33%는 전혀 다시 구매할 가능성이 없는 것으로 밝혀진 바 있다(정기주, 1998). 한편, 불만족한 소비자는 평균 수준보다 높은 74%가 타인에게 부정적 경험을 전달하고, 평균 10여 명의 타인에게 부정적 구전활동을 한다고 알려지고 있다. 이 같은 조사결과는 기업의 소비자상담이 소비자들의 재구매 및 긍정적 또는 부정적 구전활동 등에 많은 영향을 미치고 있음을 알 수 있다. 나아가 기업 이익 증진을 위한 경영전략 또는 마케팅 차원에서 얼마나 중요한지를 명백하게 보여준다.

기업 소비자상담이 기업에게 어떻게 중요한지를 구체적으로 살펴보면 다음과 같다. 첫째, 소비자의 목소리를 직접 청취함으로써 기업 경영진이 소비자들의 불만이나 피해사례 등 소비자의 정보를 얻을 수 있다. 고객의 소리 청취는 간접적인 시장조사의 효과를 얻을 수 있으며, 자사제품이나 마케팅의 취약점을 이해하고 파악할 수 있다.

둘째, 기업의 소비자상담은 기업의 제품, 서비스, 유통 등 소비자만족경영을 실현시키는 중요한 수단으로서 기업 이익과 직결된다. 기업의 소비자상담은 소비자 유지, 소비자의 이탈 방지 등 소비자만족경영의 중요한 수단이 되고 있다. 소비자를 만족시키는 소비자상담은 재구매, 구전활동, 브랜드 충성도 등을 결정하므로 중요하다 하지 않을 수 없다.

셋째, 기업의 효율적인 소비자상담은 소비자들에게 기업의 이미지에 대한 인식을 높일 수 있으므로 기업은 이에 따른 광고 효과, 구전 효과 등을 얻을 수 있다. 친절한 상담, 효과적인 상담, 성공적인 상담은 기업 이미지를 높이고 재구매를 창출하여 기업 경영 성공의 수단이 된다. 소비자들이 불만을 느꼈을 때, 소비자들이 피해구제를 호소할 때 기업이 어떻게 대응하느냐에 따라 기업 이미지가 결정되므로 소비자상담 서비스는 기업에게 중요한 사항이다.

넷째, 소비자가 제품에 대한 불만을 제기할 때 제품의 문제점이나 결함을 발견할 수 있고 이에 신속히 대응함으로써 더 큰 불만이나 피해 확산을 예방할 수 있으며, 제품의 질이나 서비스 향상을 꾀할 수 있다. 추후 발생할지 모르는 소비자와의 분쟁 관련 법적 비용을 줄일 수 있다. 제조물 책임법 강화, 집단소송제도 및 징벌적 손해배상에 대한 사회적 요구가 큰 상황에서 소비자피해 사전 예방 업무는 매우 중요하다고 하겠다.

다섯째, 기업은 소비자상담을 통해 소비자들의 욕구, 불만, 의견, 취향 등을 적은 비용으로 쉽게 파악할 수 있다. 소비자상담 부서는 소비자와 접촉하는 최일선 접점(MOT: moment of time) 부서로써 소비자불만, 아이디어나 의견, 그 이외의 각종 정보를 수집할 수 있는 중요한 부서이다. 소비자상담 부서에서 소비자와 상담 과정에서 기업 경영에 중요한 소비자들의 의견이나 아이디어를 얻을 수 있고, 이 같은 정보를 데이터베이스로 구축할 수 있으므로 중요하다. 결국 소비자상담은 소비자만족 마케팅은 물론 소비자피해 사전 예방, 데이터마이닝 등 정보에 근거한 다양한 마케팅 전략 수립에 중요한 수단이다.

2) 기업 소비자상담 부서의 업무

기업의 소비자상담 부서에서는 소비자불만처리 소비생활정보제공, 소비자 건의나 의견에 대한 대처, 소비자요구에 대한 피드백, 소비자 의사를 경영진에게 전달하는 업무를 수행한다. 그런데 소비자상담실의 업무는 기업 규모나 업종, 매출액, 기업조직의 형태, 경영방침 등에 따라 차이가 있다. 뿐만 아니라 기업 경영진이 소비자서비스 업무를 어떻게 인식하여 규정하느냐에 따라 기업의 소비자 대응행동은 달라지게 된다. 기업 소비자상담실의 업무는 업종의 특성에 따라 차이가 있기 마련이다. 기업 소비자상담실의 일반적인 주요 업무를 정리하면 다음과 같다.

- 소비자불만 사전 예방이나 방지 활동(피드백 시스템)
- 제품의 상담 및 소비자불만에 대한 상담 활동
- 소비자 정보의 분석 통한 제품 결함 요소의 사전 인지 시스템
- 결함정보 중앙 행정기관에 보고 절차, 결함제품 시험 · 검사, 리콜 절차 및 대응
- 소비자상담업무에 필요한 인적, 물적, 시스템적 조직 및 기반 구성
- 정부 및 소비자(소비자단체) 등의 상담 및 요청할 수 있는 창구의 일원화
- 소비자보호 관련 정부 시책에 적극적인 협력(기업 내 홍보 및 교육활동)
- 한국소비자원과 소비자단체 활동(피해구제, 제품검사/시험, 교육/정보 등)에 적극 협력
- 소비자 생명 · 신체 및 재산상 위해 피해구제 절차 및 손해배상

〈표 4-1〉 기업 상담 부서의 일반적 업무 내용

업무 구분	주요 업무
소비자상담	• 제품 및 서비스에 대한 불만 및 피해상담, 소비자피해 사전 예방 • 소비자불만 처리 업무 기준 마련, 소비자불만 처리 사내 공유 및 관련 기관과의 공유 • 제품 구매, 사용, 보관에 대한 소비자 목소리 청취 및 피드백 • 소비자중심 경영 전략 수립
소비자 관리	• 구매 후 소비자관리(해피콜 등) • 소비자와의 관계 유지(각종 팸플릿, 소식지, 사은품 우송, 각종 이벤트기획/시행, 로열 소비자 관리) • 대소비자 홍보(소비자교육, 공장견학, 홍보자료 작성/보조)
정보수집 및 활용	• 소비자상담 자료의 정리/분석 • 각종 소비자조사(소비자욕구/성향 조사, 소비자불만 조사, 모니터운영/관리) • 각종 제안제도 기획과 운영(소비자 제안, 사내 직원 제안) • 소비자자료 분석결과 피드백(타 부서, 경영진, 일선직원, 영업직원) • 소비자 데이터베이스 관리, 소비자 관련 법규와 제도 분석
직원 교육 및 관리	• 직원교육 프로그램 개발 및 시행(업무능력 향상, 신/구제품, 소비자 서비스 요령 교육) • 직원 만족도 조사, 직원 업무 모니터링 • 직원 동기화 제도 기획/수행(인센티브제도, 직원 권한 강화)

타 부서/ 기관과 협력	• 사내 타부서와의 업무 연결 및 조정 • 외부 소비자상담 관련 기관과의 정보 교환 및 협력(정부기관, 민간 소비자단체, 동종 업계 기업) • 언론, 인터넷 등에서의 관련 동향 분석/조정

출처: 박명희 등(2001). 대한가정학회지, 39(5), 1-14.

한편, 소비자상담실을 운영하기 위해서는 〈표 4-2〉와 같은 3가지 요소가 필요하다. 소비자상담을 수행하는 주체인 소비자상담사, 상담사들의 업무를 지원하는 시스템, 그리고 상담업무 내용이 경영에 반영될 수 있는 피드백 체제가 소비자상담실의 3가지 필수 요소이다.

〈표 4-2〉 소비자상담실 운영의 3요소

소비자상담사	상담실 시스템	피드백 체제
• 상품지식 • 응대 기술 • 상담실운영기술 및 리더십	• 소비자정보수집 채널 다양화/통합관리 • 정보의 입력 및 검색 지원 • 정보 분석 분류, 리포트, DB화	• 소비자불만 즉응체제 구축 • 소비자정보의 사내공유화, 이슈화 • 책임자와의 직통 루트 확보 • 경영에 반영

출처: 허경옥(2000). 정보사회와 소비자.

3) 기업 소비자상담실 배치 및 위상

기업에서 소비자상담실의 배치 및 위상은 소비자중심경영에 대한 해당 기업의 인식 수준을 판단할 수 있는 중요한 기준이다. 소비자상담부서의 배치가 회사 내에서 독립적인가, 상담실 책임자의 지위는 높은 편인가, 결재 라인의 최종 책임자는 최고경영진인가, 그리고 상담실의 지리적 위치가 소비자들이 근접하기 편리한 곳에 있는가 등으로 판단한다. 즉, 앞서의 기준은 해당 기업이 소비자상담에 대해 어떤 경영방침을 가지고 있는지 그리고 소비자상담을 얼마나 중요시하는지를 판단할 수 있는 잣대가 된다. 다시 말해, 기업의 소비자중심경영 수준은 소비자상담 관련 부서의 위치, 지위, 권한, 역할 등에 의해 평가할 수 있다.

소비자상담 부서의 사내 위치에 따라 회피적 대응기업, 적극적 대응기업, 촉진적 대응기업으로 구분할 수 있다. 회피적 대응 형태를 취하는 기업은 소비자상담 관련 부서를 기업 조직의 하부 말단 부서에 배치하고, 전문상담 인력을 두지 않으며, 상담 인력의 부서 간 이동이 잦고, 소극적인 차원에서 소비자상담에 응하고 있는 기업 유형이다. 또한 소비자불만 및 소비자피해 등에 대한 정보가 기업경영에 반영되지 못하는 체제로 이루어져 있는 기업이다. 이 같은 구조 속에서 소비자상담 부서는 선호하지 않는 낮은 직급의 부서로서 그 역할, 지위 등의 측면에서 무력하다고 하겠다.

반면, 촉진적 대응 기업이란 소비자상담 부서를 사장이나 회장 직속 부서로 배치하여 독립적으로 운영하는 기업은 상담 부서의 업무나 의견 등을 기업경영에 적극적으로 반영하고자 하는 경영 방침을 가진 기업을 의미한다. 소비자들의 의견, 욕구, 불만 등이 적극적으로 기업 경영에 반영되는 경우로서 소비자만족경영을 적극적으로 실현하고자 하는 기업이라고 하겠다.

- 소비자불만대응 회피적 유형: 불만해결 및 피해구제를 회피하거나 소극적인 기업
- 소비자불만대응 적극적 유형: 소비자불만 해소, 피해구제 업무를 적극적으로 수행하는 유형, 소비자 부서가 지위와 권한을 어느 정도 가진 경우
- 소비자불만대응 촉진적 유형: 소비자불만 및 피해구제 업무에 적극적이고 기업경영에 반영하고자 하는 경우

소비자중심경영, 소비자만족경영 실현, 성공적 기업 경영을 위해서는 소비자와 접점에 있는 소비자상담실 부서의 배치나 권한 그리고 소비자업무 근로자들의 회사 내 지위가 보장되어야 한다. 소비자상담실과 최고경영자 간의 보고 단계가 짧고, 상담부서를 사장 직속으로 배치하는 것이 바람직하다. 다시 말해, 소비자의 의견 및 소비자의 불만이나 불평이 중간 간부들에 의해 사장되거나, 수정되고, 조정되어 최고경영자에게 전달되거나, 아예 전달조차 되지 않는 체제가 되어서는 안 된다.

끝으로, 소비자상담실의 지리적 위치 또한 중요한 사항인데, 소비자상담실은 소비자가 근접하기 편리한 위치(예: 1, 2층)에 배치하는 것이 바람직하다. 또한, 소비자상담실은 깨끗하며 안락한 분위기, 쉬어갈 수 있는 분위기가 필요하다. 그러나 일부 기업에서 소비자상담실이 사내 외진 곳에 배치하는 경우 소비자상담을 하러 오는 소비자들에게 불편을 주고 기업 이미지가 나빠질 수 있다. 많은 기업들이 소비자상담실을 소비자가 편리하게 쉬어갈 수 있는 공간으로 만들고자 노력하고 있다. 또한 기업의 소비자상담실 시스템 설비 및 조직 그리고 물적 자원이나 장비상의 현대화가

필요하다. 수신자부담 전화, 팩스, 상담 가능 홈페이지(회원가입 없이 즉시 상담 가능 시스템), E-mail 등 소비자와 의사소통할 수 있는 다양한 상담 채널이 준비되어야 한다. 대부분의 기업에서 ARS, 키폰 시스템 등의 전화 시스템이 활용되고 있으며, 소수의 직원이 많은 전화를 한 번에 처리할 수 있고, 소비자 관련 정보를 자동적으로 정리할 수 있는 시스템(예: 전화자동배분장치, CTI)을 활용하고 있다. 소비자와의 전화 및 인터넷 소비자상담 처리 상황을 실시간으로 전 직원이 볼 수 있게 하는 시스템 개발·운영이 바람직하다.

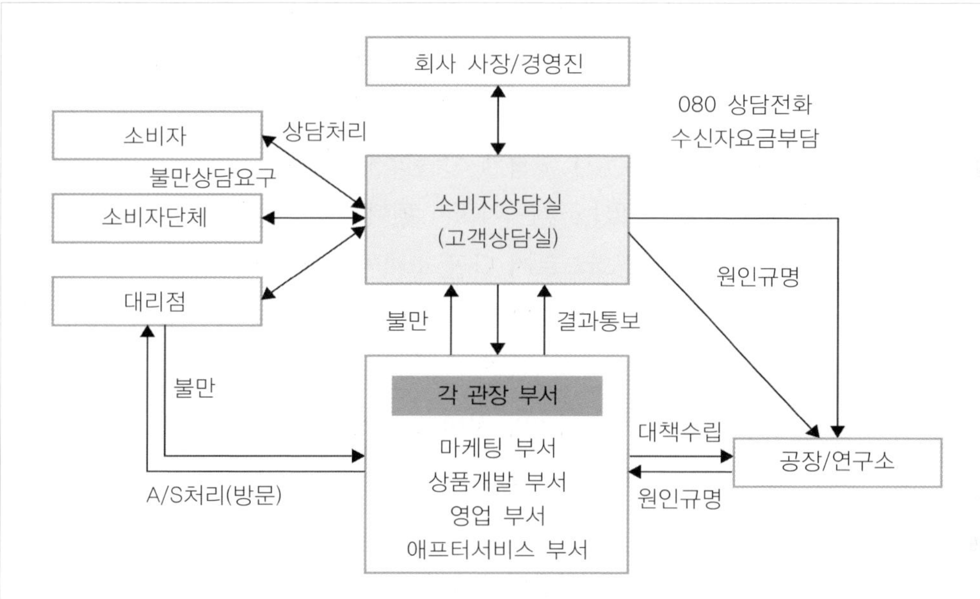

〈그림 4-1〉 기업에서의 소비자상담업무 흐름
출처: 허경옥(2000). 정보사회와 소비자. 교문사.

2. 기업의 인바운드, 아웃바운드 상담

과거 기업의 소비자상담실은 단순히 소비자가 직접 전화를 걸어와 애로사항이나 불편한 점을 상담하면 이를 해결해 주기 위한 상담이었다. 즉 기업 소비자상담실에서는 외부(소비자)로부터 들어오는 각종 문의를 수신하여 응답하는 인바운드 상담이 주를 이루었다. 그러나 최근 소비자에게 먼저 능동적으로 전화를 걸거나 e-메일 등을 보내어 상품을 판매하거나 소비자 서비스를 수행하는 아웃바운드 상담이 증가하고 있다. 아웃바운드 상담은 단순히 텔레마케팅 수단이 아닌 소비자들의 사전 불만 예방, 피해방지, 고객의 소리(VOC)나 의견 수집 등의 활동을 포함하는 업무를 말한다.

1) 인바운드 상담

인바운드(inbound) 상담은 소비자로부터 걸려오는 문의전화, 소비자불만, 의견 등을 응대하는 상담이다. 인바운드 상담은 소비자가 제품이나 서비스에 관심을 가지고 전화를 걸어오는 소비자 주도형이기 때문에 판매나 주문으로 연결시키기가 비교적 용이하다. 그리고 소비자 요구나 상황에 신속하게 대응함으로써 기업 이미지 향상과 소비자의 신뢰를 얻을 수 있는 좋은 기회가 된다. 소비자의 문의에 신속히 대응하고 여러 가지 생활정보를 제공함으로써 단골 소비자를 확보하고 기업 이미지를 제고할 수 있으며, 소비자와의 통화를 통해 얻어진 의견들을 기업의 제품과 서비스 개선에 피드백시킬 수 있다. 인바운드 상담은 단순히 문의·주문전화를 받는 데 그치지 않고, 소비자 입장에 서서 사후처리와 서비스에 정성을 쏟고 소비자의 목소리를 경영(또는 상품)에 반영할 수 있도록 정확히 수신하는 데 힘을 쏟아야 한다(송현수, 2004).

기업 소비자상담실의 인바운드 상담업무에서 소비자상담사가 갖추어야 할 상담전략 및 유의사항은 다음과 같다.

- 상대방의 말을 가로막지 않는다.
- 자신이 처리할 수 없는 일이나 다른 직원에게 상담을 넘길 경우, 소비자의 양해를 구해야 한다.
- 일방적으로 전화를 끊어버리지 않는다.
- 무조건 잠시 기다리라고 무성의하게 대답하지 않는다.
- 소비자를 기다리게 한 경우, 중간에 멘트를 해주어야 한다.
- 통화 중 다른 업무를 하거나 옆 사람과 잡담을 하지 않는다.
- 상담을 접수할 경우 불필요한 사항을 묻지 않는다.

- 팔고자 하는 제품이나 서비스를 소비자가 이해하기 쉬운 용어로 설명한다.
- 자사만이 가지고 있는 제품 서비스의 장점을 설명해 준다.
- 회신 메일은 모아서 하지 말고 즉시 시행한다.
- 경어를 사용하고 친근한 어투로 강약을 조절하면서 말한다.
- 이메일에서 비어, 은어 등을 쓰지 않아야 하며, 문법에 맞는 글을 쓴다.

〈표 4-3〉 인바운드 상담의 사례별 전략

구분	인바운드 소비자상담 전략
정보를 잘 모르는 신규소비자의 문의시	소비자의 필수 인적사항을 체크하고, 소비자가 가장 궁금해 하는 점부터 친절하게 설명한다.
막연한 기대감을 가진 소비자	소비자가 친밀감을 느낄 수 있도록 대하고, 전화를 건 핵심을 체크하면서 지속적인 관심을 가질 수 있도록 유도한다.
가격, 성능 등 까다롭게 질문하는 소비자	자사의 제품·서비스 중 가장 신뢰할 수 있는 것부터 소개하고, 구매에 따른 이점을 설명한다.
기존 소비자로, 자사 상품이나 제품에 관심이 많은 소비자	소비자의 과거 구매경력을 체크하고 기존 제품 중심으로 화제를 유도하면서 고정소비자의 우대혜택을 설명한다.
기존 소비자로 이전 담당자를 찾을 경우	소비자에게 담당자의 변경 사유를 설명하고 현재 담당자에 대해 신뢰감을 가질 수 있도록 분위기를 유도한다. 판촉물 등을 우송해 주는 것도 좋은 방안이다.
종합안내센터 소비자	데이터베이스를 통해 리얼타임으로 소비자를 관리하며, 주기적인 인센티브를 제공한다.
불만을 가지고 있는 소비자	불만사항을 항목별로 분류하고, 해결방안을 제시한다.

출처: 송현수(2002). 최고의 텔레마케터가 되는 길, 포시엠텔레마케팅연구소.

2) 아웃바운드 상담

아웃바운드(outbound) 상담은 소비자상담사가 소비자들에게 직접 연락, 주로 전화를 거는 방식이다. 아웃바운드 상담은 전화를 이용한 텔레마케팅 수단이 되기도 한다. 아웃바운드 상담은 상품이나 서비스에 대한 잠재소비자나 유망소비자를 포착하여 제품이나 서비스 구매나 이용을 공격적으로 유도하는 적극적인 마케팅 수단이 되고 있다. 아웃바운드 상담의 목표는 보통 상품 판매 및 서비스 이용, 신규 소비자 창출, 감사의 전화를 통한 기업이나 이미지의 개선, 반복 구매나 계약 연장 유도, 부가서비스 이용 등이다. 기업의 아웃바운드 상담업무의 전략 및 유의사항을 살펴보면 다음과 같다.

- 우선 아무 곳에서 전화를 해서는 안 된다.
- 소비자는 이익에 민감하고 실리적일 때가 많다.
- 주가 되는 상품을 먼저 판 다음에, 부수적인 상품을 소개해야 한다.
- 소비자의 동기, 소비자의 준비 및 실천방안을 항상 연구한다.
- 상황을 정확하게 판단한다.
- 분명히 이해했는가를 확인한다.
- 상대방에 대해 파악한 다음 소비자와의 접촉을 시도한다.
- 신뢰감 있는 말투를 사용하며 통화를 가능한 빨리 종결짓는다.
- 오전 9:00 이전이나 오후 8:00 이후에는 전화를 걸지 않는다.

〈표 4-4〉 인바운드 상담과 아웃바운드 상담의 비교

인바운드 상담	아웃바운드 상담
• 통화량을 예측하기 어렵다. • 소비자의 욕구를 파악하기 쉽다. • 컴플레인으로 인한 스트레스가 많다. • 목표달성에 대한 부담이 적다.	• 통화량을 조절할 수 있다. • 소비자의 상황을 알 수 없다. • 소비자의 거부반응으로 좌절되기 쉽다. • 목표달성에 따른 성취감이 높다.

3. 소비자중심경영(CCM) 인증제도

1372 통합 소비자상담센터에 대략 연간 100만건 이상으로 추산되는 소비자상담접수로 인해 소비자, 기업, 공공부문 등의 막대한 사회적 비용을 초래하고 있다. 이 같은 사회적 비용을 줄이기 위해 가장 효율적 방법인 기업의 자율적이고 사전 예방적인 노력이 필요하다. 1984년 설립된 기업 소비자전문가협회(OCAP)에서는 2003년부터 CCMS(소비자불만자율처리시스템: Consumer Complaint Management System)를 도입하였다. 기업에서 소비자업무를 관장하는 책임자들이 자발적으로 조직한 OCAP은 기업의 소비자보호 및 소비자만족 활동을 보다 체계적이고 전문적으로 실천하기

위해 노력하고 있다. OCAP은 소비자 관련 정보제공 및 회원사 간 업무교류의 활성화를 주도하여 회원사에 유익한 가치를 제공하며, 기업과 소비자단체, 정부기관과의 상호협력을 통해 소비자문제의 효율적 대응, 기업의 소비자지향적인 문화를 창출하는 것을 목표로 하고 있다.

OCAP의 CCMS 인증은 한국소비자원 소관 인증으로 전환되었고, CCM(소비자 중심 경영) 인증으로 변경되었다. 공정거래위원회에서는 2006년부터 OCAP의 CCMS 인증제도를 CCM으로 명칭 변경하고 법정임의인증제도로 전환시켜 한국소비자원이 운영하도록 변경하였다. 당시 CCMS의 불평처리라는 용어가 주는 인상이 부정적이라는 기업들의 지적에 따라 명칭을 CCM, 소비자중심경영으로 변경하였다.

〈그림 4-2〉 CCM 인증 마크

CCM은 기업이 소비자불만·피해처리 관련 시스템을 도입하고 운용한 후 체계적으로 시스템을 구축·운용하였는지를 평가 받아 공정거래위원회로부터 CCM 인증을 획득하게 된다. CCM 평가를 받고자 하는 기업, 즉 CCM 인증을 받고자 하는 기업은 구비서류를 갖추어 한국소비자원 CCM 인증부서에 신청하여야 한다. CCM 인증을 받은 기업은 공정거래위원장이 부여하는 인증서 및 인증마크를 받게 된다.

한편, CCM 인증을 받기 위한 평가 기준에서 중요한 개념은 다음과 같다.

- 자율관리: 기업 스스로 소비자불만 예방/구제 위해 내부 시스템을 갖추어 실제로 운영·관리하는 것으로써 자율관리시스템은 자율관리를 위한 내부조직이나 관련 부서 등의 인적 자원과 시스템, 프로세스, 매뉴얼 등의 물적 자원을 의미
  - 인적 자원: 콜센터, 소비자보호팀, 영업지점 등
  - 물적 자원: 전산시스템, 소비자관련 업무 매뉴얼, 소비자응대 프로세스 등
- 내부통제체제는 자율관리를 위한 사내 네트워크 및 관련 규정 등을 의미한다.
  - 소비자불만 관련 이슈에 대한 기록 보존 및 관리, 자율관리자의 내부 감독활동, 자율관리 위반 직원에 대한 제재조치 등
- 자율관리자는 CCM 운영을 전반적으로 책임지고 운영하도록 임명된 사람

〈표 4-5〉 CCM 평가항목 배점 기준(대기업, 신규 평가)

대분류	중분류	소분류	배점
1. 리더십	1.1. 최고경영자의 리더십	1.1.1. 경영방침과 실천의지	60
	1.2. CCM 전략	1.2.1. 소비자중심경영 전략 개발	50
		1.2.2. 소비자중심경영의 공유	30
	1.3. 사회적 가치 실현	1.3.1. 윤리경영과 사회적 책임	20
		1.3.2. 소비자안전	20
		1.3.3. 협력업체 상생협력	20
2. CCM 체계	2.1. 조직관리	2.1.1. 최고소비자책임자의 임명과 권한	30
		2.1.2. 전사 협조 체계	30
		2.1.3. 내부 직원 만족	30
	2.2. 자원관리	2.2.1. 소비자중심경영 관련 자원	60
	2.3. 교육관리	2.3.1. 소비자중심경영 관련 교육	60
	2.4. 문서관리	2.4.1. 소비자중심경영 관련 문서관리	40
3. CCM 운영	3.1. 소비자 정보제공	3.1.1. 소비자 정보제공	60
	3.2. 소비자불만 사전예방	3.2.1. 소비자불만 사전예방	80
	3.3. VOC 운영 철차	3.3.1. VOC 운영 기준	60
		3.3.2. VOC 수집	50
		3.3.3. VOC 처리	70
		3.3.4. VOC 분석 및 활용	80
4. 성과관리	4.1. CCM 운영 성과	4.1.1. 운영 성과 평가	150

참조: 대기업, 중소기업, 공공 부문에 따라 평가기준에 약간의 차이가 있으며, 신규평가인지, 재평가인지에 따라서도 약간의 차이가 있음

4. 블랙컨슈머와 소비자상담사의 감정노동

블랙컨슈머[2)]란 구매한 제품의 하자를 문제 삼아 기업을 상대로 과도한 피해보상금을 요구하거나 거짓으로 피해를 본 것처럼 꾸며 보상을 요구하는 소비자를 의미한다. 예를 들면, 소비자 자신이 우수 소비자라며 하루에도 수차례 방문 또는 전화를

2) 블랙이라는 용어는 언론에서 오래 전부터 사용해 온 용어로써 여러 측면에서 부적합하나 다른 대안적 용어가 정립되지 않고 소비자, 악의적 민원 제기자 등 다양한 용어가 사용되고 있다. 그러나 일반 소비자들의 이해도가 높은 용어이므로 편의상 본 저서에서는 블랙컨슈머라는 용어를 사용하기로 한다.

걸어 과도한 포인트를 요구하는 경우도 있고, 말꼬투리를 잡아 소비자상담사를 괴롭히거나 모욕을 주며 희롱하는 경우도 발생하고 있다. 기업이나 회사 입장에서는 부정적인 이미지가 퍼지는 것을 우려하여 악의적인 문제 제기인줄 알면서도 블랙컨슈머의 요구에 단호하게 대처하기 어렵다는 한계가 있다. 블랙컨슈머는 이 점을 악용한다.

최근 블랙컨슈머는 인터넷의 사용화, IT 발달과 함께 더욱 진화하고 그 숫자가 증가하고 있다는 것이 공통된 주장이다. 소수 소비자들이 부당한 민원을 제기하고, 사은품이나 상품권 요구, 욕설이나 삿대질 등을 하는 경우도 있어 민원처리가 늦어지면서 일반 선량한 많은 소비자가 피해를 보고 있다.

블랙컨슈머의 수법이 갈수록 지능화된다는 주장도 커지고 있다. 업체 측에 전화를 걸어 사과나 보상을 요구하던 과거와 달리 의사 소견서를 발부받아 다수 업체에 보상을 요구하는 등 전문화되고 있다는 지적이다(허경옥, 2015). 요즘 블랙컨슈머들은 법망을 피하기 위해 기업 쪽에서 자신이 원하는 보상안을 내놓을 때까지 계속 허위사실을 유포하는데, 휴대폰이나 SNS를 통해 악성 소문이 순식간에 퍼지기 때문에 기업 이미지 훼손이 심각한 상황이다.

공공기관이나 정부기관을 상대로 과도한 민원을 제기하는 경우도 증가하고 있다. 정상적으로 처리된 민원에 불만을 갖고 반복·감정적으로 민원을 제기하거나, 진정한 소비자권리 실현이 아닌 직원을 괴롭히기 위한 목적으로 민원 사항을 유발하는 사례가 증가하고 있다는 것이다. 막무가내로 조사 및 처벌을 요구하는 경우, 민원 담당자의 업무처리가 적정했음에도 감찰실, 상급 감독기관 등에 민원 담당자의 처벌 등을 요구하는 경우가 종종 발생한다고 한다.

그러나 많은 블랙컨슈머들은 자신이 선량한 소비자라고 생각하고 있고, 민원 제기를 소비자주권을 실현하고자 하는 행동으로 인식한다. 그야 말로 내로남불이 블랙컨슈머에게 성립되는 것이다. 한국소비자원에 고발하겠다, 금융감독원에 신고하겠다, 청와대와 신문고를 들먹이는 소비자들의 요구를 들어주지 않으면 끝없이 괴롭힐 것 같아 보다 못한 담당 간부가 직접 전화요금 등의 명목으로 소액의 경비를 건네고 민원을 끝내기도 했다는 뉴스도 있었다.

그렇다면 과연 누가 블랙컨슈머인가? 어떤 행동이 갑질 또는 악성적 행동인가? 실제 원인이 뚜렷하지 않은 상태에서 동일한 민원을 제기했다고 해서 블랙컨슈머라고 단정하기 어려운 것이 현실이다.

1) 블랙컨슈머의 정의 및 유형[3)]

소비자 민원이나 불만접수의 기본 목표가 기업의 부당한 횡포, 결함 있는 제품, 부적절한 서비스 등을 고치기 위한 것이 아니고 과다한 금전적 보상을 얻기 위함이라면 이는 블랙컨슈머의 행태라고 하겠다. 구체적으로는 재산적 피해에 대한 복구가 됐음에도 불구하고 이와는 별도로 정신적 피해에 대한 과도한 보상을 요구하는 경우, 불친절 또는 사소한 업무과실을 빌미로 과도한 보상 또는 조치(대표 사과, 징계 요구 등)를 요구하는 경우, 다른 소비자와 달리 민원인에게만 특별한 계약 조건 부여(정기예금 가입 시 과도한 금리 우대 등)를 요청하는 등 부당하거나 과다한 요구를 하는 소비자를 블랙컨슈머라고 간주한다.

한편, 블랙컨슈머의 유형은 억지·생떼형, 과도한 보상 요구형, 협박·성희롱·욕설형 등으로 구분되는데, 한국소비자원은 소비자의 문제행동으로써 억지주장형, 무례한 언행형, 과도한 요구형, 협박·위협형, 업무방해형으로 구분한 바 있다.

경기도 소비자정보센터가 발표한 조사결과에 따르면 기업들이 블랙컨슈머의 대표적인 부당한 요구 유형으로는 근거 없는 피해보상 요구(43.1%), 보상기준을 넘는 피해보상요구(23.5%), 간접적 피해보상요구(15.7%), 상담자에 대한 부당한 언행(15.6%), 불만사항을 근거로 언론 유포 협박(2.0%) 등이었다(허경옥, 2014; 재인용).

KTIS 연구결과에 따르면 114 상담원들은 월평균 1,700여건의 폭언, 성희롱, 협박 등 악성전화에 시달린다(이하 허경옥, 2015; 재인용). 악성전화 유형으로는 폭언 및 욕설이 796건(45.6%)으로 가장 많고, 목숨을 위협하는 협박(426건), 장난전화(428건), 성희롱(96건) 순이었다. 과중한 스트레스에 비해 열악한 처우도 음성 노동자들을 힘들게 한다. 전체 콜센터 상담원이 월평균 임금은 134만 2천원으로, 전체 산업 평균의 70%에 불과하다. 그렇다보니 일을 오래하는 사람이 드물다. 콜센터 상담원들의 근속기간은 평균 3.1년으로 전 산업 평균의 3분의 1에 머물고 있다. 지금까지 알려진 블랙컨슈머의 유형은 다음과 같이 다양하다.

---

3) 블랙컨슈머 관련 내용은 허경옥(2014, 2015)의 연구를 재구성함.

• 억지 민원 넣고 트집을 잡아 보상을 요구하거나 이유 없는 화풀이
• 사은품 등 노리고 가입 후 해지, 실수 빌미 보상 요구
• 업무방해형, 억지주장형, 무례한 언행형, 과도한 요구형, 협박/위협형

2) 블랙컨슈머 증가 원인

(1) 소비자 측면 요인

블랙컨슈머 증가의 대표적인 원인은 보상에 대한 소비자의 높은 기대 수준, 거래 및 소비 과정의 오해 또는 소비자의 미약한 책임의식에서 비롯될 수 있다. 소비자의 높은 기대수준, 왜곡된 소비자권리의식, 소비자지식 부족, 개인성향 등이 원인으로 지적되고 있다. 대기업, 브랜드 제품에 대한 과도한 기대, 소비자가 왕이라는 의식, 소비자는 피해자, 사업자는 가해자라는 잘못된 인식, 자신의 과실은 생각하지 않고 소비자 권리만 일방적 요구, 자기중심적 사고 등이 원인으로 지목되고 있다. 개인주의적 성향, 사회에 대한 불신, 언론이나 미디어의 기업 고발 증가 등도 블랙컨슈머 증가에 영향을 미치고 있다.

특히, 미성숙한 자기중심적 성향이 요인으로 지목되고 있다. 상담원에게 억지를 부리거나 해결할 수 없는 불평을 쏟아놓는 사람의 성격은 매우 자기중심적으로 역지사지의 조망이 불가능하다. 자기중심적인 사람은 말이 안 통할 뿐 아니라 감정교류도 어렵다. 상대방의 감정은 아랑곳하지 않고 자기감정만 표현하려고 한다. 이들은 막무가내로 이해받지 못한다며 더 속상해하거나 화를 낸다. 한편, 만일 상습적으로 상담원을 희롱하거나 괴롭히는 사람이라면 이는 반사회성 성격의 소유자로 볼 수 있다.

한편, 사회나 조직에 불만을 품은 사람이 전혀 엉뚱한 대상, 특히 약자에게 치명적인 화풀이를 하는 것이다. 어떤 이들은 가정이나 사회, 국가에 대해 불만으로 가득 차있는데, 그것을 콜센터의 상담사에게 쏟아낸다. 여기에는 원인 제공자에게 직접 불만 표출을 하지 못하고 약자에게 불만을 전치시킨 과정이 개입되어 있다. 불만의 전치는 왜 생기는 것일까? 이것은 원인 제공자가 힘과 권력이 있어서 감히 불만을 표출할 수 없거나, 또는 사회나 국가와 같이 책임 소재가 애매해서 딱히 불만을 표출할 대상이 없는 경우에 생길 수 있다.

(2) 기업 측면 요인

사업자의 부정확한 정보제공, 지나친 판매중시 경영 태도 등이 원인으로 지적되고 있다. 허위·과장광고로 제품에 대한 소비자의 기대치가 상승하고, 판매자가 제품 설명 시 소비자와 충분한 상호소통이 되지 않아 소비자의 악성적 불평행동을 유발하기도 한다. 제품 자체의 하자 및 불친절한 서비스, 소비자의 악성적 불평행동에 대한 기업의 미숙한 대응 때문이라는 지적도 있다. 한편, 소비자가 1차 불만제기 시 내부 절차에 의해 처리가 지연되는 과정에서 2차 불만이 제기되는 경우도 있다. 기업이 소비자가 불만제기 시 배째라식의 무심한 태도 및 대응을 보이는 경우도 있다.

어떤 경우 기업이 심각한 악성적 불평행동을 보이는 소비자에게는 과다한 보상을 하는 한편, 정상적 범위에서 합리적 소비자불만을 제기하는 소비자에 대해서는 불성실하게 대응하는 기업의 태도 역시 소비자의 악성적 불평행동의 원인이 되고 있다는 지적이 제기되고 있다. 소비자가 언론 유포 등을 미끼로 과도한 보상 요구 시 기업이 미지 훼손을 우려 일부 기업이 명확한 기준 없이 소비자 요구를 수용함으로써 잘못된 소비자권리 의식을 조장하는 측면이 있다. 청와대와 신문고를 들먹이는 요구를 들어주지 않으면 끝없이 괴롭힘을 당할 것 같아 기업은 울며 겨자 먹기로 요구에 응하기도 한다는 지적이다.

(3) 언론 및 매스미디어 측면 요인

언론이나 매스미디어의 영향, 인터넷 활성화가 소비자들의 악성적 민원제기 행동의 원인으로 지적되고 있다. 예를 들어 소비자들은 TV 소비자고발 프로그램을 보고 자신의 문제도 처리가 될 것이라고 생각하는 등 매스미디어의 영향을 많이 받고 있다는 지적이다. 한편, 인터넷 발달로 소비자들은 소비자들 간에 정보(다양한 사례)를 공유하면서 보상에 대한 성공체험을 학습할 기회를 갖는다는 것이다. 뿐만 아니라 경제상황 악화, 사회에 대한 불신감 팽배 등도 소비자의 악성적 불평행동의 원인이라는 지적이 있다. 이밖에 보상에 대한 주위의 부추김, 법적인 대처 지상만능주의, 소비자와 사업자 간의 힘의 불균형, 피해의식 확대 등의 원인도 밝혀지고 있다.

(4) 과도한 소비자보호 조치

소비자상담기관이 과도한 소비자보호를 하고 있기 때문이라는 지적도 있다. 금융감독기관의 금융회사에 대한 민원발생 평가를 악용하는 악성 소비자가 늘고 있다는 지적도 있다.

3) 악성적 민원행동 기업 대응 현황

감정노동자 문제가 쉽게 해결되지 않은 것은 블랙컨슈머에 대한 기업의 소비자에 대한 대응에도 원인이 있다. 일부 기업은 사태가 확대되는 것을 우려하여 제도나 규정을 넘어선 보상을 해주고 우선 입막음하려는 저자세를 보임으로써 다음과 같이 일부 소비자들의 부당 요구를 부추긴다는 지적이다.

- 무조건 민원발생 감축을 위해
- 기업 간 정보 비공유 및 비밀 유지
- 기업 이미지 훼손 우려 과다 보상

최근에는 블랙컨슈머에 대한 기업의 대응에도 변화가 오고 있다고 한다. 변화하고 있는 기업의 대응은 다음과 같다.

- 의심 가는 소비자의 악성적 민원 이력 조회
- 폭언 및 난동 소비자 형법 제311조 모욕죄에 해당되며, 경찰에 신고하겠다고 고지
- 욕설/성희롱 소비자는 상담원이 먼저 전화를 끊고, 증거자료 확보
- 악의적으로 음해/거액 요구시 소송 제기

4) 감정노동자 문제와 소비자상담사, 감정노동 예방 전략

소비자의 과도한 요구에 대한 상담이나 악성소비자 대응은 감정노동 증가로 이어지고 근로자의 직무만족 및 직무 스트레스에 영향을 미치고 있다. 블랙컨슈머 증가의 폐해는 일반 소비자의 피해로 이어지고 감정노동자 문제를 유발시키며 사회적 불신과 비용을 초래한다. 민원처리가 늦어지는 등 악성적 행동으로 인한 부작용은 기업뿐만 아니라 선량한 일반 소비자에게도 돌아가게 된다. 예를 들면, 보험 분야에서

는 블랙컨슈머가 곧 금융사기로 직결될 수 있다는 우려가 제기되고 있다. 특히 보험사기는 보험금 누수로 보험료 증가를 초래하고, 강력범죄와 연계돼 사회적 불안요인으로도 작용할 수 있다.

자신의 감정과는 상관없이 항상 웃는 모습으로 소비자를 응대해야 하는 근로자는 감정노동자로 불리고 있다. 라면 상무에게 혼난 스튜어디스, 차량을 빼 달라고 요구했다가 빵 회장에게 얻어맞은 호텔지배인, 늦은 탑승을 제지하다 신문지 회장에게 얻어맞은 항공사 용역 직원이 모두 감정노동자라고 할 수 있다.

우리나라 감정노동자의 규모는 대략적으로 560만~740만 명이며, 이는 전체 임금근로자의 30~40% 수준으로 파악되고 있다. 한국노동연구원에 따르면 콜센터 노동자의 90% 정도가 소비자로부터 인격 무시, 욕설, 성희롱 등 부정적 사건을 경험했다고 한다(허경옥, 2017). 모든 콜센터 노동자는 이러한 일을 1주일에 평균 1.4회 꼴로 겪지만, 절반 정도의 노동자는 부정적 사건이 발생해도 규칙상 오히려 소비자에게 사과를 해야 하거나 최소한 전화를 먼저 끊지 못하는 것으로 조사됐다. 또한 한국노동연구원은 이들 가운데 25%는 우울증 증상이 의심됐고, 사회심리적 건강 고위험군으로 분류된 비중은 40%로 나타났다고 밝혔다(허경옥, 2017). 최근 우리나라의 서비스업 고용이 크게 증가하면서 앞으로 감정노동자 문제 및 피해는 증가할 것으로 보인다.

감정노동의 유발 요인은 소비자들의 과도한 권리 주장과 폭언 등의 인격 및 인권 침해, 기업 내부의 조직문화와 노사관계 속에서 나타나는 감정적 피해, 즉 구성원 간 소통의 부재, 서로 간의 배려가 없는 경직된 조직문화, 열악한 노동조건 등이다(허경옥, 2018). 근로자의 감정노동은 근로자의 직무 스트레스, 근로자의 사회생활에 상당한 지장을 주며 신체·정신적 피해를 야기한다는 점에서 향후 이 분야에 대해 중요하게 다루어야 할 것이다.

감정노동 문제는 소비자의 과다보상요구, 의도적 구매·사용 후에 환불 요구 등 악성소비자의 행동이 자주 발생하게 되면서 근로자의 감정노동문제가 계속되고 있으므로 악성적 소비자행동에 대한 경각심을 갖게 한다. 열악한 근무 조건과 습관적인 자기기만 속에서 감정노동자들은 극단적인 선택을 할 위험에도 노출되어 있다는 것이다. 한편, 감정노동에서 자신을 지키는 소비자상담사 스스로의 감정노동 예방 전략을 제시하면 다음과 같다.

(1) 적당한 관여

흔히 소비자상담사는 자신을 내세우기보다 타인의 말을 경청하는 데 익숙한 사람이 많다. 소비자상담사들은 쓸데없는 불평이나 짜증도 인내심을 가지고 들어 준다. 그런데 상담에서는 쓸데없는 불평이나 짜증까지 모두 들어 줄 필요가 없으며, 소비자의 핵심 욕구나 핵심 감정에 반응하면 된다. 적당한 관여는 상담사의 소진을 막고 궁극적으로 소비자와의 관계 악화를 막는 데 기여한다. 또한 때로는 적당히 관여하다 억지를 부릴 때엔 뒤로 발을 빼는 것도 소비자상담사에게 필요하다.

물론 적당한 관여를 하라는 것이 불성실한 상담을 해도 된다는 의미는 아니다. 습관적으로 억지를 부리거나 상담사를 희롱하거나 괴롭히는 소비자를 대할 때, 과도한 책임감으로 잘하려고 노력하거나 상담이 만족스럽지 못하다고 해서 자신의 책망하지는 말자는 것이다. 소비자상담사는 업무의 속성을 객관적으로 파악하고 미리 마음의 준비를 하며, 소비자응대에서는 좀 더 가볍게 관여하여 에너지를 아끼는 것이 좋겠다.

(2) 자신을 소중히 여기기

소비자상담사는 사람의 가치는 어떤 사건이나 상황이 결정하지 못 함을 기억해야 한다. 누구나 고유한 가치가 있다. 그러나 사람들을 살아가면서 실수, 실패하거나 무시당할 때 자신의 가치를 의심한다. 이것은 일상적인 것으로 멀리 왔다 밀려가는 파도와 같이 자연스러운 것이며 누구에게나 벌어지는 일이다. 의심의 파도가 밀려올 때 사람들의 자존감은 떨어지며, 의심이 밀려가면 자존감은 회복된다. 소비자상담사는 이 점을 기억하며, 자존감이 떨어지더라도 다시 회복될 수 있음을 믿어야 한다.

(3) 인정할 건 인정하기

사람이 자신의 약점을 알고 인정할 줄 알아야 하듯 소비자상담사는 자신의 일의 의미가 무엇인지 명확하게 알아야 한다. 일의 의미를 과대포장, 과소포장할 필요가 없다. 소비자상담사는 자신의 직업 특성이나 업무 성격을 정확히 알아야 자존감을 지킬 수 있다. 감정교류가 안 되는 사람들이라면 마음의 준비를 하고 적당히 관여하면서 자신의 소진을 덜 되게 할 수 있다. 소비자상담사가 보람 없는 일임에도 보람을 얻으려고 에너지를 쏟는다면 금세 소진될 것이다.

(4) 감정조절과 스트레스 해소하기

감정노동과 감정조절의 구분이 필요하다. 소비자상담사라는 직업의 특성상 소비자에게 친절하게 응대하기 위해 감정을 추스르는 것이 필요하다. 소비자가 화를 낸다고 해서 맞서 싸울 수는 없을 것이다. 따라서 소비자상담사는 감정을 조절하고 스트레스를 해소하도록 노력해야 한다.

감정조절이나 감정관리는 자아의 능력 중 하나로, 감정조절 능력이 부족한 것은 자아가 건강하지 못하다는 뜻이다. 감정조절력이 저하되면 분노를 참을 수 없거나 눈물을 주체할 수 없는 등의 증상이 나타난다. 예를 들어, 사소한 일에도 화를 내며 자식에게 손찌검을 하는 부모는 감정조절력이 약화된 것이다. 이것은 전체적인 조절력의 문제로서 감정조절 외에도 행동 조절이 잘 되지 않아 알코올중독 같은 문제행동이 나타날 수도 있으며 우울감이나 무력감이 동반되기도 한다.

그런데 감정노동은 감정부조화(emotional dissonance)에서 출발한다. 내적으로 느끼는 감정과 외적으로 표현하는 가정 사이에 부조화가 생기는 것인데, 이것은 개인의 자아와 관련이 없고 조직이나 규범의 압력에서 비롯된 것이다. 따라서 억지로 감정조절을 해야 한다면 이것 또한 감정노동이 될 수 있다. 그러나 대개 감정조절이라 하면 스스로 마음을 좀 더 편안하고 안정되게 만들려고 하는 시도를 의미한다.

(5) 동료의 지지

Morris와 Reilly(1987)는 사람들의 스트레스 대처 유형을 크게 3가지로 구분하였다. 첫째, 스트레스에 대해 재평가를 해보거나, 둘째, 감정을 털어놓거나, 셋째, 해결책을 생각해 내서 실행하는 것이다. 재평가라는 것은 스트레스를 안 좋은 것으로만 보지 않고 다른 측면을 살펴볼 필요가 있다는 것이다. 예를 들면, 소비자상담사들이 소비자를 1 : 1로 대한다는 점에서 상담은 외로운 직업임을 인지하는 것도 좋다. 더구나 소비자상담사는 상담 순간만큼은 모든 책임을 혼자서 지며 스스로 결정을 내려야 하는 직업임을 인지하고 업무에 임할 필요가 있다. 한편, 소비자응대에서 스트레스를 받았다면 이를 동료와 나눔으로써 지지와 위로를 얻는 것이 좋다. 특히 자신의 근로지도자 또는 감독자에게 정서적 지지를 얻는다면 훨씬 더 안정되고 자신감 있게 소비자를 대할 수 있을 것이다. 소비자업무의 긍정적 측면을 생각해 보고 어려움을 오히려 기회라고 다시 생각해 보는 것도 좋다.

5) 감정노동자 보호 관련법

소비자응대 과정에서 일어날 수 있는 폭언이나 폭행 등으로부터 감정노동자를 보호하기 위한 법 제정이나 개정이 시도되어 왔다. 우리나라 법률에서는 감정노동과 관련한 성희롱 예방에 대한 내용을 남녀고용평등법에 명시하고 있고 폭력방지 및 직무 스트레스 방지에 관한 내용은 근로기준법, 산업안전보건법, 민법, 헌법, 형법 등에 명시되어 있다(허경옥, 2015). 따라서 과거 현행법에 제시된 해석만으로도 감정노동자를 보호하기 위한 법적 근거들을 다수 찾을 수 있었다. 그러나 감정노동문제가 커지면서 직접적인 감정노동으로 인하여 제 3자나 산재방지책인 소비자에 의한 산재방지, 폭력 예방을 위해 지속적으로 해야 할 의무 등을 산업안전보건법에서 체계적으로 명시하게 되었다(2018년 10월). 악덕소비자, 블랙컨슈머, 매너 없는 소비자의 횡포가 도를 넘자 2018년 10월 18일부터 산업안전보건법 개정(제26조)되고, 시행된 것이다.

개정된 산업안전보건법상 감정노동자보호의 주요 내용을 살펴보면, 사업주는 소비자의 폭언 등으로 소비자 응대 근로자의 건강장해 발생이나 우려가 있는 경우 업무 일시 중단이나 전환 등의 조치를 해야 한다고 규정하고 있다. 또한, 판매직 노동자 등이 이 같은 경우 업무중단 등을 요구할 수 있고 사업주가 이 같은 요구를 했다는 이유로 해당 노동자를 해고 또는 불리한 처우를 하면 5천만 원 이하 과태료를 부과할 수 있도록 하고 있다. 산업안전보건법에 따른 사업주의 감정노동자보호 조치는 다음과 같다.

- 소비자 응대하는 노동자를 보호해 달라는 취지의 소비자안내문 부착
- 문제를 일으키는 소비자를 대처하는 업소 자체의 대응 매뉴얼 마련
- 근로자의 건강장해 예방조치
- 사고 발생 시 근로자의 정신 건강을 위한 상담 지원이나 고소 고발 등을 지원

만약, 사업주가 이런 보호조치를 이행하지 않으면 1차 위반 시 300만 원, 2차 위반 시 600만 원, 3차 위반 시 1000만 원의 과태료가 부과된다. 사업주가 보호조치를 요구한 근로자에게 불리한 처우를 하면 1년 이하의 징역, 또는 1000만 원 이하의 벌금에 처해 질 수 있다. 구체적으로 산업안전보건법 제24조의 2(직무 관련 스트레스 예방 등)를 살펴보면 다음과 같다.

① 사업주는 신체적 피로 및 정신적 스트레스 등이 많은 작업으로서 고용노동부령으로 정하는 작업에 근로자를 종사시키는 경우에는 이로 인해 건강장해를 예방하기 위하여 고용노동부령으로 정하는 바에 따라 필요한 조치를 하여야 한다.
② 사업주는 근로자가 주로 소비자, 승객, 환자 등을 직접적으로 대면 또는 음성대화 매체 등을 통하여 상대하면서 상품을 판매하거나 서비스를 제공하는 직무에 종사하는 경우 직무 관련 스트레스, 소비자 등에 의한 폭언 및 폭력과 괴롭힘 등을 예방하기 위해 고용노동부령으로 정하는 바에 따라 필요한 조치를 하여야 한다.
③ 사업주는 제2항의 직무에 종사하는 근로자가 소비자 등의 폭언 및 괴롭힘 등으로 인해 건강장해가 발생한 경우, 직무의 전환과 휴식시간 연장 등의 필요한 조치를 취하도록 노력해야 한다.
④ 제2항과 제3항에 의해 필요한 조치를 해야 할 사업 종류, 규모, 그 밖에 필요한 사항은 대통령령으로 정한다.

요즘 사업자나 자영업자들도 자체적으로 감정노동자를 보호하기 위한 노력을 펼치고 있다(허경옥, 2017). 예를 들면, 유통 매장 계산대 앞에는 "지금 응대하고 있는 직원은 소비자 여러분의 가족 중 한 사람일 수 있습니다"라는 문구가 적힌 종이가 붙어 있었다. 어떤 회사 로비에는 "타인의 감정을 배려하는 당신! 진정한 소비자 입니다"라는 문구가 적힌 커다란 엑스배너가 설치되어 있고, 공연장 객석 입구에 감정노동자보호법 배너가 비치된 바 있다. 콜센터에서는 소비자가 상담원과 연결되기 전에 소비자들에게 상담 시 매너 있는 말투를 요청하는 자동 녹음된 멘트가 나온다. 어느 문화회관 공연장에서 공연 안내원의 유니폼에 달린 배지에는 감정노동자를 보호하자는 문구가 적혀 있다.

2부

소비자 관련 법제도

소비자와 관련한 최초의 법률은 1980년 제정된 소비자보호법(2008년 소비자기본법으로 명칭 변경)이다. 소비자라는 단어조차 생소했던 그 당시 소비자보호법 제정으로 소비자정책이 시작되었다. 그 이후 소비자보호법을 1986년 개정하여 1987년 한국소비자보호원(2008년 한국소비자원으로 명칭 변경)이 설립되었다. 그 이후 한국소비자원은 소비자정책 수행 전문기관으로써의 역할을 계속해 오고 있다. 1980년 소비자보호법 제정 이후 소비자보호를 위한 여러 법률들이 제・개정되는 등 소비자 관련법 정비가 계속되었다. 소비자보호에 직접적 영향을 미치는 법들을 제시하면 다음 〈표1〉과 같다.

2부에서 다루는 소비자 관련법들은 허경옥(2021), 허경옥(2011), 허경옥(2010)의 저서, 박희주(2007), 김영신 외(2007) 등 소비자 관련법 저서들과 공정거래위원회, 한국소비자원, 법 관련 기관들의 사이트, 포털 사이트 등울 참조하여 정리·종합하였음.

〈표1〉 소비자 관련법 제정 및 주요 내용(공정거래위원회 소관)

연도	소비자 관련법 제정	주요 내용	비고(부속 중요 규정들)
1980	소비자보호법	소비자보호를 위한 실질적이고 총체적인 법률	2008년 소비자기본법으로 명칭 변경
1980	독점규제 및 공정거래에 관한 법률	자유로운 경쟁과 공정거래로 시장경쟁체제 구축	독점규제법 또는 공정거래법으로 불림
1982	소비자보호법 시행령	소비자보호법에서 위임된 사항과 그 시행에 필요한 사항 규정	
1986	약관의 규제에 관한 법률	사업자 우월적 지위 이용 불공정한 내용 약관방지(공정거래위원회 주관)	시행령
1991	할부거래에 관한 법률	할부거래의 공정성 확보	
1991	방문판매 등에 관한 법률	방문판매, 통신판매, 다단계 판매와 관련한 각종 지침 및 규제	방문판매법 시행령, 시행 규칙, 특수판매에서의 소비자보호지침
1999	제조물책임법	제조물결함 관련 소비자피해구제	
1999	표시광고의 공정화에 관한 법률	부당표시 광고 방지, 유용한 정보 제공 촉진	시행령, 부당표시광고행위 유형 및 기준 공정거래위원회 고시, 중요한 표시 광고 사항 공정거래위원회 고시
2002	전자상거래에서의 소비자 보호에 관한 법률	전자상거래에서의 소비자권리 및 거래지침, 청약철회규정	전자상거래보호법 시행령, 시행규칙, 전자상거래 등에서의 소비자보호지침, 공정거래위원회 고시

한편, 공정거래위원회가 관할하지 않은 소비자보호 또는 소비자권익 관련법들을 제시하면 다음 〈표2〉와 같다.

〈표2〉 공정거래위원회 이외 정부 부처 소관 소비자 관련법

내용	해당 관련 법
제품 안전	전기용품 및 생활용품안전법(전안법), 어린이안전특별법, 제품안전기본법
위해방지	식품위생법, 위생사 등에 관한 법률, 공중위생법, 약사법, 비료관리법, 농약관리법, 농산물조사법, 수산물검사법, 축산물위생처리법, 고압가스안전관리법, 전기공사업법, 전기용품안전관리법, 품질경영촉진법, 대마관리법, 석유사업법, 도시가스사업법, 에너지이용합리화법, 향정신성의약품 관리법
계량규격적정화	계량법, 산업표준화법, 수산물검사법, 농산물조사법, 품질경영촉진법
표시의 적정화	식품위생법, 약사법, 수산물검사법, 농약관리법, 종자관리법, 비료관리법, 전기용품안전관리법, 부당경쟁방지법, 물가안정에 관한 법률, 상표법
광고	약사법, 독점규제법
거래의 적정화	독점규제 및 공정거래에 관한 법(독점규제법 또는 공정거래법), 부당경쟁방지법, 보험업법, 증권거래법, 이자제한법, 자동차운송사업법, 해운업법, 창고업법, 상품권법, 전기사업법, 물가안정에 관한 법률, 농산물가격유지법, 농수산물유통 및 가격안정에 관한 법률
소비자권리구제	소액사건심판법, 법률구조법, 은행법, 보험업법, 변호사법

참조: 법률 명칭을 간단하게 줄였음, 본래 명칭은 다소 길고 법률로 끝나는 명칭임.

본 저서에서는 공정거래위원회 관한 법률들로써 소비자정책이나 소비자와 직접적으로 관련이 있는 소비자기본법, 공정거래법, 약관규제법, 표시광고공정화법에 대해 구체적으로 살펴보고자 한다.

제5장
약관 및 표시광고법과 소비자피해구제

1. 약관규제법과 소비자피해구제

대량거래가 급증하게 되었고 이러한 거래의 효율성을 향상시키기 위해 약관은 필요하다. 예를 들어, 신용카드 회원으로 가입할 때 신청서에 깨알 같은 글씨로 적혀 있는 조항들, 아파트 분양 계약서상에 인쇄된 내용들, 주차장에서 주차 후 받는 주차카드 뒷면에 적힌 내용들, 비행기표, 기차표 뒤에 적힌 사항들은 모두 약관 조항이다(허경옥, 2011). 은행 서비스의 경우 이자율, 대출 이자율, 세금 등 각종 은행서비스 거래에서 필요한 기본적인 정보가 약관의 형태로 소비자들에게 제공되고 있다. 또한 리스 계약, 팩토링 계약, 전기 가스의 공급 등 일반 대중을 상대로 재화, 용역을 공급하는 계약에서도 약관이 존재한다(허경옥, 2021).

약관은 사업자와 소비자 간의 거래에 관한 기본적 계약 내용을 담고 있을 뿐만 아니라 거래 과정이나 거래 후 사업자와 소비자 간에 분쟁이 발생한 경우 그 해결의 기준이 되므로 중요하다 하지 않을 수 없다. 이처럼 약관이 중요함에도 불구하고 아직도 많은 소비자들이 약관이 있다는 사실조차 모르고 거래를 시작하는 경우가 빈번하며, 알고 있다 해도 약관을 읽어 볼 겨를도 없이 계약서에 서명을 하거나 거래를 함으로써 약관을 계약 내용으로 받아들이고 있는 실정이다.

따라서 약관이나 계약서는 일반 소비자가 쉽게 이해할 수 있도록 쉬운 말로 작성되어야 하며, 사업자는 소비자들에게 약관 내용에 대한 충분한 설명을 통해 이해를 높여야 한다. 이처럼, 많은 소비자들이 약관이 있다는 사실조차 모르거나, 약관에 대한 충분한 이해가 없는 상황에서 거래를 한 후 당사자 간의 분쟁이나 피해발생 시 불이익을 입는 경우가 많다.

약관은 경제적 강자인 사업자 측에 의하여 사전에 일방적으로 작성되고 계약이 체결되기 때문에 경제적 우위에 있는 사업자에게 유리한 내용으로 작성되어 고객에게 불리하게 작용할 수 있는 가능성이 높다. 이에 약관으로 인한 소비자피해를 방지하고자 정부에서는 1986년 약관규제에 관한 법률(이하 약관규제법)을 제정하였다.

1) 약관의 개요

약관은 보통 일상적인 상품의 매매를 비롯하여, 고객과 은행의 업무에 관한 계약(예금, 대출, 외환), 보험계약, 운송계약(철도, 버스, 선박, 항공기), 우편・전신・전화 등의 이용에 관한 계약 및 자동차・TV 등과 같은 정격화된 상품의 매매계약에 존재한다. 예를 들어 은행, 운송, 전기・가스 공급, 전화 이용, 의료서비스, 호텔, 여행, 보험, 식당, 주차장, 예식장 등 많은 서비스가 약관에 근거하여 이루어지고 있다(허경옥, 2021).

약관은 주로 기업에서 이용하지만 기업에 한하는 것은 아니고 빌딩 임대업자와 같은 개인이 사용하는 경우도 많다. 약관은 보통 글로 인쇄되기도 하나 반드시 통일된 문서의 형태를 갖출 필요가 없다. 입장권이나 승차권 등의 뒷면에 기재하거나, 영업소에 게시되는 약관 조항도 있다. 흔히 호텔이나 식당에 게시되어 있는 '손님이 맡기지 않은 물건의 도난・분실에 대해 책임지지 않습니다'라는 내용도 약관이 될 수 있다.

보통 거래약관은 마치 법률과 비슷한 기능을 한다고도 볼 수 있다. 약관이 계약 당사자 사이에 구속력을 갖는 것은 그 자체가 법 규범이기 때문이 아니라 당사자가 그 약관의 규정을 계약 내용에 포함시키기로 합의하였기 때문이다. 일정한 요건을 갖추어 약관이 특정한 계약의 내용으로 편입되는 것을 계약에의 편입이라고 한다(김영신, 김인숙, 이희숙, 강성진, 유두련, 2007).

약관규제법에서는 사업자가 약관을 명시하고 설명하여야 그 약관이 계약의 내용이 되어 효력을 미치고, 약관에서 정하고 있는 사항에 대해 계약당사자가 명시적으로 약관의 규정과 다른 내용의 개별약정을 합의한다면 그 합의사항이 약관의 규정에 우선하여 효력을 갖도록 하고 있다.

〈표 5-1〉 약관규제법상 통제 구조

<table>
<tr><td rowspan="7">약관의 통제</td><td rowspan="5">간접적 통제</td><td rowspan="2">편입통제</td><td colspan="2">약관의 명시·설명의무</td></tr>
<tr><td colspan="2">개별약정의 우선 원칙</td></tr>
<tr><td rowspan="3">해석 통제</td><td colspan="2">공정해석 원칙</td></tr>
<tr><td colspan="2">객관적 해석 원칙</td></tr>
<tr><td colspan="2">불명확성의 원칙</td></tr>
<tr><td rowspan="2">직접적 통제</td><td rowspan="2">불공정성 통제</td><td>일반 원칙</td><td rowspan="2">추상적 내용 통제
(공정거래위원회)</td></tr>
<tr><td>개별금지조항</td></tr>
</table>

출처: 황진자(2009). 약관규제법 정비방안 연구, 한국소비자원 정책연구보고서.

정형화된 많은 거래에서 거래를 할 때마다 계약의 내용과 방식을 일일이 정하기보다는 사업자가 미리 준비한 약관을 사용하는 경우가 대부분이다. 약관에 의한 계약은 사업자 입장에서는 거래를 신속 간편하게 하며 위험을 사전에 예상하는 등 유리하다. 약관의 기능 또는 중요성은 거래의 평준화, 표준화를 통한 영업의 합리화, 국제거래의 원활화, 법률의 상세화에서 찾을 수 있다.

그러나 계약 내용에서 사업자 이익이 우선 반영되고 비용이나 위험부담을 소비자에게 전가할 가능성이 있다. 사업자와 소비자 간에 정보 비대칭성의 문제가 있는 상황에서 약관에 의한 계약은 자유가 박탈된 계약이 강요될 가능성이 있다, 따라서 정부에서는 사업자가 그 거래상의 지위를 남용하여 불공정한 내용의 약관을 작성·통용하는 것을 방지하고 불공정한 내용의 약관을 규제하여 건전한 거래질서를 확립하고자 1986년 약관법을 제정하였고 약관규제 정책을 펼치고 있다.

약관법의 제정 목적은 사업자가 그 거래상의 지위를 남용하여 불공정한 내용의 약관을 작성하여 거래에 사용하는 것을 방지하고 불공정한 내용의 약관을 규제함으로써 건전한 거래 질서를 확립하자 함에 있다. 결국 '약관규제를 통하여 소비자를 보호하고 국민 생활을 균형 있게 향상시키는 것을 목적으로 한다'라고 규정하고 있다. 약관 규정의 불공정성여부는 공정거래위원회의 심결을 받아 결정된다. 공정거래위원회에서는 소비자를 보호하기 위해 또는 사업자 간의 불공정한 거래를 방지하기 위해 계약 또는 약관으로 인한 분쟁 시 약관 조항을 심사하여 부당약관으로 인한 소비자 피해구제 및 불공정거래를 방지하고 있다. 공정거래위원회는 약관 조항이 불공정하다고 판단되면 사업자에게 당해 약관 조항의 삭제·수정 등 필요한 시정조치를 명하고, 필요한 경우 같은 업종에 종사하는 다른 사업자에게 같은 내용의 불공정약관 조항을 사용하지 말 것을 권고할 수 있다. 또한, 공정거래위원회는 이 법에 위반된다고 심의 의결한 약관 조항을 일반에게 공람하게 하고 있다.

2) 약관규제의 주요 원칙

약관은 사업자 측에서 일방적으로 작성하기 때문에 사업자에게는 매우 편리하지만 경제적인 협상력과 상품정보에 있어서는 열위에 놓여 있는 소비자는 불리할 수 있으므로 약관규제법에서 약관으로 인한 소비자문제를 해소하고자 한다.

(1) 약관의 편입통제

약관이 사업자와 고객이 체결한 계약에 편입되었느냐? 즉, 약관이 계약의 내용으로 포함되었느냐를 심사하는 것을 편입통제라 한다. 사업자의 약관의 명시·설명의무, 개별약정 우선의 원칙 등은 이 편입통제 여부 판정에 필요한 원칙들이다. 편입통제의 결과 약관 조항이 계약에 편입되지 못하면, 사업자는 그 조항에 의한 권리를 주장하지 못하고 고객은 그 조항에 의한 구속을 받지 않는다. 이때 민법의 개별 약정 우선의 원칙에 따라 약관보다는 개별적인 합의가 더욱 당사자의 의사에 가까우므로, 개별 약정이 약관보다 우선하여 계약 내용을 구성하도록 하고 있다. 이것이 개별 약정의 우선 원칙이며 이는 약관규제법 제4조에 명시되어 있다. 이때 약관규제법 제30조에서는 특정한 거래 분야의 약관에 대하여 다른 법률에 특별한 규정이 있는 경우에는 이 법의 규정에 우선한다고 규정함으로써 이른바 특별법 우선의 원칙을 명문화하고 있다. 포괄적 규제방식을 취하는 약관규제법에서는 이 규제방식의 약점을 보완한다는 점에서 특별법 우선의 원칙은 각별한 의미가 있는 것이다(장경환, 2008). 약관과 달리 합의된 개별 약정은 약관이 아니므로 민법과 상법의 적용을 받는다.

사업자와 소비자 간의 개별 약정은 서면뿐만 아니라 구두(말)로도 가능하다. 특히, 사업자나 그 고용인이 소비자에게 약관의 내용과 다른 설명을 해 주어 소비자가 그것을 계약 내용으로 알고 계약한 경우에 그 사업자의 설명은 개별 약정이라고 할 수 있다.

(2) 약관의 해석 통제

약관 조항의 해석 원칙 및 적용에서 사업자와 고객의 권리·의무를 통제한다. 약관 해석 통제의 원칙은 크게 3가지로써 신의성실의 원칙, 객관적 해석의 원칙, 작성자 불이익 원칙이 있다.

① 신의성실의 원칙

약관은 신의성실의 원칙에 따라 공정하게 해석되어야 하는데, 사업자의 이익이나 소비자의 이익 중 어느 한쪽에 기울어져 약관 조항을 해석해서는 안 되며, 양자의 이익이 형평을 이루어 구체적 타당성을 갖도록 해석하여야 한다.

② 객관적(통일적) 해석의 원칙

약관은 다수의 같은 계약관계를 정형적으로 처리하기 위한 것이므로 언제나 동일하게 객관적으로 해석되어야 한다. 즉 약관을 해석할 때, 보통 고객의 이해 가능성을 기준으로 객관적 획일적으로 해석하여야 한다. 즉 소비자(고객)에 따라 다르게 해석되어서는 안 되고 통일적으로 해석하여야 하는 원칙이다.

③ 작성자 불이익의 원칙(불명확성의 원칙)

작성자가 정형적인 계약 조항을 만드는 것이므로 약관 조항에 관한 해석이 명확하지 아니하고 의심스러운 경우, 또는 동일한 조항에 관하여 복수의 해석이 가능한 경우에는 작성자에게 불리하게, 즉 고객(소비자)에게 유리하게 해석하여야 한다는 원칙이다. 이때 약관의 뜻이 명백하지 않은 경우 모든 해석의 의문을 사업자 귀책으로 하려는 해석 원칙은 아니며 계약해석 원칙에 따른 해석을 시도해 본 후에도 의문점이 있는 경우 그 의문점의 위험만을 사업자에게 부담시키는 것이다.

(3) 불공정성 통제 또는 부당성 통제

약관이 계약에 편입되고 해석상 문제가 없다면 약관 내용의 불공정성 여부를 확인하게 된다. 약관의 불공정성 규제는 약관 조항의 내용이 고객에게 불공정한(부당한) 불이익을 주고 있는가를 심사하여 그 조항의 유·무효를 결정한다.

① 불공정성 판단의 일반 원칙

약관 조항의 불공정성을 판단하는 가장 기본이 되는 기준은 신의성실의 원칙이며, 신의성실의 원칙에 반하여 공정성을 잃은 것으로 추정되는 경우는 다음과 같다.

- 고객에게 부당하게 불리한 조항
- 고객이 계약의 거래형태 등 관련된 모든 사정에 비추어 예상하기 어려운 조항
  예) 입원환자가 개인사정으로 중간에 퇴원하거나 사망한 경우에도 미리 수납한 진료비(1개월 분)를 환급하지 않는다는 조항
- 계약의 목적을 달성할 수 없을 정도로 계약에 따르는 본질적인 권리를 제한하는 조항, 예를 들면, 강습을 받기로 했는데 교재 제공 등으로 대체할 수 있도록 한 조항

② 불공정성 판단의 구체적 기준

약관규제법에서의 불공정약관 조항은 무효가 되는데 예를 들면 다음의 경우이다.

a. 부당한 면책조항

- 약관이용자인 사업자의 책임을 부당하게 면제하는 내용
  예1) 주차장 사업자의 주차장 내에서 일어나는 도난, 파손, 분실, 화재 등의 모든 사고에 대한 책임을 지지 않는다는 조항
  예2) 상가분양계약에서 공급면적의 증감에 따른 정산을 요구하지 못하도록 하는 조항

b. 부당한 손해배상액의 예정

- 소비자에 대해 부당하게 과중한 손해배상액을 예정하는 내용
  예) 부동산거래 위약금은 거래대금의 10%가 통상 거래관행임에도 총 분양대금

의 20~30%를 위약금으로 정한 조항

c. 계약의 해제 · 해지에 관한 부당한 조항

- 계약의 해제권·해지권을 소비자에 대해 부당하게 배제 또는 제한
- 사업자에 부당하게 폭넓게 해제권·해지권 인정
- 채권관계 계약의 계약기간약정 내용이 소비자에게 부당하게 불이익을 주는 내용
  예1) 사업자의 채무불이행시에도 계약을 해제할 수 없다는 조항
  예2) 1회라도 대금지급을 연체하는 경우에 계약을 자동으로 해제한다는 조항
  예3) 회원가입 시 납입한 입회비는 사유를 불문하고 일체 반환하지 않는다는 조항

d. 채무이행에 관한 부당한 조항

- 채무이행과 관련해서 상당한 이유 없이 사업자가 급부의 내용을 결정·변경·중지하거나 제 3자로 하여금 대행하게 하는 내용
  예1) 임차인의 차임감액청구권은 불인정하고 임대인만 차임을 인상할 수 있다는 조항, 수강자가 교습 중 자동차운전면허를 취득한 경우 교습을 종료할 수 있다는 조항

e. 고객의 권익에 대한 부당한 침해

소비자의 항변권·상계권을 제한하거나 기한의 이익을 박탈하는 등의 내용

예1) 임차인 상당기간이 지난 후 반환하도록 한 조항

예2) 은행과의 거래약정 중 일부라도 위반할 때 그 기한의 이익을 상실하게 하는 조항

예3) 영업을 양도한 자가 일정기간 동안 동종의 영업활동을 하여서는 안 된다는 계약

예4) 개인의 신용정보활용에 동의하지 않을 경우 카드 회원 가입을 할 수 없도록 한 조항

f. 의사표시의 부당한 의제

소비자의 의사표시를 부당하게 제한하거나 의사표시의 형식이나 요건에 대해 부

당하게 엄격한 제한을 가하는 내용

예1) 종전 사용자의 모든 권리·의무를 변경된 가스사용자가 승계한다는 조항

예2) 병원예약 취소·변경 시 예약전일 16시까지 해당 진료과에서 취소·변경 수속을 밟아야 하는 조항

예3) 의사표시의 발신만으로 효력을 발생한다는 조항

g. 대리인의 책임에 관한 부당한 가중

소비자의 대리인에 의해 계약이 체결된 경우에 그 소비자의 대리인에 대해 이행의무를 부과하는 내용

예) 고객의 대리인에 의하여 체결된 계약이 무효·취소로 되는 경우 대리인이 그에 대한 무과실의 손해배상책임을 지도록 하는 조항

h. 소제기의 부당한 제한 등

소비자에게 소의 제기를 금지하거나 상당한 이유 없이 입증책임을 부담시키는 내용

예1) 사유를 불문하고 일체의 민·형사상 책임을 묻지 못하도록 한 조항

예2) 사업자의 소재지 법원을 관할법원으로 정한 조항, 사업자가 인지할 수 없는 사유로 인한 손해에 대한 책임을 지지 않도록 한 조항

한편, 공정거래위원회는 불공정한 내용의 약관이 통용되는 것을 방지해서 소비자 권익을 보호하기 위해 표준약관제도를 시행하고 있는데, 이 표준약관과 다른 내용을 약관으로 사용하면서 표준약관인 것처럼 표준약관 표시를 한 경우 해당 약관의 내용이 표준약관보다 불리한 내용을 담고 있으면 무효가 된다.

3) 표준약관 제도

대부분의 약관은 일반 약관으로 사업자가 자율적으로 작성한다. 일반 약관은 약관의 작성이나 변경 시 감독 행정기관의 인가를 받지 않으며 신고도 할 필요가 없는 약관으로써 대부분의 경우 이에 해당한다. 그런데 표준약관은 건전한 거래질서를 확립하고 불공정한 내용의 약관이 통용되는 것을 방지하기 위해 사업자 및 사업자단체

가 마련하여 공정거래위원회에서 심사하거나 관련 분야의 거래 당사자 및 소비자단체등의 의견을 듣고 관계부처의 협의를 거쳐 공정거래위원회가 마련한 것으로 일정한 거래 분야의 표준이 되는 약관이다. 표준약관이 만들어진 업종은 은행의 여수신거래, 아파트 분양 및 임대차, 여행업, 주차장 이용, 백화점 및 상가임대, 병원, 콘도 등이다.

그런데 약관을 사용하고자 하는 사업자 및 사업자단체가 표준약관을 마련하여 그 내용이 약관법에 위반되는지 공정거래위원회에 심사 청구할 수 있다. 한국소비자원 및 소비자기본법에 의하여 등록된 소비자단체는 소비자피해가 자주 일어나는 거래 분야에서 표준이 될 약관을 마련할 것을 공정거래거래위원회에 요청할 수 있다. 소비자단체 등의 요청이 있거나 다수 고객의 피해 발생 또는 불공정약관에 의한 피해가 반복되는 경우에 공정거래위원회는 표준약관의 마련을 권고하고 4개월 이내에 필요한 조치를 하지 않을 경우에는 공정거래위원회가 직접 관계부처의 협의 등을 거쳐 표준약관을 제정할 수 있다.

약관은 약관 작성 시 정부의 개입 정도에 따라 인가약관, 신고약관, 정부기관 작성약관, 일반약관으로 구분할 수 있다. 인가약관은 이용 규정 또는 영업 규칙으로 표현되기도 하는데 보통 운송업, 전기통신사업 등 주로 공공서비스 분야와 관련한 약관이 이에 해당한다. 신고 약관에는 주로 관광, 여행, 숙박과 관련한 약관이 해당되며, 정부기관 작성약관은 정부기관이 작성한 약관으로 그 사용이 강제되는 약관이다. 중고자동차매매계약서, 새마을금고약관, 신용협동조합약관, 학원업, 보험업, 철도운송업, 체신업 등이 이에 해당한다.

공정거래위원회가 승인한 표준약관은 가급적 전문적인 표현의 사용을 억제하여 소비자들이 이해하기 쉽고 약관에 따른 권리 주장을 용이하게 한다. 사업자 입장에서는 표준약관을 소비자에게 제시하는 경우 소비자들은 계약 내용의 불공정성 여부에 대한 의심 없이 안심하고 거래할 수 있다는 장점이 있다. 또한, 사업자 입장에서도 표준약관을 사용함으로써 약관을 스스로 작성하는데 소요되는 전문가의 자문비용과 노고를 절약할 수 있으며, 소비자와의 불필요한 분쟁을 예방할 수 있다. 공정거래위원회는 개개 사업자의 약관을 하나하나 심사하는 번거로움을 피할 수 있어 행정력을 절감할 수 있으며, 무엇보다 약관이 거래에 통용되기 전에 거래질서를 바로 잡을 수 있는 장점이 있다(공정거래위원회, 2008). 표준약관은 소비자가 불공정한 약관을 사용하는 사업자로부터 억울한 피해를 당했을 때 보상을 받을 수 있는 근거이자 법원에 민사소송을 제기할 때 판결의 준거가 된다.

그런데 공정거래위원회가 심사·승인한 표준약관은 행정지도·지침의 성격을 가지고 있는 것으로 법적 강제력이 없다. 자유시장경제 체제 아래에서는 계약당사자가 계약내용을 자유롭게 결정함을 원칙으로 한다. 따라서 사업자는 자기 거래에 이용할 약관을 자유롭게 작성·선택할 수 있고, 사업자가 원하는 경우에만 표준약관을 소비자와의 거래에 사용하게 된다. 사업자단체는 사업자에게 표준약관의 사용을 권장할 수 있을 뿐이지 명령할 수는 없다.

표준약관은 사업자가 작성하여 공정거래위원회의 승인을 받은 것이든 공정거래위원회가 자체적으로 마련한 것이든 불공정성에 대한 일차적 검증을 마친 것이 되므로 약관의 불공정성 시비로부터 벗어날 수 있다는 장점이 있지만 약관 내용에 대한 국가의 과도한 개입이나 구체적인 기준설정의 결과, 사업자 간 약관을 통한 거래조건에 관한 경쟁의 여지가 감소할 우려가 있으며 이는 표준약관 운용상의 딜레마라 할 수 있다. 뿐만 아니라 공정거래위원회가 심사·인준·작성한 약관이라고 해서 법원이 그 약관에 대한 공정성 판단에 구속을 받는 것은 아니기 때문에 표준약관을 맹신하거나 약관으로 인한 소비자문제의 해결 역할을 표준약관에만 맡겨두는 것은 문제가 있다(신영수, 2008). 따라서 표준약관 제도는 약관의 편입통제 및 유효성 통제의 보조수단으로 활용되는 것이 바람직하며, 시장환경이 급변하는 거래분야나 새로운 불공정행위들이 출현하는 시장에서는 기작성된 표준약관에 대한 주기적 검토와 감독이 병행되어야 한다(신영수, 2008).

다만 공정거래위원회로부터 표준약관(표준계약서)의 사용을 권장받은 사업자 및 사업자단체는 표준약관(표준계약서)과 다른 약관(계약서)을 사용하는 경우에 표준약관(표준계약서)과 다르게 정한 주요 내용을 고객이 알기 쉽게 표시해야 한다. 이를 위반한 자는 과태료를 부과받는다.

4) 약관과 소비자문제

약관의 문제가 소비자에게 미치는 피해는 사업자가 제공하는 제품이나 서비스가 필수품인 경우, 사업자가 그 사업분야에서 독점적인 지위를 확보하고 있는 경우 더욱 심각하다. 한편, 사업자가 작성한 약관은 전문용어의 남용, 전문가들도 이해하기 어려운 애매한 조항 등을 포함하고 있어 일반 소비자가 약관을 제대로 이해하기 어렵기 때문에 약관은 문제가 되고 있다. 게다가, 소비자들은 약관이 있다는 사실조차 모르거나, 설사 알고 있다고 해도 제대로 읽어보지 않는 경우, 너무나 깨알 같은 글씨로 인해 읽을 수 없는 경우, 약관 자체를 교부하지 않는 경우 등 약관으로 인한 소비자문제가 빈번하게 발생하고 있다. 이 같은 상황에서 거래 후 소비자분쟁이나 피해 발생 시 약관에 제시된 내용에 대해 소비자가 알고 있지 못하여 소비자들이 부당한 대우나 불이익을 당하는 경우가 빈번하게 일어난다. 약관으로 인한 소비자문제는 크게 두 가지로 나누어 살펴볼 수 있다.

- 약관 채용의 문제: 약관 이해 부족, 사업자 약관제시 회피로 소비자가 약관을 인지하지 못하여 발생하는 문제, 약관 변경 시 변경된 사실을 소비자가 모르는 경우
- 불공정약관 조항 문제: 약관 내용이 불공정하여 소비자피해가 일어나는 경우

(1) 약관채용의 문제

약관채용의 문제는 약관의 명시 및 설명, 공시 및 게시, 서면 교부, 약관내용 변경 시 통지 및 동의 등을 의무화함으로써 해결할 수 있다. 또한 약관규제법에서는 약관의 뜻이 명백하지 않은 경우 고객에게 유리하게 해석되어야 한다며 작성자 불이익의 원칙을 규정하고 있다. 그러나 약관에 내용에 대해 작성자인 사업자가 명시하고 설명을 하여 고객인 소비자가 그 약관에 명시된 거래조건을 거부할 수 있는 기회가 주어졌다 하더라도 소비자는 그 약관의 거래내용을 실제로 거부하기 어려운 위치에 있는 것이 현실이다. 따라서 약관에 관련한 소비자문제는 약관이 단순하게 사업자에 의해 미리 준비된 것이라는 점은 물론 사업자들이 현실적으로 소비자들은 거래조건이나 분쟁의 해결방법에 대해 무심하고 안일한 성향을 갖고 있다. 특히, 난해하고도 방대한 약관을 일일이 확인하지 않는다는 것이다. 사업자들이 약관을 세밀하고 방대하게 작성할수록 소비자들의 이해도와 내용 파악에 대한 의욕은 반감된다. 결국 이 같은 약관은 소비자보다는 오히려 사업자를 책임으로부터 보호하는 기능을 수행하는 꼴이 될 수 있다. 소비자에게 필요한 것은 상세한 약관보다는 대강이라도 주요 거래 조건을 소비자들이 이해할 수 있도록 하는 방안이다. 이러한 관점에서 약관의 명시·교부의무 못지않게 설명의무에 많은 비중을 두고 있다.

그런데 소비자가 명시, 설명을 받고 내용을 충분히 이해했다 하더라도 소비자가 원하지 않는 약관 속 거래조건을 거부하고 특약을 체결할 수 있는 가능성이 뒷받침되어 있지 않다면 소비자들이 약관 내용을 명시·교부받거나 설명을 들었다는 사실은 큰 의미가 없다. 오히려 사업자에 대한 면책 구실만을 제공해 주는 결과가 될 수 있다. 약관 조항에 대해 명시·설명의무를 이행하는 데도 소비자에게 불리한 약관 조항이 발견되고 실제로 사후에 불공정성 시비가 제기되는 이유는 소비자가 편입 단계에서 특약으로 불공정 요소를 배제하지 못했던 것에서도 찾을 수 있다. 특히 작성자가 우월적 지위를 가진 거래에 있어서는 소비자에 의한 약관 내용의 거부 및 새로운 조건의 교섭, 그리고 특약의 체결을 기대하기 어렵다. 따라서 명시·설명 이후의 거래조건 수정을 사실상 어렵게 하는 사업자의 관행에 대한 규제 수단이 필요하다는 지적이 있다.

게다가 현행법상 약관의 불공정조항 등 소비자문제가 제기된 경우에 피해를 입은 소비자가 공정거래위원회로부터 특정 약관 조항에 대한 무효 판단을 받는다 하더라도 소비자가 피해구제를 받기 위해서는 다시 법원에 제소하여야만 한다. 법원에 의한 사법적 통제는 사후적 규제이므로 실체적 진실의 규명과 분쟁의 구체적 해결에는 적합하나 사전적 규제 수단으로서 공정거래위원회의 행정처분이 가지는 효율성을 확보하지 못하고 있다. 소비자피해구제의 완결성을 높이기 위해서는 불공정약관으로 인한 피해로부터의 행정적 구제 수단(공정거래위원회의 시정조치)과 사법적 구제 수단(법원의 손해배상)의 일원화 또는 연계 가능성이 모색되어야 한다는 주장이 설득력을 얻는 이유이다(신영수, 2008).

(2) 불공정약관 조항의 문제

약관내용이 불공정하여 소비자문제가 발생하는 경우 약관은 사업자가 일방적으로 작성하여 소비자에게 제공하므로 사업자에게 유리한 불공정한 조항을 담고 있어 소비자에게 불리하게 적용될 가능성이 높다. 기업의 경제적 우위성 또는 시장지배력을 남용하여 소비자에게 불리한 약관 조항을 통해 기업 보호의 무기로 사용하는 경우가 발생하고 있다.

불공정한 약관으로 인한 소비자문제가 빈번하게 발생하면서 이로 인한 소비자피해를 줄이고자 약관규제법은 불공정한 약관 심사의 기본적 원칙, 구체적 유형, 약관

규제방법 등의 내용을 포함하고 있다. 공정거래위원회로부터 불공정약관으로 심결된 바 있는 주요 약관 조항을 예시로 살펴보면 다음과 같다.

- 공중전화카드의 잔액 환불불가 및 요금 불반환 조항 무효
- 사용치 않은 놀이시설 및 자유이용권 환불불가 조항 무효
- 운동경기 관람 중 부상 시 응급치료만 가능하다는 조항 무효
- 의료사고 발생 시 이의제기 부당한 조항이므로 무효
- 주차장 내 차량이나 도난 사고 시 면책조항 무효
- 주차권분실 시 개장 시부터 요금부과 부당, 차량입고 시간 입증할 경우 입증시간 기준으로 주차료 징수
- 체육시설 이용 시 도난 및 안전사고 시 무책임이라는 약관 조항 무효

5) 불공정약관 조항 사례

공정거래위원회가 불공정한 약관 조항에 대한 심사결과 불공정한 약관으로 판정되어 삭제 또는 변경하도록 요청받은 약관 조항은 매우 많다. 대표적인 사례를 제시하면 다음과 같다.

〈사례1〉 놀이시설이용 부당약관 (신의성실 일반 원칙)

- 무효조항 예시: 어떠한 경우에도 입장료를 환불할 수 없도록 한 조항
- 무효심결 이유: 사업자가 정원을 초과하여 무리하게 이용객을 입장시키거나 정비불량, 정전 등으로 놀이시설을 이용할 수 없을 때와 같이 사업자의 귀책사유나 과실 유무에 관계없이 입장료 환불 불가 조항 무효

〈사례2〉 주차장 이용 부당약관 예시 (면책조항 금지)

- 부당조항 예시: 주차장내 도난, 파손시 제반사고 사업자가 책임지지 않는다는 약관 조항
- 무효심결 이유: 사업자가 고의 또는 과실로 선량한 관리자의 의무를 다하지 않음으로써 발생한 손해에 대한 배상까지도 정당한 이유 없이 배제하는 경우 무효

〈사례3〉 프로야구 관람 부당약관 예시 (면책조항 금지)

- 부당조항 예시: 현장의 응급치료만을 받게 하는 약관 조항
- 무효심결 이유: 연습, 경기장 파울볼 등 포괄적인 사유로 인하여 고객이 부상을 입어도, 사업자의 과실 및 시설물 하자 여부를 불문하고

〈사례4〉 상가 임대 부당약관 예시 (손해배상액 예정)

- 부당조항 예시: 금전채무의 체납액에 대한 월 3%에 해당하는 과태료를 가산 납부 하도록 한 약관 조항
- 무효심결 이유: 이자 제한 법상의 최고 이자율(연 25%)을 초과하는 손해배상액을 예정하여 임차인에게 과중한 지연손해배상금 부담케 한 것으로 무효

〈사례5〉 오피스텔분양 부당약관 예시 (손해배상액 예정)

- 부당조항 예시: 총분양대금의 20%를 위약금으로 예정하고 있는 약관 조항
- 무효심결 이유: 일반적으로 주택공급에서 위약금은 공급대금의 10%로 예정, 손해배상은 통상의 손해를 그 한도로 한다는 민법 제397조와의 관계를 고려할 때 무효

〈사례6〉 신용카드 연대보증 부당약관 예시 (계약 해제 및 해지)

- 부당조항 예시: 연대보증기간이 자동적으로 연장되도록 한 약관 조항
- 무효심결 이유: 연대보증인과 새로운 합의 없이 보증계약이 체결된 것으로 간주하여 고객에게 부당하게 불이익을 주게 되므로 무효

〈사례7〉 주택공사 등 분양 부당약관 예시 (채무 이행)

- 부당조항 예시: 등기 면적에 다소 증감이 있는 경우에도 분양대금은 변경되지 않으며 이에 대한 이의제기를 하지 못하게 한 약관 조항
- 무효심결 이유: 객관적이고 타당한 사유 없이 사업자 자의로 변경이 가능하도록 하므로 고객에게 부당하여 무효

〈사례8〉 가전제품 할부매매 부당약관 예시 (고객 권익보호)

- 부당조항 예시: 고객이 귀책사유로 계약이 해제된 경우 공급된 물품을 사업자가 임의로 평가한 금액으로 회수할 수 있도록 한 약관 조항
- 무효심결 이유: 고객이 자기의 할부매입물건 반환 시 사업자에 대한 동시이행의 항변권 및 할부매입 물건에 대한 유치권주장 분쟁이 발생하는 경우 소송제기의 권리 등 법률에 의해 부여된 고객의 권리가 박탈당하게 되므로 무효

〈사례9〉 시중 은행카드 연대보증인 책임 부당약관 예시 (의사표시 의제)

- 부당조항 예시: 연대보증의 보증기간 만료 시 보증인의 탈회최고가 없는 한 연대보증의 효력이 자동적으로 연장되도록 정한 약관 조항
- 무효심결 이유: 일정한 부작위가 있을 때 고객의 승낙의 의사표시가 의제된 것으로 보아 보증인에게 부당하게 불리한 조항으로 무효(제9조 제5조와 함께 적용)

〈사례10〉 병원이용 부당약관 예시 (소제기 금지 등)

- 부당조항 예시: 병원 소재지를 소송시 법원 관할법원으로 하도록 하는 약관 조항
- 무효심결 이유: 고객에 대하여 부당하게 불리한 재판관할의 합의조항으로 무효

5-1 서울시, 불공정거래 7대 분야 상담 · 구제 지원

서울시가 일상생활에서 자주 발생하는 불공정 피해의 상담 · 구제 지원을 위해 서울시 공정거래종합상담센터를 2022년 5월부터 확대 운영하고 있다. 공정거래 종합상탐센터는 취약계층의 어려움을 가중시키거나 사각지대에 놓인 불공정 거래 7대 분야에 대한 피해상담과 구제를 원스톱 지원한다. 7대 분야는 ① 상가임대차 ② 가맹 · 유통 ③ 불법대부업 ④ 다단계 ⑤ 문화예술인 · 프리랜서 권익침해 ⑥ 선불식 할부거래업(상조업) ⑦ 기타 불공정소비자피해이다.

모든 분야의 상담과 구제는 변호사, 공인 중개사, 가맹거래사 등 전문가가 참여한 1대1 밀착 지원이 이뤄진다. 서울시는 i) 상담방식 다양화 ii) 체계적 구제시스템 구축 및 가동 iii) 분쟁조정위원회 확대 운영 등 지원을 강화한다.

서울시 공정거래종합상담센터는 피해상담 · 구제 외에 불공정피해 예방 활동과 조사 등 사후관리도 진행해 왔다. 누구나 쉽게 이해할 수 있도록 사례 위주의 홍보 · 교육 콘텐츠를 제작 · 배포한 바 있다. 상담을 원하는 소비자는 센터 홈페이지를 확인하면 된다.

또한 민원인의 요청이 있을 경우 업체에 대한 조사 · 관리를 하고 분쟁조정위원회를 열어 합의를 통한 피해 최소화도 실시한다. 대부업 · 다단계 중 피해가 심각한 사안은 서울시 민생사법경찰단이나 경찰청 수사의뢰 및 고발조치 등 강력한 조치로 대응하고 있다.

출처: 뉴스핌(2022.5.17.)

2. 표시광고 관련법과 소비자피해구제

소비자들은 아침에 눈을 뜨는 순간부터 잠자는 시간까지 TV, 라디오, 신문, 지하철, 인터넷 등을 통해 수 없이 많은 상품 광고를 접하고 있다. 그런데 광고는 사업자가 일방적으로 제작하여 배포하기 때문에 허위내용이나 과장된 표현이 포함될 수 있다. 이익이 된다면 허위 · 과장광고라도 서슴지 않는 현실 속에서 광고는 소비자들의 판단을 흐리게 하며 불필요한 제품을 구입하도록 설득한다. 의도적이고 목적지향적인 광고는 광고의 설득기능을 강조하여 소비자들의 합리적 소비생활을 방해하고 소비자선호를 왜곡하기도 한다. 허위 · 과장광고로 부터의 소비자불만이나 피해 또한 심각한 상황이다.

이에 공정거래위원회는 1999년 표시광고공정화에 관한 법률(이하 표시광고 공정화법)을 제정하여 운영하고 있다. 특히 1999년부터 부당한 광고로 인한 소비자피해를 막을 수 있도록 부당광고 중지명령제도를 운영하고 있다. 사업자의 광고로 소비자들에게 큰 피해를 줄 가능성이 있을 경우 민간 관련 단체들이 공정거래위원회에 광고 중지명령을 요청할 수 있도록 하고 있다. 광고를 계약 내용으로 소비자에게 알리고 소비자가 광고를 계약으로 이해했다면 광고는 계약내용이 되기 때문에 허위광고는 계약 위반으로 보상받을 수 있게 되었다.

소비자는 제품에 대한 기본적인 정보를 용기, 포장 등에 적힌 각종 표시 등에 의해 알게 된다. 정부에서는 각종 제품에 대한 일정사항을 제조자가 보통 제품의 용기나 포장에 의무적으로 표시하도록 하고 있다. 이러한 표시 제도는 소비자가 합리적이고 효율적인 소비행동을 하도록 하는 데 필수적일 뿐만 아니라 기업이나 제조자에게는 품질과 서비스 경쟁을 유발시키기도 한다. 일정 사항을 의무적으로 표시하도록 함으로써 소비자들은 이 정보를 소비선택의 판단기준으로 삼게 되고, 기업 입장에서는 표시와 관련된 내용측면에서 경쟁이 유발되기 때문이다. 정부에서는 기업에게 표시 의무화는 물론이고 중요한 소비자정보를 소비자에게 의무적으로 공개하도록 하는 정보공개 정책을 펼치고 있다. 또한 제품의 표시 표준화, 잘못된 표시나 허위과장 표시 그리고 광고에 대한 행정규제를 통해 표시 및 광고 그리고 정보를 적절하고 효과적으로 활용하도록 유도하고 있다.

1) 표시광고규제 관련 법 전개

1976년부터 방송윤리위원회가 방송광고를 사전심의하게 됨에 따라 자율규제보다는 타율규제의 성격을 띠게 되었다. 1980년 언론기본법이 제정되었고, 1980년 12월 독점규제 및 공정거래에 관한 법률(약칭 공정거래법)이 제정되면서 정부 차원의 광고규제가 시작되었다. 공정거래법에서 부당한 광고 및 표시행위는 불공정거래행위 유형의 하나로 명시되어 규제 대상이 되고 있는데, 공정거래위원회에서 주관하고 있다. 이 법에서는 부당한 광고 및 표시는 기업 간의 자유롭고 공정한 경쟁을 저해하는 행위이므로 규제되어야 하며, 소비자보호를 위해서 부당한 광고는 규제되어야 한다는 입장을 취하고 있다.

1987년 언론기본법이 폐지되고 정기간행물 등록에 관한 법률과 방송법이 제정되었는데, 특히 방송법은 광고규제와 관련한 직접적인 관련을 가지고 있다. 현재, 방송광고물 심의는 1980년 12월 한국방송공사법이 제정됨에 따라 방송광고공사 내에 설치된 방송광고심의위원회가 심의하여 규제를 실시하고 있다. 한편, 허위과대광고, 광고 표현의 불건전성, 방송광고의 윤리성 등이 문제가 되면서 1999년 정부는 부당한 표시광고를 효과적으로 규제하기 위하여 표시·광고의 공정화에 관한 법률(이하 표시광고공정화법)을 제정하였는데 이 법에는 중요정보공개, 임시중지명령 등에 관한 내용이 포함되어 있으며 이 법률에 근거하여 광고실증제를 도입하고 있다.

우리나라의 광고자율규제 현황을 살펴보면, 1991년 설립된 한국광고자율심의기구(Korea Advertising Review Board: KARB)는 광고상담실을 통해 인쇄매체에 의한 허위, 과장, 과대, 불공정광고에 대해 소비자, 광고주, 소비자단체, 광고 제작사들로부터 불만사항을 접수하여 처리하고 있다. 그러나 현재 부당광고에 대한 사업자들의 자율규제는 매우 미약한 상태이며 일부 업종에 한해 자율규제기구가 존재하고 있다. 광고에 대한 자율규제는 각 매체협회, 광고 관계 협회에서 윤리강령이나 실천요강 등을 갖추고 있으나, 명목상의 형식만 갖춘 것에 불과하며 실제적인 광고규제는 거의 못하고 있는 실정이다(강창경·정순희·허경옥, 1998).

광고규제 관련 타율규제 방법으로서, 광고만을 전문적으로 규제하는 단일 법률은 없으며 관련 부처에서 각 개별법에 따라 광고를 규제하고 있다. 우리나라 광고규제 관련 법규 및 심의기관에 대해서는 〈표 5-2〉에 자세하게 제시하였다.

〈표 5-2〉 우리나라 광고규제 관련 법규 및 심의기관

관련법	목 적	광고규제유형	광고규제기준	규제심의 위원회	규제성격 (매체)
소비자 기본법	소비자권익보호	• 부당광고 • 소비자위해광고			사후심의 (모든 매체)
공정 거래법	사업자의 공정하고 자유로운 경쟁 촉진	• 허위·과장광고 • 기만적인 광고 • 부당한 비교광고 • 비방광고	16개 분야 규제기준, 6가지 개별기준	공정거래 위원회	사후심의 (모든 매체)
방송법	방송의 자유와 공적 기능 보장		일반기준 분야별, 품목별 기준	방송위원회 (있음)	사전심의 (방송매체)
종합유선 방송법	국민문화의 향상과 공공복리	• 허위·오도·기만 • 어린이 광고 • 입증의무 등	30개 분야별 규제기준	종합유선방송 위원회(있음)	사전심의(유선방송 매체)

식품 위생법	국민보건증진 식품 위해 및 영양의 질적 향상	• 과대광고 • 의약품과 혼동할 우려가 있는 광고	12가지 규제기준	보건복지부 (없음)	사후심의 (모든 매체)
정보통신 사업법	정보사회의 윤리규범의 역기능에 대한 대책마련	• 공중도덕윤리 • 위화감 조성, • 사생활 보호		정보통신 위원회	사전심의(음성 정보 · 비음성 정보)

한편, 광고규제 관련 법규는 크게 두 가지로 나눌 수 있는데 첫째, 모든 사업자 · 물품 및 서비스에 공통적으로 적용되는 일반 법규에 의한 광고규제로 소비자기본법, 독점규제법, 부정경쟁방지법, 방송법 등을 들 수 있다. 둘째, 특정 사업자 · 물품 및 서비스에만 적용되는 개별 법규에 의한 광고규제로 식품위생법과 약사법이 있다.

정부의 광고규제기관으로 공정거래위원회가 사후심의기구로 존재하고 있으며, 이 외에도 보건사회부 등 여러 관련 부처에 의해 관장되고 있다.[1] 1990년 개정된 공정거래법(제5장, 15조)에 의해 상품 또는 서비스에 대해 허위 또는 과장된 표시 및 광고행위를 불공정거래행위로 규정하고 이를 금지하고 있다.

또한, 소비자기본법(제2장, 9조)에서도 광고규제 관련 규정을 두고 있다. 공정거래법에서 광고규제가 사업자들의 공정거래 확립을 목적으로 사용되고 있으나, 소비자기본법에서는 광고로 인한 소비자피해를 예방하기 위해 광고규제를 하고 있다. 소비자기본법에서는 아래의 2가지와 관련한 광고의 경우 규제하고 있다.

- 식품, 기호품, 의약품 등의 잘못된 소비 또는 과다한 소비가 위해를 끼칠 우려가 있는 경우
- 공산품 또는 서비스의 잘못된 사용이 소비자에게 생명, 신체, 재산상의 피해를 끼칠 우려가 있는 경우

광고의 효과가 가장 강력한 방송광고의 경우 1987년 제정된 방송법을 근거로 방송위원회의 기능과 위상이 강화되면서 본격적인 정부에 의한 사전광고규제가 실시되고 있다. 광고규제는 방송법에 근거한 방송광고심의위원회를 중심으로 방송위원회의 기본 규칙에 의해 실시되고 있다.

1) 미국의 경우 연방거래위원회(Federal Trade Commission: FTC)가 허위광고를 포함한 광고의 불공정거래행위를 금지하고 있으며, 광고실증제가 적극적으로 활용되고 있다.

2) 표시광고의 공정화에 관한 법률

우리나라에서는 1999년 표시광고의 공정화에 관한 법률(이하 표시광고공정화법)[2]을 제정하여 부당한 표시광고행위를 금지하고 중요 정보 공개제도, 광고실증제, 임시중지 명령제도 등을 도입하고 있다. 표시광고공정화법은 일반법으로써 동법 시행령, 16개 고시·지침으로 구성하여 표시 및 광고로부터 소비자를 보호하고 사업자를 규제하고 있다. 이 법에서는 부당광고 판단의 기초 자료인 광고 내용의 진위 여부에 대한 입증 책임을 사업자에게 지우는 광고실증제를 도입하고 있어 광고심의의 신속성 제고, 부당한 광고로 인한 소비자피해 예방에 큰 역할을 할 것으로 기대된다.

표시광고공정화법에 의하면 사업자의 입증책임 범위는 사실과 관련한 사항이며, 의견이나 관념의 제시에 지나지 않는 설득적 광고는 규제의 대상이 되지 않는다. 그러나 의견을 사실의 형식으로 제시하는 경우는 규제의 대상이 된다. 표시광고공정화법에 따르면, 공정거래위원회는 부당광고의 우려가 있는 경우 당해 사업자에게 관련 자료를 요청할 수 있도록 규정하고 있다. 공정거래위원회가 모든 광고에 대해 사업자 등에게 자료제출을 요청할 수 있는 것은 아니다.

한편, 이 법에 따르면 부당한 광고만을 규제할 뿐이지 미실증광고 자체를 규제 대상으로 삼고 있지 않는다. 다시 말해, 사업자가 제출한 실증자료는 허위광고 등 부당광고규제와 관련한 기초자료로써 활용된다. 그러나 미국의 경우 미실증광고 자체가 불공정거래행위로서 규제대상이 되므로 실질적으로 대부분의 기업이 광고를 하기 전에 추후 법적 제재를 받지 않기 위해서 광고 내용에 대한 근거를 준비하게 되므로 강력한 사전 실증제적 성격을 띠고 있다. 그러나 우리나라의 경우 공정거래위원회가 사업자 등에게 실증자료를 요청한 때부터 법적 효력이 적용되는 점에서 미국의 것과는 차이가 있다. 다만, 우리나라에서도 방송광고의 경우, 방송심의위원회가 특정광고 주장에 대해 실증자료를 광고주에게 요청할 때 이를 제출하지 않으면 광고가 송출되지 않으므로 사전 실증제적 성격이 강하다고 하겠다.

---

2) 현재 표시·광고사항을 규율하는 개별 법률은 90여 개이다. 표시·광고 사항을 규율하는 개별 법률은 공산품 품질보증, 국민건강보호 등 특정 목적을 위해 제정된 법들로 주로 상품내용(품질·효능·성분 등)의 허위·과장, 표시·광고만을 규제대상으로 하고 있어 상품 내용뿐 아니라 사업자, 거래조건 등 소비자 선택과 관련된 표시·광고 사항을 종합적으로 규제하는 표시광고공정화법과 규제 목적 및 범위에 있어서 차이가 있음.

한편, 표시광고공정화법에 의하면, 공정거래위원회는 부당광고의 우려가 있는 광고에 대해서만 실증자료의 제출을 요청할 수 있다. 공정거래위원회의 실증자료 요청을 받은 사업자는 30일 이내에 실증자료를 제출하여야 하는데, 정당한 사유가 있는 경우 제출기간 연장 신청을 할 수 있다. 공정거래위원회는 공정거래 질서유지를 위해, 소비자들이 제품 및 서비스에 대해 잘못 아는 것을 방지하기 위해 필요한 경우에 한하여 사업자들이 제출한 실증자료를 공개·열람할 수 있도록 하고 있다.

표시광고공정화법은 상품 또는 용역에 관한 표시·광고에 있어서 소비자를 속이거나 소비자로 하여금 잘못 알게 하는 부당한 표시·광고를 방지하고 소비자에게 바르고 유용한 정보의 제공을 촉진함으로써 공정한 거래질서를 확립하고 소비자를 보호함을 목적으로 한다.

〈표 5-3〉 소비생활 밀접 분야 표시 관련 법규

법률명	관련 조항 (제목)
식품위생법	제7조 식품 또는 식품첨가물에 관한 기준 및 규격 제10조 표시기준, 법 제11조 식품의 영양표시 등 제12조 육류 및 쌀·김치류의 원산지 등 표시 제13조 허위표시 등의 금지
화장품법	제10조 용기 등의 기재사항, 법 제11조 기재·표시상의 주의 제12조 부당한 표시·광고행위 등의 금지
품질경영 및 공산품안전관리법	제16조 안전인증의 표시 등, 법 제20조 자율안전확인의 표시 등 제22조 안전·품질표시대상공산품의 안전·품질표시 등 제23조 거짓의 안전·품질표시 금지 등 제25조 어린이보호포장표시 등 시행규칙 제24조 안전·품질표시의 방법
먹는물관리법	제34조 샘물 등의 증명표지, 법 제36조 기준과 규격 제37조 표시기준, 법 제38조 수출용 제품의 기준, 규격, 표시기준 제39조 광고의 제한 제40조 거짓 또는 과대표시·광고의 금지 등
산업표준화법	제21조 표시제거 등의 명령, 시행령 제23조 산업표준의 고시 시행규칙 제12조 제품인증표시 등

(1) 부당한 표시광고행위 규제

사업자 등은 소비자를 속이거나 소비자로 하여금 잘못 알게 할 우려가 있는 표시·광고행위로서 공정한 거래질서를 저해할 우려가 있는 허위·과장의 표시·광고,

기만적인 표시·광고, 부당하게 비교하는 표시·광고, 비방적인 표시·광고행위를 하거나 다른 사업자 등으로 하여금 이를 행사하게 해서는 안 된다.

공정거래위원회는 부당한 표시·광고의 세부적인 유형 또는 기준을 정하여 고시할 수 있다. 이 경우 미리 관계 행정기관의 장과 협의하여야 한다. 공정거래위원회는 사업자 또는 사업자단체가 부당한 표시·광고행위를 하는 때에는 그 시정을 위하여 당해 위반행위의 중지, 시정명령 받은 사실의 공표, 정정 광고, 기타 위반행위의 시정을 위하여 필요한 조치를 명할 수 있다. 이때, 시정명령을 받은 사실의 공표 및 정정광고에 관하여 필요한 사항은 대통령으로 정한다. 흔히 세계 최저가, 세계 최초, 한국 최저가, 베스트셀러 등의 표현은 부당광고로 판정될 가능성이 높다.

5-2 합격생 수 1위, 묻지마 거짓광고

객관적 근거 없이 압도적 합격률 1위, 교재 내 100% 출제 등의 표현을 사용해 거짓·과장광고한 A회사가 공정거래위원회에 적발되었다. 공정거래위원회는 독학학위제 시험 교육업체인 A사가 합격생 배출수 등을 거짓·과장광고한 행위에 대해 시정명령(공표명령 포함)을 부과하기로 결정하였다.

A사는 합격자 배출과 관련해 객관적 근거 없이 32년 연속 총 합격생 배출수 1위, 압도적 합격률 1위, 교재만 보고 학습한 합격생이 가장 많은 교육기관이라고 광고하였다.

또한, 교재의 품질과 관련해 A사 교재에서 100% 시험출제, A사만 9개 학과 전 교재·문제집에 저자가 있습니다라고 하였다. 공정거래위원회는 이를 거짓·과장광고라고 판단하였다. A사가 과거 합격자 명단을 제출하지 못한 점, 독학으로 학습한 합격자가 존재할 수 있는 점, 합격수기 개수가 타사 합격자 수와 동일하지 않은 점 등을 고려하였다.

공정거래위원회는 일반 소비자가 이 같은 광고를 접할 경우, A사가 가장 높은 합격률로 가장 많은 합격자를 배출한 업체이고, A사 교재가 시험 적중률이 100%에 이르고 타사 교재보다 품질이 좋은 교재로 오인하거나 오인할 우려가 있다고 지적하였다. 이는 결국 독학사 시험을 준비하는 소비자에게 있어 합리적 구매 결정을 방해한다.

공정거래위원회는 독학사 교육업체를 가장 오랫동안 운영해왔다는 단편적 사실과 자의적 추정을 바탕으로 명확한 근거도 없이 거짓 광고했다며 독학사 학위를 취득하고자 하는 소비자들에게 발생할 수 있는 피해가 예방될 수 있을 것으로 기대된다고 밝혔다.

출처: 파이낸셜뉴스(2023.3.2.)

그런데 여기서 공정거래위원회 소관은 아니나 일상 소비생활에서 중요한 식품 분야 표시에 대해 자세하게 살펴볼 필요가 있다. 특히 식품 및 가공식품에서의 영양표시는 소비자에게 중요한 정보로써 영양표시 법규는 1996년 도입되었다. 의무적으로 꼭 표시해야 하는 영양성분은 열량, 탄수화물, 지방 등 9가지이다. 비타민・무기질류는 업체가 임의로 추가 표기할 수 있다. 모든 가공식품이 영양표시 의무대상은 아니고 의무표시 대상 식품에 한해 적용되는데, 즉석판매식품이나 원료로 사용되는 식품 등은 의무표시에 해당되지 않는다.

가공식품 제조 및 수입업자는 판매하려는 제품이 영양성분 의무표시 대상이라면 자체검사를 하거나 식품의약품안전처가 인증한 검사기관에 의뢰해 분석한다. 분석방법은 정부의 식품공전에 규정된 방식이나 각종 국제공인시험법을 따르는데, 분석결과를 관련 규정에 따라 제품포장에 잘 보이도록 표기해 판매하면 된다. 다만, 그 과정에서 정부가 정한 허용오차 범위를 준수해야 한다. 이때 제품에 표기된 값과 실제 측정값의 차이가 20% 이상 차이가 나지 않도록 하고 있다. 권장 영양성분은 하한선을 넘겨야 하고, 유해할 수 있는 성분은 상한선을 넘지 않게 규정하고 있다. 정부가 이렇게 허용오차 범위를 두는 이유는 식품 원료의 수급 상황이나 계절적 요인, 제품공정의 미세한 차이 등으로 인해 영양성분에 일정량의 오차가 발생할 수 있다는 점을 고려한 것이다.

정부와 지방자치단체는 정기적으로 혹은 불시에 시중에 판매 중인 제품 일부를 수거해 무작위로 검사한다. 제품에 표기된 영양성분 함량이 정부, 지방자치단체가 확인한 것과 허용오차 범위 밖 차이를 보이면 표시기준 위반으로 20만원에서 300만원의 과태료를 부과할 수 있고, 표시를 안 하면 최대 영업정지 10일의 행정처분을 할 수 있다.

따라서 업체에서는 자체적으로 정기검사를 실시해 제품의 품질을 일관되게 유지하려고 노력한다. 검사에 상당한 비용이 드는 만큼 대개 영세한 업체보다는 상대적으로 여력이 되는 업체들이 영양성분 표기 관리를 한다. 업체에게 판매 중인 제품의 영양성분을 수시로 갱신해야 하는 법적 의무가 있는 건 아니다.

5-3 SNS 광고임을 속인 소비자후기 광고

유튜브, 인스타그램 등에서 광고라는 사실을 알리지 않는 이용후기가 급증하여 소비자의 혼란이 발생한 바 있다. SNS의 후기형 기만 광고(일명 뒷광고) 소비자피해 유형이다. 컨슈머포스트가 2022년 2월 모니터링 조사 결과 위반 게시물 수는 인스타그램(9,538건)에서의 위반 게시물이 가장 많았고, 다음으로 네이버 블로그(7,383건), 유튜브(99건) 순서로 나타났다. 위반 유형으로는 경제적 이해관계의 미표시, 표시위치 부적절, 표현방식 부적절 등으로 나타났으며, SNS 유형이나 종류에 따라 소비자불만이나 피해 유발 유형에 차이가 있었다. 소비자들은 SNS 플랫폼을 통해 자유로운 경쟁이 촉진되고 다양한 상품 정보를 손쉽게 얻을 수 있는 반면에, 거짓·과장·기만 광고 또는 부정확한 정보에도 쉽게 노출될 수 있는 양면성이 존재한다.

출처: 컨슈머포스트(http://www.consumerpost.co.kr)

최근 유명 사이트에서 1천만 개 넘게 팔렸다고 홍보한 닭가슴살 소시지의 영양성분이 제품에 표기된 내용과 크게 달라 판매가 전면 금지되는 일이 벌어졌다(이하 내용 KBS NEWS-이슈체크K, 2023.1.11). 식품 관련 콘텐츠를 제작하는 한 유튜버가 해당 제품을 시험기관에 의뢰해 직접 영양성분을 분석해보니 탄수화물 함량이 표기된 수치의 8배, 당류와 지방·포화지방은 3~4배가량 많았고 단백질 함량은 오히려 더 적은 것으로 드러났기 때문이다.

식품의약품안전처는 이후 해당 제품이 영양성분 표시 규정을 위반해 그에 따른 행정처분을 진행할 예정이라고 밝혔다. 가공식품 포장지에 표기된 영양성분은 일반 소비자는 물론 다이어트를 하는 사람이나 당뇨·고지혈증 환자처럼 평소 음식을 가려 먹어야 하는 소비자들에겐 꼭 필요한 구매 정보이다.

영양표시를 둘러싼 논란은 반복되고 있다. 식품의약품안전처가 2021년 시중에 판매 중인 879개 제품을 수거해 영양표시 실태조사를 벌인 결과, 허용오차 범위를 벗어난 제품이 128건으로 전체의 15%로 나타났다. 일부 제품의 콜레스테롤 함량이 무려 170배 넘게 차이가 났고 수십 배 이상 차이 나는 제품도 다수였다. 부적합 판정을 받은 제품에는 유명 대기업 상품도 다수 포함되었다. 이런 이유로 가공식품의 영양정보 표시를 신뢰할 수 없다는 반응이 나온다. 부적합 비율이 상대적으로 높지 않다고 볼 수도 있지만 소비자가 즐겨 먹는 식품의 영양성분이 혹시라도 부풀려져 있는 건 아닌가 하는 의심은 들게 된다.

정부가 이렇게 업체의 자가품질조사 방식을 택한 이유는 행정력 낭비를 방지해야 하고, 시중에 판매되는 가공식품의 영양성분을 일일이 다 비교분석할 수는 없기 때문이다. 업체의 양심이 직접적으로 개입되는 부분은 영양성분 검사에 사용되는 시료 전달에 있다. 검사기관은 업체가 보내온 시료를 분석할 뿐 시료의 적절성 여부까지 따져볼 수가 없다. 일반적으로 업체는 시중에 판매되는 것과 같은 완제품 형태의 시료를 제공해야 하는데 그 과정에서 영양성분을 더 좋게 조작한 제품(시료)이 건네질 가능성을 배제할 수는 없다

실제, 시료 조작 여부를 밝혀내는 건 쉬운 일이 아니다. 영양 표시치와 실제 검사치가 수십 배 이상 확연히 차이가 나는 경우라고 해도 그게 실수에서 비롯된 것인지, 의도적으로 속인 것인지를 증명해 내는 일이 어렵기 때문이다. 식품의약품안전처는 2016년부터 매년 영양표시 실태조사를 통해 허용오차 범위를 초과해 적발된 사례를 집계하는데 영양성분 표시기준을 위반한 경우는 매년 10% 안팎이라고 밝히고 있다. 혹시라도 의심스런 정황이 발견될 경우 소비자는 부정불량식품 신고전화 국번없이 1399로 전화해 문의할 수 있다.

5-4 어린이 키성장 광고 사라졌네…

식품의약품안전처는 2023년 2월 온라인 쇼핑몰과 인스타그램, 페이스북 등 누리 소통망(SNS)에서 어린이 키 성장, 아이 키 등으로 광고해 식품 등을 판매하는 온라인 게시물을 집중 점검한 결과, 식품 등의 표시·광고에 관한 법률을 위반한 226건을 적발해 방송통신심의위원회 등에 접속 차단과 관할 관청에 행정처분을 요청했다. 온라인상에서 어린이 키성장 제품으로 부당광고를 해 온 226건이 적발된 것이다.

이번에 적발된 광고는 일반 식품에 키 성장 영양제, 키 크는 영양제 등으로 광고해 건강기능식품으로 인식하게 만들거나, 칼슘·아연 등 영양보충용 건강기능식품에 어린이 키 크는… 으로 표현하는 등 해당 영양성분의 기능성 내용 이외의 어린이 키 성장 관련 기능성을 홍보하기도 하였다.

또한, 일반 식품에 소아비만 및 성조숙증을 예방, 변비, 감기 등 아이들에게 좋다 등으로 광고해 질병의 예방·치료에 효능이 있는 것으로 인식하도록 하거나, 건강기능식품에 표시·광고를 하려면 자율심의 기구(한국건강기능식품협회)로부터 미리 심의받고 심의 내용대로 광고해야 함에도 영양보충용 건강기능식품에 심의받지 않고 건강한 성장발육을 위한 건강기능식품 등으로 광고하거나 제품 안전성, 자주하는 Q & A, 이미지 등을 추가하여 심의받은 내용과 다르게 한 광고도 적발되었다. 특히 식품·건강기능식품에 "저희 딸 96센치에서 지금 무려 104.8센치 됐거든요" 등 구매 후기 또는 체험 후기를 이용해 소비자를 현혹하는 광고들도 적발되었다.

출처: ZDNET Korea (2023.3.16.).

(2) 중요 표시광고 사항의 고시 및 통합공고

공정거래위원회는 상품 또는 용역이나 거래 분야의 성질에 비추어 소비자의 보호 또는 공정한 거래질서의 유지를 위하여 필요한 중요한 사항으로서 그 사항이 표시·광고 사항에 포함되지 아니할 경우 그로 인하여 다음에 해당하는 문제가 생길 우려가 크다고 판단되는 때에는 그 표시·광고에 포함시킬 사항과 표시·광고 방법을 고시할 수 있다. 다만 다른 법령에서 표시·광고하도록 하고 있는 사항을 제외한다.

- 표시·광고를 하지 아니하여 소비자의 피해가 자주 발생하고 있는 사항
- 표시·광고를 하지 아니할 경우에는 다음 각 목의 어느 하나에 해당하는 사정이 생길 우려가 있는 사항
  - 소비자가 상품 등 중대한 결함/기능상 한계 등을 정확히 알지 못하여 소비자 구매선택에 결정적인 영향을 미치게 되는 경우
  - 소비자의 생명·신체상의 위해가 발생할 가능성이 있는 경우
  - 그 밖에 소비자의 합리적 선택을 현저히 그르칠 가능성이 있거나 공정 거래질서 현저히 저해하는 경우

공정거래위원회는 위 사항을 고시하고자 하는 경우에는 미리 관계 행정 기관의 장과 협의하여야 하며, 이 경우 필요하다고 인정되는 때에는 공청회를 개최하여 사업자단체, 소비자기본법에 따라 등록한 소비자단체, 그 밖의 이해관계인 등의 의견을 들을 수 있다. 사업자 또는 사업자단체는 표시·광고행위를 하는 경우에는 이러한 중요정보를 표시·광고하여야 한다.

5-5 밀키트 절반 나트륨 범벅… 영양성분 표시 공개 움직임

한국농수산식품유통공사(aT)에 따르면 2019년 400억원이었던 국내 밀키트(meal kit) 시장 규모는 2024년에 7000억원 규모로 커질 것으로 전망된다. 최근에는 꽃게 등 여러 원재료가 포함된 냉동 밀키트까지 다양해졌다. 1인 가구 증가와 간편식 트렌드가 겹치면서 밀키트 소비가 늘고 있지만 정작 소비자들은 영양성분을 알지 못한 채 나트륨을 과다섭취하고 있는 것으로 나타났다. 다양한 원재료가 포함된 밀키트 특성상 영양성분표시 의무 대상이 아니지만 소비자들의 건강을 위해서 공개해야 한다는 목소리가 나오고 있다.

밀키트는 원재료의 양과 구성이 계절마다 바뀌어 영양성분을 표준화하기 어려운 측면이 있다.

예를 들면 원재료로 사용하는 청양고추의 경우 크기가 모두 달라 기준점을 잡기 어렵다. 식재료 납품업체들은 자연산물을 정량화하는 것은 사실상 불가능하다고 주장한다. 농산물의 경우 수확 시기나 환경에 따라 오차 발생이 불가피하다라고 주장한다. 그러나 소비자들이 영양성분표시 의무화를 주장하는 이유는 나트륨 조사 결과를 볼 때 밀키트 영양성분표시 의무화가 시급하다는 것이다. 제조·판매업체가 자발적으로 양양성분표시에 참여해야 한다고 주장한다.

출처: 헬스조선(2023.3.23.)

(3) 표시광고 내용의 실증제도

표시광고 공정화의 법률(이하 표시광고공정화법)에서는 사업자 또는 사업자단체는 자기가 행한 표시·광고 중 사실과 관련된 사항에 대하여는 이를 실증할 수 있어야 한다. 광고실증제란 광고에서 주장한 내용의 진실성을 관찰, 실험 등에 근거한 합리적이고 객관적인 자료를 통하여 증명하는 것을 의미한다. 광고에서 주장한 내용을 입증하는 주체는 광고주가 될 수도 있으며, 광고규제기관이 될 수도 있다. 그러나 보통 광고내용의 사실 여부에 대한 입증책임은 비용, 시간, 전문성 등을 고려할 때 광고주가 지는 것이 보통이다. 미국의 경우 1970년대 초 소비자단체에 의해 광고실증제가 제안된 이후 적극적으로 활용되기에 이르렀으며, 다른 많은 세계 국가에서도 시행되고 있다. 우리나라에서도 방송광고의 경우 광고 개시 이전에 광고내용에 대한 증거제출을 요구하는 광고실증제를 도입하고 있다. 광고실증제는 광고규제의 기본적 목적인 소비자보호 및 기업 간의 경쟁 촉진을 보다 효과적으로 달성하기 위한 기능을 수행한다. 광고실증제의 활용은 기업 간의 공정한 경쟁을 촉진시킬 수 있으며 허위·과장광고, 오도광고, 비방광고 등 부당광고규제의 효율성을 제고시킬 수 있다. 광고심의가 광고 개시 이전에 이루어지는가 아니면 광고 개시 이후에 이루어지는가에 따라 광고실증제의 성격을 구분할 수 있다. 광고가 개시되기 전에 광고실증제에 기초한 광고심의가 이루어지는 경우 광고주가 실증자료를 제출하지 않으면 광고가 시작되지 않기 때문에 광고실증제의 기능이 강하게 적용된다. 반면, 광고가 개시된 이후에 광고실증제가 적용된다면 광고 이후 제출된 광고실증자료는 그 광고의 부당성 여부를 판단하는 데 사용된다. 만약, 이때 제출된 광고자료가 광고내용을 실증하지 못할 경우 이미 소비자에게 전달된 광고는 미실증광고이다. 미실증광고는 미국에서는 그 자체가 불공정한 관행으로서 직접적인 규제대상이 되나, 우리나라의 경우는 미실증광고가 부당광고인 경우에만 규제대상이 되고 있다.

공정거래위원회는 사업자 또는 사업자단체가(부당한 표시·광고행위 금지) 규정에 위반할 우려가 있어 그 실증이 필요하다고 인정되는 경우에는 그 내용을 구체적으로 명시하여 당해 사업자 등에게 관한 자료의 제출을 요청할 수 있다. 공정거래위원회는 정당한 사유가 있다고 인정되는 경우에는 실증자료의 제출을 요청받은 사업자 또는 사업자단체는 요청받은 날부터 15일 이내에 그 실증자료를 공정거래위원회에 제출하여야 한다. 다만 공정거래위원회는 정당한 사유가 있다고 인정되는 경우에는 그 제출기간을 연장할 수 있다.

공정거래위원회는 상품 또는 용역에 관하여 소비자가 잘못 아는 것을 방지하거나 공정한 거래질서를 유지하기 위하여 사업자 또는 사업자단체가 제출한 실증자료를 비치하여 이를 일반이 열람할 수 있게 하거나 기타 적절한 방법에 의하여 이를 공개할 수 있다. 다만 그 자료가 사업자 또는 사업자단체의 영업상의 비밀에 해당하여 그 공개가 사업자 또는 사업자단체의 영업활동을 침해할 우려가 있는 경우에는 그러하지 아니하다.

공정거래위원회는 사업자 또는 사업자단체가 제2항의 규정에 따라 실증자료의 제출을 요청받고도 제출기간 내에 이를 제출하지 아니한 채 계속하여 표시·광고를 하는 때에는 실증자료를 제출할 때까지 그 표시·광고행위의 중지를 명할 수 있다.

사업자단체는 법령에 의하지 아니하고는 당해 사업자단체에 가입된 사업자에 대하여 표시·광고를 제한하는 행위를 해서는 안 된다. 다만 공정거래위원회가 소비자의 이익을 보호하거나 공정한 거래질서를 유지하기 위하여 필요하다고 인정하는 경우에는 그러하지 아니한다. 공정거래위원회는 사업자단체가 표시·광고행위를 제한하는 법을 위반하는 경우, 당해 위반행위의 중지, 당해 위반행위를 정한 정관·규약 등의 변경, 기타 위반행위의 시정을 위하여 필요한 조치를 명령할 수 있다.

(4) 광고금지 명령

광고 임시중지명령은 1999년 표시광고공정화법이 제정되면서 처음 도입된 제도이다. 최초의 허위과장광고에 대한 광고 임시중지명령 사례는 누에동충하초의 효능을 대대적으로 광고해 온 대한잠업개발공사에 대해 광고를 일시중단시킨 것이다(동아일보, 1999.8). 당시 잠업개발공사는 실험용 쥐를 대상으로 한 실험결과를 근거로

동충하초가 사람 몸에 항암효과, 간보호항피로 면역력 증가, 항스트레스 효과, 항노쇠 효과 등이 있다고 표현·광고하였다. 이에 대해 공정거래위원회에서는 쥐를 대상으로 한 실험을 근거로 수명연장 효과가 20%라고 표현한 것은 소비자를 오인하게 하는 것이므로 임시중지명령을 내렸다.

공정거래위원회는 사업자 또는 사업자단체에게 표시·광고행위를 일시중지할 것을 명할 수 있다. 한편, 공정거래위원회에서는 표시 및 광고와 관련한 고시 및 지침을 마련하여 공표하고 있다. 지금까지 공표된 고지나 지침은 다음과 같다.

- 고시·지침 표시광고사항에 대한 통합공고(2009-05-01 시행)
- 보험상품 표시광고에 관한 심사지침(1999-07-01 시행)
- 부당한 표시광고행위의 유형 및 기준(2008-09-01 시행)
- 비교 표시광고에 관한 심사지침(2001-08-22 시행)
- 상가 등의 분양 및 임대 표시광고에 관한 심사지침(2003-01-01 시행)
- 소비자 안전에 관한 표시광고 심사지침(2005-09-21 시행)
- 수상 인증 등의 표시광고에 관한 심사지침(1999-07-01 시행)
- 은행 등의 금융상품 표시광고에 관한 심사지침(2009-08-12 시행)
- 임시중지명령에 관한 운영지침(2009-08-12 시행)
- 정정광고에 관한 운영지침(2006-12-27 시행)
- 주택의 표시광고에 관한 심사지침(2009-08-12 시행)
- 중요한 표시광고사항 고시(2009-04-28 시행)
- 추천 보증 등에 관한 표시광고 심사지침(2003-07-23 시행)
- 통신판매 표시광고에 관한 심사지침(1999-07-01시행)
- 표시광고실증에 관한 운영 고시(2008-04-01 시행)
- 환경 관련 표시광고에 관한 심사지침(1999-07-01 시행)

3) 광고와 소비자피해구제

(1) 광고 또는 표시와 다른 경우

광고 내용과 상이한 제품 또는 표시와 다른 제품을 구입한 경우 소비자피해보상규정에 따라 소비자는 구입가에 해당하는 환불을 받을 수 있다. 예를 들면, 저소음장치가 부착되었다는 광고를 보고 에어컨을 구입했으나 저소음장치가 부착되지 않은 경우, 소음이 일체 없고 환기가 필요 없는 무공해난방이라는 광고를 보고 구매했으나 소음이 발생하고 있는 경우 등은 구입가에 해당하는 액수를 환불받을 수 있다.

허위광고는 아니라 하더라도 사실을 교묘히 비켜 가는 방법으로 소비자들을 혼란스럽게 하고 있다. 실제 문제가 되는 분양공고 관련 광고내용의 사례를 살펴보면 다음과 같다.

- 택지개발지구가 아니면서도 'OO지구'라는 표현
- 주거형 오피스텔 분양광고에 오피스텔이라는 말을 전혀 사용하지 않는 것
- OO에서 10분 거리'식으로 교통수단을 표시하지 않은 채 애매하게 표현
- 정확한 면적이 아닌 'OO평형'이라고 표기하는 것
- 최저, 파격적인 가격이라며 분양가가 낮은 것처럼 광고하는 것
- 동간 거리나 쓰레기 소각장 등 중요정보는 누락하는 것
- 내부자재 최고급, 최저 분양가, 최고 입지, 최고의 시세 차익 등의 표현
- 정보통신 아파트만 강조하고, 등급과 예비 인증 여부를 나타내지 않는 것
- 아파트 분양 면적과 전용 면적의 차이

뿐만 아니라 아파트 분양과 관련하여 청약 당시의 광고와는 달리, 실제 대지 면적이 적은 경우, 보너스나 덤으로 주기로 한 사양 품목이 빠진 경우, 별도의 운동시설 등이 당초 광고와 다른 경우 등 과대광고로 인한 소비자피해가 발생하여 다수의 피해자들이 집단소송을 제기하여 손해배상을 받고 있다.

5-6 상위노출 숙박상품 애매한 표기

국내외 숙박 플랫폼 상당수가 광고임에도 일반 소비자가 추천 순서인 것처럼 표시해 소비자가 광고임을 알기 어려운 것으로 조사됐다. 2023년 3월 한국소비자원이 등 6개 숙박 플랫폼을 조사한 결과 5곳은 일반 소비자 추천이 아니고 광고인 것으로 드러났다. 이 중 3개 숙박 플랫폼은 광고라고 한글로 표시했으나, 2개 플랫폼 업체는 광고의 영어 약자인 AD(advertisement)로 표시하고 있었다. 직접적인 법적 근거 규정은 없으며, 뒷광고와 관련한 공정거래위원회 심사지침에서는 광고임을 표현할 때는 한글로 해야 한다는 규정이 있다. AD, 혹은 추천순으로 하면 광고가 아니라는 것을 소비자가 오인할 가능성이 있다.

이외에 조사 대상 숙박플랫폼 6곳 모두 사업자의 계약 해제에 따른 손해배상책임을 명시한

곳은 없었다. 다만 A 숙박 플랫폼업체 만이 숙박업소의 사정으로 예약이 취소되는 경우 숙박 대금 전액을 환급하고 결제액만큼의 포인트를 보상하는 서비스를 제공하고 있다.

최근 4년간(2019~2022년) 한국소비자원에 접수된 숙박 관련 피해구제 신청은 총 4,732건이다. 유형별로는 계약 해제로 인한 위약금 피해가 3,801건(80.3%)으로 가장 많았다. 이어 위생·안전·부대시설 불만 571건(12.1%), 숙박 이용 관련 정보 미흡 186건(3.9%) 등의 순이었다. 정부 기관에서는 사업자의 귀책사유로 인해 숙박 계약이 취소되는 경우 손해배상 기준을 자체적으로 마련해야 할 것을 권고하고 있다.

출처: 뽐뿌뉴스(2023.3.22).

(2) 성능에 대한 허위광고

성능에 대한 허위과장광고로 인한 소비자피해도 구제받을 수 있다. 실제 예를 들면, 일본 수입 칼에 대해 반영구적이며 갈지 않고도 계속 사용할 수 있는 레이저 커팅 제품이라는 광고를 보고 구입하였으나 일반 제품과 다를 것이 없고 일부는 레이저 커팅도 되어 있지 않아 소비자가 제품을 교환받은 바 있으며, 동시에 광고정정 명령이 내려진 바 있다.

5-7 불소치약엔 불소 없고, 비타민 없는 '비타'음료

식품의약품안전처에 따르면 어린이치약 97개 품목 가운데 A사 등 6개 업체가 제조한 8개 어린이치약 제품이 삼켜도 안전하다는 허위광고로 적발됐다. 이 같은 적발사건 이후 해당 업체들은 어린이들이 치약 중 불소를 과다섭취할 수 있다는 우려와 관련, 어린이치약 제품에 불소가 들어있지 않다며 해명한 바 있다

한편, 식품의약품안전처는 전체 32개 회사의 43개 비타민음료 제품을 조사한 결과 23개 제품이 문제가 있다고 밝혔다. 비타민 음료라는 상품명이 무색하게 비타민 C가 아예 들어 있지 않은 제품도 2개나 있었다. 이번에 적발된 23개 제품 이름에는 모두 비타라는 말이 들어 있고 숫자만 바뀌었을 뿐 오해 소지가 있는데도 정식 품목허가가 떨어진 제품들이다.

식품의약품안전처가 처음부터 제대로 된 기준과 규정으로 바로 잡았으면 문제가 없었을 상황이었지만 역시나 사후약방문이었다는 지적이다. 부적합한 유사상품으로 피해를 보게 될 위기에 처한 A 제약사(전체 비타민음료 시장의 75%를 차지)는 식품의약품안전처 발표 직후 해명자료 배포와 신문광고 등을 통해 긴급진화에 나서기도 했다.

출처: 헤럴드경제(2009.4.3.)

(3) 자격증이나 취업 관련 허위광고

각종 자격증 취득용 교재나 취업 관련 허위광고, 사업자와 연락의 어려움, 사업자의 협박이나 폭언, 반품 또는 환불 거절 등과 관련한 불만이 증가하고 있는데 사례는 다음과 같다.

- 아르바이트를 미끼로 수강생 모집한 후 고액 학원비만 챙기는 경우
- 일감 알선해 준다는 허위과장광고로 현혹되는 경우
- 취업보장을 장담한 후 책임지지 않는 경우
- 학원에서 학점 이수하면 외국 대학으로 편입시켜 준다고 속이는 경우
- 1년에 1회 뿐인 시험을 2회로 허위 광고하여 계약 유도

허위광고로 인해 학원수강을 계약했거나 교재를 구입한 경우 그 증거를 제시하여 계약을 취소할 수 있으며 동시에 구매를 취소할 수 있다. 소비자는 자격증 관련 교재를 구입하기 전에 관련 기관에 문의해야 할 것이며, 되도록 공공 교육기관을 활용하는 자세가 필요하다. 뿐만 아니라, 추후 피해보상을 받기 위해서는 허위과장광고를 입증할 수 있는 자료, 예를 들면, 전단, 잡지, 신문광고 등을 확보해 두어야 한다.

(4) 각종 광고와 다른 제품 배달

광고와 다른 제품이 배달되어 소비자피해가 증가하고 있다. 즉 광고 내용과 실제 제품에 차이가 발생하거나, 배달 및 환불의 지연, 시중가격과의 가격차, 주문 후 연락두절, 한정판매라고 하면서 정해진 수량 이상으로 판매하는 것 등이 그것이다.

제6장
소비자피해보상 관련 법과 소비자피해구제

1. 제조물책임법과 소비자피해구제

자동차 충돌, 가스 폭발, 각종 화재, 장난감 사고 등 이루 헤아릴 수 없을 정도로 제조물 관련 사고가 발생하고 있다. 소비자들은 첨단기술이 집약된 제조물이나 제품을 사용하는 경우가 많은데 제조물의 성질, 성능 및 위험성을 제대로 알 수 없다. 사용상 주의사항이나 또는 위험에 대한 경고 표시가 있어도 소비자가 그 내용을 제대로 알지 못하는 경우도 많다. 많은 나라에서는 이러한 제조물결함 사고가 발생한 경우, 피해자가 손해배상을 쉽게 받을 수 있도록 하는 제조물책임 제도를 시행하고 있다. 미국은 1960년대 초부터 판례로 제조물책임 원칙을 인정하였다. 유럽에서는 1985년에 제조물책임에 관한 EC 지침을 채택하고, 1987년부터 영국을 시작으로 대부분의 EU 회원국들이 제조물책임법을 시행하고 있다. 또한 일본도 1995년 7월부터 제조물책임법을 시행하고 있다.

우리나라에서는 20년간의 논의를 거쳐 1999년에 제조물책임법을 제정하였고, 2002년 7월부터 이 법률을 시행하고 있다. 그러나 가습기살균제 사망사고를 계기로 우리나라 제조물책임법의 문제점이 드러나면서 피해자가 제조업자의 고의 또는 과실을 입증하여야 손해배상을 받을 수 있었던 제조물책임법을 개정하였다. 2018년 제조물책임법 개정 내용은 소비자 입장에서 매우 중요한데 구체적으로 살펴보면 제조업자의 고의 또는 과실은 입증할 필요가 없고, 제조물의 결함만 입증하면 손해배상을 받을 수 있도록 개정하였다.

6-1 제조물책임법에 따라 화재피해 주민 구제

지방 소재 A 소방서는 2023년 2월 17일 관내 주택에서 사용 중이던 세탁기에서 불이 나 피해를 입은 주민에게 제조물책임법으로 구제받을 수 있도록 조치했다. A 소방서는 주택에서 사용하던 세탁기에서 화재가 발생하여 그 원인이 내부 기계적 요인에 의한 것으로 추정해 제조사에 통보하였으며, 제조사는 이를 인정하고 그 피해를 보상하였다. 또 다른 B 소방서는 한 아파트 화재 현장에서 관계인의 진술과 발화지점 등을 바탕으로 화재 원인을 조사한 결과 LED 조명 등 제품 결함으로 화재가 발생한 것으로 추정했다(2022.12.28). 이에 제품 제조사에 화재 사실을 통보하고 합동조사를 통해 제품결함을 인정받았다. B 소방서는 제조물책임법을 적용해 제조사로부터 100만원의 피해보상을 끌어내 피해 주민의 재산을 보호한 것이다.

출처: 경기도민신문(2023.3.5.)

1) 제조물책임법의 개요

제품의 종류가 증가하고 제품의 성질, 제품과 서비스의 복잡화, 유통과정의 복잡화 등으로 소비자피해는 보편적으로 그리고 광범위하게 급증하여 왔다. 특히 공산품 등 제조물 결함 때문에 입게 된 소비자피해의 경우 결함 여부, 피해원인 규명이 어렵고, 제품 관련 기술, 정보, 자금, 조직력 등 기업에 비해 소비자는 불리한 입장에 처해 있어 피해를 구제받기가 어렵다. 따라서 결함 제품으로 인한 소비자피해구제를 용이하게 하기 위하여 1999년 제조물책임법을 제정하였고 2018년 이 법을 대폭 개정하였다.

제조물책임(Product Liability)이라 함은 제조물의 결함으로 인하여 생명이나 신체 또는 재산에 발생한 손해에 대하여 손해를 배상하는 책임을 말한다. 제조물책임법은 제조물의 결함으로 발생한 손해로부터 피해자를 보호하고 제품의 안전성에 대한 의식을 높이기 위한 법률이다. 제조물책임법이란 물품을 제조하거나 가공한 자에게 그 물품의 결함으로 인해 발생한 생명·신체의 손상 또는 재산상의 손해에 대해 손해배상을 하도록 하기 위한 법률이다. 피해자를 보호하고 국민생활의 안정과 제품의 안전에 대한 의식을 높이는 데 그 의의를 두고 있다.

제조물책임 주체를 살펴보면 통상적으로 제품안전에 문제가 있는 결함제품의 제조업자가 주요 책임 대상자이다. 제조물책임법에 따르면, 제조물의 제조 및 가공 또는 수입을 업으로 하는 자, 제조물의 제조업자를 알 수 없는 경우 제조물을 영리적 목적으로 판매, 대여 등의 방법에 의해 공급한 자가 손해배상책임 대상자가 된다. 그러나 결함상품에 의하여 발생한 손해에 대하여 누가 결함입증 책임을 부담할 것인가 중요하다. 고도 산업사회에서 상품생산 및 유통과정이 복잡하기 때문에, 소비자가 결함 존재여부를 입증하기가 쉽지 않다.

결론적으로 제조물책임법은 결함으로 인한 소비자피해 발생시 생산 제조자는 물론 유통, 판매 등 일련의 과정에 참여한 자가 손해배상책임을 지도록 해서 제조물의 결함으로 인한 소비자피해 보상을 용이하게 하는 피해구제법이다. 민법 규정과 별도로, 제조자의 제품결함으로 인한 소비자피해를 용이하게 하는 제조물책임법은 제품의 안전성 확보를 위한 취지에서도 중요한 법이다.

2) 해외 국가의 제조물책임법

제조물책임법은 미국 및 유럽 국가 등 선진국뿐만 아니라 일본, 브라질, 중국, 폴란드, 러시아, 필리핀 등도 이미 이 법을 제정, 시행하고 있다. 그런데 미국에서는 징벌배상제를 인정하는 등 제조물책임에서 다른 나라보다 배상 범위를 넓게 인정하고 있다.

〈표 6-1〉 미국에서의 제조물책임 소송 사례

제품	사고 내역	배상(청구)액
커피포트	커피포트 유리가 파열되어 뜨거운 물이 쏟아져 넘어지면서 손목골절	25만 달러
셔츠	6세 어린이가 입고 있던 셔츠에 불이 붙어 화상	546만 달러
안경	벽에 부딪혀 안경이 깨지면서 6세 어린이 실명 제조업자는 충격에 강하다고 선전	35만 달러
화장실 세정액	33세 여성이 세정액이 맨손에 묻어 화상. 적절한 응급처치방법이 표시되어 있지 않음	26만 달러
선풍기	27세 남성이 선풍기 날개에 팔을 찔려 감각기능 마비	40만 달러

출처: 허경옥(2021). 소비자학의 기초. 교문사.

미국의 제조물책임법은 판례에 의하여 형성되었다. 연혁적으로 과실책임, 보증책임, 엄격책임으로 책임 원칙이 전개 발전되어 왔다. 그러나 이러한 엄격책임을 채택하면서 제조물책임소송이 급격히 증가하였고, 기업의 배상액도 고액화하였다. 미국에서 이러한 제조물책임 위기를 극복하기 위하여 연방 차원에서는 제조물책임에 대하여 징벌배상의 제한과 재판외 분쟁처리 제도의 도입을 시도하였다.

〈표 6-2〉 미국의 제조물책임법 적용 사례

사 례	사건 내용	사건 처리결과
Tylenol	독극물 주입사건으로 사망자 발생	거액의 배상금 지불 및 안전뚜껑 개발
맥도날드커피	뜨거운 커피로 다리에 3도 화상	20만달러 배상 및 270만달러 징벌금
1회용 라이터	어린이가 사용하여 화상발생	배상금 지불 및 안전잠금장치 개발
Honda삼륜차전복	얼굴 및 머리 중상	약 92만달러 배상 및 5백만달러 징벌금

출처: 허경옥(2021). 소비자학의 기초. 교문사.

3) 제조물책임 대상 범위

제조물책임이 적용되는 제조물의 범위는 영리목적의 모든 제조물과 동산을 대상으로 하는 것이 일반적이다. 제조물책임의 대상이 되는 제조물에는 우리가 일상생활에서 사용하고 있는 거의 모든 제품을 포함한다. 특히 일반의약품, 의약부외품, 화장품, 식품, 가전제품, 세정제, 장식품, 용기 스포츠용품, 자동차, 자전거, 유아용품, 장애인용 제품, 의료기기, 페인트, 가구, 방충제, 표백제, 건전지 등 모든 생활용품에서 제조물책임 문제가 발생할 것이다. 예외적으로 제조 또는 가공되지 않는 농산물, 수산물, 축산물 등은 농민 등의 위험분산능력 및 배상능력 부족, 책임소재의 불분명 등으로 제조물책임범위에서 제외시키고 있다. 또한 용역이나 부동산의 경우 각 나라마다 차이가 있으나 제조물책임의 대상으로 하지 않는 것이 보통이다. 미국에서는 주택건설업자, 부동산 임대업자, 전기서비스도 제조물책임 대상품목으로 인정하고 있다.

여기서 제조물의 결함 범위가 중요한데 이 법에서 결함이라 함은 당해 제조물이 제조·설계 또는 표시 등을 포함하여 통상적으로 기대할 수 있는 안전성이 결여되어 있는 것을 말한다. 보통 제조상의 결함, 설계상의 결함, 표시상의 결함 세 가지를 포함한다. 첫째, 제조상의 결함이라 함은 제조업자의 제조물에 대한 제조·가공상의 주의의무 이행여부에 불구하고 제조물이 원래 의도한 설계와 다르게 제조·가공됨으로써 안전하지 못하게 된 것을 말한다. 둘째, 설계상의 결함이라 함은 제조업자가 합리적인 대체설계를 채용하였더라면 피해나 위험을 줄이거나 피할 수 있었음에도 대체설계를 채용하지 아니하여 당해 제조물이 안전하지 못하게 된 경우를 말한다. 셋째, 표시상의 결함이라 함은 제조업자가 합리적인 지시·경고, 기타의 표시를 하였더라면 제조물에 의하여 발생될 수 있는 피해나 위험을 줄이거나 피할 수 있음에도 불구하고 이를 아니한 경우를 말한다.

결함의 실제 유형을 보면 제조결함은 제조공정상의 이물질 혼합, 설계와 달리 제조하여 사고가 발생하는 경우 등이다. 제조물책임에서 결함 여부 판단이 어려운 경우는 제조결함보다는 설계결함이나 표시·경고결함이다. 설계결함에서는 상품의 내부설계, 상품의 형상설계, 상품포장설계, 색상, 도안, 표시, 경고 등을 포함한다.

구체적으로 예를 들면, 유아용 장난감이 목에 걸려 질식할 것을 우려하여 공기구멍을 설계한 것은 그 장난감의 사용자와 상품의 특성을 고려한 것이 된다. 감전되면 사망에 이를 수 있는 경우 주의 또는 경고표시로 도안을 사용할 수가 있다. 주의문구나 경고도안을 하지 않은 경우, 그 내용이 부실하거나 정확치 않은 경우, 잘 보이지 않는 경우 등은 결함의 원인이 된다.

과거 발생한 사고로 녹즙기에 어린이의 손가락이 다친 사건이 있다. 어린이들이 녹즙기를 가지고 장난삼아 작동하다가 손가락이 빨려 들어가 손가락이 절단되거나 마모되는 사례가 수십 건 발생하였다. 녹즙기가 어른에게는 안전하나 어린이의 작은 손은 쉽게 녹즙기에 빨려 들어가게 설계되어 있었던 것이다. 녹즙기 설계자는 어린이가 장난하다가 손가락이 빨려 들어갈 수 있다는 예상을 하지 못한 것이다. 여기에 설계자의 잘못이 있는 것이다. 그 후로는 채소투입구를 길게 하여 손이 빨려들어 가지 않도록 설계를 변경하여 판매하고 있다. 이 경우 설계자가 녹즙기는 가정용 상품이고 가정에서는 호기심 많은 어린이들이 있다는 사실을 간과한 점, 전기제품으로 정부의 행정기준에만 충실하였다는 점, 사용자의 사용행태에 대한 분석에 소홀하였다는 점을 들 수 있다. 앞으로 설계자는 상품의 사용자,[1] 사용환경 등을 충분히 고려

1) 제조물책임에서 결함은 상대적인 개념이다. 녹즙기의 예에서 볼 수 있듯이 해당 녹즙기가 어른에게는 안전하나 어린이에게는 안전하지 않아 피해를 발생시키고 있다. 이 경우 녹즙기는 결함이 있

하여야 할 것이다.

6-2 스키 고글 깨지며 상해…제조물책임법 적용?

소비자 A씨가 스키 고글에 부상을 당했다. 소비자 A씨는 야간에 스키를 타다가 고글이 깨지면서 눈 위가 찢어지는 사고를 당했다. A씨는 고글로 인해 인체 상해를 입었으므로 PL(제조물책임)법이 적용된다며, 제조사 측에 보상을 요구할 수 있는지 궁금해 했다.

1372 소비자상담센터는 통상의 방법으로 사용 중 상해를 입게 됐다는 입증을 해야 한다고 조언했다. 상담센터는 눈 위가 찢어지는 상해사고가 고글에서 통상적으로 기대할 수 있는 안전성이 결여돼 발생한 것인지의 입증이 쉽지 않을 것이라고 생각된다고 밝혔다. 소비자는 사용했다는 점을 입증해서 사업자 측에서 반증해야 한다.

제조물책임법에 의하면, 제조업자는 제조물의 결함으로 인해 생명, 신체 또는 재산상의 손해를 입은 자에게 그 손해를 배상해야 한다고 되어 있다. 여기서 결함이란 당해 제조물에 제조, 설계 또는 표시상의 결함이나 기타 통상적으로 기대할 수 있는 안전성이 결여되어 있는 것을 말한다고 되어 있다. 따라서 소비자 A씨는 해당 업체 측에 사고경위, 요구사항 등을 작성해, 내용증명 우편으로 발송한 후 협의해야 할 것이다. 원만히 협의가 되지 않는 경우, 피해구제신청서와 내용증명 사본, 관련 입증자료(사고제품 등)를 첨부해 피해구제 유관기관으로 도움을 요청하면 된다.

출처: 컨슈머치(2023.1.20.)

우리나라의 경우 최근 가스와 관련한 대형사고가 빈번하고 또 그 피해가 심각하므로 아파트 및 분양주택도 책임대상에 포함하여야 한다는 지적이 끊이지 않고 있다.

4) 제조물책임법 개정(2018년) 주요 내용

2002년 7월부터 시행한 제조물책임법이 소비자피해구제에 실효성을 발휘하지 못한 이유 중 하나는 소비자의 결함 입증책임 때문이었다. 1994년부터 2011년까지 10년 동안 판매된 가습기 살균제로 인하여 소비자들이 사망하거나 폐 손상 등 심각한 건강피해를 입은 사건이 발생하여 제조물책임법에 대한 비판여론이 팽배하였다. 이에 2018년 4월부터 개정된 제조물책임법이 시행되었다. 당시 개정 이유를 자세하게 살펴보면, 제조물의 대부분이 고도의 기술을 바탕으로 제조되고, 이에 관한 정보가 제조업자에게 편재되어 있어서 피해소비자가 제조물의 결함 여부 등을 과학적・기

으므로 결함 개념은 절대적인 개념이 아니라 상대적인 개념이다.

술적으로 증명한다는 것은 지극히 어렵다는 것이다. 피해 소비자가 제조물이 정상적으로 사용되는 상태에서 손해가 발생하였다는 사실 등을 증명하면, 제조물을 공급할 당시에 해당 제조물에 결함이 있었고, 그 결함으로 인하여 손해가 발생한 것으로 추정하도록 하여 소비자의 증명책임을 경감하였던 것이다. 또한 개정된 우리나라 제조물책임법에서는 징벌적 규정이 추가되었다.

구체적으로 개정된 내용을 살펴보면 다음과 같다. 첫째, 제조업자가 제조물의 결함을 알면서도 필요한 조치를 취하지 아니한 결과로 생명 또는 신체에 중대한 손해를 입은 자가 있는 경우, 그 손해의 3배를 넘지 아니하는 범위에서 손해배상책임을 지도록 하는 규정을 신설하였다(제3조 제2항 신설). 둘째, 제조물을 판매·대여 등의 방법으로 공급한 자가 피해자 등의 요청을 받고 상당한 기간 내에 그 제조업자 등을 피해자 등에게 고지하지 아니한 경우, 손해배상책임을 지도록 하였다(제3조 제3항). 셋째, 피해자가 제조물이 정상적으로 사용되는 상태에서 손해가 발생하였다는 사실 등 3가지 사실을 증명하면, 제조물을 공급할 당시에 해당 제조물에 결함이 있었고, 그 결함으로 인하여 손해가 발생한 것으로 추정하도록 하였다(제3조의2 신설).

4월 개정된 제조물책임법의 또 다른 변화는 미국의 징벌적 손해배상제도를 받아들여서 우리나라에도 도입한 것이다. 징벌적 손해배상은 특정한 유형의 불법행위에 있어서 피해자가 실제로 입은 손해를 배상하는 통상의 손해배상에서 더 나아가 특별히 또 다른 배상을 의미한다. 미국, 캐나다 등 여러 영미법계 국가에서는 징벌적 손해배상이 인정되고 있다. 이들 나라에서 징벌적 손해배상제도를 도입하게 된 배경을 들자면, 첫째, 소비자를 대상으로 하는 악의적인 영리형 불법행위, 사회적·경제적 지위를 내세운 부당한 강요행위 등이 여러 피해를 야기하고 있는 상황에서 징벌적 손해배상이 악의적 가해자를 응징하는 제재적 기능을 수행할 수 있다는 점이다. 둘째, 가해자가 불법행위로 취득한 부당이익을 환수함으로써 불법행위의 재발을 실효적으로 방지할 수 있다는 점, 셋째, 현재까지는 재산적 손해 외에 비재산적 손해에 대해서는 충분한 배상이 이루어지지 않고 있어 재산적 손해를 충분히 배상할 수 있도록 하는 전보적 기능을 지닐 수 있는 징벌적 배상이 필요하다는 것이다.

2. 집단소송 법제도와 소비자피해구제

우리나라에서는 다수 소비자가 동일한 피해를 입을 경우 일괄 피해구제를 받을 수 있는 집단소송제도가 도입되지 않았다. 민법의 다수 당사자 소송이나 50인 이상 단체 분쟁 조정제도 등이 인정되고 있는 상황이다. 대량생산・소비 사회에서 제품이나 서비스로 인한 다수 소비자의 소비자피해가 광범위하게 발생하기 시작하면서 집단 소비자분쟁이 보편적으로 발생하고 있다. 결함 제품, 안전치 못한 제품, 부당표시나 광고, 불공정한 약관, 중요정보 미공개 등으로 발생하는 여러 소비자들의 집단 피해는 전형적인 집단 소비자피해이다. 소액 다수 소비자피해를 효율적으로 구제하기 위해서는 개별법으로서 집단소송법이나 집단피해구제 관련법이 필요하다.

한편 악성적 소비자피해 유발 사업자들에게 부과하는 징벌배상제도가 모든 제품이나 서비스 분야에 전면 도입되지 않은 상태이다. 2017년 제조물책임법 개정으로 일부 징벌배상제도가 도입된 상태이다. 소액다수의 소비자피해를 발생시키는 악의적 가해행위의 경우 불법행위에 따른 제조업자의 이익은 막대한 반면 개별 소비자의 피해는 소액에 불과하여, 제조업자의 악의적인 불법행위가 계속되는 등 도덕적 해이가 발생하고 있으므로 징벌적 손해배상제를 도입하여 제조업자의 악의적 불법행위에 대한 징벌 및 장래 유사한 행위에 대한 억지력을 강화하고, 피해자에게는 실질적인 보상이 가능토록 하자는 것이 징벌적 손해배상 제도이다.

1) 집단소송법의 의의 및 우리나라 현황

소비자피해가 보편화되고 광범위하게 발생되고 점차 다수의 소비자 집단적 피해발생의 특징을 보이고 있다. 대량생산・유통 소비구조에서 다수 소비자들이 입은 동일한 피해, 부당한 경제행위 피해, 환경오염 피해는 다수의 소비자들에게 공통적으로 나타나는 즉, 집단 피해의 성격을 띠는 것이 보통이다. 이같이 집단 피해가 가속화되는 상황에서 다수의 피해를 효과적으로 구제하기 위한 집단소송법이나 우리나라에서 개별법으로 도입되지 않아 제정이 시급하다는 사회적 요구가 높아지고 있다.[2)]

각 나라마다 차이는 있으나 대부분의 많은 나라들이 미국식의 집단소송법 또는 독일식의 단체소송법을 도입하여 집단소비자피해를 효과적으로 구제하고 있다. 아직 우리나라에서는 소비자의 피해보상을 주요 목적으로 하는 집단소송법 제정이 이루어지지 않은 상태이다. 다만 현행법상 집단소송제도가 도입된 법은 증권 관련 집단소송법(2013년 8월 29일 시행)이다. 동법 제2조(정의) 규정에 증권 관련 집단소송이란 증권의 매매 또는 그 밖의 거래과정에서 다수인에게 피해가 발생한 경우 그 중의 1인 또는 수인이 대표 당사자가 되어 수행하는 손해배상청구소송이라고 규정하고 있다. 결국 우리나라에서는 증권 관련 집단손해배상소송에 한정되어 집단소송으로 인한 피해구제가 인정되고 있는 상황이다.

그런데, 2008년 소비자기본법 개정에서 소비자단체 등의 단체소송 규정을 도입하여 집단소송의 규정을 인정하기에 이르렀다. 그러나 이 소비자기본법에서 도입한 단체소송 규정은 개별 소비자의 손해배상은 포함하지 않고 있다.

6-3 광고 피해로 인한 집단소송 사례

현행 민사소송법에 근거하여 광고로 인한 집단적 소비자피해를 구제받은 대표적인 사건 두 가지를 살펴보자. 먼저 1988년 제기된 백화점사기세일 소송으로 1988년 12월 28일 롯데쇼핑 등 10개 백화점 사업자가 변칙세일, 허위할인율 광고 등 불공정거래위반행위를 함에 따라 공정거래위원회로부터 시정조치를 받은 바 있다.

백화점의 이 같은 불공정거래행위에 대해 '소비자시민의 모임'은 백화점사기세일 피해 소비자를 접수(총 720명 중 영수증 제출 소비자 52명)받아 손해배상청구소송(소비자구입가격과 위자료의 합)을 제기하여 승소하였다. 이 소송은 8명의 무료 변호인단의 지원으로 승소할 수 있었으나, 대법원까지 가는 동안 총 4년 5개월이라는 긴 시간이 소요되었고, 소비자들의 피해액수는 1만원에서 10만원(52명의 총 피해보상액은 417만원)으로 소액피해사건이었다.

한편, 기업의 허위・과장광고로 인한 소비자피해를 구제받기 위한 집단소송이 제기되어 승소한 사례가 있다. 서울지법은 시민 317명이 고름우유광고로 정신적 피해를 입었다며 파스퇴르유업과 사단법인 한국유가공협회를 상대로 손해배상청구소송을 제기하였는데, 판결결과 원고들에게 1인당 3만원씩 모두 9백51만원을 배상하라는 원고승소 판결을 내렸다.

이 같은 승소 사실로 인해 비방광고가 실렸던 1995년 10월 당시 우유를 마시고 있었다는 것을 입증할 수 있는 모든 국민은 소송제기 시효가 만료되는 1998년 10월 안에 소송을 제기할

2) 우리나라에서는 2008년 소비자기본법을 명칭 개칭한 소비자기본법에 소비자단체 및 시민단체가 단체소송을 제기할 수 있도록 하였으나, 개별 소비자의 손해 피해보상에 관한 내용은 담고 있지 않고 있다. 다만, 일괄 피해보상제도를 운영하여 다수의 피해보상을 해주도록 하고 있다. 본문에서 단체소송은 독일식을 집단소송의 용어는 주로 미국식의 집단소송법을 의미한다.

경우 승소하여 손해배상을 받을 수 있다. 그러나 이 손해배상소송의 경우 3만원이라는 소액의 배상을 받기 위해 파스퇴르우유를 마신 많은 소비자들이 시간, 노력, 비용을 감안할 때 소송을 제기하기는 쉽지 않다고 본다.

출처: 한국경제신문(1997.8.13.)

집단피해가 발생한 경우 소비자들이 소송을 통해 법적으로 피해구제를 받는 경우 그 혜택은 개별적 피해구제신청을 한 피해자에게만 주어지며 동일한 피해를 입은 다수의 소비자(법적 소송을 내지 않은 소비자)들의 경우 피해구제를 받지 못한다. 특히, 소비자피해의 경우 피해액수가 소액이므로 구제받기를 포기하게 되나 피해 유발 기업의 입장에서는 엄청난 부당한 이익을 얻게 되므로 이는 사회정의 실현 측면에서 계속 방치할 수 없는 것이다. 게다가, 사법적 피해구제를 기피하는 경향은 저소득층 소비자, 사회적으로 불리한 조건의 피해자들에게서 더욱 두드러지므로 정의실현의 차원에서 무시할 수 없다.

집단소송법을 통한 피해구제는 기업의 경쟁력 강화 측면에서도 필요하다. 집단소송법이 제정되면 기업은 상품 품질, 약관, 거래조건, 제조상의 과실 등 여러 측면에서 발생하는 피해를 줄이고자 많은 노력을 취하게 될 것이므로 건전하고 경쟁력 있는 기업활동을 유도하게 된다. 게다가, 집단소송법의 추가적 도입은 제조물의 결함으로 인한 집단소비자피해구제를 보다 효과적으로 수행할 수 있어 제조물책임법 나아가 리콜제도의 활성화에 도움이 되므로 집단소송법의 제정은 필요하다. 결론적으로 집단소송제도가 도입되면 소액다수 소비자피해에 대한 법적 소송의 용이성, 소비자피해예방, 사회적 비용 절감, 기업의 제품 안전 경영 촉진 및 경쟁력 강화가 가능하다.

우리나라의 경우 2007년 소비자기본법에서 소비자단체소송 제도를 도입하고 있으나 개별 소비자들의 손해에 대한 피해보상 규정은 없으며 대신 피해유발 관련 시정 등의 규정을 두고 있다. 이 같은 상황에서 집단손해배상을 포함하는 미국식의 집단소송법을 도입해 동일한 피해를 입은 소비자들 모두에게 집단소송에 관한 법률을 제정하여 다수 피해자들의 피해구제를 효과적으로 수행하여야 한다는 목소리가 거세다.

집단소송법은 미국에서 1960년대 이후 공해, 제조물책임, 소비자피해 등의 분쟁에 광범위하게 활용되어 왔다. 최근 미국에서는 수백만의 흡연자들을 대표하여 소비자단체가 담배회사를 상대로 집단소송을 제기하여 거액의 보상을 받게 되었으며, 흡연환자에 대한 피해보상 및 의료지원을 제공하는 데 합의하였다.

구체적으로 살펴보면, 2015년 발생한 폭스바겐 디젤 게이트와 2016년 애플 배터리 사건에서 우리나라 소비자는 피해구제를 받기가 어려웠다. 3개의 사건 모두 외국에서는 집단소송을 통해 소비자들이 손해배상을 받을 수 있었던 것과 달리, 국내는 아예 소송이 중단되거나 외국에서 이뤄진 배상금에 턱도 없는 금액만 돌려받을 수 있었다.

2015년 발생한 폭스바겐의 배기가스 조작 사건은 미국 환경보호청이 폭스바겐 디젤 차량 약 48만2000대에 조작된 배기가스장치가 설치됐다는 사실을 밝히면서 사건화되었다. 배출가스를 통제하는 엔진제어장치에 이중 소프트웨어를 탑재해 인증시험 모드에서는 유해물질인 질소산화물(NOx)을 덜 배출하고, 실제 주행 모드에서는 다량의 유해물질을 배출하도록 설계해 인증시험을 통과한 것이다. 게다가 지난 2008년부터 2015년까지 친환경, 고효율, 고성능이라고 허위광고까지 하였다.

미국 소비자들은 폭스바겐에 집단소송(Class Action)을 제기해 6개월여 만에 미국 소비자에게 153억 달러(20조 6550억 원)를 배상키로 합의했다. 문제가 된 차량을 소유한 미국 소비자 475,000명은 폭스바겐 한 대당 635만원~1,350만원을 배상받게 됐다. 그러나 집단소송제가 없는 국내에서는 소비자들이 개별적으로 손해배상소송을 제기했다. 약 4년 후인 2019년 7월에서야 총 2억 2,000만원을 배상하라는 첫 손해배상 판결이 내려졌다. 79명의 소비자에게 156만원~538만원의 배상이 돌아갔는데 미국 소비자들 대상 배상 규모의 3분의 1 수준이었다.

또 다른 사례로써, 2016년에는 아이폰 제조사인 애플이 업데이트 시스템을 통해 아이폰6·6S 등 일부 구형 아이폰 성능을 사용자 몰래 의도적으로 낮춘 사건이 적발됐다. 이때 미국에서는 집단소송을 통해 애플 측에 아이폰 1대당 25달러(약 33,750원), 총 3.1억 달러~5억 달러(4,185억원~6,750억 원)를 배상하라고 판결했다. 국내는 소송 제기가 흐지부지되어 소비자들이 아무런 배상을 받지 못했다. 당시 국내는 집단소송이 없어 공동소송을 진행하려고 했으나 소송을 제기한 원고만 손해배상이 가능한 점, 일정 절차에서 위임서류나 인감증명서 등 제출을 해야 하는 점 등 복잡하고 불편한 절차로 인해 재판이 중단됐다.

국내에서는 2005년 금융 분야에 한정해 집단소송법이 도입됐지만 이마저도 활성화되지 않고 있다. 실제 금융 분야 집단소송법 도입 이후 제기된 집단소송은 10건에 그치고 있다. 또한, 2011년 가습기 살균제 피해, 2017년 살충제 계란 파동으로 대규모 피해자들이 발생했지만 각 피해자가 개별적으로 소송을 진행하면서 피해 정도를 입증해야 하는 번거로운 절차가 따른다는 불만이 거세었다. 소비자단체소송의 한계가 여실히 드러나면서 제20대 국회에서 집단소송제 관련 법안이 8건 나왔으나 계류상태에서 결국 폐기됐다. 또 제21대 국회에서는 7개의 의원발의 안을 통해 집단소송의 적용범위 확대가 논의되고 있으나 입법되기는 쉽지 않다.

다만 미국식 집단소송법 도입에 대한 우려의 목소리도 존재한다. 미국과 같은 수준의 집단소송이 도입된다면 남소로 인한 기업활동이 위축될 수밖에 없다는 주장이다. 따라서 국내에서는 제 3자인 소비자단체 등 적격 단체가 피해자들을 구제하기 위해 소송을 수행하는 소비자단체형 집단소송제 도입이 필요하다는 주장이 제기되고 있다(소비자가 만든 신문, 2023.2.8). 이 제도는 피해자들을 대표하는 대표 당사자가 소송을 진행하는 미국의 집단소송제와는 다른 제도다. 소비자단체형 집단소송제는 승소시 사업자의 위법행위 금지 청구와 피해구제를 위한 금전지급을 청구할 수 있는 것으로, 사업자의 행위금지만을 청구할 수 있는 현행 소비자단체소송에서 청구범위가 확장된 것이다.

일부 전문가들은 소비자단체형 집단소송제는 소송의 결과를 보고 소송에 참여할지 여부를 결정하는 변형된 옵트인(opt-in) 제도를 적용하자고 주장하고 있다. 소송에 필요한 복잡한 서류 절차를 축소하고 피해자들의 소송 참여 부담을 줄인다는 취지이다. 이외에도 피해구제청구소송을 인용하는 판결 확정 후 피해구제청구 소송 제기를 위한 채권 소멸시효 중단, 소송 시 법원에 소송 허가를 별도로 받지 않아도 되는 소송허가제도 폐지 등의 주장이 제기된 바 있다.

6-4 환경오염으로 인한 피해구제

집단소송제도가 도입되지 않았으나, 한 농부의 적극적인 노력으로 환경오염으로 인한 피해구제를 받은 사건이 있다. 경기도 남양주군에서 농사를 짓던 농부 A씨는 근처의 폐아크릴 재생공장에서 나오는 폐수로 인해 자신의 수막재배시설 중 하나인 비닐이 못쓰게 되고 재배 채소가 죽어버리는 등 환경오염으로 피해를 입게 되었다. 결국, A씨는 인근 피해자 5명과 함께 환경오염과 관련한 피해구제를 조정해 주는 환경부 중앙환경분쟁조정위원회에 증거자료를 첨부한 피해구제 요청서류를 제출하여 피해액 7천8백만원을 구제받게 되었다.

출처: 소비자시대(1998), 8월호, p. 100-101.

2) 향후 집단소송법 도입 주장

집단소송제도는 증권 분야뿐만 아니라 최근 빈번하게 발생하고 있는 소위 갑을 관계로 인한 손해배상을 위한 소송, 소비자분쟁, 환경·공해분쟁 등 모든 분야에서 일반적으로 도입이 필요한 제도이다. 현재까지 논의된 집단소송법제도 도입 관련 주요 내용들을 압축하면 다음과 같다.

첫째, 증권 분야뿐만 아니라 소비자분쟁, 환경·공해분쟁 등 모든 분야에서 일반적으로 도입이 필요하다. 둘째, 집단소송을 위해서는 법원의 허가를 요건으로 하고 있으나, 법원의 허가 요건을 완화하고 허가 기간을 6개월을 넘지 않도록 단기로 정할 필요가 있다. 셋째, 집단소송의 소송대리인은 변호사강제주의를 채택하여야 한다. 넷째, 소송의 소가가 높을 경우, 실질적인 구제를 받을 수 없기 때문에 소장에 붙이는 인지대를 최소화하여야 한다. 다섯째, 증거 수집을 위한 절차가 신속하게 진행될 수 있도록 하여야 할 뿐만 아니라 입증 책임을 전환하여야 한다. 여섯째, 집단소송을 통하여 손해배상을 받은 후, 분배를 정확하게 하여야 하고, 집단소송을 진행하는 과정에서 대표당사자, 소송대리인 또는 분배관리인의 직무상 위법 행위가 있을 경우, 엄격한 처벌규정을 두는 것이 필요하다.

6-5 AS 독점해 가격 비싸다…테슬라, 반독점 집단소송 당해

미국 T 자동차회사는 애프터서비스(AS) 관련해 고객들로부터 반독점 집단소송을 당했다. 미국 거주 소비자 A씨는 정비와 수리 서비스를 독점하면서 순정부품만 쓰도록 강요해 자동차 수리비가 터무니없이 비싸지고 수리가 지연됐다는 고발을 접수하였다. T회사 모델 S를 소유한 미국 캘리포니아주 주민 A씨는 샌프란시스코 소재 캘리포니아 북부 연방지방법원에 반독점 집단소송을 허가해 달라는 소장을 제출했다.

소장에 따르면 원고 A씨는 T회사 자동차 이용 소비자들은 차를 수리하려면 T회사 본사 및 승인을 받은 서비스센터에 맡겨야 하고 순정부품만 이용할 수 있는데, 이는 T회사가 시장지배력을 남용해 수리 및 유지보수 서비스를 제한하고 있는 탓이라고 주장했다. 내연기관 자동차 이용자들은 유지보수와 수리를 위한 선택권이 있고, 다른 제조사의 부품을 사용할 수 있는 점을 고려하면 T회사의 정책은 반독점법을 위반했다는 지적이다.

원고 A씨는 이런 T회사의 독점 남용 때문에 T회사 이용자들은 전기자동차 수리와 정비에서 장기간의 지연을 겪고, 수리와 정비가 결국 제공된다고 하더라도 경쟁 가격을 초과하는 비용을 부품과 수리에 지불해야만 한다고 주장하였다.

출처: 이데일리(2023.3.5.)

3. 징벌적 손해배상 법제도

징벌적 손해배상은 피해자가 가해자의 고의 또는 그것에 가까운 악의에 의해 피해를 입은 경우, 이러한 행위가 재발하지 않도록 손해액과는 관계없이 고액의 배상금을 가해자에게 부과하는 제도이다. 우리나라에서는 몇 개의 법률에서 징벌 규정을 도입하고 있다.

1) 징벌적 손해배상 제도의 개요

징벌적 손해배상 제도는 손해배상 금액보다 더 많은 액수의 피해구제 배상을 부과하는 제도이다. 징벌적 배상이란 제품 제조자가 고의적으로 또는 악의적으로 안전사고를 유발했을 때 그 기업이 일으킨 실제 손해배상금에 추가적으로 배상을 피해자에게 지급하도록 하는 것이다. 이 제도는 소비자피해의 대부분이 소액 다수 피해이다 보니 소송까지 제기하여 손해배상청구를 하지 않는 경우가 많은데 다수 소비자들의 소액피해는 가해자의 큰 부담이익을 초래한다. 따라서 가해자의 도덕적 해이를 방지하고 안전사고 등을 사회 후생을 극대화하기 위해서 징벌적 손해배상이 유용하다는 관점의 제도이다. 여러 소비자에게 소액피해를 끼쳤으나 피해자들이 손해배상을 받지 못하는 경우가 많아 기업의 안전주의 수준이 나아지지 않고 기업의 도덕적 해이가 계속될 수 있어 징벌적 손해배상 법제도가 필요하다는 것이다.

미국에서는 현재 부가되는 징벌적 손해배상액이 실손해액의 2배부터 몇십 배까지 달하는 경우도 발생되고 있다. 보통 기업이 사전에 위험을 알고도 방치했거나 악의성이 있는 상황에서 생산·판매한 상품이나 서비스로 소비자가 피해를 입은 경우 그 실제 피해액수 외에 추가적으로 사회적 책임에 대해서도 손해배상책임을 부과하는 제도이다.

2) 우리나라 징벌적 손해배상 도입

우리나라에서는 2011년 3월 공정거래위원회 관할 하도급법에서 징벌적 손해배상 규정을 도입한 바 있다. 이 규정으로 하도급업체가 본사 또는 하청 수준 사업자에 의한 기술 탈취 등으로 손해를 입은 경우 그 실제 손해액의 3배까지 손해배상을 받을 수 있다. 기술 탈취는 기업의 생명 자체를 위태롭게 할 수 있기 때문이다. 이 같은 악의적 행위에 실제 손해액보다 훨씬 많은 액수를 배상하게 하면, 유사행위의 반복을 막을 수 있다는 게 징벌적 손해배상의 주요 긍정적 기능이다.

오랜 기간 입법의 노력 끝에 가습기 살균제 피해사건을 계기로 2017년 제조물책임법 개정, 2018년 시행을 통해 제품안전사고 3배의 징벌적 피해보상 규정을 추가시켰다. 그러나 소송 남발과 기업활동의 위축 등을 이유로 징벌적 손해배상제도의 도입을 반대하는 기업들도 많다. 반대의 논리는 영미법계에 퍼져 있는 징벌적 손해배상제도가 한국 법체계에 부합하지 않는다고 주장한다. 또한 민사소송에서는 손해 본 만큼만 배상하게 하고, 악의에 대한 징벌은 국가가 형벌로 내리는 게 적절하다는 논리를 펼치고 있다. 3배씩 배상금을 물리는 것은 과잉 처벌로써 헌법 정신에 어긋난다고 반대하는 주장도 있다(뉴스토마토, 2014.6.14).

한편, 우리나라에서는 신용정보이용 및 보호에 관한 법률(이하 신용정보법)을 개정하여 금융회사의 잘못으로 개인정보가 유출돼 손해를 입었다면 금융사에 징벌적 배상책임을 최대 3배까지 인정하고, 개인정보를 불법으로 활용해 영업 땐 매출 3% 과징금을 부과하도록 하였다(한국경제신문, 2015.1.12).[3] 현행법상 우리나라에서 징벌적 손해배상제도가 도입된 법 규정과 주요 내용은 다음과 같다.

3) 개정안은 금융회사나 신용정보회사가 고의나 중대과실로 신용정보를 유출해 금융 분야 소비자피해가 발생했을 경우 피해액의 3배까지 배상책임을 지도록 했다. 피해자가 입은 재산상 손해액보다 더 큰 금액을 부과하는 징벌적 손해배상제도다. 고의나 중대 과실이 아니라는 사실은 금융회사가 입증해야 한다. 법원이 정보유출에 따른 손해액을 정해 주는 '법정손해배상제도'도 생긴다. 법원은 정보가 유출됐다는 사실만 가지고도 최대 300만원까지 손해액을 인정해 줄 수 있다.

① 하도급거래공정화에 관한 법률

- 2011. 3. 29. 기술자료 유용행위에 대해 최초 도입
- 2013. 5. 28. 부당하 단가인하, 부당한 발주취소, 부당한 반품행위로 확대적용
- 손해액의 3배를 넘지 아니하는 범위에서 배상책임

② 기간제 및 단기간근로자 보호 등에 관한 법률(2014.3.18. 신설), 파견근로자보호 등에 관한 법률(기간제 및 단기간근로자 보호 등에 관한 법률 준용 규정)

- 사용자의 차별적 처우에 명백한 고의, 반복된 경우
- 손해액의 3배를 넘지 아니하는 범위에서 배상명령

③ 신용정보의 이용 및 보호에 관한 법률(2015.3.11. 신설)

- 신용정보회사나 신용정보 이용자가 고의 또는 중대한 과실로 개인신용정보 누설・분실・도난・누출・변조 또는 훼손한 경우
- 손해액의 3배를 넘지 아니하는 범위에서 배상

3) 징벌적 손해배상 도입 주장

많은 전문가들이 향후 징벌적 손해배상제도를 도입하자고 주장하고 있는데, 이들의 주장, 즉 징벌적 손해배상제도를 도입하자는 대상이 되는 주요 법과 그 내용들은 다음과 같다.

① 민법 일부 개정 법률안

- 징벌적 손해배상제도를 민법에서 인정하도록 하고, 민법상 손해배상 범위에 예외가 되는 다른 법률의 규정이 있는 경우 우선 착용하는 규정

② 금융상품 판매 및 금융소비자 보호에 관한 법률안

- 광범위한 일반금융소비자의 피해를 양산하여 사회적 물의를 일으키는 등 위법성이 큰 경우(동양사태)

③ 개인정보보호법 일부 개정 법률안

• 개인정보처리자가 이 법을 위반한 행위로 손해배상책임을 지는 경우

④ 개인정보보호법 일부 개정 법률안

• 개인정보처리자의 고의/중대 과실로 인하여 개인정보가 분실·도난·유출·변조 또는 훼손된 경우(개인정보 유출 사태)

⑤ 금융소비자보호 및 금융상품 판매에 관한 법률안

• 금융상품판매업자 등의 위법행위로 인해 금융소비자의 피해가 광범위하게 양산되는 등 위법성이 큰 경우

한편, 징벌적 손해배상제도 운영 측면에서 논의되고 있는 내용은 대체로 다음과 같이 압축할 수 있다. 첫째, 과거 20대 국회에 입법 발의된 징벌적 손해배상 법안과 같이 전면적으로 징벌적 손해배상제도를 도입하는 것이다. 둘째, 고의에 의한 손해에 한정하지 아니하고, 중과실로 인한 손해의 경우까지 책임을 지도록 하자는 것이다. 셋째, 징벌적 손해배상의 전문성과 복잡성을 고려하여 변호사 강제주의를 도입하자는 것이다. 넷째, 징벌적 배상액은 전 보상액의 10배를 초과할 수 없도록 하는 것이다. 다섯째, 소송의 소가가 높을 경우, 실질적인 구제를 받을 수 없기 때문에 소장에 붙이는 인지대를 최소화하는 것이다. 여섯째, 증거 수집을 위한 절차가 신속하게 진행될 수 있도록 하는 것이다.

6-6 소비자계약법 입법 검토 주장

오픈마켓이나 소셜 미디어(SNS) 등 다양한 경로를 통한 사기나 부당거래 행위로 소비자피해가 커지고 있다. 수십만 구독자를 거느린 '인플루언서'의 유명세를 이용한 SNS 마켓 등 물품 판매 경로가 다양해지면서 사업자의 사기행위나 부당거래행위는 날이 갈수록 기승을 부리고 있다. 판매자가 사업자 등록을 하지 않거나 정식 홈페이지가 아닌 개인 SNS 계정을 통해 제품을 판매하는 경우에는 소비자피해구제가 실질적으로 어려운 상황이다. 게다가 해외에 서버를 두고 추적이나 차단을 피하는 사기 온라인 쇼핑몰에서 피해를 본 사례도 급증하고 있다. 이 같은 피해를 예방하고 효율적으로 구제하기 위해 소비자계약법이 제정되어야 한다는 목소리가 거세었다.

현재 시행 중인 민법과 소비자기본법 등 소비자 관련법이 존재하나 소비자계약 일반에 적용

될 수 있는 적법한 입법 방안의 목소리가 많았다. 소비자계약법은 거래 과정에서 계약 내용을 의도적으로 고지하지 않는 판매자 등으로부터 소비자를 보호하는 것을 골자로 한다. 현재까지는 소비자가 부당한 거래였다는 것을 주장하려면 판매자의 사기 행위를 소비자가 증명해야 하였다. 입증 요건도 엄격해 소비자가 민법으로 부당거래를 증명하기는 어려운 것이 현실이다.

소비자계약법은 유럽연합(EU)과 독일, 프랑스, 오스트리아, 일본 등에서 적용되고 있는 법이다. 해당 국가에서 시행하는 법들은 소비자의 입증책임을 완화하고, 사업자의 부당이득은 철저히 환수하도록 규정하고 있다. 일본에서 시행 중인 소비자계약법은 인터넷 쇼핑몰이나 앱 마켓 등을 통한 상거래에서 거래약관 등의 조항이 소비자에게 일방적으로 불리한 경우 해당 규정을 무효로 하고 있다.

소비자계약법이 입법될 경우 소비자가 부당한 피해를 입었을 때 계약을 취소할 수 있는 계약 취소권 등이 추가로 부여돼 소비자를 악덕 상술로부터 실질적으로 보호할 수 있는 방안이 마련될 것으로 보인다. 소비자가 상품을 구입한 뒤 계약을 철회하기 쉬워지고, 판매자는 상품 품질보증 의무가 커지게 될 것이다. 아마도 상품 거래에 대한 규제책이 마련되고 그 이후 넷플릭스 등 구독 디지털콘텐츠 등에도 소비자계약법이 도입될 것으로 보인다.

출처: 조선일보(2022.8.5.)

제7장
할부거래, 방문판매, 다단계 판매와 소비자피해구제

1. 할부거래와 소비자피해구제

할부거래를 이용하면 소비자는 필요한 물건을 미리 사용할 수 있다는 매우 실용적인 이점이 있고 판매자는 생산된 물건을 바로 판매할 수 있다는 장점이 있기 때문에 현대사회에서 할부거래는 다양한 영역에 광범위하게 보편화되어 있다. 그러나 즉흥적인 소비심리를 부추기기도 하고, 때로는 판매자의 과도한 판매전략에 몰려 소비자가 원하지 않는 할부거래계약을 체결하기도 한다. 또한 소비자가 자신에게 불리한 내용을 모른 채 할부거래라는 방법에 현혹되어 구매계약을 체결하기도 한다. 이에 정부에서는 1991년 할부거래에 관한 법률(이하 할부거래법)을 제정하여 할부거래로 인한 소비자피해를 예방하고 피해구제를 용이하게 하고자 한다. 할부거래법에서 중요한 것은 소비자 청약철회권을 인정한 것이다.[1)]

1) 모든 소비자와 사업자 거래에서 소비자 청약철회가 인정되는 것은 아니고 특별히 소비자보호 필요성이 있는 특수한 거래분야, 즉 할부거래 방문판매, 전화권유 판매, 다단계 판매, 전자상거래 판매에만 적용된다. 철회 기간은 할부거래와 전자상거래는 7일 이내, 방문판매, 전화권유 판매는 14일 이내이다. 두 가지 모두 해당되는 경우, 예를 들면 다단계 판매이면서 할부거래인 경우 긴 기간을 적용하여 14일 이내이다.

1) 할부거래법의 개요

할부란 구매자가 상품을 인도받은 후 그 대금을 일정 기간 동안 분할해서 지급하는 특수한 형태의 거래로, 할부거래법에서는 명칭, 형식에 관계없이 동산(용역)의 매수인이 매도인 또는 신용제공자와 약정에 따라 대금을 2월 이상 기간에 걸쳐 3회 이상 분할하여 지급하고, 그 대금 완납 전에 매도인으로부터 목적물을 인도받는 거래를 할부거래라고 한다. 예를 들어, 신용카드를 이용한 할부결제, 선불식 할부거래(상조 서비스)가 할부거래에 해당한다.

할부거래는 사업자와 소비자 모두에게 편리한 대금결제 방식으로 인식되고 있으나, 항상 소비자에게 유리하게 작용하는 것은 아니다. 소비자의 청약철회권 거부, 신용카드 항변권 행사 거부, 연체료 불만, 부당한 추심행위, 소비자 신용정보의 불법사용 등과 관련한 소비자피해가 여전히 발생되고 있다.

이에 정부에서는 1991년 할부거래에 관한 법률(이하 할부거래법)을 제정하였다. 대금의 분할결제를 이용한 상조서비스 거래가 증가하면서 소비자피해도 증가하여 정부에서는 2010년 할부거래법을 개정하였는데 추가적으로 선불식 할부계약(상조서비스)을 포함시켰다. 할부거래 및 선불식 할부거래(상조서비스) 관련 소비자보호와 관련하여 이 법과 다른 법률이 경합하여 적용할 수 있는 경우에는 이 법을 우선하여 적용한다. 다만 다른 법률을 적용하는 것이 소비자에게 유리한 경우에는 그 법률을 적용한다.

2) 할부거래 사업자 규제

할부거래에 관한 법률은 할부거래의 공정화를 위해서 사업자에게 계약체결 전 정보제공 의무, 할부계약의 서면주의, 할부계약 해제권의 제한, 손해배상청구금액 제한 등의 규정을 포함하고 있다.

(1) 계약체결 전 정보제공 의무

사업자가 계약을 체결하기 전에 소비자가 할부계약의 내용을 이해할 수 있도록 할부거래의 내용과 거래조건 등에 관한 자세한 정보를 서면으로 제공하도록 하고 있다. 사업자가 소비자에게 알릴 내용은 재화 등의 종류와 내용, 현금 가격, 할부 가격, 각 할부금의 금액·지급횟수와 시기, 할부수수료의 실제연간요율, 계약금(신용카드결제의 경우는 표시 안 함), 할부거래법에 따라 지연손해금 산정 시 적용하는 비율 등이다.

(2) 할부계약의 서면주의

할부거래는 대부분 기간이 장기(2개월 이상)이고 내용이 복잡하기 때문에 계약 내용을 소비자에게 주지시켜 분쟁을 방지하고 계약의 공정화를 기하기 위해 서면으로 체결하도록 하고 있다.[2] 사업자는 할부거래계약체결 후 계약서 1통을 반드시 소비자에게 주도록 하고 있다. 계약서의 작성 방법은 활자는 9호 이상의 큰 활자를 사용할 것, 소유권 유보, 기한의 이익 상실의 사항은 일반 기재사항의 글씨와 다른 색의 글씨 또는 굵은 글씨 등을 사용하여 명확히 드러나게 할 것, 매수인의 철회권 행사를 위한 서식을 포함시킬 것, 매도인은 매수인과의 할부계약의 체결 당시에 신용제공자의 성명 및 주소가 확정되지 아니 하는 경우에는 계약서에 할부의 유형(자체, 은행, 보험할부 등)을 기재하고 신용제공자가 확정된 때에 지체 없이 그 성명 및 주소를 매수인에게 서면으로 통지할 것 등이다.

(3) 할부계약 해제권 제한

소비자가 할부금을 납부하지 않으면 사업자가 할부계약을 해제할 수 있지만, 할부금의 납부가 다소 지체되었다는 이유로 즉시 계약이 해제된다면 그 때까지 할부금을 납부해 온 소비자는 상당한 불이익을 받게 되므로, 사업자의 할부계약 해제권 행사를 제한하고 있다.

2) 서면 계약서에 담길 내용은 할부거래업자의 성명 및 주소, 재화 등의 종류, 내용 및 재화 등의 공급 시기, 현금가격, 할부가격, 각 할부금의 금액·지급횟수·지급기간 및 지급 시기, 할부수수료의 실제연간요율, 계약금, 재화의 소유건 유보에 관한 사항, 청약철회의 기한·행사방법·효과에 관한 사항, 할부거래업자의 할부계약의 해제에 관한 사항, 지연손해금 산정 시 적용하는 비율, 소비자의 기한의 이익 상실 관련 사항 소비자의 항변권과 그 행사방법에 관한 사항 등이다.

① 계약해전 전 최고(催告)

소비자가 할부금을 지급하지 않더라도 사업자는 할부계약을 즉시 해제할 수 없으며, 계약을 해제하기 전에 14일 이상의 기간을 정해 소비자에게 할부금 지급의 이행을 서면으로 통보해야만 한다. 따라서 사업자가 서면으로 최고[3]하지 않으면 사업자의 할부계약 해제권 행사는 소비자에게 효력이 없다.

② 목적물 반환과 할부금 반환의 동시이행 관계

할부계약이 해제되면 각 당사자는 상대방에게 원상회복의무를 지게 되는데, 이 경우 소비자의 물품 등 반환의무와 사업자의 지급받은 할부금 반환의무는 동시에 이행해야 한다. 따라서 소비자는 사업자가 그 대금을 반환할 때까지 물품 등의 반환을 거절할 수 있다.

③ 소유권 유보 시 반환 청구 제한

소유자에게 할부금의 지급지체와 같은 채무불이행이 있는 경우 사업자가 할부계약을 해제하지 않고 바로 목적물의 반환을 청구할 수 있는가에 대해 할부거래법은 물품 등의 소유권이 사업자에게 유보되어 있는 경우에도 사업자가 할부계약을 해제하지 않으면 그 물품 등의 반환을 청구할 수 없도록 하고 있다.

(4) 손해배상청구금액 제한

소비자가 자신의 책임 있는 사유로 할부금의 지급을 지체하고 있으면 사업자 또는 신용제공자(예: 신용카드 회사)는 소비자의 채무불이행을 이유로 손해배상을 청구할 수 있지만, 소비자보다 우월한 지위에 있는 사업자 등이 소비자에게 과중한 손해배상책임을 부담시킬 우려가 있으므로 할부거래법에서는 사업자 등의 손해배상청구금액을 일정한 범위로 제한하고 있다.

3) 최고란 일정한 행위를 하도록 상대방에게 요구하는 의사의 통지를 말한다. 최고에는 채무자에게 이행을 독촉함으로써 이행지체의 책임을 지게 하는 최고, 해제권을 발생시키기 위한 최고, 무능력자의 행위에 대한 추인의 최고 등이 있다.

① 계약을 해제하지 않는 경우

소비자책임 사유 발생 후 할부거래업자 또는 신용제공자(예: 신용카드회사)가 할부거래계약을 해제하지 않고 연체료만 청구할 경우, 그 손해배상청구 금액은 지연된 할부금에 연 40% 한도(공정거래위원회가 정하는 최고의 이율의 범위) 내에서 소비자와 약정한 이율을 곱하여 산정한 금액에 상당하는 지연손해금을 초과하지 못한다.

② 계약을 해제하는 경우

소비자 책임 사유 발생 후 할부거래업자나 신용제공자는 손해배상을 청구하는 경우 손해가 최소화되도록 신의에 따라 성실히 하여야 한다.[4)]

3) 할부거래에서의 소비자 청약철회권과 소비자보호

(1) 할부거래 소비자 청약철회권

할부거래는 소비자가 충동구매를 할 가능성이 높기 때문에, 소비자보호 차원에서 소비자에게 다시 생각할 수 있는 기간(cooling-off)을 주어 판매자의 판매 공세로 충동구매 등을 한 소비자를 보호하기 위한 제도가 청약철회권이다. 청약철회행사 기간 내는 소비자가 위약금이나 손해배상책임 없이 할부계약의 모든 효력을 부인하는 청약철회권을 행사할 수 있다.

① 청약철회권의 행사 기간

소비자는 다음의 기간(거래당사자가 더 긴 기간으로 약정한 경우에는 그 기간) 내에 할부거래에 관한 청약을 철회할 수 있다.

4) 할부거래업자가 계약을 해제하는 경우, 그 손해배상청구 금액은 다음의 어느 하나에 해당하는 금액과 위의 계약을 해지하지 않는 경우의 지연손해금의 합계액을 초과하지 못한다. ① 재화 등의 반환 등 원상회복이 된 경우에는 통상의 사용료와 계약체결 및 그 이행을 위해 통상 필요한 비용의 합계액. 다만, 할부가격에서 목적물이 반환된 당시의 가액을 공제한 금액이 그 사용료액과 비용액의 합계액을 초과하는 경우에는 그 금액, ② 재화 등의 반환 등 원상회복이 되지 않은 경우에는 할부가격에 상당한 금액. 다만, 용역이 제공된 경우에는 이미 제공된 용역의 대가 또는 그 용역에 의해 얻어진 이익에 상당하는 금액, ③ 재화 등의 공급이 되기 전인 경우에는 계약체결 및 그 이행을 위하여 통상 필요한 금액

- 물품 등의 제공 계약서교부보다 빠르거나 동일한 경우: 계약을 받은 날부터 7일
- 물품 등의 제공 계약서교부보다 늦은 경우: 물품 등 공급받거나 공급 시작된 날부터 7일
- 계약서 받지 않은 경우 또는 사업자 주소 등이 기재되지 않은 계약서를 받은 경우, 사업자가 주소 변경 등 사유로 철회기간 내에 청약철회 할 수 없었던 경우: 사업자 주소 안 날/알 수 있었던 날부터 7일
- 계약서에 청약철회 사항 적혀 있지 않은 경우: 청약철회할 수 있음을 안 날/알 수 있었던 날부터 7일
- 할부거래업자가 청약철회 방해한 경우: 그 방해 행위가 종료한 날부터 7일

계약서의 발급 사실 및 그 시기, 재화 등의 공급 사실과 그 시기 청약철회권의 행사에 제한을 받는 사항에 해당하는지 여부에 관하여 다툼이 있는 경우에는 할부거래업자가 이를 입증하여야 한다.

② 청약철회권의 행사범위 및 제한

일반적으로 소비자는 자신이 체결한 할부계약에 대해 그 계약의 내용을 불문하고 청약철회 기간 내에는 청약을 철회할 수 있다. 다만, 다음의 경우에는 청약철회할 수 없다.

- 소비자에게 책임 있는 사유로 물품 등이 멸실 또는 훼손된 경우(내용 확인 위해 포장 등을 훼손한 경우 제외)
- 물품 등의 성질 또는 계약체결의 형태에 비추어 철회를 인정하기 어려운 경우로서 다음 어느 하나에 해당하는 경우
  - 사용에 의해 그 가치가 현저히 감소될 우려가 있는 선박, 항공기, 철도·도시철도, 건설기계, 자동차, 냉장고 및 세탁기 또는 낱개로 밀봉된 음반·비디오물 및 소프트웨어를 사용한 경우
  - 설치에 전문인력 및 부속자재 등이 요구되는 것으로 냉동기(고압가스 안전관리법 제3조 제4호), 전기 냉방기(난방겸용기를 포함), 보일러를 설치한 경우
  - 할부가격이 10만원 이하(신용카드 사용 20만원 이하)인 할부계약을 한 경우
- 시간이 지남으로써 다시 판매하기 어려울 정도로 재화 등의 가치가 현저히 낮아

진 경우

• 복제할 수 있는 재화 등의 포장을 훼손한 경우

7-1 20만원 미만 할부 신용카드 거래, 항변권 행사 불가, 즉 잔여할부금 지급 거절 못해!

금융감독원은 신용카드로 결제한 할부금이 20만원 미만인 거래에 대해서는 소비자의 할부 항변권 행사가 제한된다고 밝혔다. 할부 항변권은 할부거래업자가 재화용역을 제공하지 않는 등의 문제가 발생하면, 소비자가 잔여 할부금의 지급을 신용카드 회사를 통해 거절할 수 있는 권리를 말한다.

금융감독원은 신용카드 할부거래 시 항변권은 거래금액이 20만원 이상이고 할부기간이 3개월 이상인 거래에 대해 행사할 수 있다며 상행위를 목적으로 하는 거래, 할부금을 이미 완납한 거래 등은 할부 항변권 적용 대상에서 제외된다고 설명하였다. 또한 최근 재화 · 용역거래를 가장 해 신용카드 할부결제를 유도하는 유사 수신 사기가 발생하고 있다며 투자금을 할부결제하면 유사시 항변권을 행사해 손실을 방지할 수 있다고 소비자를 안심시키지만, 영리(상행위) 목적 거래는 항변권 행사가 제한된다고 밝혔다.

출처: 안전저널(2022.5.31.)

③ 청약철회권의 행사 방법

청약철회권을 행사하려면 소비자는 청약철회권의 행사 기간 내에 사업자에게 철회의 의사표시가 기재된 서면을 발송해야 한다. 그런데 신용제공자(예: 신용카드 회사)가 따로 있는 할부거래의 경우에는 신용제공자에게도 철회의 의사표시가 기재된 서면을 발송해야 신용제공자가 할부금 지급을 청구하더라도 거절할 수 있다. 다만, 청약철회기간 내에 신용제공자가 사업자에게 물품 등의 대금을 지급했다면 소비자는 청약철회에 관한 서면을 발송하지 않더라도 신용제공자의 할부금 지급 청구를 거절할 수 있다.

7-2 안마의자 할부구매 후 청약철회했지만…서면 증거 없어 불가

안마의자를 구매한 소비자 A씨가 변경된 판매 방침에 대해 설명 듣지 못해 손해를 입었다며 환불을 요구했다가 거절당하였다. A씨는 8월 7일 TV홈쇼핑 광고를 보고 안마의자 판매점을 방문해 4백만 원짜리 안마의자를 10개월 할부로 구매하였다. A씨는 판매직원으로부터 이 모델은 렌탈이 불가능한 제품이라는 설명을 들었는데, 구매 후 5일 뒤 설치 직원으로부터 안마의자의 렌탈이 가능함을 알게 돼 다음 날 판매자에게 계약해지 의사를 밝히고 반품을 요구하였다.

A씨는 계약 체결 당시 판매직원이 판매만 가능하고 렌탈은 불가능하며, 무상보증기간은 1년으로 고정돼 있다고 설명했으나, 알고 보니 무상보증기간으로 12개월 또는 39개월을 선택할 수 있고 렌탈 역시 가능하게 변경됐음에도 이와 같은 설명을 하지 않아 선택권을 침해당했다고 주장하였다. 이에 대해 판매자는 A씨가 구매한 안마의자의 경우 계약 체결 당시에는 판매만 가능하도록 내부 방침이 정해져 있었으나 계약 체결 이후인 8월 9일에 렌탈도 가능하도록 방침이 변경됐다고 주장하였다.

한국소비자원은 분쟁조정회의를 열어 A씨가 청약철회 의사표시를 한 사실을 인정할 증거가 없어 환불이 어렵다고 조정의견을 밝혔다.

출처: 컨슈머치(2022.11.23.)

④ 청약철회권 행사의 효과

청약철회의 의사표시는 서면을 발송한 날에 그 효력이 발생한다. 청약이 철회되면 소비자와 사업자 모두 계약에 따른 내용 등을 계약체결 전의 상태로 회복시킬 의무가 발생한다. 따라서, 소비자는 이미 제공받은 물품 등을 반환해야 하고, 사업자는 재화를 공급한 경우에는 소비자로부터 재화를 반환받은 날부터 3영업일 이내, 용역을 제공한 경우에는 청약철회 서면을 수령한 날부터 3영업일 이내에 이미 지급받은 할부금을 반환해야 한다.

서비스에 관한 할부계약을 체결하고 청약철회권을 행사하기 전에 그 서비스가 제공되었다면, 사업자는 소비자에게 이미 제공된 서비스와 동일한 서비스의 반환을 청구할 수 없다. 한편, 원상회복의무에 따라 소비자가 물품 등을 반환하는 데 필요한 비용은 사업자가 부담한다. 사업자는 소비자의 청약철회와 관련해서 소비자에게 위약금 또는 손해배상을 청구할 수 없다.

(2) 소비자의 기한이익 상실의 제한

기한의 이익이란 기간이 도래하지 않음으로써 그 기간 동안 당사자가 받는 이익으로서, 할부거래에서 기한의 이익이란 당장 구매 능력이 없더라도 물품 등을 사용하면서 그 대금은 몇 개월에 걸쳐 나누어냄으로써 얻는 소비자의 이익을 말한다. 예를 들면, 12개월 할부로 어떤 물건을 구매했을 때 소비자는 12개월이란 시간(기한)을 갖게 되는 것이고 채권자(판매자)는 소비자의 하자(기한의 이익 상실 사유)가 발생하지 않는 한 그 기한을 단축하거나 소멸시키지 못하는데 이것이 할부거래에서의 기한의 이익이다. 따라서 할부거래에 있어 기한의 이익은 소비자(채무자)에게 있다. 할부거래에서 기한이익의 상실은 물품 등의 대금을 할부로 지급할 수 있는 이익을 상실하고 한꺼번에 대금을 지급해야 한다는 것을 말한다.

할부거래법은 기한이익의 상실을 원칙적으로 유효한 것으로 인정하지만, 소비자에게 지나치게 불리한 것으로 되지 않도록 하기 위해 기한의 이익이 상실되는 사유를 제한하고 있다.[5)]

소비자는 할부거래 시 그 지불기한이 도래되기 전이라도 할부금을 한꺼번에 지급할 수 있으며, 이 경우 나머지 기간에 대한 할부수수료는 지급하지 않아도 되고, 이때 소비자가 지급해야 하는 금액은 소비자가 기한의 이익을 상실했을 때 한꺼번에 지급해야 하는 금액과 같다.

판매자가 소비자의 할부금지급의무 불이행을 이유로 소비자에게 청구하는 손해배상액은 대통령령이 정한 지연손해금(지연된 할부금×대통령이 정한 비율)을 초과할 수 없다. 한편, 소비자는 기한이 도래하기 전이라도 나머지 할부금을 일시에 갚을 수 있으며, 일시 지급액은 나머지 할부금에서 나머지 기간에 대한 할부수수료를 공제한 금액으로 한다.[6)]

(3) 소비자항변권(할부금 지급 거절)

소비자는 다음 어느 하나에 해당하는 사유가 있는 경우에는 신용카드 사업자에게 할부금의 지급을 거절할 수 있는데, 이를 소비자의 항변권이라고 한다.

- 할부계약이 불성립 · 무효인 경우
- 할부계약이 취소 · 해제 또는 해지된 경우
- 물품 등의 전부/일부가 인도 · 제공시기까지 소비자에게 인도 · 제공되지 않은

---

5) ① 할부금을 다음 지급기일까지 연속해서 2회 이상 지급하지 않고, 그 지급하지 않은 금액이 할부가격의 1/10을 초과하는 경우, ② 생업 또는 외국인과의 결혼 및 연고 관계로 외국에 이주하는 경우이다. 이때 소비자가 지급해야 하는 금액은 할부금에서 나머지 기간에 대한 할부수수료를 공제한 금액으로 이 경우 할부수수료는 일 단위로 계산한다.

6) 한편, 소비자가 할부금을 연속하여 2회 이상 지급하지 않은 경우, 그리고 지불하지 않은 금액이 할부가액의 10분의 1을 초과하는 경우, 생업에 충당하기 위하여 외국에 이주하는 경우, 외국 사람과 결혼 및 연고 관계로 인하여 이주하는 경우에는 할부금 지급에 대한 기한의 이익을 주장하지 못한다.

경우

- 사업자가 하자담보책임을 이행하지 않은 경우[7)]
- 그 밖에 사업자의 채무불이행으로 인해 할부계약 목적을 달성할 수 없는 경우

소비자의 항변권은 사업자의 할부금 지급 청구권에 대해 일시적으로 그 작용을 정지시키는 권리로서, 할부금을 지급할 채무가 없어지는 것은 아니다. 그리고 소비자가 사업자에게 이미 지급한 할부금의 반환을 청구할 수 있는 것도 아니다.

신용제공자가 따로 있는 할부거래로서 할부가격이 10만원(신용카드 결제인 경우 20만원) 이상인 할부거래에서 소비자는 위 신용카드 회사의 지급 거절 사유에 해당하는 사유가 있는 경우에 소비자는 신용제공자(예: 신용카드 회사)에게 할부금의 지급 거절 의사를 통지한 후, 그 할부금의 지급을 거절할 수 있다

소비자가 항변권의 행사를 서면으로 하는 경우 그 효력은 서면을 발송한 날에 발생하며, 할부거래업자 또는 신용제공자는 소비자의 항변을 서면으로 수령한 경우 지체 없이 소비자의 항변권 행사가 해당하는 사유에 의한 것인지를 확인하여야 하고 그에 해당하지 않는 경우 소비자의 항변을 수령한 날부터 할부거래업자는 5영업일 이내에, 신용 제공자는 7영업일 이내에 서면으로 소비자의 항변을 수용할 수 없다는 의사와 항변권의 행사 사유에 해당하지 않는다는 사실을 통지하여야 한다.

7-3 할부거래법, 방문판매법, 전자상거래소비자보호법 개정안 2023년 2월 국회 본회의 통과

할부거래법, 방문판매법, 전자상거래소비자보호법 3개 법률 개정안이 2023년 2월 국회 본회의에서 의결되었다. 개정안에 따르면 첫째, 할부거래법에서 선수금 관련 통지의무 등 선불식 할부거래 분야 소비자보호를 강화하는 내용이 포함되었다. 선불식 할부거래업자가 선수금과 관련된 내용을 소비자에게 통지하도록 했고, 선불식 할부거래업자가 등록 후 자본금 15억원 이상을 유지하지 못한 경우 등록취소 할 수 있도록 하였다. 또 감사인이 작성하지 않은 감사보고서 제출·공시 관련 과태료 부과 근거를 신설하고, 조사 불출석·자료 미제출·조사 방해에 대한 과태료 부과 금액을 상향하였다. 아울러 선불식 할부거래업자의 등록사항 변경, 지위승계, 이전계약 신고에 대한 처리기한을 명시하고 수리를 요하는 신고임을 명시하였다.

둘째, 방문판매법 개정 사항을 살펴보면 비대면 영업을 허용해 후원방문 판매원들이 대응할

7) 거래 물품 등에 하자가 있는 경우에는 해당 물품 등을 제공한 사람이 그 하자에 대한 손해배상책임을 부담하는 것을 말한다.

수 있도록 해야 한다는 내용이 반영되었다. 이때, 다단계 판매와 동일한 수준으로 보다 강화된 의무를 부과하였다. 최종 소비자 판매 비중에 따른 예외 없이 후원수당 지급 비율 상한(38%), 개별 재화 가격 상한(160만원), 소비자피해보상보험 계약 체결 의무가 적용된다.

셋째, 개정된 전자상거래소비자보호법의 경우 소비자보호 기관·단체 등에 대한 자료요구권을 지자체에도 부여하는 것이 추가되었다. 공정거래위원회만 행사하던 공개정보 검색권, 자료제출요구권을 시·도지사, 시·군·구청장에게도 부여하였다.

결국 방문판매법·전자상거래소비자보호법 개정으로 후원방문 판매원들의 비대면 영업이 활성화되고 소비자들의 상품 접근성이 제고되며, 지자체가 직접 소비자분쟁 등의 원인을 파악하고 필요한 조치를 할 수 있도록 하여 소비자권익 보호가 강화될 수 있을 것으로 보인다.

개정된 방문판매법의 경우 공포 후 즉시 시행하며, 전자상거래소비자보호법의 경우 공포 후 1년, 할부거래법의 경우 공포 후 6개월이 경과한 날부터 시행될 예정이다.

출처: 일간 NTN(2023.2.28.)

4) 선불식 할부거래(상조 서비스)와 소비자피해구제

관혼상제 서비스의 일종인 상조업 또는 상조 서비스가 우리 사회에서 급격하게 확산되어 왔다. 그런데 상조 서비스 사업자의 부도·폐업 등으로 인한 서비스 미이행 및 사업자의 부당한 계약해지 거절이나 과다한 위약금 요구로 인한 따른 소비피해가 줄어들지 않고 있다. 이러한 상황을 개선하기 위하여 2010년 3월 기존의 할부거래법을 개정하여 상조업과 같은 선불식 할부거래를 할부거래법의 적용 범위에 포함시킴으로써 선불식 할부거래, 즉 상조 서비스업에 대한 규제가 마련되었다.

대부분의 선불식 할부거래에 관한 법률의 내용은 일반 할부거래에 관한 법률의 내용에 준한다. 여기서는 선불식 할부거래가 일반 할부거래와 다르게 규제되는 내용만을 살펴보기로 한다.

(1) 선불식 할부거래업(상조업)의 등록

할부거래법에서 선불식 할부거래업자(상조업자)에 대한 등록 제도와 등록요건 및 등록 결격 사유를 규정하고 있다.

① 등록시 갖추어야 할 서류(법 제18조 제1항)

상법상 회사로서 자본금이 3억원 이상인 선불식 할부거래업자(상조업자가 등록을 할 수 있으며(법 제19조), 위의 서류를 갖추어 특별시장·광역시장·도지사 또는 특별자치도지사(이하 시・도지사라 한다)에게 등록하여야 하고, 이때 시・도지사는 지체 없이 선불식 할부거래업 등록증을 교부하여야 한다.

② 변경사항 및 휴・폐업의 신고

선불식 할부거래업자(상조업자)는 법 제18조 제1항에 따라 등록한 사항 중 같은 항 제1호부터 제3호까지의 사항이 변경된 경우, 휴업 또는 폐업을 하거나 휴업 후 영업을 다시 시작할 때에는 대통령령으로 정하는 바에 따라 시・도지사에게 신고하여야 한다.

③ 선불식 할부거래업자(상조업자)에 대한 정보공개

공정거래위원회는 선불식 할부거래업자(상조업자)에 대한 다음 각호의 사항을 대통령령으로 정하는 바에 따라 공개하여야 한다. 다만, 선불식 할부거래업자(상조업자)의 경영・영업상 비밀에 관한 사항으로서 공개될 경우 선불식 할부거래업자(상조업자)의 정당한 이익을 현저히 해칠 우려가 있다고 인정되는 사항과 개인에 관한 사항으로서 사생활의 비밀 또는 자유를 침해할 우려가 있다고 인정되는 사항에 대하여는 공개하지 않는다. 공정거래위원회는 위의 내용과 관련하여 필요한 경우에 선불식 할부거래업자(상조업자)에게 관련 자료의 제출을 요구할 수 있다. 이 경우 선불식 할부거래업자(상조업자)는 정당한 사유가 없으면 관련 자료를 제출하여야 한다.

7-4 할부거래법 개정으로 상조업체 선수금 소비자에게 통지

2023년 2월 할부거래법 개정으로 상조업체 등 선불식 할부거래업자가 선수금 관련 내용을 소비자에게 통지하고, 위반시 시정명령・과태료 부과가 가능하다. 또한, 선불식 할부거래업자가 등록 후 자본금 15억원 이상 유지하지 못한 경우, 관할 지방자치단체장이 취소할 수 있게 하였다. 선불식 할부거래업자 등록사항 변경과 지위승계 신고기한은 7일 이내, 이전계약은 5일 이내로 각각 명시했다. 아울러 감사인이 작성하지 않은 감사보고서 제출과 공시에 대한 과태료 부과 근거를 신설하고, 조사불출석・자료미제출・조사방해에 대한 과태료 부과금액을 타 소비자법과 유사한 수준으로 상향되었다.

개정된 방문판매법에 따라 후원방문판매 범위를 조정해, 전자거래 방식으로 소비자에게 판매하는 경우를 포함시켰다. 이 경우 다단계 판매와 동일한 수준으로 강화된 의무를 부과한다.

출처: 일간NTN (2023.2.28.)

(2) 계약체결 전의 정보제공 및 계약체결에 따른 계약서 발급

선불식 할부거래업자(상조업자)는 선불식 할부계약을 체결하기 전에 소비자가 계약의 내용을 이해할 수 있도록 여러 가지 관련 내용을 설명하여야 한다.[8] 그리고 계약체결을 할 경우 위의 사항을 적은 계약서를 소비자에게 발급하여야 한다.

(3) 선불식 할부거래에 있어서의 청약철회권

소비자는 다음 기간(거래당사자가 다음 각호의 기간보다 긴 기간으로 약정한 경우에는 그 기간을 말한다) 이내에 선불식 할부계약에 관한 청약을 철회할 수 있다.

- 계약서를 받은 날부터 14일
- 다음의 경우에는 그 주소를 안 날 또는 알 수 있었던 날 등 청약을 철회할 수 있는 날부터 14일
  - 선불식 할부거래업자(상조업자의 주소 등이 적혀 있지 아니한 계약서를 받은 경우
  - 선불식 할부거래업자(상조업자의 주소 변경 등의 사유로 제1호의 기간 이내에 청약을 철회할 수 없는 경우
- 계약서에 청약의 철회에 관한 사항이 적혀 있지 아니한 경우: 청약을 철회할 수 있음을 안 날 또는 알 수 있었던 날부터 14일
- 선불식 할부거래업자(상조업자가 청약의 철회를 방해한 경우: 그 방해 행위가 종료한 날부터 14일
- 계약서를 받지 않은 경우: 계약일부터 3개월

청약해제와 관련하여 계약서의 발급 사실과 그 시기 등에 관하여 다툼이 있는 경우에는 선불식 할부거래업자(상조업자)가 이를 입증하여야 한다. 청약을 철회할 경우 소비자는 청약해제 보장기간 이내에 선불식 할부거래업자(상조업자)에게 청약을

8) 구체적으로 설명할 내용은 선불식 할부거래업자(상조업자)의 상호·주소·전화번호·전자우편주소·대표자의 이름, 재화 등의 종류 및 내용, 재화 등의 가격과 그 지급의 방법 및 시기, 재화 등을 공급하는 방법 및 시기, 계약금, 청약철회 및 계약해제 기한·행사 방법·효과에 관한 사항 소비자피해보상, 재화 등에 대한 불만 및 소비자와 사업자 사이의 분쟁 처리에 관한 사항, 선불식 할부거래에 관한 약관, 그 밖에 소비자의 구매 여부 판단에 영향을 주는 거래조건 또는 소비자의 피해구제에 필요한 사항 등이다.

철회하는 의사표시가 적힌 서면을 발송하여야 하며, 이때 그 효력은 서면을 발송한 날에 발생한다. 소비자가 청약을 철회한 경우 선불식 할부거래업자(상조업자)는 청약철회의 서면을 접수한 날부터 3영업일 이내에 이미 지급받은 계약금 및 할부금을 환급하여야 하고, 환급을 지연한 때에는 그 지연기간에 따라 지연배상금을 함께 환급하여야 한다.

(4) 소비자의 선불식 할부계약 해제권

소비자가 선불식 할부계약을 체결하고, 그 계약에 의한 재화 등의 공급을 받지 아니한 경우에는 그 계약을 해제할 수 있다. 이때 선불식 할부거래업자(상조업자)는 소비자에게 해제로 인한 손실을 초과하는 위약금을 청구하여서는 안 된다. 선불식 할부거래업자(상조업자)는 소비자가 다음에 해당하는 사유로 계약을 해제하는 경우에는 위약금을 청구할 수 없다.

- 휴업 또는 폐업신고를 한 때
- 영업정지 처분을 받은 때
- 등록이 취소되거나 말소된 때
- 은행법에 따른 은행으로부터 당좌거래의 정지 처분을 받은 때
- 파산 또는 화의 개시의 신청이 있는 때

선불식 할부거래업자(상조업자는 선불식 할부계약이 해제된 날부터 3영업일 이내에 이미 지급받은 대금에서 위약금을 뺀 금액을 소비자에게 환급하고, 환급을 지연한 때에는 그 지연기간에 따라 지연배상금을 함께 환급하여야 한다. 소비자가 대금지급의무를 이행하지 아니하면 선불식 할부거래업자(상조업자가 선불식 할부계약을 해제할 수 있다. 이 경우 선불식 할부거래업자(상조업자는 그 계약을 해제하기 전에 14일 이상의 기간을 정하여 소비자에게 이행할 것을 서면으로 최고하여야 한다.

7-5 상조결합상품 계약해제불가 운영 적발

상조결합 상품은 상조 상품과 함께 현금성 포인트나 가전제품, 기타 라이프 서비스(해외 유학, 인테리어 리모델링 등)의 일반 할부 매매계약을 결합하여 판매하는 상품이다. 상조회사가 과거

에는 순수 상조상품 만을 판매했으나 최근 고객 수요를 고려하고 홍보 수 다양화 경향에 따라 다른 할부 매매 상품과 묶어서 판매하는 경우가 늘어나는 추세다.

그러나 A상조업체는 사정상 상조 상품을 계약 해제하고자 하는 소비자에게 이미 지급한 현금성 포인트에 해당하는 금액을 반환하지 않으면 상조 상품을 해제할 수 없도록 안내하여 할부거래법을 위반한 것으로 적발되었다. A상조업체는 상조 상품 가입자에게 상조 결합상품을 동시에 판매하면서 상조 상품 약관과 결합상품 약관을 별개로 배부했는데, 결합상품 약관에 계약해제 불가 조항을 표기하고 이를 근거로 결국 상조 상품까지 계약을 해제할 수 없도록 하였다. 이는 할부 거래법을 위반한 것이다. 그런데도 해당 업체는 상조 상품을 판매할 때, 결합상품을 묶어서 판매하면서 결합상품 약관에 결합상품의 원금을 일시 완불하는 조건으로만 계약을 해지할 수 있다.라는 문구를 표기해 두고 소비자가 계약해제 요청 시 결합상품 원금을 일시불로 내지 않으면, 상조 계약도 해제할 수 없다고 안내하며 계속 할부금이 지급되도록 방치하여 실질적으로 상조 상품 계약해제권까지 침해하였다.

할부거래법에서는 소비자가 선불식 할부거래 상조 상품 계약을 체결하고, 그 계약에 의한 상조 서비스를 받지 아니한 경우에는 그 계약을 해제할 수 있음을 명시하고 있으며 약관규제법에서는 이 해제권을 배제하는 조항은 무효로 한다고 규정하고 있다. 상조 상품 계약해제의 경우 공정거래위원회 고시에 해약환급률을 정하고 있으므로 계약의 내용 및 기간에 따라 소비자가 할부금으로 지급한 금액 그대로 환급받을 수 없는 일도 있는데, 해약환급률에 따른 환급금만 받고서라도 계약을 해제하겠다고 요청할 때에는 해제할 수 있다.

상조 결합상품은 계약상 할부금 지급 초기에 결합상품 원금이 먼저 지급되는 구조로 운영되는 경우가 많아서 해당 상품 해제 요청 때 결합상품에 대한 원금을 청구하기 마련인데, 원금에 대한 분쟁 혹은 미지급이 있다고 하여 상조 상품 계약해제 자체를 할 수 없도록 운영하는 것은 위법이다. 기만적 방법으로 상대방의 청약철회 및 계약해제를 방해했다고 인정될 시에는 할부거래법 제34조 제2호 위반으로 1년 이하의 징역 또는 3천만 원 이하의 벌금에 처할 수 있다. 만약 이러한 피해가 발생했다면 서울시 공정거래종합센터(sftc.seoul.go.kr)에 도움을 요청하면 된다.

출처: 소비자를 위한 신문(2022.6.21.)

(5) 보험계약 의무화

선불식 할부거래업자(상조업자)의 부도·폐업 등으로 인한 소비자피해를 예방하기 위하여 선수금 합계액의 100분의 50을 초과하지 않는 범위에서 대통령령으로 정하는 금액을 금융기관에 예치하거나, 이에 상당하는 금액에 대해 채무지급보증계약·보험계약·공제계약 중 어느 하나를 체결하도록 의무화하고 있다(법제27조 제1항 및 제2항).

7-6 가전제품결합 상조 소비자피해. 알고 보면 '내 돈 주고 산 것'

'상조상품 가입하고 최신 가전 지원받자'는 온라인 광고가 있었다. A씨는 가전제품을 지원한다는 문구를 사은품 지급으로 이해한 A씨는 노트북을 받고 계약을 체결했다. 나중에 환급금도 있다는 설명을 들었다고. 하지만 A씨는 다달이 납입하는 금액 3만원 중 2만7000원은 제품 할부금액으로 나가고 만기시에는 제품 값에 해당하는 초기 할부금이 제외된 나머지 금액만 환급된다는 사실을 뒤늦게 알았다. 가전제품을 상조업체가 지원해 주는 것이 아니라 본인 돈으로 할부구입을 한 셈이었다.

해당 상품은 그 자체로는 불법이 아니기 때문에 판매를 규제할 수 없으므로 소비자들의 각별한 주의가 요구된다. 소비자고발센터(goso.co.kr)에는 상조회사 관련 제보가 지속 제기되고 있다. 주로 사은품을 주는 줄 알고 가전결합 상조상품에 가입했으나 납입금에서 가전제품 할부금이 빠져나가고, 중도 해지를 하려고 하면 남은 할부금을 위약금으로 한꺼번에 지급해야 한다는 사연이다. 제품 대금을 제하고 나면 기대했던 환급금도 거의 남아 있지 않는 경우가 대부분이다.

결합상품이란 에어팟, 노트북, 안마의자 등 제품을 결합해 상조서비스를 함께 팔면서 이에 대한 대금을 할부로 납부하는 것이다. 통상 '지원', '증정' 등과 같은 멘트로 10~20년간 매달 할부금을 내면서 만기를 채우면 그간 납입금을 모두 돌려준다고 홍보하고 있다. 하지만 이런 결합상품은 상조사가 렌탈사 등과 제휴해 가전상품과 상조상품을 동시에 판매하는 것으로 가입자는 양쪽 비용을 모두 부담해야 하는 구조다.

특히, 상조 회사와의 분쟁으로 무턱대고 할부금을 납입하지 않을 경우 렌탈회사 등으로부터 채권추심을 당해 신용등급이 떨어지는 이중피해를 당할 수도 있다.

공정거래위원회는 지속 가전결합상품 가입시 주의하라고 안내하는 상황이다. 결합상품 자체가 불법은 아니다. 다만 초기 할부금은 선수금 개념이 아니기 때문에 보호를 받지 못하므로 소비자가 스스로 조심할 수밖에 없다. 계약기간 중 회사 건전성 악화로 계약이행이 어려워지거나 소비자가 중도해지를 원할 경우 전자기기에 해당하는 할부금은 전액 납부해야 하거나 해약환급금이 적을 수 있다.

출처: 소비자가 만드는 신문(2023.3.20.)

2. 방문판매와 소비자피해구제

방문판매의 유형은 주로 주거방문판매, 홈파티, 직장방문판매, 노상판매, 주문판매(전화나 우편 등으로 소비자 동의를 얻은 후 방문하여 판매)이다. 방문판매 방법은 사업자 입장에서는 소비자 기호나 불만에 대한 정보를 판매원을 통해 즉각적으로 수집할 수 있고, 점포운영비를 절감할 수 있는 등의 장점을 가지고 있지만, 소비자 입장에서는 지나친 권유나 설득으로 충동구매 및 비합리적 선택, 무점포판매 특성으로 인한 반품 및 교환 등의 처리가 어려운 점, AS의 문제 등 소비자문제 및 피해가 급증하는 단점이 있다. 교묘하고 다양한 상술로 인한 피해가 끊이지 않고 있다. 예를 들면, 일종의 흥분상태에서 고액의 물품을 구입하도록 하는 최면 상술, 의식조사 앙케이트 등을 통한 판매, 캠페인을 통한 판매 등이 계속되고 있다.

이 같은 다양한 판매 방법의 보급으로 종전의 거래에서 볼 수 없었던 소비자피해가 속출하여 이를 해결하고자 1991년 제정, 1992년 시행된 법이 방문판매 등에 관한 법률(이하 방문판매법)이다. 전통적인 대면 점포 거래 형태와는 다른 판매방식으로 보편화 되어 있는 방문판매, 전화 권유판매, 다단계 판매, 계속거래, 사업권유판매 등으로 발생하는 소비자피해는 방문판매법으로 규제하고 있다. 방문판매법은 무점포판매 또는 특수판매 방법을 규제하여 그로 인한 피해를 줄이고 소비자를 보호하고자 제정된 법률이다. 무점포판매 방법의 속성상 상품 내용의 진실성, 계약체결과정 및 의무 이행시 불공정성 등의 문제가 빈번하게 발생하기 때문이다. 결론적으로, 방문판매법은 방문판매, 통신판매, 다단계 판매에 의한 소비자피해 방지, 공정한 거래 유도를 위한 목적으로 제정된 법률이다.

1) 방문판매법의 개요

가정이나 직장으로 소비자를 찾아가는 방문판매 또는 전화를 이용해 구매를 권유하는 판매가 증가하고 있다. 전통적인 점포 판매에서 방문판매, 다단계 판매, 전자상거래 등이 일상화 되고 있다. 점차 복잡해지고 다양해지는 판매 방법이 성행하면서 이로 인한 소비자문제 및 소비자피해가 급증하고 있다. 방문판매는 사업자 입장에서는 소비자 선호나 불만에 대한 정보를 판매원을 통해 즉각 수집할 수 있고, 점포운영비를 절감할 수 있는 등의 장점을 가지고 있지만, 소비자 입장에서는 지나친 권유나 설득으로 충동구매 및 비합리적 선택을 조장할 우려가 있으며, 반품 및 교환처리가 어렵고, 구매 후 발생하는 소비자피해를 구제하기 어려운 문제 등 소비자문제가 많이 발생하는 단점이 있다. 방문판매로 인한 피해자는 주로 정보에 어두운 주부, 노인, 장애자 등에게 많이 나타나며, 피해 내용은 충동구매, 청약철회거절, 사업자가 고의나 과실로 계약상의 의무를 이행하지 않는 경우이다. 노상판매의 경우 미성년자, 공단 근로자 등에게 많이 나타나는데, 특히 계약서를 교부하지 않아 청약철회가 되지 않는 문제점이 있다. 방문판매, 전화권유판매, 다단계 판매, 계속거래 및 사업권유 거래에서의 소비자보호와 관련하여 이 법과 다른 법률의 적용이 경합하는 경우에는 방문판매법을 우선 적용하되, 다른 법률을 적용하는 것이 소비자에게 유리한 경우에는 그 법을 적용한다(법 제4조).

방문판매로 인한 소비자피해가 증가하여 정부는 1991년 방문판매법을 제정한 후 1992년부터 시행하였고, 그 이후 여러 차례의 개정을 거쳐 현재에 이르고 있다. 특히 2002년 방문판매법 개정 시에는 그동안 법 적용이 되지 않아 소비자피해구제가 곤란했던 거래 유형인 전화권유판매, 계속거래, 사업권유거래를 방문판매법에 새로 편입시켰다. 현행 방문판매법은 특수거래 형태로써 방문판매, 전화권유판매, 다단계 판매, 계속거래, 사업권유거래 등 5개로 나누고 있다. 소비자보호 방법에 있어서는 이 5가지 유형의 거래에서 거의 동일하다고 할 수 있다.

방문판매법은 방문 판매업자의 의무사항, 방문판매와 관련한 청약철회제도, 계약해제와 손해배상, 위법 사업자규제 등에 대한 내용을 포함하고 있다. 방문판매자의 의무사항은 명시의무, 서면고지의무이다. 명시의무는 방문판매자가 방문판매를 하는 때는 소비자에게 자신의 성명, 판매하는 상품의 종류 등을 미리 밝혀야 하는 것이다. 또한, 방문판매자는 계약체결 전에 사업자 자신 및 거래방법에 대해 서면으로 고지의 의무를 이행하여야 한다. 고지의무 내용은 방문판매자 현황, 거래제품 관련 정보, 청약철회 관련 주요 사항으로 할부거래에서의 고지와 유사하다.

2) 방문판매 사업자 규제

(1) 방문판매(전화권유) 사업자 의무

방문판매법은 방문판매거래 및 전화권유판매 거래의 공정화를 위해 사업자에게 방문판매 또는 전화권유판매 사실의 명시의무, 계약체결 전 정보제공 및 계약서 교부의무, 손해배상청구금액 제한, 그 밖의 금지행위 등의 규제를 두고 있다. 사업자의 주요 의무는 방문판매업자 등의 개업 및 휴·폐업신고의무, 방문판매원 등의 명부비치 등 신원을 확인해 줄 의무, 방문판매 또는 전화권유판매 사실의 명시의무(해당 방문 또는 전화가 판매의 권유를 위한 것이라는 사실, 방문판매자 등의 성명 또는 명칭, 판매하는 물품 등의 종류 및 내용) 계약체결 전의 정보제공 및 계약체결에 따른 계약서 교부의무[9], 재화 등의 계약을 미성년자와 체결하고자 하는 경우에는 법정대리인의 동의를 얻을 의무 등이다.

(2) 손해배상청구금액 제한

소비자가 자신의 책임 있는 사유로 채무를 성실하게 이행하지 않으면 방문판매자 등은 소비자의 채무불이행을 이유로 손해배상을 청구할 수 있지만, 소비자보다 우월한 지위에 있는 사업자 등이 소비자에게 과중한 손해배상책임을 부담시킬 우려가 있으므로, 법은 방문판매자 등의 손해배상청구금액을 일정한 범위로 제한하고 있다.

① 손해배상액의 최고 한도

방문판매자 등이 소비자에게 청구할 수 있는 손해배상액은 다음의 어느 하나에 해당하는 금액에 대금미납에 따른 지연배상금을 더한 금액을 초과할 수 없도록 제한하고 있다.[10] 만약 소비자가 물품 등을 반환하지 않은 경우에는 물품 등의 판매가액에 상당하는 금액을 청구할 수 있다.

② 휴업기간 중 업무처리의무

방문판매자 등이 휴업 기간 또는 영업정지 기간 중에도 청약철회 등의 업무와 청약철회 등에 따른 대금의 환급과 관련된 업무를 계속하도록 의무를 부과하고 있다.

3) 방문판매에서의 소비자 청약철회권

일반적인 거래계약의 경우에는 계약이 성립한 후에는 청약 또는 승낙의 의사를 철회할 수 없는 것이 원칙이다. 그러나 방문판매나 전화권유판매의 경우 소비자가 사

9) 전화권유판매에 관한 계약서의 경우에는 소비자의 동의를 얻어 해당 계약의 내용을 모사전송이나 전자문서(전자거래기본법 제2조 제1호)로 송부하는 것으로 갈음할 수 있다(법 제7조 제4항).

10) 구체적으로 소비자가 물품 등을 반환한 경우에는 반환된 물품 등의 통상 사용료액 또는 그 사용에 의해 통상 얻어지는 이익에 상당하는 금액, 반환된 물품 등의 판매가액에서 반환 당시의 가액을 공제한 금액 중에서 큰 금액

업자의 상술에 현혹되어 충동적으로 계약을 체결하고, 후일 이를 둘러싸고 다툼이 생기는 경우가 많기 때문에 이러한 충동구매로부터 소비자를 보호하기 위해 법에서 소비자에게 청약철회 및 계약해제의 권리를 인정하고 있다. 방문판매 또는 전화권유 판매를 통해 물품 또는 서비스를 구매한 소비자가 기간 내에 그 계약에 관한 청약을 철회하거나 그 계약을 해제하려고 할 경우 소비자는 사업자에게 위약금이나 손해배상금을 지급하는 등의 불이익을 받지 않고 자유롭게 할 수 있다.

할부거래에서와 마찬가지로, 방문판매자와 상품의 구매 또는 용역의 제공에 관한 계약을 체결한 소비자는 이를 취소하고자 하는 경우 계약서를 교부받은 날부터 14일 이내 또는 계약서를 교부받지 않은 경우나 계약서 교부 때보다 상품의 인도가 늦게 이루어진 경우 상품을 인도받은 날부터 14일 이내 청약철회가 인정된다. 그러나 소비자는 소비자 과실로 상품이 멸실 또는 훼손된 경우, 소비자의 사용에 의해 가치가 현저히 감소될 우려가 있는 상품의 경우 청약철회를 할 수 없다. 소비자의 청약철회 과정 및 효력은 할부거래 시의 청약철회와 같다.[11)]

(1) 방문판매 청약철회 행사범위

일반적으로 소비자는 자신이 체결한 방문판매 또는 전화권유판매의 계약에 대해 그 계약의 내용을 불문하고 청약철회 등 기간 내에는 청약철회 등을 할 수 있다. 다만, 소비자가 청약철회를 할 수 없는 경우는 할부거래에서 규정한 내용과 거의 유사하다.

(2) 방문판매 청약철회 행사 기간

소비자는 할부거래에서의 내용(거래 당사자가 더 긴 기간으로 약정한 경우에는 그 기간)과 유사하게 방문판매 또는 전화권유판매에 의한 계약의 청약철회 등을 할 수 있다. 재화 등의 훼손에 대하여 소비자의 책임이 있는지의 여부, 계약이 체결된 사실 및 그 시기, 재화 등의 공급사실 및 그 시기 또는 계약서의 교부사실 및 그 시기 등에 관하여 다툼이 있는 경우에는 방문판매자가 이를 입증하여야 한다.

---

11) 방문판매자가 금지행위 등을 위반한 경우에는 형사처벌을 받게 되고 방문판매자가 신고의무를 위반하는 등의 경우에는 시·도지사가 그 영업의 전부 또는 일부를 정지시킬 수 있다. 또한, 방문판매자가 계약서 보관의무를 이행하지 않는 경우에도 1천만원 이하의 과태료의 처분을 받게 된다.

(3) 방문판매 청약철회 효력과 효과

소비자는 서면이나 그 밖의 방법으로 청약철회 등을 할 수 있는데, 서면으로 하는 경우에는 서면을 발송한 날부터 그 효력이 발생한다. 청약철회 등을 하면 계약이 처음부터 없었던 것처럼 되기 때문에 소비자와 사업자는 원상회복의무를 지며, 물품 등의 반환에 드는 비용은 사업자가 부담한다. 대체로 할부거래법의 청약철회 효력과 동일하다.

(4) 방문판매에서 소비자 청약철회 행사 절차

방문판매로 인한 소비자 청약철회권 행사 절차는 할부거래에서의 것과 거의 동일하다. 다만 청약철회 기간만 할부거래에서의 7일과 달리 14일 이내이다. 방문판매에서의 청약철회 기간은 계약서를 교부받은 날부터 14일 이내, 계약서를 교부받지 않았거나 주소 등이 기재되지 않은 계약서를 교부받은 경우, 또는 방문판매자의 주소 변경으로 14일 이내에 청약철회를 할 수 없었던 경우 등은 그 주소를 안 날로부터 14일 이내에 청약철회를 할 수 있다. 따라서 소비자들은 방문판매로 인한 청약철회 기간에 주의하여 이 기간을 넘기지 않고 취소하는 것이 필요하다.[12)]

4) 방문판매 소비자피해구제

방문판매는 점포운영비 절감, 적극적인 마케팅전략의 가능 등 사업자 입장에서 이점이 많은 판매방법 중의 하나이나, 방문판매원의 지나친 권유나 설득으로 충동구매 및 비합리적 소비생활을 조장하는 단점이 있다. 특히, 약점이 많은 노인이나 미성년자를 대상으로 교묘한 상술을 통해 판매함으로서 소비자피해가 발생하고 있다. 또한, 점포판매가 아니므로 반품 및 교환처리가 어려우며, A/S를 받기가 어려운 점 등 소비자문제가 많이 발생하는 경향이 있다. 방문판매의 문제점을 예시로 살펴보면 다음과 같다.

12) 방문판매법이나 할부거래법이 경합하는 경우 또는 그 어떤 다른 관련법이 경합되는 경우 소비자에게 유리한 법을 적용한다.

7-7 방문판매 취약 소비자인 노인과 방문판매 상술

사회적으로 약자인 노인 소비자들은 다른 어떤 연령층의 소비자들보다 방문판매 등 교묘한 악덕상술로 인해 그 피해가 심각한 지경이다. 도시나 농촌을 가리지 않고 소외된 노인을 대상으로 경로잔치, 효도관광, 족보 등을 빙자하여 각종 물품을 떠맡기는 일이 다반사이다. 각종 미끼(예: 건강식품, 생활용품)를 제공한 후 대금청구서를 발송하는 수법, 공공기관을 사칭하여 가스레인지나 전기시설물을 설치하고 돈을 요구하는 수법, 잠시만 보관해 달라, 1등에 당첨되었다는 식의 사기수법 등으로 노인 소비자들을 공략하고 있어 심각한 사회문제가 되고 있다.

농촌 노인을 대상으로 추수 및 각종 농산물의 수확시기를 골라 접근하고 있으며, 자식의 역할을 자처하고 나서는 등 외로운 노인들을 공략하고 있다. 경제적 능력이 없어 보이는 노인에게는 자식들의 주민등록번호 등을 교묘히 알아내어 대금 독촉장을 보내기도 한다. 청약철회권을 행사하지 못하도록 교묘한 방법(판매자, 제조자, 수금자가 각기 다른 점을 악용하거나, 계약서 작성 시 임의로 작성한 후 노인이 눈이 어두워서, 글씨를 쓰지 못해서 등의 이유로 핑계를 댐)으로 청약철회 기간을 넘기기 일쑤이며, 수금 전문업체들의 협박 등의 방법으로 노인 소비자들을 울리고 있다.

방문판매로 인한 소비자피해는 날로 증가하고 있어 사회적 문제로 대두되고 있다. 방문판매로 인한 소비자피해 유형을 몇 가지로 구분하여 피해 유형별 구제 사례를 제시하면 다음과 같다.

① 계약서를 교부받지 못한 경우

방문판매와 관련하여 소비자가 철회할 수 있는 기간은 계약서를 교부받은 날로부터 14일 이내이다. 그러나 계약서를 교부받지 않은 경우에는 상품을 인도받은 날로부터 14일 이내에 철회할 수 있다. 예를 들면, 방문판매원으로부터 유아교재세트를 구입, 취소하려고 했으나 계약서를 받지 않아 판매처 주소를 알 수 없고 교재에도 제조처 명칭만 있고 주소가 없는 경우가 많다. 이 경우 대금청구서가 오면 청구서 주소지로 서면을 통해 철회요청을 할 수 있다.

② 판매자가 고의로 청약철회권 방해

방문판매로 인한 청약철회는 제품에 손상이 없는 경우에 한해 가능하다. 이 점을 악용하여 방문판매업자가 청약철회를 하지 못하도록 판매자가 개봉을 유도한 뒤 포장박스를 수거해 가는 경우, 시식이나 시험적으로 써 보라고 유도하는 경우, 재활용 등을 이유로 포장박스를 열어 제품만 쇼핑백에 넣어 주는 경우 등이 빈번하게 발생하고 있다. 소비자의 청약철회권 행사를 방해하기 위해 판매원이 고의로 상품을 개봉, 훼손함으로써 발생한 손해에 대해서는 당연히 사업자가 책임져야 한다. 소비자는 계약을 철회하고 계약금을 반환받을 수 있다. 예를 들어, 방문판매원이 유아용 교재를 가져와 테이프를 들어보라며 개봉을 유도한 뒤 재활용을 이유로 박스를 가져갔다. 그 후 소비자가 청약철회를 요구하자 개봉을 이유로 철회를 거절하는 경우가 많이 발생하는데, 이때 소비자는 청약철회를 요청할 수 있다.

③ 청약철회 시 부당한 반품비용 요구

방문판매 법에 따르면, 청약철회권을 행사하여 사업자가 물품을 회수할 때 소요되는 비용은 판매자가 부담하며 판매자는 소비자에게 위약금 또는 손해배상을 청구할 수 없다. 만약, 방문판매로 유아교재를 구입 후 서면으로 청약철회를 요청하였더니 사업자 측에서 반품비용을 요구하는 경우도 있다. 이때, 소비자는 반품비용을 지불하지 않아도 되며, 소비자가 계약 당시 지불한 계약금도 환불받을 수 있다.

④ 제품 일부 개봉 · 사용한 경우

방문판매에 따르면 사용으로 인해 가치가 현저히 감소될 우려가 있는 상품인 CD, 카세트테이프, 비디오테이프 등의 경우 구입 후 개봉하면 청약철회권이 제한된다. 그러나 개봉하였더라도 제품에 하자가 있는 경우는 철회가 가능하다. 예를 들어, 방문 판매원에게 영화음악 CD구입, 20개 중 3개를 개봉해 보니 불량인 경우 소비자는 반품을 할 수 있다.

⑤ 미성년자의 계약철회

법정대리인의 동의 없이 미성년자가 체결한 계약은 취소하려고 하는 경우 제품의 보관상태 등에 제한 받지 않고 계약취소가 가능하다. 예를 들어, 방문판매원의 권유로 영어팝송 CD세트를 구입 후 호기심에 일부를 개봉하였으나, 부모님의 반대로 취소를 요구할 수 있다. 사업자가 CD를 개봉하였다는 이유로 철회를 거절하는 경우도 있으나 미성년자 계약의 취소권에는 제한이 없으므로 물품을 개봉하여 사용한 경우에도 취소가 가능하다. 아르바이트를 조건으로 제품을 구입한 후 아르바이트 조건이 이행되지 않는 경우가 빈번하게 발생하고 있다. 만약 이 조건이 이행되지 않는 경우 계약을 취소하고 제품구입을 취소하여 환불받을 수 있다. 노상에서 구매계약을 체결한 경우도 방문판매에 해당된다. 따라서 소비자는 노상계약도 방문판매와 동일한 법적 보호를 받을 수 있다. 예를 들어, 학교 앞에서 설문에 응답하다 토익교재 구입서를 작성하였다. 그러나 곧 후회하고 계약을 취소하고자 할 경우 소비자는 청약철회의 내용을 담은 내용증명을 발송하여 계약을 취소할 수 있다.

7-8 방문판매 소비자 주의사항

방문판매로 인한 소비자피해 예방을 위한 소비자 주의사항은 다음과 같다.

- 방문판매에 의한 충동구매를 하지 않도록 한다.
- 반드시 계약서와 판매원의 연락처를 받아 둔다.
- 계약조건(예: 중도해지, 교육서비스 등)은 서면으로 특약 형태로 작성해야 한다.
- 상품포장 함부로 뜯지 않는다. 포장 뜯을 경우 반품 불가능한 상품이 있다.
- 청약철회권은 서면(내용증명)으로 행사하여야 한다.

5) 전화판매(텔레마케팅)

전화를 통해 제품이나 서비스 판매를 하는 판매 방법을 전화판매 또는 텔레마케팅이라고 부른다. 텔레마케팅 역시 무점포판매 그리고 통신판매의 한 유형으로써 청약철회 등 판매 방법과 관련한 대부분의 내용은 방문판매 등에 관한 법률의 통신판매에 관한 규정을 적용받는다. 청약철회가능 기간은 통신판매와 마찬가지로 14일 이내이다.

한편, 통신판매는 광고물, 우편, 전기통신, 신문, 잡지 등의 매체를 사용하여 상품 및 서비스 광고를 한 후 우편, 전기통신, 컴퓨터 등에 의해 소비자청약을 받아 상품 및 서비스를 판매하는 것을 말한다. 예를 들면, 백화점에 전화로 상품을 주문하거나, 신용카드회사의 상품회원권 등의 통신판매, 우체국의 특산물을 판매하는 것 등이 통신판매에 해당된다.

통신판매는 사업자의 경우 고정적인 영업비용을 줄일 수 있고, 인력관리 비용을 줄일 수 있으며, 판매지역을 광역화할 수 있어 각광받는 판매방법이다. 소비자 역시 물품구입 등에 시간과 경비를 절약할 수 있으므로 편리하다. 구매를 위해 상점을 직접 방문할 필요가 없고 전통적인 점포판매보다 값싸게 제품을 구입할 수 있는 이점이 있다. 그러나 통신판매를 통해 구매를 할 경우 소비자가 직접 물건을 확인할 수 없고 운송과정에서 문제가 발생할 수 있으며 일방적인 상품광고나 판매 조건에 현혹될 수 있는 문제점도 있다.

통신판매업자는 판매 광고 시 통신판매업자의 상호, 주소, 전화번호, 상품의 종류 또는 용역의 내용, 상품의 가격 또는 용역의 대가, 상품대금 또는 용역대가의 지급시기 및 방법, 상품의 인도시기 또는 용역의 제공시기 등을 소비자에게 알리거나 광고 등의 형태로 표시하여야 한다. 또한, 통신판매업자가 소비자의 청약에 따라 상품을 인도하거나 서비스를 제공하는 경우 상품인도서 또는 서비스 제공서를 함께 송부하여야 한다.

한편, 방문판매업에 의거하여 통신판매업자와 계약을 체결한 소비자는 소비자 청약철회권을 행사할 수 있다. 상품을 인도받았거나 용역을 제공받는 날로부터, 14일 이내 통신판매업자의 주소가 변경되는 등의 사유로 이 기간 내에 청약을 철회할 수 없는 경우는 그 주소를 안 날부터 14일 이내에 청약을 철회할 수 있다.[13] 통신판매와 관련한 청약철회과정 및 효력은 지금까지 살펴본 할부거래 및 방문판매의 경우와 같다.

3. 다단계 판매와 소비자피해구제

다단계 판매는 후순위자가 부담하는 가입비, 보증금, 예치금 등의 일정 부분이 선순위 판매자들에게 판매수당, 알선수수료, 장려금 등의 명목으로 배분되는 마진 증식 방법을 취하고 있으며, 이 같은 운영방식은 선순위자로 하여금 부당하거나 허위적인 방법으로 가입을 권유하도록 하고 있다. 또한 유통되는 상품의 품질, 성능, 가

13) 이외에도 정부에서는 방문판매 관련법을 개정하여 2001년부터는 통신판매를 통해 제품을 구입한 경우 상품에 하자가 없더라도 10일 이내에 반환하면 계약파기에 따른 위약금 없이 환불을 받을 수 있도록 할 방침이다(동아일보, 2000.5.1).

격, 계약의 불명확성, 계약해제에 따른 문제 등과 관련해서도 소비자피해가 줄어들지 않고 있다. 다단계 판매를 통해 물품 또는 서비스를 구매하는 소비자를 보호하기 위해 방문판매법을 적용하고 있다.

다단계 판매방식으로부터 소비자피해구제 또는 소비자를 보호하기 위해 방문판매법 상의 다단계 판매 관련 규제나 규정을 적용한다. 이때, 다단계 판매로 소비자가 피해를 입은 경우 다단계 관련 방문판매법이 아닌 다른 법률의 규정을 적용하는 것이 소비자에게 유리한 경우 유리한 법을 적용한다.

소비자는 계약서를 교부받은 날부터 14일 이내, 상품의 인도, 용역이 늦게 이루어도 받거나 용역을 제공받을 날부터 14일 이내에 청약을 철회할 수 있다. 또한, 판매자의 사유로 앞의 기간 내에 청약의 철회를 할 수 없는 경우 다단계 판매자 주소를 안 날 또는 알 수 있었던 날로부터 14일 이내에 당해 계약에 관한 청약을 철회할 수 있다. 소비자가 철회의사를 표시한 서면을 내용증명으로 발송한 경우 발송한 그 날부터 효력이 발생한 것으로 간주한다.

한편, 1999년 7월부터 다단계 판매 등 무점포 판매업체로부터 피해를 본 소비자는 행정기관으로부터 확인만 받으면 소비자는 법원의 결정 없이 즉시 환불받을 수 있다. 이에 따라 다단계 판매업자로부터 피해를 본 소비자는 시·도 소비자보호기관에서 피해 사실을 확인받은 뒤 다단계 판매업자가 시도에 맡긴 공탁금 중 피해액을 환불받을 수 있다.

1) 다단계 판매의 개요

다단계 판매란 제조업자 → 도매업자 → 소매업자 → 소비자와 같은 일반적인 유통경로를 거치지 않고 다단계 판매업자가 판매하는 물품 또는 서비스를 사용해 본 소비자가 다단계 판매조직의 판매원이 되어 다른 소비자에게 물품 등을 판매하거나 자신의 하위 방문판매원으로 가입하도록 활동하면 일정한 소매이익과 후원수당을 얻을 수 있다고 권유해서 판매원의 가입이 순차적·단계적으로 이루어지는 다단계 판매 조직을 통해 물품 등을 판매하는 것을 말한다.

다단계 판매란 판매업자가 특정인에게 일정한 이익을 얻을 수 있다고 권유하여 판매원의 가입이 단계적(판매원의 단계가 3단계 이상)으로 이루어진, 즉 다단계 판매

조직을 통한 상품판매방법을 의미한다. 다단계 판매는 무점포 판매방법의 하나로 다른 형태의 무점포판매와 마찬가지로 영업비용을 절감할 수 있는 장점이 있다. 그러나 다단계 판매는 연고판매나 강요판매 등 비자발적 판매로 연결되어 소비자피해를 유발할 수 있으며, 판매단계가 길어질수록 소비자가격이 높아지는 경향이 있고, 반품거절 등 소비자권리가 제대로 실현되지 않을 수 있다. 특히, 하위판매원을 모집하는 과정에서 부당이익강요 등의 문제가 발생하는 등 그 폐해가 속출하고 있다.

다단계 판매는 판매업자가 특정인에게 아래의 활동을 하면 일정한 이익을 얻을 수 있다고 권유하여 판매원의 가입이 단계적(판매조직에 가입한 판매원의 단계가 3단계 이상인 경우를 말한다)으로 이루어지는 다단계 판매조직(판매조직에 가입한 판매원의 단계가 2단계 이하인 판매조직 중 사실상 3단계 이상인 판매조직으로 관리·운영되는 경우로서 대통령령이 정하는 판매조직을 포함한다)을 통하여 재화 등을 판매하는 것을 말한다.

다단계 판매자는 다단계 판매를 업으로 하기 위하여 다단계 판매조직을 개설 또는 관리·운영하는 자와 다단계 판매조직에 판매원으로 가입한 자를 말한다. 다단계 판매원이 되기 위해서는 일정한 이익(소매 이익과 후원 수당)을 모두 권유받아야 하며, 스스로 일정한 액수의 물품 등을 구입하지 않으면 물품 등을 회원가로 구입할 자격만 주어지고, 하위 다단계 판매원을 모집해서 후원 활동을 하더라도 후원수당을 지급받을 자격을 갖지 못한다면 다단계 판매원이라고 할 수 없다. 한편, 후원수당이란 판매수당, 알선수수료, 장려금, 후원금 등 그 명칭 및 지급형태를 불문하고, 다단계 판매업자가 다단계 판매원에게 지급하는 경제적 이익을 말한다.[14)]

2) 다단계 사업자 규제

다단계 사업자는 방문판매 법에 의거하여 아래와 같은 의무를 이행하여야 한다.

- 등록의무: 시·도지사에게 등록하여야 한다.
- 가격표시의무: 권장소비자가격을 표시하여야 한다.
- 광고의무: 다단계 판매업자의 상호, 주소, 전화번호, 대표자 성명, 상품의 종류,

14) 다단계 판매원에게 속하는 하위 판매원들에 대한 조직관리 및 교육 훈련 실적, 다단계 판매원 자신의 재화 등의 판매실적이나 그 다단계 판매원에게 속하는 하위 판매원들의 재화 등의 판매실적

용역의 내용, 판매가격, 일정한 이익의 내용 등을 표시하여야 한다. 허위·과장 광고금지

- 고지의무: 계약 내용은 서면으로 고지하여야 한다.
- 계약서 작성교부의무
- 부당행위 금지의무[15)]

다단계 판매업자는 계약 상대방에게 위력을 가하는 행위, 과장된 사실을 알리는 행위, 다단계 판매원에게 부담을 지게 하는 행위, 허위정보를 제공하는 행위 및 청약의 철회를 방해하는 행위 등을 하여서는 안 된다.

(1) 다단계 판매업 등록

소비자가 다단계 판매에 의한 피해를 입지 않도록 다단계 판매업 등록제를 도입해서 사업자가 일정한 등록요건을 갖춘 경우에만 다단계 판매를 할 수 있도록 하고 있다. 따라서 다단계 판매업을 하려는 사람은 일정한 요건을 갖추고 공정거래위원회 또는 특별시·광역시나 도에 반드시 등록해야 한다.

(2) 다단계 판매원의 등록 및 탈퇴 등

다단계 판매조직에 다단계 판매원으로 가입하려는 사람은 그 조직을 관리·운영하는 다단계 판매업자에게 반드시 등록해야 한다. 다단계 판매원으로 등록이 되면 다단계 판매업자로부터 성명, 주민등록번호, 주소, 등록일자, 등록번호 및 다단계 판매업자 명(직인을 포함)이 표시된 다단계 판매원등록증을 받게 된다.

그런데 다단계 판매원은 언제든지 다단계 판매업자에게 탈퇴 의사를 표시하고 탈퇴할 수 있으며, 다단계 판매업자는 다단계 판매원의 탈퇴에 조건을 붙여서는 안 된다. 다단계 판매업자는 다단계 판매원이 되려는 사람 또는 다단계 판매원에게 등록·자격유지 또는 유리한 후원수당의 지급기준을 적용받게 할 조건으로 과다한 물품 또는 서비스의 구입 등 연간 5만원 이상의 부담을 지게 해서는 안 된다.

15) 기타 금지의무사항은 계약 상대방에게 위력을 가하는 행위, 과장된 사실을 알리는 행위, 다단계 판매원에게 부담을 지게 하는 행위, 허위정보를 제공하는 행위, 청약의 철회를 방해하는 행위 등이다.

(3) 계약체결 전 정보제공 및 계약서교부 의무

다단계 판매에 의한 계약체결 시 소비자가 신중하게 계약을 체결할 수 있도록 하는 동시에 불필요한 분쟁을 예방하고, 분쟁이 발생했을 경우에는 그 해결을 용이하게 하기 위해 계약 내용을 서면으로 소비자에게 제공해야 한다. 다단계 판매자(다단계 판매업자와 다단계 판매원을 말함)는 물품 등의 판매에 관한 계약을 체결하기 전에 소비자가 계약의 내용을 이해할 수 있도록 다단계 사업자 특성, 거래 방법, 청약철회, 소비자피해보상 등에 대한 내용을 설명해야 하고, 이 같은 내용이 기재된 계약서를 교부해야 하는 의무를 부과하고 있다. 구체적인 의무사항은 할부거래에서의 의무사항과 거의 유사하다.

(4) 미성년자에 대한 고지사항

미성년자인 소비자를 보호하기 위해 다단계 판매자가 미성년자와 물품 등의 거래에 관한 계약을 체결하는 경우에는 법정대리인의 동의를 얻어야 하며, 법정대리인이 그 계약에 대해 동의를 하지 않으면 미성년자 본인 또는 법정대리인이 그 계약을 취소할 수 있다는 내용을 미성년자에게 알려 주어야 한다. 이때, 미성년자 계약의 취소권 행사에는 제한 사항이 없으므로 다단계 판매계약 취소가 가능하다.

(5) 다단계 판매 물품 등에 대한 가격 제한

고가의 물품 등을 다단계 판매 방식에 의해 판매하는 경우 다단계 판매업자의 환급부담이 커져 환급을 기피하게 되고, 고가의 물품 등은 판매마진이 커서 고액의 후원수당의 지급을 가능하게 해서 사행심을 유발할 우려가 있어 다단계 판매자가 판매하는 개별 물품 등의 가격을 130만원(부가가치세 포함) 미만으로 제한하고 있다.

(6) 손해배상청구금액 제한

소비자가 자신의 책임 있는 사유로 채무를 성실하게 이행하지 않으면 다단계 판매자는 소비자의 채무불이행을 이유로 손해배상을 청구할 수 있지만, 소비자보다 우월한 지위에 있는 다단계 판매자가 소비자에게 과중한 손해배상책임을 부담시킬 우려가 있기 때문에 다단계 판매자의 손해배상청구금액을 일정한 범위로 제한하고 있다.

다단계 판매자가 소비자에게 청구할 수 있는 손해배상액은 할부거래법에서의 것과 거의 동일하다.

(7) 소비자피해보상보험 등 체결 의무

소비자에게 피해가 발생한 경우 그 피해보상을 신속하고 안정적으로 처리하기 위해 다단계 판매업 등록을 하려는 사업자는 반드시 소비자피해보상보험 등을 체결하도록 의무를 부과하고 있다.

(8) 금지행위 등

다단계 판매자가 해서는 안 되는 행위는 할부거래법에서의 것과 거의 유사하다. 다단계 판매업자는 다단계 판매원이 위의 금지행위를 하지 않도록 서면이나 우편으로 알려야 하는데, 이 고지의무를 게을리 한 경우에는 다단계 판매원이 소비자에게 끼친 재산상 손해를 배상할 책임을 진다.

위와 같은 다단계 판매자의 금지행위로 인해 이익을 침해받거나 받을 우려가 있는 소비자 또는 소비자단체 등은 그 다단계 판매업자의 행위에 대해 공정거래위원회에 침해의 정지에 필요한 조치를 요청할 수 있다.

(9) 휴업 기간 중 업무처리 의무

다단계 판매자는 휴업기간 또는 영업정지기간 중에도 청약철회 등의 업무와 청약철회 등에 따른 대금의 환급과 관련된 업무를 계속하여야 한다.

7-9 불법 다단계 영업행위 사례

화장품 R을 판매하는 A회사가 불법으로 다단계 영업행위를 해 온 사실이 적발돼 공정거래위원회에서 시정명령을 받고 검찰에 고발됐다. 공정거래위원회는 A사가 다단계 판매업자로 등록하지 않은 채 다단계 판매업을 영위해 '방문판매 등에 관한 법률' 등을 위반했다며 2023년 3월 2일 밝혔다. A회사는 제주에 후원방문 판매업으로 등록하고 소속 판매원 약 2000명을 보유하고 있다. A회사는 2021년 3월부터 2022년 1월까지 3단계 이상으로 구성된 판매조직을 이용해 화장품 R 등을 판매했다. 이때 다단계 판매방식으로 후원수당을 지급했지만 후원 방문판매업자로 등록했을 뿐 다단계 판매업자로 등록하지 않았다. 후원 방문판매는 다단계 판매와 방식은 유사하지만 후원수당이 직근 상위 판매원 1인에게만 지급된다는 점에서 차이가 있다. A회사와 같이 점장 직급 이상의 판매원에게 회사 전체 판매원 실적과 연동된 후원수당을 지급하는 등 후원수당의 지급 단계가 1단계를 넘어서면 다단계 판매업자로 등록해야 한다.

아울러 A회사는 미등록 판매원을 활동하게 한 행위로도 방문판매법을 어긴 것으로 밝혀졌다. 자신의 소속 판매원으로 등록하지 않은 판매원을 다른 사람 명의로 등록하게 한 뒤 판매원으로 활동하도록 한 혐의를 받고 있다.

이 밖에 소속 판매원들의 강의, 독립적인 지사 운영, 제품 홍보 등에 지급하는 후원수당 지급기준을 마련해 판매원들에게 고지했지만 실제로는 지급기준과 상관없이 임의로 지급한 부분도 지적됐다. 이는 판매업자가 판매원에게 고지한 후원수당의 산정 기준과 다르게 지급하는 행위를 금지하는 방문판매법에 위반된다.

공정거래위원회는 후원수당 재원은 결국 소비자나 판매원에게서 나오기에 과도한 후원수당 지급은 품질이 낮은 제품을 비싼 가격에 판매할 강력한 유인이 된다며 그로 인한 사행성 조장과 소비자피해 증가가 우려되기에 방문판매법은 후원수당 지급기준 등을 강력 규제한다고 밝혔다.

출처: 뉴시스(2023.3.2.)

3) 다단계 판매에서의 소비자 청약철회권

(1) 일반 소비자의 청약철회권

일반적으로 소비자는 자신이 체결한 다단계 판매의 계약에 대해 그 계약의 내용을 불문하고 청약철회 등 기간 내에는 청약철회 등을 할 수 있다. 다만, 소비자가 청약철회를 할 수 없는 경우는 할부거래, 방문판매에서의 경우와 거의 유사하다.

소비자가 다단계 판매원과 재화 등의 구매에 관한 계약을 체결한 경우에는 다단계 판매원에게 우선적으로 청약철회를 하고, 다단계 판매원의 소재불명 등으로 인하여 다단계 판매원에 대하여 청약철회 등을 하는 것이 곤란한 경우에 한하여 소비자는 당해 재화 등을 공급한 다단계 판매업자에게 청약철회 등을 할 수 있다.

(2) 다단계 판매원으로써의 청약철회권

일반적으로 다단계 판매원은 다단계 판매업자와 체결한 계약에 대해 그 계약의 내용을 불문하고 청약철회 등 기간 내에는 청약철회 등을 할 수 있다. 다만, 할부거래에서 정한 규정과 거의 동일하게 소비자가 청약철회를 할 수 없는 규정을 두고 있다.

(3) 다단계 판매에서 소비자 및 판매원의 청약철회 행사기간

소비자는 할부거래에서 정한 청약철회 기간처럼 다단계 판매에 의한 청약철회를 할 수 있다. 다만, 할부거래에서 청약철회기간은 7일 이내이나, 다단계 판매의 경우는 14일 이내이다. 한편, 다단계 판매원은 다단계 판매업자와 거래를 한 경우에는 다단계 판매업자에게 재고의 보유를 허위로 알리는 방법으로 재화 등의 재고를 과다하게 보유한 경우, 재판매가 곤란한 정도로 재화 등을 훼손한 경우 등의 외에는 계약을 체결한 날부터 3개월 이내에 청약을 철회 등을 할 수 있다. 계약이 체결된 사실 및 그 시기, 재화 등의 공급사실 및 그 시기, 재화 등의 훼손 여부 및 책임소재 등에 관하여 다툼이 있는 경우에는 재화 등을 판매한 자가 입증책임을 진다.

(4) 청약철회 등의 행사방법

소비자가 다단계 판매의 청약철회 등을 하려면 우선적으로 다단계 판매원에게 청약철회 등을 할 수 있다. 청약철회 방법은 할부거래, 방문판매 등에서의 경우와 거의 유사하다. 다단계 판매업자가 다단계 판매원을 대신해 소비자에게 대금을 환급한 경우에 그 환급금액이 자신이 다단계 판매원에게 공급한 금액을 초과하면 다단계 판매원에게 그 차액을 청구할 수 있다.

(5) 청약철회 행사 효과

다단계 판매원은 서면이나 그 밖의 방법으로 청약철회 등을 할 수 있는데, 서면으로 하는 경우에는 서면을 발송한 날부터 그 효력이 발생한다. 청약철회 행사 효과 등은 할부거래에서의 것과 거의 동일하다.

다만, 다단계 판매원에게 물품 등이 공급되거나 공급이 시작된 날부터 1개월이 지난 후에 청약철회 등이 이루어져 다단계 판매업자가 다단계 판매원에게 물품 등의 대금환급을 하게 되는 경우에는 다음의 비용을 공제한 차액만 환급받을 수 있다.

- 공급일부터 1개월 경과 후 2개월 이내에 반환하는 경우: 그 물품 등의 대금의 5% 이내로서 당사자 간 약정한 금액
- 공급일부터 2개월 경과 후 3개월 이내에 반환하는 경우: 그 물품 등의 대금의 7% 이내로서 당사자 간 약정한 금액

다단계 판매업자의 등록이 취소되어 환급되는 경우에는 위에서 정한 비용의 1/2에 해당하는 금액을 한도로 공제한 차액을 환급받을 수 있다.

(6) 사용된 물품 등에 대한 반환

청약철회 등에 따라 물품 등을 반환해야 하는 소비자가 이미 물품 등을 일부 사용 또는 소비한 경우에 다단계 판매자의 청구가 있으면 그로 인해 얻은 이익 또는 그 물품 등의 공급에 소요된 비용에 해당하는 금액을 반환해야 한다. 소비자가 물품 등을 반환하는 데 필요한 비용은 다단계 판매자가 부담한다. 다단계 판매자는 소비자의 청약철회 등과 관련해서 소비자에게 위약금 또는 손해배상을 청구할 수 없다.

소비자가 신용카드로 물품 등의 대금을 결제한 경우에 청약철회 등이 되면 다단계 판매자는 해당 결제업자(예: 신용카드 회사)에게 대금 청구를 정지 또는 취소하도록 요청해야 하고, 다단계 판매자가 결제업자로부터 대금을 이미 지급받았다면 그 대금을 즉시 결제업자에게 환급하고 소비자에게 그 사실을 알려야 한다.

다단계 판매자가 정당한 이유 없이 결제업자에 대금을 환급하지 않으면 소비자는 결제업자에게 자신이 환급받을 금액에 대해 다단계 판매자의 다른 채무와 상계할 것을 요청할 수 있다. 또한, 소비자는 결제업자가 정당한 이유 없이 위의 상계를 게을리 하면 대금의 결제를 거부할 수 있는데, 이 경우 다단계 판매자와 결제업자는 그 결제의 거부를 이유로 해당 소비자를 연체자로 처리하는 등 불이익을 주어서는 안 된다.

한편 1999년 7월부터 다단계 판매 등 무점포 판매업체로부터 피해를 본 소비자는 행정기관으로부터 확인만 받으면 소비자는 법원의 결정 없이 즉시 환불받을 수 있다. 이에 따라 다단계 판매업자로부터 피해를 본 소비자는 시·도 소비자보호기관에서 피해 사실을 확인받은 뒤 다단계 판매업자가 시·도에 맡긴 공탁금 중 피해액을 환불받을 수 있다.

〈표 7-2〉 다단계 판매와 피라미드판매의 차이점

구 분	다단계 판매(합법)	피라미드 판매(불법)
입회비	낮은 입회비(2만원 이하), 무료	높은 입회비 또는 제품구매 강요
주요 상품	우수한 품질의 다양한 생활용품	제품의 품질이 조악하고 비싼 내구재 제품
환불제도	100% 환불보증제도	없음(반품을 허용하지 않음)
판매방식	장기적인 비즈니스 광고가 필요 없고 입에서 입으로 전해짐	회원가입자 수에 따라 수익이 발생하며 단기간에 손쉽게 돈을 버는 판매방식
보상제도	판매실적에 따른 보상제도와 그 외 그룹의 크기에 따라 보너스 지급됨	가입비 등에 의한 실적금액의 규모에 따라 직위를 사는 경우도 있음
구매방식	자유의사에 따른 상품구입	강제구매를 유도당하기도 함
권유방식	부업으로 권유	전업으로 활동하기를 강요
주수입원	제품판매에 따른 수입 및 보너스 (노력에 의한 대가)	판매원 등록 시 발생하는 등록비 (사람 장사)
교육비	무료	유료
확장구조	하위판매원 확보 의무 없으며, 판매원 수에 제한이 없음, 판매원 없으며, 자신의 수익에 영향 미치며 기업은 큰 영향을 받지 않음	하위판매원 확보의무 부과, 하위판매원이 계획대로 생기지 않을 경우 피라미드 기업이 붕괴할 수 있음
소비자보증	품질보증, 환불제도 확실함	보증 자체가 없거나 미비
재고부담	강제적 재고부담 없음	강제적, 의무적 재고부담
사업장	철저한 무점포	사업장, 대리점 형태
사업매뉴얼	인쇄된 공식 책자(공개적)	비공개적임
업무구조	부업으로 출발하여 성장하면 장기적인 주업으로 전환	단기적 불로소득 목적으로 전업으로 시작할 것을 권함
투자금의 회수	별도의 자본금 불필요, 인원 확보에 실패해도 큰 피해가 없음	조직 확장 실패 시 많은 피해자 발생

출처: 오세조(1996). 시장지향적 유통관리. 박영사.

7-10 다단계 판매 방법의 주요 문제점

지금까지 알려진 다단계 판매방법의 주요 문제점을 살펴보면 다음과 같다.

- 취업이나 아르바이트 등의 허위사실로 판매원 가입을 유인한다.
- 물품 구입을 강요한다.
- 판매원등록증, 계약서 등을 교부하지 않는다.
- 물품을 받은 즉시 이름을 쓰게 하거나 시험사용을 요구함으로써 사용하도록 하고, 맞춤의류 등을 판매하여 해약을 원천적으로 막고 있다.
- 주문생산 방식을 이유로 물품을 즉시 인도하지 않는다.

- 상품의 거래 없이 허위로 구좌를 개설하여 금전거래만 하는 경우가 많다.
- 3백만원 상당의 물품을 세트로 판매하거나, 물품의 종류와는 상관없이 3백만원에서 5백만원가량의 금액을 한 단위로 묶어 판매행위를 하고 있다.
- 반품 요청 시에 문제의 상대방이 없어지는 문제가 있다.
- 반품이나 환불 요청 시 상위 판매원과 직접 해결하라고 하는 식이다.

4) 다단계 판매원으로 가입 시 주의사항

소비자가 다단계 판매원으로 가입하라는 권유를 받는 경우 이에 가입하기 전에 몇 가지를 잘 살펴보아야 한다. 먼저 자신이 가입하려는 시・도지사에게 등록한 업체인가 확인하고 등록번호를 알아 둔다. 다음, 그 회사가 취급하는 상품을 면밀히 검토하여 판매원으로 활동하기에 적합한지를 확인한다. 취급상품이 품질 및 가격 면에서 경쟁력이 없다면 소비자들의 재구매는 일어나지 않게 되어 결국 그 조직은 붕괴하게 된다는 점을 알아야 한다. 또한, 가입하려 할 경우 가입하게 될 단계를 확인한다. 이미 기존 판매원이 많이 보유된 경우 하위 판매원으로 가입함으로써 후원수당을 받을 가능성이 적어지기 때문이다. 또한, 가입하려는 조직이 불법적 다단계 판매 조직인가를 확인해야 한다. 불법적 다단계 판매조직에 판매원으로 활동하다 보면 자신도 모르는 사이 범법행위를 저지를 수 있기 때문이다. 다단계 판매원으로 등록했다 하더라도 다단계 판매원 등록증, 판매원 수첩 등을 교부하지 않거나, 부실한 것을 교부하는 경우 바로 탈퇴하는 것이 좋다. 다단계 판매원은 서면으로 탈퇴 의사를 표시한 후 언제든지 다단계 판매 조직에서 탈퇴할 수 있다.

한편 다단계 판매원으로 등록한 후 구입한 제품은 상품의 훼손이 없는 한 언제든지 환불을 요구할 수 있다. 다만, 구입일로부터 3개월 이내에는 전액 환불, 3~6개월 이내에는 10%의 금액을 공제한 후, 6개월에서 1년 이내에는 30%, 1년 경과의 경우 50%의 금액을 공제하고 환불받을 수 있다. 업체가 불법행위를 했다면 관할 지방자치단체(시청, 도청)에 신고하고 검찰에 형사고발할 수 있다.

대체로, 다단계 판매원으로 가입한 경우 발생하는 소비자피해는 계약경험이 거의 없고 사리 분별이 미숙한 점을 이용함으로써 20대 초반인 사회초년생이나 학생들에게서 많이 나타난다. 주변의 아는 사람들로부터 취업이나 아르바이트 등의 허위 사실로 유인되어 물품을 구입하도록 요구되는 것이다. 며칠간의 교육을 통해 판매원으로 등록되며, 다단계 판매조직을 유지하기 위해 상위 판매원을 절대적으로 신뢰하도록 만들어 수당이나 판매행위의 문제점에 대해 언급을 하지 못하도록 하고 있고, 언론에 대해 강한 불신을 가지도록 교육시키고 있다. 심지어, 판매원들의 조직 이탈을 막기 위해 합숙할 것을 요구하는 경우도 있다.

제8장
전자상거래와 소비자피해구제 관련법

정보통신기술과 인터넷, SNS 등의 급격한 발전과 일상화는 전자상거래를 급증시켰다. 디지털기술을 이용하는 비대면 거래 특성을 가진 전자상거래에서 소비자문제 및 피해는 증가하고 있다. 전자상거래를 통한 경제활동 비중이 높아지고, 이로 인한 소비자피해의 발생이 증가하면서 정부에서는 전자거래기본법, 전자서명법, 전자상거래 등에서 소비자보호에 관한 법률 등을 제・개정하였다. 특히 2002년 3월 제정, 7월 시행된 전자상거래 등에서의 소비자보호에 관한 법률(이하 전자상거래소비자보호법)은 소비자보호에 기여하고 있다. 이 법률은 기존의 방문판매법상의 통신판매 규정을 별도로 독립시키고, 전자상거래와 관련된 소비자보호 규정을 추가하여 제정된 법률이다. 전자상거래소비자보호법의 목적은 전자상거래 및 통신판매 등에 의한 재화 또는 용역의 공정한 거래에 관한 사항을 규정함으로써 소비자의 권익을 보호하고, 시장의 신뢰도 제고를 통하여 국민경제의 건전한 발전에 이바지하는 것이다. 전자상거래소비자보호법과 다른 법률의 규정이 경합하는 경우에는 전자상거래소비자보호법을 우선 적용하되 다른 법률을 적용하는 것이 소비자에게 유리한 경우에는 그 법을 적용한다.

1. 전자상거래소비자보호법

전자상거래는 거래 당사자의 익명성, 소액·대규모 피해, 사실관계 입증의 어려움, 피해구제 절차의 복잡성 등으로 인해 전통적 상거래보다 소비자피해 가능성이 높을 뿐만 아니라 과거 예상하지 못한 새로운 유형의 소비자문제가 발생하고 있다. 전자거래 사업자의 사기·기만 거래 가능성, 온라인 주문과 결제 과정에서 개인정보 유출, 유해한 인터넷 거래, 미성년자 피해, 분쟁발생시 피해구제의 어려움 등 다양한 소비자문제가 발생한다.

이에 정부에서는 2002년 3월 전자상거래 등에서의 소비자보호에 관한 법률(이하 전자상거래법)을 제정하였고, 2002년 7월부터 시행하고 있다. 이 법에서는 전자상거래 및 통신판매에 의한 거래에 관한 일반적인 사항을 규정하고 있다. 이 법의 목적은 전자상거래 및 통신판매 등에 의한 재화 또는 용역의 공정한 거래에 관한 사항을 규정함으로써 소비자의 권익을 보호하고, 시장의 신뢰도 제고를 통하여 국민경제의 건전한 발전에 이바지하는 것이다.

전자거래를 이용해서 상행위를 하는 것은 정보처리 시스템에 의해 저장된 정보를 통해 재화나 용역을 영업적으로 거래하는 것을 의미하므로, 단순한 1회성 거래나 비영업적 거래는 전자거래에는 해당하나 전자상거래에는 해당되지 않는다.[1] 전자상거래소비자보호법이 적용되는 사업자로는 전자상거래사업자, 통신판매업자, 통신판매중개자 등을 들 수 있다. 다만, 일부 상품거래 등에 대해 특정 사업자에게 일부 의무규정의 면제를 규정함으로써 법 적용 제외를 인정하고 있다.

전자상거래소비자보호법에서는 소비자의 권익을 보호하기 위하여 소비자보호지침을 정하고, 소비자피해보상 보험 계약체결을 권유하며, 전자상거래 소비자단체 등에 대해 지원을 할 수 있는 권한을 공정거래위원회에 부여하고 있다(강창경·정순희·허경옥, 2003). 공정거래위원회는 전자상거래 또는 통신판매를 함에 있어서 건전한 거래질서의 확립 및 소비자보호를 위하여, 관련 분야의 거래 당사자, 기관 및 단체의

1) 통신판매는 우편·전기통신 기타 총리령이 정하는 방법에 따라 재화 또는 용역의 판매에 관한 정보를 제공하고 소비자의 청약에 의해 재화 또는 용역을 판매하는 것을 말하며, 다만 전화권유 판매를 제외한다. 이 법에서는 전자상거래를 통신판매의 한 형태로 정의하고 있다.

의견을 들어 소비자보호지침을 정할 수 있다. 또한 공정거래위원회는 사업자에게 소비자피해보상보험계약을 체결하도록 권장할 수 있다. 다만, 전자결제 수단의 발행자(예: 신용카드 회사)에 대해서는 이 보험계약의 체결을 의무화하고 있다. 소비자피해보상보험계약 등은 소비자피해의 보상이나 전자결제수단 발행자의 신뢰성 확보에 적절한 수준이어야 하며, 그 구체적인 기준은 대통령령으로 정한다. 공정거래위원회는 전자상거래 및 통신판매에 있어서 공정거래질서를 확립하고 소비자의 권익을 보호하기 위한 사업을 시행하는 기관 또는 단체에 대하여 예산 범위 안에서 지원할 수 있다.

2. 전자상거래 사업자의 의무

1) 전자상거래 사업자 기본 의무

(1) 조작 실수 등의 방지

전자상거래 및 통신판매에서 사업자는 표시·광고, 계약내용 및 그 이행 등 거래에 관한 기록을 상당한 기간 보존해야 하고, 소비자가 거래기록을 쉽게 열람·보존할 수 있는 방법을 제공해야 한다. 또한 사업자에게 소비자의 조작 실수를 정정할 수 있는 절차를 마련하도록 의무화시키고 있다. 즉, 사업자는 거래대금이 부과되는 시점 또는 청약에 앞서 그 내용의 확인 및 정정에 필요한 절차를 마련해야 한다.

(2) 전자적 대금지급의 신뢰 확보

전자적 수단에 의한 거래대금지급의 신뢰도를 높이기 위하여 전자결제 수단 발행자에게는 소비자피해보상 보험 등 보험계약 체결을 의무화하고, 전자상거래 또는 통신판매업자에 대해서는 이를 권장하고 있다. 또한 전자적 대금지급 관련자는 관련 정보의 보안 유지에 필요한 조치를 취하여야 한다. 사업자와 전자결제업자 등은 전자적 대금지급이 이루어진 후 소비자에게 그 사실을 통지하고, 언제든지 소비자가 전자적 대금지급과 관련한 자료를 열람할 수 있도록 해야 한다.

8-1 에스크로 서비스 제도 확대

오프라인 거래는 물품인도와 대금지급의 동시이행(직불)이 원칙이나 전자상거래는 대부분 선불거래 방식으로 이루어지므로 거래위험이 소비자에게 전가된다는 것이 문제이다. 따라서 판매당사자의 부도, 사기 후 잠적 등의 사유로 그 책임을 물을 수 없는 경우 피해자가 보상받을 수 있는 대표적인 장치가 에스크로(ESCROW)제도이다. 전자상거래에 있어 에스크로는 제 3자에 대한 결제대금예치제도로서 대금을 떼이는 위험을 제거하기 위해 공신력 있는 제 3자에게 구매자의 결제대금을 예치하고 있다가 상품배송이 정상적으로 완료된 후 그 대금을 지급받는 방식이다. 이에 2004년 공정거래위원회에서는 정부 입법으로 에스크로 도입을 주요 골자로 하는 전자상거래소비자보호법을 개정하였다. 선불식 통신판매의 경우 통신판매업체가 제 3자(에스크로 사업자)와의 계약을 통해 에스크로 서비스 이용 장치를 제공하되, 그 이용 여부는 소비자가 선택할 수 있도록 하는 것을 골자로 하고 있다.

(3) 배송 사업자의 협력

일반적으로 전자상거래 사업자들이 배송을 전문업체에 위탁하므로, 배송 과정에서의 잘못으로 인하여 소비자와 사업자 사이에 분쟁이 일어난 경우 소비자는 배송과 관련된 사고 원인을 파악하는 것이 거의 불가능하다. 그러므로 전자상거래소비자보호법에서는 전자상거래나 통신판매에 따른 재화 등의 배송을 행하는 사업자는 배송과정의 사고 · 장애 등으로 인하여 분쟁이 발생하는 경우 당해 분쟁의 해결에 협조해야 한다고 규정하고 있다.

(4) 사이버몰 및 통신판매업자의 신고

전자상거래를 행하는 사이버몰의 운영자는 소비자가 사업자의 신원 등에 관하여 쉽게 알 수 있도록 상호 및 대표자 성명, 영업소 소재지 주소(소비자불만처리 주소 포함), 전화번호(팩스), 전자우편주소, 사업자등록번호, 사이버몰 이용약관, 기타 소비자보호를 위하여 필요한 사항 등을 표시해야 할 의무를 지닌다. 또한, 통신판매업자는 일정한 신원정보 등에 관한 사항을 공정거래위원회나 특별시장 · 광역시장 또는 도지사에게 신고해야 한다. 다만, 소규모 통신판매업자의 경우에는 신고 의무를 면제시켜 주고 있다.

(5) 청약 확인

전자상거래 사업자는 소비자가 인터넷 쇼핑몰을 통해 주문신청을 하면 바로 주문 확인 및 판매가능 여부에 관한 정보를 소비자에게 신속하게 통지함으로써 소비자가 자신의 주문이 제대로 되었는지를 확인하고, 만약에 잘못되었을 경우 정정할 수 있는 기회를 제공해야 한다. 또한 재고 물품이 없는 경우 그 사실을 소비자에게 신속하게 알려 주어야 한다. 통신판매업자는 소비자가 청약을 한 날부터 7일 이내에 재화 등의 공급에 필요한 조치를 취하여야 한다. 통신판매업자가 이미 재화 등의 대금의 전부 또는 일부를 받은 경우에는 대금의 전부 또는 일부를 받은 날부터 2영업일 이내에 재화 등의 공급을 위하여 필요한 조치를 해야 한다. 다만, 소비자와 통신판매업자 간에 재화 등의 공급시기에 관하여 별도의 약정이 있었던 경우에는 예외가 적용된다.

(6) 전자상거래사업자 및 통신판매업자의 금지 행위

전자상거래 또는 통신판매를 하는 사업자는 아래에 해당하는 행위를 해서는 안 된다.

- 허위/과장된 사실을 알리거나 기만적 방법 사용하여 소비자 유인/거래하거나 청약철회/계약해지 등을 방해하는 행위
- 청약철회 등을 방해할 목적으로 주소, 전화번호, 인터넷도메인 이름 등 변경/폐지하는 행위
- 분쟁/불만처리 필요 인력/설비 부족을 상당기간 방치하여 소비자에게 피해 주는 행위
- 소비자의 청약이 없음에도 일방적 재화 등을 공급하고 그 대금 청구하는 행위/재화 등을 공급하지 않고 대금만 청구하는 행위
- 소비자가 재화 구매/용역 제공받을 의사 없음을 밝혔음에도 전화, 모사 전송, 컴퓨터통신 등 통해 재화 구매하거나 용역 제공받도록 강요하는 행위(스팸 강요)
- 본인 허락받지 않고/허락받은 범위 넘어 소비자에 관한 정보를 이용하는 행위, 다만, 재화배송 등 소비자와의 계약이행에 불가피한 경우, 대금정산 위해 필요한 경우, 도용방지 위해 본인 확인에 필요한 경우 등은 제외

2) 거래 단계별 사업자의 준수 의무

(1) 영업 전 단계

통신판매업자는 상호, 주소, 전화번호, 전자우편주소, 인터넷도메인 이름, 호스트 서버의 소재지 등을 공정거래위원회(외국 사업자인 경우)나 특별시장, 광역시장 또는 도지사(시행령에서 시・군・구에 위임)에게 신고하여야 한다. 또한, 공정위는 전자상거래 또는 통신판매에서의 소비자를 보호하기 위하여 관련 사업자에게 소비자피해보상보험 계약을 체결하도록 권장할 수 있다. 선불식 통신판매업자는 소비자가 원하는 경우, 소비자에게 결제대금예치제도[2]를 이용할 수 있도록 하거나, 소비자를 피보험자로 하는 소비자피해보상보험[3]계약을 체결하여야 한다. 다만, 신용카드로 구매하는 거래, 배송이 필요하지 않는 재화 등을 구매하는 거래(예: 게임, 인터넷 학원 수강), 10만원 미만의 소액거래는 위 의무에서 제외시켜 주고 있다.

(2) 청약 유인 단계

사이버몰 운영자는 소비자가 사업자의 신원 등에 관하여 쉽게 알 수 있도록 사이버몰 초기 화면에 표시하여야 한다.[4] 한편 사업자는 표시・광고, 계약내용 및 그 이행 등의 기록보존 의무가 있는데 거래에 관한 기록을 상당한 기간(6개월~5년) 보존하여야 한다.

8-2 전자상거래법 개정안 발의 → 자동결제유도제한, 회원탈퇴 방해

2023년 3월 A 국회의원은 전자상거래소비자보호법의 개정을 대표 발의했다. 주요 내용은 전자상거래와 통신판매 사업자가 소비자의 자동결제유도 및 회원탈퇴를 방해하는 행위를 금지하는 규정을 발의한 것이다.

한국소비자원의 최근 5년간 상담 현황을 보면 자동결제 관련 민원이 95건으로 가장 많았으며,

2) 결제대금예치제(ESCROW)란 은행 등 믿을 수 있는 제 3자가 소비자의 결제대금을 예치하고 있다가 상품배송이 완료된 후 그 대금을 통신판매업자에게 지급하는 거래안전장치이다.

3) 소비자가 통신판매업자에게 대금을 결제하였으나 상품을 배송받지 못하는 피해 등을 입은 경우, 그 피해를 보상해주는 보험을 말한다.

4) 주요 내용은 상호 및 대표자 성명, 영업소 소재지 주소, 전화번호, 모사전송번호, 전자우편주소, 사업자등록번호, 사이버몰 이용약관, 기타 소비자보호를 위하여 필요한 사항을 포함한다.

해지 방해 62건, 총액표시 미흡 16건으로 집계됐지만 현행법상 이를 금지하는 규정이 없어 판매 사업자의 기망행위가 근절되지 않고 있다. A 국회의원의 개정안은 전자상거래·통신판매 사업자의 금지 행위에 소비자에게 대금 자동결제를 유도하거나 동의 없이 자동결제가 갱신되도록 하는 행위, 절차를 마련하지 않고 복잡하게 설정해 회원 탈퇴를 방해하는 행위를 포함시켜 소비자들의 권익을 보호하자는 것이 골자다.

출처: NEWS1(2023.3.23.)

(3) 청약 단계

청약 단계에서 전자상거래 사업자 의무는 재화 등에 대한 사항의 표시·광고 및 고지, 청약확인 및 조작실수 방지를 위한 적절한 절차의 구비, 청약을 받은 재화 등의 공급이 곤란한 경우 지체 없이 통지, 계약서의 송부 등이다.

(4) 재화의 공급 단계

재화공급 단계에서 전자상거래 사업자의 의무는 기간 내 재화 등의 공급에 필요한 조치, 공급절차 및 진행 상황을 확인할 수 있는 조치, 전자적 대금지급 사실에 대한 통지 및 자료열람 등이다.

8-3 전자상거래시 소비자주의사항

① 구매 전 가격비교를 충분히 하고 구매를 위한 사전계획을 세운다.
② 공짜, 과다경품에 현혹되지 않는다. 특히, 공짜 경품의 경우 회원확보를 위해 또는 개인 신상정보수집을 위해 제공하는 경우가 많으므로 주의한다.
③ 대금지급 관련 보안 시스템, 그리고 개인 정보 보호 대책을 갖춘 업체와 거래하며 개인정보가 누설되지 않도록 한다.
④ 무엇보다 물품을 파는 사람의 신원을 정확히 파악해 둔다. 사업자나 거래를 하는 상대방의 휴대폰이나 호출번호가 아닌 전화번호를 알아두고 상대방의 정확한 주소와 성명을 알아둔다. 한 번쯤은 직접 전화를 걸어 사기성 업체인가를 확인할 필요가 있다.
⑤ 제품정보, 거래조건, 반품이나 하자보상 여부 등 이용약관 내용 충분히 읽고 확인한다.
⑥ 물건을 구입할 때는 반드시 직거래를 하고 거래내역과 관련된 증빙자료(메일 내용, 입금표, 연락처)를 보관해 둔다. 가급적 주문내역을 확인해 주는 절차를 갖춘 업체와 거래하라.
⑦ 대금은 신용카드로 하고 20만원 이상의 제품을 구입할 경우 할부로 신용카드 결제하는 것이 좋다. 그 이유는 사업자가 하자담보책임을 지지 않는 경우, 제때에 제품이 배달되지 않는 경우 등이 발생하면 신용카드회사를 상대로 항변권을 행사할 수 있으므로 카드로 할부결제하

는 것이 좋다.

⑧ 배달된 상품은 즉시 확인한다. 주문한 제품과 배달된 제품이 다른지, 파손된 것은 없는지 그 자리에서 확인하고 하자나 문제가 있으면 지체하지 말고 즉시 해결한다. 피해구제는 서면으로 하며 청약철회 가능일은 물품을 배달받은 날로부터 7일까지이다.

⑨ 개인 간의 거래나 사업자의 신원이 확실하지 않은 경우 물품을 받기 전에 온라인 송금은 하지 않는 것이 좋다. 개인 간의 거래는 자기책임 원칙이므로 더욱 주의해야 한다.

3. 전자상거래에서의 소비자보호 관련 법 제도

1) 전자상거래에서의 소비자 청약철회권

전자상거래 또는 통신판매에서는 소비자가 충동구매하기 쉬워 소비자에게 일정기간 동안 위약금이나 손해배상금을 물지 않고 자유롭게 청약을 철회하거나 그 계약을 해제할 수 있도록 통상 7일 정도의 계약취소 보증기간(cooling off period)을 두고 있다. 전자상거래 소비자보호법에서는 조건 없는 청약철회 제도를 수용하여 재화 등을 공급받은 소비자가 7일 이내에 그 청약을 철회할 수 있도록 규정하고 있다. 청약철회 가능기간, 청약철회가 불가능한 경우, 청약철회 효과 등은 할부거래법, 방문판매법과 거의 동일하다. 다만 청약철회 기간은 할부거래와 전자상거래의 경우 7일 이내이며, 방문판매법(전화권유, 다단계 판매)의 경우 14일 이내이다. 다만, 그 서면을 교부받은 때보다 재화 등의 공급이 늦게 이루어진 경우에는 재화 등의 공급을 받거나 공급이 개시된 날부터 7일 이내에 할 수 있다. 그리고 계약내용에 관한 서면을 교부 받지 않은 경우, 통신판매업자의 주소 등이 기재되지 않은 서면을 교부 받은 경우 또는 통신판매업자의 주소 변경 등의 사유로 제1호의 기간 이내에 청약철회 등을 할 수 없는 경우에는 그 주소를 안 날 또는 알 수 있었던 날부터 7일 이내에 할 수 있다. 또한 재화 등의 내용이 표시·광고내용과 다르거나 계약내용과 다르게 이행된 경우에는 당해 재화 등을 공급받은 날부터 3개월 이내, 그 사실을 안 날 또는 알 수 있었던 날부터 30일 이내에 청약철회 등을 할 수 있다.

8-4 구매 시의 배송비 부담: 전자상거래 등에서의 소비자보호지침

- 재화 등의 내용이 표시·광고 내용과 다르거나 계약 내용과 다르게 이행된 사유로 청약철회 등을 하는 경우에 구매 시의 배송비는 통신판매업자가 부담하여야 하며, 이미 소비자가 지불한 경우에는 통신판매업자는 이를 환불해 주어야 한다.
- 소비자가 단순한 변심에 의해 청약철회 등을 하는 경우에는 구매 시의 배송비를 누가 부담할 것인지를 당사자 간의 약정에 의하여 정할 수 있고, 사업자는 이를 소비자가 알기 쉽고 명확하게 표시하여야 한다.

2) 통신판매 중개자의 책임

통신판매중개자가 재화 등을 판매함에 있어서 책임이 없다는 사실을 약정하지 아니하거나, 미리 고지하지 아니하고 통신판매의 중개를 한 경우에는 당해 통신판매와 관련하여 통신판매의 중개를 의뢰한 자의 고의 또는 과실로 소비자에게 발생한 손해에 대하여 그 통신판매중개자는 중개를 의뢰한 자와 연대하여 배상할 책임을 진다.

통신판매중개자는 통신판매의 중개를 의뢰한 사업자의 신원에 관한 정보를 열람할 수 있는 방법을 소비자에게 제공하여야 하고, 통신판매의 중개를 의뢰한 자가 사업자가 아닌 경우에는 거래당사자들에게 거래상대방의 주소·전화번호 등의 정보를 열람할 수 있는 방법을 제공하여야 한다.

전자상거래 등에서의 소비자보호에 관한 법률에 의하면 통신판매중개업자는 통신판매 중개 의뢰자(판매자)가 사업자가 아닌 경우 성명, 생년월일, 주소, 전화번호 및 전자우편주소를 확인해 거래의 당사자들에게 상대방에 관한 정보를 열람할 수 있는 방법을 제공해야 한다. 이러한 정보를 제공하지 않을 경우 판매자와 연대하여 소비자에게 발생한 재산상의 손해를 배상해야 한다.

C2C 플랫폼을 통한 개인 간 거래가 급증하는 상황에서, 플랫폼 사업자에게는 개인 판매자에 대한 정보제공 관련 의무가 있고, 그 의무를 다하지 않아 소비자의 손해가 발생한 경우 손해배상 연대책임 그리고 검수 관련 책임을 지우고 있다(한국소비자원 보도자료, 2022.12.6).

3) 구매권유 광고 수신거부 의사등록 시스템

공정거래위원회는 통신판매업자의 전화, 모사 전송 또는 전자우편 등을 이용한 광고에 대하여 소비자가 수신거부 의사를 등록할 수 있는 시스템을 구축하도록 하고 있다. 사업자는 구매권유 광고수신거부의사 등록시스템을 통해 구매권유광고행위에 대한 수신거부 의사를 밝힌 소비자에게 영리 목적의 광고성 정보를 전송해서는 안 되며, 월 1회 이상(전자우편을 이용한 구매권유 광고의 경우에는 3개월에 1회) 해당 시스템에서 소비자의 수신거부 의사를 확인해야 한다. 다만, 소비자로부터 개별적인 동의를 받고 송신하는 경우에는 예외로 하고 있다.

8-5 C2C(개인간) 플랫폼 판매자 정보제공의무

플랫폼을 통해 개인 간 거래(C2C)에서 제품에 하자가 있을 경우 구매 소비자가 플랫폼 업체에 판매자정보 열람과 환급을 요청할 수 있다. 한국소비자원 소비자분쟁조정위원회는 2022년 12월 개인 간 거래를 중개한 통신판매중개업자(이하 C2C 플랫폼)에게 제품 하자를 이유로 구입대금 환급을 요구한 분쟁사건에서 이 같이 결정했다.

전자상거래소비자보호법에 의하면 통신판매 중개업자는 통신판매중개 의뢰자(판매자)가 사업자가 아닌 경우 성명, 생년월일, 주소, 전화번호 및 전자우편 주소를 확인해 거래의 당사자들에게 상대방에 관한 정보를 열람할 수 있는 방법을 제공해야 한다. 이러한 정보를 제공하지 않을 경우 판매자와 연대하여 소비자에게 발생한 재산상의 손해를 배상해야 한다.

2022년 12월 한국소비자원의 분쟁조정결과 그 이전까지 C2C 플랫폼업자들은 관련 법 등에도 불구하고 판매자에 대한 정보를 제공해 달라는 소비자의 요구에 전혀 응하지 않았다. 또한 플랫폼은 거래의 당사자가 아니고, 제품 하자의 책임이 제조·판매업체에게 있다는 한국소비자원 섬유제품심의위원회의 심의 결과 또한 인정할 수 없으므로 소비자의 대금 환급 요구를 수용할 수 없다고 주장했다. 그러나 2002년 12월 한국소비자원 분쟁조정위원회는 C2C 플랫폼이 판매되는 물품에 대해 검수를 하고 있고, 이에 대한 수수료를 소비자에게 받고 있으므로 검수 관련 책임도 부담해야 한다고 결정했다. 이 같은 분쟁조정결정은 C2C 플랫폼을 통한 개인 간 거래가 급증하는 상황에서, 플랫폼 사업자에게는 개인 판매자에 대한 정보제공 관련 의무가 있고, 그 의무를 다하지 않아 소비자의 손해가 발생한 경우 손해배상 연대책임을 명확히 하고 검수 관련 책임도 인정했다는 데에 그 의의가 있다고 하겠다.

출처: 한국소비자원(2022.12.6.)

4) 공정거래위원회의 전자상거래 표준약관

공정거래위원회에서는 2000년 전자상거래와 관련한 소비자보호지침 및 표준약관을 제정하여 사이버상의 불공정거래를 제재하고 소비자보호를 꾀하며, 궁극적으로 전자상거래를 활성화시키고 있다. 공정거래위원회에서는 많은 전자상거래 사업자들이 고객용 약관을 마련하지 않았거나, 약관이 있더라도 소비자에게 불리한 약관을 제정하고 있어 이로 인한 소비자피해를 막기 위하여 표준약관을 제정하였다. 공정거래위원회의 조사에 따르면, 최근 많은 사업체들이 약관을 제시하지 않고 있으며, 약관이 있는 경우에도 방문판매나 통신판매 규정을 그대로 인용하여 인터넷상의 전자상거래와는 직접 관련이 없는 경우가 많고 약관 내용도 개인정보 누출 시 해당 직원만 책임을 지도록 하고 있어 사업자의 책임을 배제하고 있다. 이 같은 상황에서 공정거래위원회는 전자상거래 표준약관을 규정하였다. 이 규정에 따르면 쇼핑몰 초기 화면에 사업자 상호, 영업장 소재지, 대표자 성명, 연락처, 약관 등을 반드시 게시하도록 하고 있다.

한편, 전자상거래 사업자는 이용자가 컴퓨터 조작 실수 등으로 바라지 않는 계약을 할 가능성에 대비, 소비자들로부터 주문을 받은 경우 주문받은 사실을 다시 확인하는 절차를 밟도록 하였으며, 소비자는 3일 이내에 주문 변경, 취소를 할 수 있는 규정을 마련하였다. 또한, 일반 통신판매와 마찬가지로 물건을 인도받은 후 소비자는 7일 이내에 청약을 철회할 수 있다. 전자상거래 쇼핑몰 측이 일방적으로 서비스를 바꾸거나 중단함으로 인해 소비자가 손해를 입을 경우 쇼핑몰 측이 손해를 배상하도록 하고 있다. 한편, 허위 내용이나 외설적인 메시지, 화면 등을 몰래 공개 또는 게시하지 못하도록 하고 있으며, 소비자가 사이버 몰에 들어가면 회원가입 신청이나 이용 전에 약관을 바로 볼 수 있게 게시하도록 하고 있다.

공정거래위원회의 표준약관은 다음의 사항을 명확히 하고 있다. 업체들이 이용자의 개인정보 중 이름과 주소, 전화번호만을 요구할 수 있도록 제한하였고, 회원가입자에게는 추가로 주민등록번호를 요구할 수 있으며 그 이상의 정보는 반드시 사용자의 동의를 얻어야 가능하도록 규정하고 있다. 개인정보를 사용자나 소비자의 동의 없이 제 3자에게 제공하거나 분실, 도난, 유출 등의 사고가 일어나면 모든 책임을 업체가 지도록 명시하고 있다. 또한 소비자와 관련한 정보수집의 경우 사용자가 개인정보의 열람, 수정, 삭제를 요구하면 업체는 반드시 이에 따라야 한다.

공정거래위원회는 개인정보 보호 의무, 회원 ID 및 비밀번호 유출로 인한 손해배상책임 소재, 회원과 사업자의 권리와 책임한도 등을 명확히 하고 있다. 한편, 반품이나 환불을 상습적으로 악용하는 불량이용자의 요건, 미성년자나 한정치산자 등 행위무능력자에 대한 책임한계 등도 명확히 하고 있다.

- 개인정보보호의무 등 소비자와 사업자 간의 권리와 책임한도를 명확히 함
- 개인정보 유출시 피해보상 규정을 명문화함
- 배달료 부담 주체를 의무적으로 명시하도록 함
- 당품 도착일까지 최소기간을 명기함
- 반품조건 및 환불기간을 명시하도록 함
- 행위무능력자(한정치산자)에 대한 사업자의 책임과 의무를 규정함

이외에도 국내 사업자가 외국의 서버를 활용해 전자상거래를 할 때 국내법을 적용하도록 하고 있으며, 이 사업자는 5년간 전자상거래 내용을 보관하여야 하고, 소비자는 7일 이내에 청약철회권을 발송할 수 있도록 하고 있다.

4. 전자상거래에서의 소비자피해 유형

전자상거래는 보이지 않는 상대방과 광고, 주문, 운송, 대금결재 등 상거래 전 과정을 컴퓨터 네트워크만을 통해 처리하다 보니 전통적인 거래에서 발생하는 소비자문제와는 다른 불만이나 소비자문제들이 발생한다. 전자상거래와 관련하여 소비자들의 불만은 다양한 유형으로 나타나고 있는데, 제품정보 및 표시 불충분에 대한 불만, 배송기간이 긴 것에 대한 불만, 제품검색 및 선택 과정이 복잡한 것에 대한 불만 등이다. 한편, 전자상거래를 통해 제품이나 서비스를 구입한 경험이 있는 소비자 중 피해를 입은 소비자들의 주요 피해 유형은 불량제품의 배달, 반품이나 환불 약속 불이행, 대금지급을 했으나 상품배달이 되지 않은 경우인 것으로 알려지고 있다. 김기옥(1999)은 인터넷상에서 발생 가능한 소비자문제를 소비자 의사결정 과정에 따라

구분하여 〈표 8-1〉과 같이 제시하였다.

〈표 8-1〉 소비자 의사결정 과정에 따른 소비자피해 유형

구매 전 단계	구매 1단계 (교섭과 계약)	구매 2단계 (지불과 배달)	구매 3단계 (변경과 취소)	구매 후 단계
• 프라이버시 침해 • 사기·기만 광고 • 원치 않는 광고의 전자우편 발송	• 거래당사자 확인 한계 • 거래의사표시 착오 • 전자서명 변조 • 인터넷 주소 악용 등 사기행위 • 불리한 약관	• 전자지불체계의 불안정성 • 신용정보의 변조 • 배송 관련 문제	• 주문변경, 취소 곤란 • 거래 관련 주체 간 책임분담 불명확(사업자, 네트워크서비스 제공업자, 지불 및 결제시스템 운영 사업자, 소비자)	• 주문상품과 배달 상품간의 불일치 • 반품/환불 곤란 • 세금 문제(소득세, 부가가치세)

출처: 김기옥(1999). 전자상거래와 소비자문제. 한국소비자학회 발표.

그동안 전자상거래로 인해 발생한 피해 사례를 살펴보면 다음과 같다. 사기 또는 기만의 거래행위로부터의 피해로, 물건대금을 입금시키면 물건을 보내주겠다고 광고한 뒤 입금된 돈만 챙기고 물건은 보내주지 않는 사기행위, 고장 났거나 중고품을 보내 주는 행위 등이 대표적인 유형이다. 이 같은 사기 및 기만행위를 일삼는 자들은 다른 사람의 ID를 도용하거나, 여러 사람이 함께 쓰는 공동 ID 사용, 쇼핑몰 사이트의 개설 및 폐쇄의 용이성을 이용하여 이 같은 범죄행위를 하고 있음에도 쉽게 잡히지 않고 있다.

1) 전자상거래상의 사기 및 기만 등 불법거래

전자상거래에 있어서 가장 우려되는 문제로서 사기 또는 불법거래를 들 수 있다. 전자상거래에서는 서로 상대방의 얼굴을 모르는 상태에서 거래를 하는 비대면거래이다 보니 서로의 정체를 확인하는 것이 중요한 사항이다. 전통적 대면거래에 비해 전자상거래에서는 사기, 기만, 각종 불법거래가 성행될 가능성이 높다. 특히, 국경 없는 가상공간에서 이루어지는 국제전자상거래의 경우 이 같은 사기·기만행위가 기승을 부리기 쉽다. 인터넷상에서는 개인용 컴퓨터와 모뎀, 그리고 소액의 사용료만 지불하면 가상점포를 쉽게 차리고 영업할 수가 있어 사기 기만적인 거래행위를

하는 데 따르는 비용이 상대적으로 적게 들고, 범법자의 추적이 어려워 사기 및 불법 행위가 사라지지 않고 있다. 인터넷 망을 통한 사기·기만행위는 전자상거래 시 발생하는 주요 소비자문제로서 그 피해가 큰 경향이 있고, 사후 피해구제가 곤란하고, 다수의 피해자를 발생한다는 점에서 문제의 심각성이 있다. 전자상거래에서 자행되는 불법·사기행위는 다양하게 나타나고 있는데 실제 사례를 보면 다음과 같다.

- 주소도용: 인터넷 주소를 교묘히 도용해서 타 사업자처럼 행세하는 주소 도용행위(spoofing). 예: 일본 소니사의 인터넷주소는 www.sony.com인데 이와 비슷한 www.sonycorp.com을 이용해 소니사인 것처럼 행세한 사기 사례
- 피라미드식 판매: 인터넷에서 회원을 모집·관리하는 피라미드 판매 행위(예: 불법으로 입회비 챙기는 행위)
- 엉터리 판매: 돈을 미리 받고 약속한 제품이나 서비스제공 의무를 이행하지 않는 엉터리 판매, 대급 착복 후 사이트 폐쇄
- 투자/증권 사기: 풍문을 퍼뜨려서 주식 증권의 가격을 터무니없이 올리거나 각종 투자계획 발표 후 소비자들에게 팔아넘기고 잠적하는 투자 및 증권사기 행위
- 인터넷 서비스 사기: 웹사이트 디자인을 해 준다고 해 놓고 돈만 받고 사라지는 사기 행위
- 복권가격 폭리: 인터넷에 복권판매 사이트를 개설하여 회원을 모집한 뒤 미국 및 캐나다 등지에서 사들인 복권 실제 가격보다 6~8배 비싸게 판매하는 행위

2) 개인정보 누출의 문제

전자상거래에서는 서로의 신분이나 정체를 확인하는 것이 중요한데, 소비자 입장에서는 정체를 확인하는 과정에서 드러난 개인적 정보나 프라이버시를 어떻게 보호받을 수 있는가가 중요한 문제로 떠오르게 된다. 인터넷상에서 네트워크를 오가는 데이터는 항시 타인에게 노출되기 쉬운 취약점을 가지고 있어, 사이버상의 상거래과정에서 소비자의 개인정보(예: 인적사항, 신용카드 정보)가 누출되거나 악용됨으로써 소비자피해가 발생할 수 있다. 신용카드번호 누출로 인한 소비자피해가 가장 많은데, 전문 해커가 전자상거래의 취약한 보안시스템을 이용 카드번호와 비밀번호를 빼내 구매에 사용하거나 이 같은 정보를 타인에게 판매하는 사례가 발생하고 있다.

소비자 개인정보의 누출, 정보악용으로 인한 소비자문제 이외에도 네트워크상에서 판매자들은 직·간접적으로 마케팅 활동을 하게 되는데, 이 같은 판매자 측의 다양한 마케팅 활동으로부터 어떻게 소비자를 보호할 수 있는가 하는 문제도 무시할 수 없는 소비자문제이다.

3) 허위과장광고 피해

전자상거래에서 허위과장광고를 통해 불법거래행위를 일삼거나 불공정거래행위를 함으로써 소비자가 입는 피해도 급증하고 있다. 소액을 송금한 소비자들을 대상으로 추첨을 통해 상금을 주겠다는 광고를 인터넷에 게재하고 송금된 돈만 챙기고 도주하는 행위, 재택근무자를 채용한다거나 프랜차이즈점을 모집한다는 등의 허위선전을 하고 돈만 챙기는 행위, 무료로 정보를 제공해 준다고 광고한 후 정보제공처를 의도적으로 멀리 연결시켜 전화요금을 챙기는 행위, 원치 않는 광고내용을 전자우편으로 보내 피해자들의 전자사서함 유지비용을 증가시키는 행위 등 허위과장광고를 통한 사기 및 기만행위나 불공정거래행위가 증가하고 있다.

전자상거래에서의 소비자피해는 허위과장광고 등 기업의 불공정거래행위와 밀접한 연관을 갖는다. 전자상거래는 비대면으로 거래를 하는 것이 특성이다 보니, 허위과장광고를 통한 소비자피해, 불법거래행위, 불공정거래행위로 인한 소비자피해가 전자상거래에서의 피해의 많은 부분이라고 할 수 있다. 인터넷으로 제품을 구입한 경우 배달된 제품이 광고와 다른 경우로 인한 소비자불만이 높다. 광고와 다른 제품이나 서비스 제공의 경우 소비자는 이를 입증할 수 있는 증거자료를 근거로 구매를 취소할 수 있고 교환 또는 환불이 가능하다. 전자상거래와 관련한 광고 및 불공정거래행위 사례를 살펴보면 다음과 같다.

- 소액 송금 소비자들 대상 추첨 통해 상금을 주겠다는 광고를 인터넷에 게재하고 송금된 돈만 챙기고 도주하는 행위
- 재택근무자 채용/프랜차이즈점 모집 등 허위선전 후 돈만 챙기는 행위
- 무료로 정보를 제공해 준다고 광고한 후 정보제공처 의도적 멀리 연결시켜 전화요금 챙기는 행위
- 원치 않는 광고내용 메일 보내 피해자들의 전자사서함 유지비용 증가시키는 행위

전자상거래에서는 오직 사업자가 일방적으로 제공한 정보 또는 거래조건 방법에 의해 거래가 이루어지기 때문에 소비자에게 일방적으로 불리한 거래가 이루어지기 쉽다. 전자상거래상의 불공정거래는 주로 광고, 약관 등을 통해 이루어진다. 따라서 전자상거래에서 행해지는 부당광고 및 부당약관에 대한 규제가 이루어져야 한다. 또한, 소비자의 부담으로 돌아갈 수밖에 없는 통신비 및 시간의 낭비를 절약하기 위하여 사업자에 의해서 일방적으로 제공되고 있는 각종 인터넷 정보(광고 등)의 수용을 거절할 수 있는 방법을 반드시 포함시켜야 한다. 인터넷의 전자상거래 관련 광고의 규제 또는 기준 제시는 소비자의 생명 및 재산권 보호에 중요하므로 시급하다고 하겠다.

공정거래위원회는 불법 인터넷사이트 적발 및 경고조치, 전자상거래 표시·광고 지침 마련, 전자상거래 불공정약관 실태조사 및 관련 법규 제정을 추진해 왔다.

8-6 부킹닷컴·아고다 전자상거래법 위반. 추천 숙소가 광고

숙박예약 플랫폼(OTA) 회사인 A사와 B사가 업체로부터 광고 수수료를 받고 검색 순위를 올린 후 이를 은폐하다가 공정거래위원회에 적발됐다. 공정거래위원회는 2022년 11월 기만적인 방법을 통해 소비자를 유인하는 등 전자상거래법을 위반한 A사와 B사에게 시정명령과 함께 과태료 총 500만 원(각 250만원)을 부과했다고 밝혔다.

공정거래위원회에 따르면 A사와 B사, 2개 플랫폼 업체는 광고 수수료 대가로 업체 순위를 상승시키거나 상단에 고정해 두면서 이러한 사실을 소비자들에게 알리지 않았다. 광고구매 상품임에도 불구하고 소비자들 사이에서 선호도가 높다는 의미가 담긴 특정 아이콘을 사용하기도 했다.

구체적으로 A사는 저희가 추천하는 숙소 목록에서 검색순위에 영향을 미치는 알고리즘 일부 요소 점수를 상승시켜 업체 순위를 올렸다. 또한 모바일 앱에서 추천 숙소를 보여주는 엄지척 아이콘을 붙이고 아무런 표시를 하지 않았다. 웹사이트의 경우 해당 아이콘에 마우스 커서를 대거나 눌러야만 설명을 볼 수 있도록 했다. 설명은 '해당 숙소는 프로그램 참가를 위해 Booking.com 측에 추가 수수료를 지불할 수 있습니다'라는 내용으로 광고 구매 사실 여부가 불분명했다. B사는 광고를 구매한 업체를 검색결과 첫 페이지 상단 추천 상품에 위치시키거나 검색 순위를 올려줬다. 현재 인기 있는 숙소 등의 아이콘을 달아 주고도 광고 구매로 인한 순위 노출이라는 설명은 전혀 없었다.

공정거래위원회는 이 같은 행위가 해당 숙박업소가 다른 곳에 비해 더 선호되거나 시설, 서비스 등이 더 우수한 것처럼 오인시켜 소비자를 유인할 수 있다고 밝혔다.

출처: 우먼타임스(2022.11.1)

4) 중개플랫폼 사이트 소비자피해

통신판매 중개라고 함은 사이버몰의 이용을 허락하거나 그 밖에 자신의 명의로 통신판매를 위한 광고 수단을 제공하거나 그 광고 수단에 자신의 이름을 표시하여 통신판매에 관한 정보제공이나 청약의 접수 등 통신판매의 일부를 수행하는 것을 말한다. 즉 컴퓨터 등과 정보통신 설비를 이용하여 재화 등을 거래할 수 있도록 설정된 가상의 영업장을 제공 서비스를 말한다. 최근 들어, 통신판매 중개 플랫폼 시장이 커지면서 소비자피해도 늘고 있다. 한편 재능기부 플랫폼 서비스를 출시한 크몽, 숨고 등 중개플랫폼 이용 건수는 급증하고 있다. 이처럼 통신판매 중개플랫폼 시장은 날로 커지고 있는데 정작 먹튀, 자재 바꿔치기, A/S 미이행 등 소비자피해는 증가하고 있으며, 이로 인한 소비자피해는 제대로 구제받지 못하고 있는 것이 현실이다(컨슈머포스트, 2022.7.29).

5) 개인 간의 거래로 인한 피해

개인들 간의 거래에서는 특히 주의가 요망된다. 개인들 간의 거래를 통해 싼 가격, 좋은 조건으로 거래할 수 있으며, 소비자가 구하기 힘든 품목을 거래할 수도 있는 장점이 있다. 그러나 사기성 거래가 많으므로 세심한 주의가 요구된다. 예를 들면, 인터넷 상의 개인이 낸 광고를 보고 구매하였으나 배달된 실제 제품이 광고와 달라 불만이나 피해를 입는 경우, 대금을 지급하였으나 제품이 배달되지 않는 경우, 배달된 제품이 약속과 다른 경우 등 소비자피해를 당해도 소비자단체나 다른 기관으로부터 구제받기 어렵다. 다시 말해, 개인 간의 거래로 인해 피해를 입어도 실질적으로 그 피해를 보상받기 매우 어려운 실정이므로 피해를 입지 않기 위한 사전예방이 중요하다. 따라서 개인 간에 거래를 하는 경우 거래내역을 잘 보관하여야 하며, 사기나 불법거래로부터 피해를 입는 경우 경찰에 신고하는 것이 좋다.

6) 청소년의 전자상거래 문제

전자상거래의 주요 이용 고객 중 하나는 청소년이다. 이때, 청소년들의 전자상거래는 계약효력의 문제가 주요 이슈가 된다. 우리나라 민법은 미성년자가 부모 등 법정대리인의 동의 없이 단독으로 법률행위를 한 경우에는 미성년자 자신 또는 법정대리인이 이를 취소할 수 있는 것으로 하고 있어(제5조, 제140조) 청소년의 전자상거래상의 계약은 무효라고 볼 수 있다. 그러나 주민등록번호에 의해서 일률적으로 미성년자의 거래를 제한하는 것은 미성년자의 이익을 위해서 바람직하지 않고, 또한 전자상거래의 발전에도 장애가 된다. 뿐만 아니라, 미성년자와의 모든 전자상거래에 부모의 동의를 요구하는 것 자체가 쉬운 일이 아니며, 동시에 전자상거래 발전을 위해 바람직하지 못하다. 따라서 일정금액 이하의 거래에 대하여는 부모의 동의를 면제하는 예외규정 등 이와 관련한 새로운 규정의 도입이 필요하다.[5)]

한편, 미성년자와 달리 한정치산자, 금치산자와 같은 정신능력이 박약한 자의 전자상거래도 중요한 이슈가 되고 있다. 전자상거래는 그 편의성, 비대면성, 비현금성 등으로 인해 한정치산자 등 무능력자의 전자상거래는 급증하고 있다. 전자상거래시 신분등록만으로는 무능력자인지 여부를 확인하기 어렵고, 법정대리인의 동의 없이 또는 순간적으로 정신능력을 회복해서 전자상거래를 한 경우 그 계약효력의 여부가 이슈가 된다. 실제로 한정치산자 또는 정신적 무능력자가 정상인과 다름없이, 오히려 그보다 더 잘 컴퓨터 등을 조작하는 경우도 있어 이에 대한 적절한 제도적 장치가 필요하다.

8-7 국제 인터넷 쇼핑몰에서 짝퉁 판매, 피해 예방은?

국제거래 소비자포털에서 라이선스가 없는 일명 짝퉁, 가품을 판매하여 소비자가 짝퉁 구매임을 인지하고 취소 및 반품을 요구했지만 판매자가 응답하지 않아 피해를 입는 경우가 많다.

소비자 A씨의 경우 쇼핑몰에 표시된 판매자 소재지는 알제리, 구매대금이 결제된 국가는 프랑스, 상품의 발송지는 중국으로 확인됐다. A씨는 해당 상품을 운송장에 기재된 주소지로 반품했으나 다시 반송돼 돌아왔다. 이 같은 소비자피해를 예방하기 위해서는 상품을 구입하기 전 해당 업체에 정식 라이선스가 있는지, 신뢰할 수 있는 판매자인지 확인해야 한다. 공식 판매사이트 외의 쇼핑몰에서 판매하는 유명 상품은 정품이 아닐 가능성이 크다. 유사한 피해가 발생했을 것으로 예상되는 일본, 타이완, 홍콩의 인터넷 쇼핑몰에 주의할 필요가 있다. 이때, 신용(체크)

5) 한편, 어떤 방법에 의해서 부모의 동의를 구하느냐가 또 다른 이슈이다. 단지 부모의 동의가 있었는지 여부를 묻는 질문에 미성년자가 예, 아니오를 답하게 하는 것으로 부모의 동의를 얻은 것으로 간주하는 것도 바람직하지 못하다. 따라서 부모의 동의여부를 묻는 방법에 대한 제도적, 기술적 방법이 모색되어야 할 것이다.

카드로 결제한 경우 광고와 명백히 다른 상품이 배송되거나 장기간 배송을 받지 못하는 등 피해가 발생하면 증빙자료를 갖춰 결제한 신용카드사에 '차지백 서비스' 등을 신청할 수 있다.

출처: 파이낸셜뉴스(2023.3.22.)

7) 국제간 전자상거래

국제거래에서 소비자가 피해를 입은 경우, 소비자가 사법적 재판에 의해 문제를 해결할 수 있으나 어느 국가의 법을 적용할 것인가, 관할 문제로서 어느 국가의 법원이 소송을 관할할 것인가와 관련한 문제가 제기된다. 뿐만 아니라 법적 소송을 통해 피해구제를 받기까지 많은 비용과 시간을 요한다. 따라서, 피해가 소액인 경우 법적 소송을 통해 피해구제를 받는다는 것은 현실적으로 쉽지 않다. 특히, 국제전자상거래의 경우에는 사업자가 해외에 있기 때문에 소송 진행이 더욱 어려워진다. 따라서, 소송방법 이외의 피해구제방법이 모색되어야 한다. 결국, 국제전자상거래를 활성화시키기 위해서는 국제적 차원의 소송외적 분쟁해결 또는 소비자피해구제제도가 정착되어야 하는 과제를 안고 있다고 하겠다.

이 같은 상황에서 네트워크상에 점포를 설치 운영하는 사업자에 대하여는 의무적으로 온라인 소비자상담 및 피해보상창구를 설치하도록 의무화하고 있고, 요금반납(chargeback)제도를 도입하고 있다. 그러나 이 같은 노력에도 불구하고 국제전자상거래로 인한 소비자피해구제가 제대로 되고 있지 않으므로 국제전자상거래와 관련한 소비자문제해결에 보다 많은 노력이 요구되는 시점이다.

한편, 인터넷상의 사기 또는 기만행위는 국제전자상거래 시 그 문제가 더욱 심각하다. 따라서 사기를 예방할 수 있는 국제적인 제도가 마련되어야 한다. 또한, 판매자가 실존하는 합법적인 회사이며, 사기로 운영되고 있지 않다는 것을 보증해 줄 수 있는 본인인증제도와 판매자의 신뢰성을 평가해 줄 수 있는 국제적인 신용평가제도가 도입되어야 한다.

8-8 해외사기 사이트 피해 4배 증가. 유튜브 등 SNS 광고로 접근

유튜브 등 소셜미디어(SNS) 광고에 올라온 온라인 쇼핑몰에서 물건을 샀다가 사기를 당하는 사례가 속출하고 있다. 특정 이메일 주소를 사용하는 해외 사기 의심 사이트 관련 피해가 늘고 있다. 한국소비자원에 따르면 피해 신고가 접수된 사이트들은 @gehobuy.com, @top-sale-korea.com, @hookiee.com, @uu365kr.com, @hotupbuymall.com처럼 이메일 주소를 사용하고 있었다. 주소는 다르지만, 홈페이지 구성과 피해 내용이 유사해 동일한 사업자로 추정됐다.

이들 사이트는 해외 사업자가 운영하는 직구(직접구매) 쇼핑몰이지만, 한국어로 되어 있어 대부분의 소비자가 국내 쇼핑몰로 오인하고 제품을 구매했다가 결제 문자를 받고 해외 사이트임을 인지했다. 그러나 업체에서는 주문취소 요구를 거부하거나 상품을 일방적으로 발송하는 경우가 많았다. 특히 주기적으로 웹사이트 주소와 이메일을 변경해 영업을 이어가고 있어 피해가 지속되고 있다. 따라서, 소비자는 국제거래소비자포털을 통해 사기 의심 사이트인지 꼼꼼히 확인하고, 피해 방지를 위해 결제 취소를 요청할 수 있는 카드사의 차지백 서비스를 활용해야 한다.

출처: 조선일보(2023.3.10.)

5. 전자상거래에서의 소비자피해구제

전자상거래 시 제품을 보지 못하고 인터넷상에서 선택·주문하다 보니 배달을 받은 후에 소비자가 만족하지 못하는 경우가 발생할 수 있다. 보통, 배송 및 청약철회 문제, 거래계약상의 문제, 불만처리 및 배상의 문제 등의 소비자문제나 피해가 발생하게 된다. 특히, 전자상거래의 경우 일반 전통적인 거래보다 구매취소 및 철회가 어려워 소비자불만을 가중시키고 있다. 또한, 소비자의 구매 및 취소 전달이 시스템문제, 오작동으로 일정시기까지 전달되지 못하는 등의 소비자문제가 발생할 수 있다.

이처럼 전자상거래에서 각종 소비자문제 및 소비자피해가 속출하고 있음에도 이를 구제하기 위한 법적·제도적 기반의 취약성은 소비자불만을 가중시키는 요인이 되고 있다. 배송된 제품의 하자로 교환하고자 하거나 환불을 원하는데 사업자가 해주지 않는 경우가 종종 발생한다. 제품의 하자로 인해 교환을 요구하는 것은 인터넷 쇼핑몰에서만 생기는 문제가 아니지만, 제품을 직접 보지 못하고 구매할 수밖에 없는 전자상거래에서는 이 같은 문제가 더욱 민감하다. 제품 구입을 위해 대금을 결제했으나 제품은 배송되어 오지 않고 사이트마저 폐쇄되는 피해가 많이 발생하고 있다. 인터넷 주소만으로는 쇼핑몰의 실제 주소를 알 수 없고, 데이터를 삭제하고 잠적해 버리면 소재를 찾기가 불가능하다. 최근에는 유명 인터넷 쇼핑몰 이름을 마음대로 차용해 홈페이지를 위조하는 경우도 많아 주의가 요구된다. 온라인 입금확인서가 있어도 금융기관의 개인정보보호라는 높은 벽에 부딪쳐 본명이나 주소를 알 수 없기 때문에 구제받기 어렵다.

1) 전자상거래 소비자피해구제

전자상거래로 인한 소비자피해는 전자거래기본법[6], 전자거래기본법시행령, 전자서명법, 전자서명법시행령, 전자상거래소비자보호지침(공정거래위원회고시 2000-1), 전자상거래 표준약관(사이버몰 이용) 등에 근거하여 구제하게 된다. 전자상거래로 피해를 입은 경우 소비자는 전자거래진흥원의 상담센터, 인터넷 소비자상담기관이나, 소비자단체 등에 상담하는 것이 좋다. 또한, 전자거래진흥원의 분쟁조정위원회, 한국소비자원의 소비자분쟁조정위원회에 분쟁조정을 신청하여 피해구제를 받을 수 있다. 전자상거래와 관련된 피해를 입은 소비자는 서울시 전자상거래센터에 상담을 신청하면 자세한 안내를 받을 수 있다.

한편, 소비자가 인터넷으로 상품을 구입하기 위해 구입 대금(요금)을 송금하였는데 상품도 배달되지 않고 사이트는 폐쇄되었으며 연락도 전혀 되지 않는 경우가 있다. 사이트가 폐쇄되었다면 소비자는 off-line상에서 사업자와의 접촉이 가능하지를 우선 확인해 보고 연락이 되는 경우 사업자의 주소로 불편사항 및 그에 따른 계약해제 요청을 내용증명으로 통보하여야 한다. 사업자와 연락이 되지 않더라도 소비자는 대표 주소로 불편사항 및 그에 따른 계약해제 요청을 내용증명으로 발송하고, 만약 신용카드로 결제하였다면 신용카드사에도 내용증명 우편을 발송하여야 한다.

6) 전자거래기본법에서는 전자거래 분쟁의 신속하고 공정한 해결을 위하여 전자거래 분쟁조정위원회에 대한 명문 규정을 두고 있다.

2) 전자상거래 소비자분쟁조정제도

공정거래위원회는 소비자의 피해구제신청이 있는 경우 법 위반 행위에 대한 시정조치(시정권고 포함)에 앞서 소비자피해 분쟁조정기관(전자거래진흥원, 한국소비자원)에 분쟁조정을 의뢰할 수 있도록 유도하고 있다.

8-9 유명 온라인 쇼핑몰 사칭 해외 사이트 소비자피해

유명 온라인 쇼핑몰을 사칭한 쇼핑 사이트로 인해 상품 미배송, 연락두절, 사이트 폐쇄 등의 소비자피해가 빈발하고 있다. 예를 들면, 아웃도어브랜드인 '노스페이스(THE NORTH FACE)'를 사칭하는 해외 온라인 쇼핑몰과 관련한 소비자피해가 발생한 바 있다. 해외 유명 브랜드 사칭 사이트로 인한 소비자피해를 예방하기 위해서는 한국소비자원 국제 거래 소비자포털(crossborder.kca.go.kr)에 게시된 사기 의심 사이트를 살펴보고 해외 온라인 쇼핑몰을 이용해야 한다. 또한, 사업자 정보(주소, 연락처, 공식 홈페이지 여부 등)와 관련 피해사례를 꼼꼼히 확인하는 것이 필요하다.

출처: 컨슈머포스트 인터넷 사이트

3) 국제전자상거래 소비자피해구제

국제전자상거래에서 소비자피해가 발생하면 소비자는 입증자료(거래 내역, 이메일 내용, 사진 등)를 구비한 후, 결제 방법에 따라 신용카드사의 chargeback 서비스 또는 페이팔의 분쟁 및 클레임을 신청하여 도움을 받을 수 있다. chargeback 서비스란 사업자와 연락두절, 오배송, 배송지연 등의 소비자피해를 입은 경우 구입일로부터 120일(VISA, Master Card, AMEX) 또는 180일(Union Pay) 이내에 신용카드사에 승인된 거래를 취소 요청할 수 있는 서비스를 말한다. 신청기한, 접수방법 등은 신용카드사에 문의해야 한다. 즉, 사업자와 연락두절, 오배송, 배송지연 등 소비자피해가 발생한 경우 구입일로부터 180일 이내에 페이팔 분쟁해결센터에 분쟁 및 클레임을 제기하여 환급·계약이행 등을 요구할 수 있는 절차이다. 해외직구로 인한 사기 피해가 원만히 해결되지 않는 경우 소비자는 국제거래 소비자포털(crossborder.kca.go.kr)로 도움을 요청할 수 있다.

6. 소비자 개인정보 문제

법에 의해서 보호받아야 할 소비자의 개인정보는 상당히 광의의 개념으로써 전통적 기본권의 하나인 프라이버시나 신용정보보다는 그 개념이 훨씬 넓다. 프라이버시는 비밀스런 사적 정보, 즉 개인을 난처하게 할 소지가 있는 사적 정보를 말한다. 신용정보는 주로 금융거래 등 상거래에 있어 거래 상대방에 대한 신용도 또는 신용거래능력 등의 판단을 위하여 필요로 하는 정보를 말한다. 반면, 개인정보는 개인의 사생활에 관한 정보나 신용과 관련된 정보만이 아니라 그 밖의 모든 정보, 예를 들면 취미, 취향, 기호, 직업, 이름, 성별, 나이, 가족관계, 각종 거래정보 등을 모두 포함한다. 그런데 전자상거래 과정에서 개인의 인적 사항이나 신용카드 정보가 교신되는 것이 보통인데, 그 과정에서 소비자에 대한 정보가 누출, 악용되기도 한다. 정보누출은 사업자에 의한 것과 제 3자, 즉 해킹에 의한 것으로 구분할 수 있다.

첫째, 사업자에 의한 정보누출에 대해 살펴보자. 전자상거래 사업자, 몰(mall) 관리자, 인증기관, 신용평가기관 등은 소비자의 개인정보에 쉽게 접근할 수 있고 정보의 습득이나 수집도 용이하다. 특히, 전자상거래는 그 기술적 특성으로 인해 소비자가 자신의 이름이나 우편주소를 밝히지 않고, 단지 사업자들이 개설해 놓은 웹사이트들을 탐색하는 것만으로도 소비자가 현재 어떤 컴퓨터에서 접속하고 있는지를 확인할 수 있을 만큼 소비자를 대상으로 하는 정보수집이 용이하다. 이 같은 상황에서 사업자가 만약 소비자의 개인정보를 축적·분석하면, 특정 소비자의 기호나 관심을 파악할 수 있으며 이를 토대로 그 소비자가 관심을 가질만한 제품이나 용역에 관한 선전 광고물을 송신할 수 있다.[7] 이외에도 네트워크상에서 판매자들은 직·간접적으로 마케팅 활동을 하게 되는데, 이 같은 판매자 측의 다양한 마케팅 활동으로부터 어떻게 소비자를 보호할 수 있는가 하는 문제는 간과할 수 없는 중요한 문제이다. 게다가 불법적으로 개인 정보를 입수한 회사가 이들과 일정한 관계를 맺고 있는 기업(예: 시스템 관리나 수리를 하청받은 회사), 그리고 이들 기업에 종사하고 있는 내

7) 이 같은 특성을 활용하여 전자상거래를 통해 습득한 정보를 분석 가공하여 고객별 데이터베이스를 작성하여 유용한 마케팅 전략 자료로 사용하는 것이 보통이다.

부 직원들에 의해 소비자의 개인정보가 악용되거나 뒷거래될 수 있다. 따라서 개인정보가 소비자의 의사에 반하여 함부로 수집·관리되거나 유통되지 않도록 적절한 조치가 취해져야 한다.

둘째, 해커에 의한 정보 누출의 경우 보통, 신용카드번호 누출로 인한 소비자피해가 대표적이다. 전문 해커가 전자상거래의 취약한 보안시스템을 이용 카드번호와 비밀번호를 빼내 구매에 사용하거나 이 같은 정보를 타인에게 판매하는 사례가 발생하고 있다.

지금까지 개인정보 누출에 대해 살펴보았는데, 소비자 개인정보 누출의 위험으로부터 소비자를 보호하기 위한 구체적인 방안은 다음과 같다.[8)]

① 개인 정보에 대한 소비자의 통제권 보장

사업자, 인터넷 관리자, 인증 및 평가기관 등은 거래에 필요한 직접적인 정보 이외에는 소비자와 관련된 정보를 요구 또는 수집하지 못하도록 해야 한다. 다시 말해, 소비자가 자신의 개인정보와 e-mail 주소 등의 사용을 금할 수 있는 통제권을 보장하여야 한다. 만일 본인의 허락 없이 다른 사람의 개인정보를 사용하는 경우에는 국가가 제재를 가하거나 민사상의 책임을 부과하는 제도적 장치가 필요하다. 예를 들면, 표준 개인정보 보호 아이콘을 마련하여 소비자가 자신의 개인정보를 제공하기 전에 아이콘을 두드려서 자신이 제공하는 정보가 어떻게 쓰이는지를 사전에 파악할 수 있게 하는 제도(예: 미국의 TRUST 제도, www.truste.org)의 도입을 검토해 볼 만 한다.

② 인터넷상의 개인정보 수집의 명료성

관련 정보의 수집이 사업상 또는 업무상 불가피한 경우에도 그 수집의 목적을 소

8) 소비자의 개인정보를 파악하여 마케팅 자료로 활용하는 것은 기업측으로서도 유리하고 수요예측이 가능하여 경제에도 긍정적 효과를 거둘 수 있지만, 소비자측에 대하여도 부정적인 것만은 아니라는 견해도 있다. 즉 소비자는 자신이 필요한 시장정보를 적기에 받아볼 수 있고 별도의 시장조사를 하지 않더라도 신제품 등을 소개받을 수 있는 등 편리한 점도 많다는 지적이 있다. 따라서 사업자에 의한 개인정보 수집행위를 무조건 금지하기보다는 소비자에게 자신의 정보를 관리할 수 있는 권한을 줌으로써 정보가 거래되거나 남용되는 것을 막을 수 있게 하는 것이 필요하다는 견해도 있다.

비자에게 명백히 밝히도록 해야 한다. 개인 신상에 대한 정보가 언제, 어떻게 수집되고 있는지를 명시하여 관련되는 모든 사람이 명백하게 알 수 있도록 해야 한다.

③ 개인정보 유출 불가

소비자의 동의 없이 정보를 제 3자에게 전달하거나 공개하지 못하도록 해야 한다. 소비자 자신도 모르는 사이에 자신의 정보가 타인에게 공개되어서는 안 된다. 수집된 개인정보가 어떤 목적과 용도로 사용되는지에 대해 당사자들에게 명백히 알려야 하며 그 목적 이외에 사용되는 일이 없어야 한다. 만일 추후에 다른 용도로 사용코자 하는 경우에는 이를 다시 알려서 소비자의 양해를 얻어야 한다.

8-10 개인정보 유출 신고

정보통신부 산하 한국정보보호센터는 '개인정보침해 신고센터'를 마련하였다. 신고는 전화(서울: 국번없이 1336, 지방: 02-1336)와 인터넷홈페이지(www.cyberprivacy.or.kr) 등으로 할 수 있다. 개인정보침해 유형은 개인정보를 필요 이상으로 많이 수집하는 경우, 이용자의 동의를 받지 않는 경우, 관리책임자 수집목적 보유기간 등을 고지하지 않은 경우, 수집목적 외에 이용하거나 제 3자에게 제공한 경우, 타인에게 누설하거나 제공한 경우, 이용자가 자신의 개인정보에 대한 열람과 오류를 정정할 것을 요청했으나 정정하지 않은 경우 등이다.

④ 소비자의 개인정보 열람 및 정정권 보장

소비자가 정보 내용의 공개, 수정, 삭제 등을 희망하면 사업자는 이에 응하도록 하여야 한다. 누구든지 자신에 대한 개인정보는 스스로 열람하여 잘못된 부분을 바로잡을 권리를 보장해야 한다.

8-11 개인정보 46만건 해킹, 고객정보 유출

고객의 개인정보(고객정보) 46만건이 유출돼 국외 누리집에서 판매된 바 있다. 그럼에도 해당 사업자는 고객정보가 유출되지 않았다고만 답한다. 이에 소비자들은 최대 전자상거래업체의 고객정보 관리 시스템의 문제를 지적하며 쿠팡의 직업윤리를 성토한 바 있다.

2023년 3월 20일 한겨레신문사는 쿠팡에서 물품을 구매한 기록이 있는 사람들 46만건의 이름, 주소, 전화번호, 상품 거래 정보 등이 유출됐다며, 피싱(Phishing)과 같은 온라인 사기 등

2차 피해 가능성도 있다고 보도했다.

개인정보보호법은 개인정보 범주를 열거하면서 신고 및 이용자 고지의무를 개인정보 취급자에게 부여한다. 즉 고객정보 유출이 자체 서버나 네트워크가 아니면 법망을 피해갈 여지가 있다. 그래서 개인정보 유출 때 책임을 떠밀고 니캉내캉 언쟁을 하며 나만 아니면 된다는 모습을 보이고 있는 것이다.

고객정보 유출사건을 다루는 개인정보보호위원회는 이번 쿠팡의 46만 건 고객정보유출에 대한 사실관계를 확인 중이며, 개인정보위 관계자는 유출된 개인정보의 출처 확인과 유출 경위, 규모 등을 검토하고 있다며, 유출 관련 책임이 있는 개인정보처리자가 확인되면 개인정보보호법 위반 조사에 착수할 계획이라고 밝힌 것으로 알려졌다.

개인정보보호법에 따르면, 기업에서 정보 유출이 발생했을 때는 24시간 안에 한국인터넷진흥원과 개인정보보호위원회 등에 신고하고, 피해 당사자들에게 이를 알려야 한다.

출처: 인천일보(2023.4.6.)

제9장
금융소비자피해구제 법제도

금융시장에서 경쟁이 치열해지면서 금융기관들은 예·적금, 기타 금융상품 관련 광고, 각종 부대 서비스 제공 등 다양한 마케팅 전략을 펼치고 있다. 소비자는 일반 제품보다 금융 분야에서 금융정보 부족, 금융 전문지식 부족으로 스스로 권익과 재산을 보호하지 못하는 어려움에 처하게 된다. 특히 금융상품 금융거래는 복잡성·전문성 등으로 인하여 실물거래보다 정보의 비대칭성 문제가 상대적으로 더 크다고 할 수 있다. 이 같은 상황에서 금융 서비스에 대한 소비자들의 불만 및 피해는 급증하고 있다.

소비자가 은행, 증권사, 보험사, 신용금고, 종금사 등 금융기관을 이용하다가 불이익을 받은 경우 금융감독원 산하에 설치된 금융소비자보호센터에서 상담을 받을 수 있다. 분쟁조정이 필요한 경우 소비자는 1999년 출범한 금융분쟁조정위원회에 분쟁조정을 요청할 수 있다. 금융감독원은 소비자로부터 분쟁조정 신청이 접수되면 분쟁조정국에서 당사자의 진술 청취, 해당 금융기관에 대한 사실조사를 거친 후 당사자 간의 합의권고를 유도하는데 합의되지 않으면 심의 및 의결을 거쳐 분쟁조정결정을 통지하게 된다. 이때, 조정안은 준사법적인 효력으로서 화해와 같은 효력을 갖는다. 이때 소비자는 금융분야사업자가 분쟁조정안을 수용하지 않는 경우 소비자가 피해보상을 받기 위해서는 법적 소송을 제기해야 한다. 한편, 금융감독원 외에도 한국소비자원은 1999년부터 소비자기본법에 근거하여 증권, 은행 등 금융 서비스에 대한 피해구제 업무를 담당하고 있다.

최근 들어 금융소비자 보호의 중요성이 더욱 커지면서 정부에서는 2020년 금융소비자보호에 관한 법률(이하 금융소비자보호법)을 제정하였고 2021년 3월부터 시행하고 있다. 금융소비자보호법 외에도 신용카드거래, 보험거래, 은행거래, 투자금융상품거래, 대부거래 등과 관련한 법제도에서 소비자보호 규정들을 두고 있다. 한편, 신용카드 거래에 관해서는 여신전문금융업법, 보험거래에 관해서는 상법과 보험업법, 은행거래에 관해서는 은행법과 예금자보호법, 투자금융상품 거래에 관해서는 자본시장과 금융투자업에 관한 법(이하 자본시장법[1]), 대부거래에 대해서는 대부업 등의 등록 및 금융이용자 보호에 관한 법(이하 대부업법)이 주로 적용되고 있다.

1. 금융소비자보호 관련 법 제도

1) 금융소비자보호법

(1) 금융소비자보호법 전개 및 핵심 내용

2021년 3월 25일부터 시행되고 있는 금융소비자보호에 관한 법률(이하 금융소비자보호법)은 기존의 은행법, 자본시장법, 보험업법 등 개별 금융업 법령에 산재된 금융소비자 보호 규정을 통합하여 단독 개별법으로 제정한 것이다. 이 법에서는 금융거래 전 과정(금융상품 판매 전, 판매 당시, 판매 후)에 걸쳐 금융소비자 권리, 그리고 금융회사의 의무(책임)를 강화하고 있다. 금융소비자보호법이 제정된 계기는 과거 저축은행 후순위채 사태, 외환파생상품(KIKO)사태 등 금융사고가 빈번이 발생하면서 금융소비자 보호가 시급하였기 때문이다. 2021년 금융소비자보호법의 시행으로 판매제한명령, 위법계약해지권 등 판매원칙 준수를 위한 강력한 수단이 마련돼 금융소비자보호에 대한 긍정적 효과는 충분히 기대된다는 평가이다. 금융소비자보호법에서 강화된 금융소비자의 권리 및 피해구제절차의 주요 내용은 크게 소액사건

1) 자본시장법은 자통법(자본시장통합법)으로도 불리는데 이는 2007년 제정되었다. 보다 자세한 내용은 본 저서 제1절, 2. 부분 각주 참조할 것.

분쟁조정, 이탈금지 제도, 소송중지제도, 자료열람권 등이다.

- 소액사건 분쟁조정 이탈금지 제도: 소액사건(2천만원 이내) 분쟁조정에 대하여 분쟁조정 완료 시까지 금융회사의 소송제기 금지
- 소송 중지 제도: 분쟁조정이 신청된 사건에 대하여 소송이 진행 중일 경우, 법원이 소송 중지 가능
- 자료열람요구권 신설: 금융소비자가 분쟁조정 또는 소송 등의 목적으로 금융회사 등이 보유한 자료의 열람을 요구할 수 있는 권리

2021년부터 시행되고 있는 금융소비자보호법의 주요 내용을 정리하면 첫째, 금융소비자보호법에서는 금융상품 6대 판매 원칙(적합성, 적정성, 설명의무, 부당권유금지, 불공정행위 금지, 허위과장광고 금지) 규정을 두고 있다. 해당 판매원칙을 위반할 경우 위법계약해지권, 징벌적 과징금 도입 등 판매원칙 준수를 위한 법적 근거가 되는 것이다.

둘째, 금융소비자보호법에 따라 소비자는 원칙적으로 모든 금융상품에 청약철회권과 위법계약해지권을 갖게 되어 일정 기간 안에 투자를 철회할 수 있다. 이때 소비자가 설명의무 위반을 이유로 손해배상을 제기할 경우 판매자가 위법행위가 없었다는 점을 입증해야 한다.

셋째, 소비자와 금융회사의 분쟁조정 과정에서 금융회사가 이탈할 수 없도록 하고(조정이탈금지 제도), 소비자가 금융회사에 필요한 자료를 요구할 수 있도록 하였다. 한편, 금융소비자보호법에 소송중지 제도가 포함되었기 때문에 분쟁조정이 신청된 사건은 소송이 진행 중이라도 법원이 소송을 중지할 수 있다. 조정이탈금지 제도는 소비자가 소액분쟁을 신청해서 진행 중일 경우 금융회사는 분쟁조정 완료 시까지 제소를 하지 못하도록 한 것이다.

넷째, 금융회사의 판매원칙 위반 등 잘못으로 소비자피해가 발생했을 때는 최고 1억 원의 과태료에 추가적으로 수입의 최고 50%까지 징벌적 과징금을 부과하는 내용도 포함하고 있다. 그러나 여전히 집단소송제, 징벌적 손해배상제가 포함되어 있지 않아 금융소비자보호 강도가 약하다는 지적도 있다.

〈표 9-1〉 금융소비자보호법 요약

구분	법률	시행령(안)
적용 대상	• 은행, 보험사, 금투업자, 여신 전문회사, 저축은행을 열거 → 추가 적용대상 위임	• 신협, 온라인 투자 연계금융업자(P2P), 대형 대부업자 추가
진입 규제	• 개별법상 인허가 · 등록된 자는 금융소비자보호법상 등록된 자로 간주, 그 밖의 자는 금융소비자보호법상 등록 의무화 → 등록요건 위임	• 대출모집인 · 독립자문업자 등록요건 마련 – 온라인업자는 소비자와의 이해 상충방지를 위한 알고리즘 탑재 의무화
내부 통제	• 소비자보호 내부통제기준 마련 의무 부과 → 기준 마련 시 준수해야 할 사항 위임	• 기준에 포함시켜야 할 사항으로 소비자보호 전담조직 설치, 평가/보상체계 적정성 검토 등 규정
영업 규제	• 개별법상 산재되어 있던 6대매규제 등 영업 규제를 통합 → 추가 규율사항 위임 – 적합성 적정성 확인, 설명의무 준수, 불공정영업행위 부당권유 행위 및 허위 · 과장 광고 금지	• 추가 규율사항을 상세 규정하고 실효성 확보를 위해 관련 제도를 일부 개선 – 예: 판매시 상품 숙지의무 부과, 행정지도로 운영해 오던 대출모집인 규제의 법규화 등
소비자 권리	• 청약철회권 · 위법계약해지권 신설 → 적용 대상 등 위임	• 금융 상품 특성상 적용이 어려운 경우 외에는 모두 적용
분쟁 조정	• 현 금융위 설치법 규정 이관 → 분쟁조정위원회 구성 · 운영 및 조정절차에 관한 사항 위임	• 분쟁조정위원회 활성화 및 신뢰성 제고를 위해 분쟁조정위원회의 구성 · 운영 등을 대폭개선
감독 제재	• 징벌적 과징금 제도 도입 → 부과기준 위임	• 과징금상한(수입 등의 50%)의 기준인 수입 등을 투자성 상품은 투자액, 대출성 상품은 대출액으로 규정

예금성

은행예금처럼 이자수익이 발생하고 원금이 보장되는 상품

대상(예시): 예·적금 등

투자성

펀드처럼 투자수익이 발생하고 원금은 보장되지 않는 상품

대상(예시): 주식·펀드·파생상품·신탁· P2P투자·투자일임 등

보장성

보험처럼 보험료 납입 후 보험사고 발생 시 보험금을 지급받는 상품

대상(예시): 생명보험, 손해보험, 신협공제 등

대출성

대출처럼 금전 등을 빌려 사용 후 원금과 이자를 상환하는 상품

대상(예시): 각 금융회사 대출, 신용카드리스 할부, P2P대출, 대부상품 등

〈그림 9-1〉 금융상품의 분류

구분	업무	예시
직접 판매업자	자신이 직접 금융소비자에게 금융상품을 판매	은행, 증권사, 보험사, 저축은행, 신용카드사, P2P업자, 대부업자 등
판매대리·중개업자	금융회사와 금융소비자의 중간에서 금융상품 판매를 중개하거나 금융회사의 위탁을 받아 판매를 대리	투자권유대행인, 보험설계·중개사, 보험대리점, 카드·대출 모집인 등
자문업자	금융소비자가 본인에게 적합한 상품을 구매할 수 있도록 자문을 제공	투자자문업자, 독립자문업자

〈그림 9-2〉 금융업자 유형 및 주요 업무

(2) 금융소비자보호법의 소비자보호 세부 내용

① 사전 · 사후 보호

금융소비자보호 제도는 사후적 보호제도와 사전적 보호제도로 구분할 수 있다. 금융소비자보호를 위한 사전적 제도는 영업행위 준칙, 공시·약관·광고에 대한 규제, 불건전 영업행위 규제 등 주로 규제와 관련된 것이다. 사후적 제도는 민원, 분쟁조정, 소송 등과 관련한 제도로서 금융소비자가 제기한 불만에 대한 문제해결이나 피해구제를 위한 일반적인 프로세스에 해당한다.

- 금융상품 판매 전: 소비자의 재산상황, 금융상품 취득·처분 경험 등 정확히 파악
- 금융상품 판매 시: 금융상품에 대한 설명의무 등 6대 판매원칙 준수
- 금융상품 판매 후: 위법계약해지권 등 소비자권익 및 사후구제 강화

② 금융상품 판매 6대 원칙

금융상품 6대 판매원칙(적합성, 적정성, 설명의무, 부당권유 금지, 불공정행위 금지, 허위과장광고 금지) 규정이 금융소비자보호법에서 가장 주목할 만하다. 2021년 시행된 금융소비자보호법에 포함된 6대 원칙은 과거에도 일부 금융상품에 적용되어 왔는데, 6대 판매행위 규제를 모든 금융상품에 확대·적용하여 금융소비자 보호의

공백을 최소화시킨 것이다. 해당 6대 판매원칙이 도입되면서 금융사업자가 이를 위할 경우 위법계약해지권, 징벌적 과징금 도입 등 판매원칙 준수를 위한 법적 근거가 마련된 것이다.

이때, 적합성 원칙과 적정성 원칙의 차이점을 살펴보면, 적합성의 원칙은 금융상품을 금융소비자에게 권유할 때 적용되고, 적정성 원칙은 소비자가 사업자의 권유 없이 자발적으로 금융상품에 가입하는 경우에 적용되는 원칙이다.

〈표 9-2〉 금융소비자보호법의 6대 판매원칙과 세부 사항

원칙	세부 사항
① 적합성 원칙	• 고객정보를 파악하고, 부적합한 상품은 권유 금지 – 소비자의 연령, 재산상황, 거래목적, 투자경험 등에 비추어 부적합한 금융상품의 권유를 금지
② 적정성 원칙	• 고객이 청약한 상품이 부적합할 경우 그 사실을 고지 – 소비자가 자발적으로 구매하려는 금융상품이 소비자의 연령, 재산상황, 거래목적 등에 비추어 부적절할 경우 이를 고지 및 확인
③ 설명 의무	• 상품 권유 시 또는 소비자 요청 시 상품을 설명 – 금융상품 권유 시 또는 소비자가 요청 시 수익 변동 가능성 등 금융상품의 중요사항을 이해할 수 있도록 설명
④ 불공정 영업금지	• 우월적 지위를 이용한 소비자 권익 침해 금지 – 금융상품판매업자 등이 금융상품 판매 시 우월적 지위를 이용하여 소비자의 권익을 침해하는 행위(대출시 다른 상품 가입을 강요, 부당하게 추가 담보요구 등) 금지
⑤ 부당권유금지	• 불확실한 사항에 단정적 판단을 제공하는 행위 등 – 금융상품 권유 시 소비자가 오인할 우려가 있는 허위사실 등을 알리는 행위를 금지
⑥ 광고규제	• 광고 필수 포함사항 및 금지행위 – 금융상품 또는 금융상품판매업자 등의 업무에 관한 광고 시 필수 포함사항 및 금지행위 등을 규정

2) 금융 분야 공시, 약관, 광고규제

(1) 공시규제

금융회사의 공시는 회사 경영에 대한 부분과 금융상품에 대한 부분으로 나누어 접근해 볼 수 있다. 회사의 경영정보 공시 중 하나인 건전성은 소비자에게 금융계약의 지속성을 판단하게 해 주는 중요한 정보이다. 회사의 건전성이 악화되어 부도가 발

생하면 거래를 지속할 수 없을 뿐만 아니라 손실을 볼 수도 있기 때문이다. 금융거래에 필요한 정보를 제공하는 것이 금융상품에 대한 공시인데 이는 크게 각 협회가 제공하는 비교공시[2)]와 금융회사가 제공하는 상품 관련 공시로 나눌 수 있다.

자본시장법 제58조에 의하면 금융투자업자의 경우 수수료 부과 기준이나 부과 절차를 홈페이지 등에 공시하도록 규정하고 있다. 금융투자협회를 통해 이를 금융투자업자별로 비교 공시하는 의무조항을 두고 있다. 또한, 자본시장법 제90조에는 금융투자협회가 집합투자재산의 운용실적을 비교하여 공시하도록 규정하고 있다.

보험의 경우 보험업법 제124조에서는 보험계약자의 보호를 위해 보험회사 및 보험협회가 공시하여야 할 중요 사항에 대해 규정하고 있다. 보험업법 시행령을 통해 보험료, 보험금, 보험기간, 보험회사의 면책사유, 보장위험, 모집 수수료율, 공시이율, 특별계정 자산의 기준가격 및 수익률의 공시를 규정하고 있다.

은행의 경우 은행법 제52조를 통해 금융소비자와의 금융분쟁 발생 방지를 위해 중요 정보에 대한 공시 의무는 포함하지 않고 있다. 그러나 판매하는 금융상품에 대한 비교공시에 대한 법률적 의무는 규정하고 있지 않다. 이를 보완하기 위해 금융감독원은 금융상품 비교공시 활성화 방안을 마련해 소비자의 상품 선택권을 강화하고 있다. 소비자정보 포털에는 예금, 적금, 대출 등과 같은 금융상품의 비교 조회, 퇴직연금 수익률 공시, 연금저축 통합공시 서비스를 제공한다.

(2) 약관규제

약관규제에 관한 법률(이하 약관규제법)은 사업자가 지위 남용을 통해 공정하지 않은 내용의 약관을 통해 거래를 체결하는 것을 금지하고 있다. 금융소비자보호를 위한 건전한 거래질서를 확립하고자 약관규제법에 적용을 받아 불공정약관을 규제하고 있다. 약관규제법에 따라 금융회사는 금융 소비자에게 약관 내용에 대해 설명해야 하며 모호한 약관 규정은 소비자에게 유리하게 적용하도록 하고 있다. 또한 소비자에게 불리한 약관은 무효화할 수 있도록 명시하고 있다. 그러나 이러한 조치가 금융소비자에게 실제적으로 사전적 구제가 되기는 힘든 상황이다. 소비자가 이해하

2) 유사한 서비스를 제공하는 금융상품들의 주요 특성을 금융소비자가 쉽게 비교할 수 있도록 공시와 관련된 자료 등을 체계적으로 정리하여 공시하는 것을 말한다.

기에는 전문적이고 어려운 약관이 많기 때문이다. 결과적으로 대부분의 소비자는 금융거래에서 피해가 발생한 후에 사후적 구제를 받고 있는 상황이다.

(3) 광고규제

일반 상품과 같이 금융상품에 대한 광고 역시 공정거래위원회가 관할하는 표시광고의 공정화에 관한 법률(이하 표시광고법)이 적용된다. 금융광고는 상품광고와 회사에 대한 이미지 광고로 분류한다. 첫째, 회사 이미지 광고는 표시광고법, 방송법, 소비자기본법 등의 적용을 받는다. 둘째, 금융상품 관련 광고는 홈쇼핑, 공중파, 라디오 등의 방송광고와 신문, 잡지, 옥외광고, 전단지 등의 비방송광고를 포함한다. 최근에는 모바일 환경에 적합한 SNS 마케팅이 확산되면서 광고 채널이 다양하고 복잡해지고 있다.

금융업권의 광고규제를 살펴보면 금융투자업자로 등록되지 아니한 자는 금융투자상품에 대한 광고를 금지하고 있다(자본시장법 제57조). 또한 투자위험에 대한 부분을 광고에서 명확하게 공지하도록 의무화하고 있는데, 특히 투자자는 투자원금의 손실이 발생할 수 있다는 점을 고지해야 하며 그 손실은 투자자에게 귀속됨을 알려야 한다. 게다가 금융투자사업자는 금융투자상품광고에서 운용실적은 미래의 수익률을 보장하는 것이 아님을 알려야 한다.

은행법에서는 예금, 대출 등 은행이 취급하는 상품광고에 필수적으로 은행의 명칭, 상품의 내용, 거래조건을 포함하도록 하고 있다. 은행법 제52조에는 금융소비자의 올바른 선택을 위해서 이자 지급 시기와 부과 시기, 이자율의 범위 및 산정방법, 부수적 혜택 및 비용 등을 명시하게 하고 있다. 보험법의 경우 제95조에서 모집광고 관련 준수사항을 규정하고 있다. 예를 들어, 보험상품에 대해 광고하는 경우 보험회사는 보험계약 체결 전에 상품설명서 및 약관을 읽어 볼 것을 권유하는 내용을 명시하여야 한다.

3) 금융 분야 소비자피해구제 법제도

(1) 청약철회권

소비자가 금융상품에 가입(청약)한 후 가입 과정 등에 문제가 없었더라도 일정 기간 내에 중도해지 수수료와 같은 불이익 없이 가입(청약)을 철회할 수 있다. 금융분야소비자 청약철회 권리 적용 대상이 일부 보호/대출 상품에서 대부분의 금융상품, 투자성 상품, 금융상품자문계약, 보장성·대출성 상품(예금성 상품 제외)으로 확대되었다.

소비자의 청약철회권 행사 가능 기간은 금융상품별로 차이가 있는데 〈표 9-3〉과 같은데 소비자가 청약철회권을 행사하는 경우 금융회사는 이미 받은 금전과 재화 등을 청약철회 접수 후 3영업일 이내에 반환해야 한다.[3)]

〈표 9-3〉 금융 상품별 소비자 청약철회권

구분	기준		비고(사업자 의무)
보장성 상품	보험증권 수령일 청약일	증권수령 15일 이내 청약일 후 30일 이내	먼저 도래하는 기간이내
대출성 상품	계약설 제공일 계약체결일 금전·재화용역 지급일	14일 이내	소비자가 청약철회 전에 받았던 금전 등을 반환한 날로부터 3영업일 이내 반환
투자성 상품 금융상품자문계약	계약서류 제공일 계약체결일	7일 이내	청약청회 접수 후 3영업일 이내 반환

(2) 위법계약해지권

위법계약해지권은 보험이나 대출처럼 계약이 일정기간 유지되고 계약해지 시 금융소비자에게 해지 수수료나 위약금 같은 재산상 불이익이 발생하는 금융상품에 적용한다. 위법계약해지권에 따라 계약이 해지된 경우 금융소비자는 수수료, 위약금 등의 계약해지 관련 비용을 부담하지 않는다.

(3) 소송중지제도 도입

금융분쟁조정을 신청한 전후 시기에 금융사의 소송이 제기된 경우 담당 법원은 금융소비자분쟁조정이 이뤄질 때까지 소송절차를 중지시키는 것이 가능하다.

3) 대출성 상품은 금융소비자가 청약철회권 행사 이전에 금융회사로부터 지급받은 재화 등을 반환한 날 이후 3영업일 이내에 반환해야 한다.

(4) 소액사건분쟁조정 이탈금지제도 도입

소비자가 신청한 소액사건(손해배상청구액이나 보험금청구액 등이 2천만원 이내) 분쟁조정의 경우 금융감독원으로부터 조정안을 제시받기 전까지는 금융회사 등이 소송을 제기할 수 없도록 제한하고 있다. 이는 금융회사의 소제기를 통한 분쟁조정 제도의 무력화를 방지하기 위한 것이다.

(5) 자료열람요구권

소비자의 금융상품 거래정보 접근 권한을 강화하기 위해 소비자의 자료열람요구권을 도입하였다.

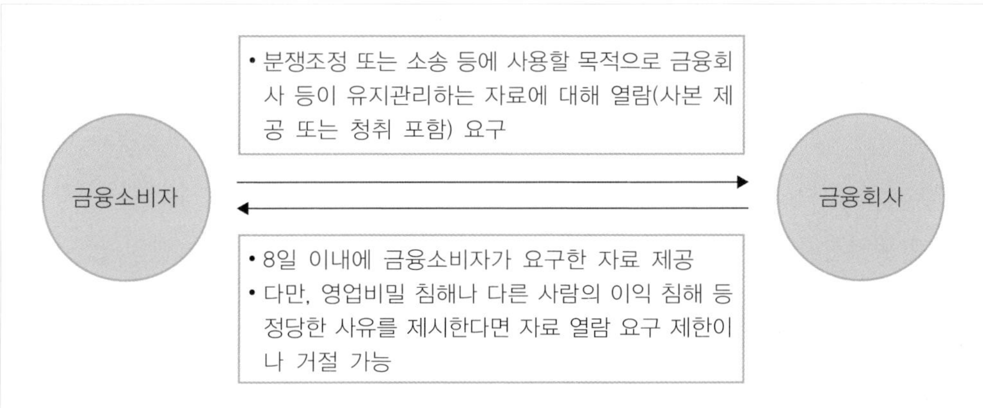

〈그림 9-3〉 소비자의 자료열람요구권 개요

(6) 손해배상

소비자는 금융회사의 위법 행위에 대한 손해배상청구의 권리가 있다. 민법 제750조에 의하면 고의 또는 과실로 인행 위법행위로 타인에게 손해를 가한 자는 그 손해를 배상할 책임이 있다. 현행 금융업법상 손해배상책임에 대한 규정이 자본시장법에는 있으나 은행법, 보험업법 등에는 규정이 없다. 따라서 은행업과 보험업은 민법에 따라 손해배상책임을 진다. 반면, 자본시장법 제48조에 따르면 금융투자업자가 일반투자자에게 설명의무를 위반한 경우 손해배상책임을 부담한다. 제64조에서는 금융투자업자가 법령, 약관, 투자설명서, 집합투자규약에 위반하는 행위를 하거나 그 업무를 소홀히 하여 투자자에게 손해를 발생시킨 경우에도 손해배상책임이 있다고 규정하고 있다.

최근에는 귀책사유가 판매 직원에게 있을 경우 판매자도 책임을 부담하고 있다. 그동안 금융회사가 대부분의 손해배상책임을 부담해 오던 것에서 한층 더 강화한 조치이다. 우리나라는 금융회사가 파산할 경우 금융상품 투자로 발생한 소비자의 손실에 대해 예금보험공사만 책임의 역할을 수행한다. 때문에 예금자보호 대상을 제외한 투자상품의 경우에는 해당 금융회사가 파산할 경우 보상받을 수 있는 방법이 없다(예금보험공사, 2020).

4) 금융 분야 소비자분쟁조정제도

분쟁조정은 크게 소송을 통한 해결하는 방법과 소송 외 분쟁조정기구를 통해 해결하는 방법으로 나눌 수 있다. 그리고 소송 외적 분쟁조정은 크게 대안적 분쟁조정(ADR) 방법과 회사 내 분쟁조정(IDR) 방법이 있다. 우리나라의 경우 회사 내 분쟁조정의 비중은 크지 않다. 그리고 대안적 분쟁조정(ADR)은 행정형 분쟁조정과 민간형 분쟁조정이 있다. 행정형 분쟁조정은 행정부 또는 유사한 기능을 수행하는 기관을 통해 이루어지고, 민간형 분쟁조정은 자율규제기구를 통해 운영되는 것이다. 금융감독원과 한국소비자보호원은 각각 금융분쟁조정위원회와 소비자분쟁조정위원회는 운영을 통해 금융회사와 소비자 간에 발생한 분쟁을 조정하는 역할을 수행하고 있다. 소비자는 두 기구에 중복해서 분쟁조정을 신청을 할 수 없으며, 소송과의 병행도 제한하고 있다.

소비자분쟁조정제도(ADR)는 소비자와 금융회사 사이에 금융업무 등과 관련하여 분쟁이 발생했을 때, 금융감독원에 설치된 금융분쟁조정기구인 분쟁조정위원회가 분쟁을 조정함으로써 소비자의 피해를 구제하도록 마련된 제도이다. 분쟁조정위원회는 안건이 회부된 날로부터 60일 이내에 이를 심의하여야 하기 때문에 법원을 통한 피해구제방법, 즉 소송보다 비용과 시간 면에서 유리하다. 금융분쟁조정위원회의 분쟁조정안을 양 당사자가 수락하면 해당 조정안은 재판상 화해와 동일한 효력을 가지게 되어 이후 조정안을 거부하거나 번복할 수 없으므로 수락 여부는 신중히 결정해야 한다.[4]

4) 소송 양 당사자가 양보와 합의를 통해서 소송을 종료하는 것으로 확정 판결과 동일한 효력이 발생

(1) 금융감독원의 금융분쟁조정위원회

1999년 공표된 금융위원회법에 근거해 금융감독원의 금융소비자분쟁 제도가 운영되고 있으며, 2020년 3월에 일부 개정되었다. 금융위원회법 제52조(조정위원회의 구성)에 근거하여 금융감독원의 금융분쟁조정위원회는 위원장 1명(소속 부원장보)을 포함하여 30명 이내의 위원으로 구성된다. 금융감독원의 검사를 받는 기관은 대부분 분쟁조정을 하는 대상이다. 은행, 보험회사, 증권금융회사, 금융투자업자, 종합금융회사, 여신전문금융회사 및 겸업여신업자, 상호저축은행과 그 중앙회, 농협은행, 신용협동조합 및 그 중앙회 등이 이에 속한다.

금융감독원은 금융위원회법 제53조(분쟁의 조정)에 의해 분쟁조정의 신청을 받으면 당사자들에게 그 내용을 알리고 합의를 권고할 수 있다. 금융감독원장은 분쟁조정 신청을 받고, 합의가 이루어지지 않는 경우에는 30일 이내에 조정위원회에 지체없이 이를 회부하여야 한다. 그리고 조정위원회는 이를 60일 이내에 심의를 진행하여 조정안을 작성하여야 한다. 조정안을 수락한 경우 그 조정안은 재판상의 화해와 동일한 효력을 갖는다.

(2) 한국소비자원의 소비자분쟁조정위원회

한국소비자원은 소비자기본법 제33조 및 제34조에 의해 소비자불만처리와 피해구제를 위한 업무를 수행한다. 소비자기본법 제60조에 의거 한국소비자원에서는 소비자분쟁조정위원회를 설치하여 소비자와 사업자 사이에 발생한 분쟁을 조정하는 역할을 수행하고 있다.[5] 소비자분쟁조정위원회는 소비자분쟁조정 요청사건을 심의하여 조정결정 수행하는 준사법적인 기구이다. 이는 법원에 의한 사법적 구제 절차 전에 당사자 간 분쟁 해결을 할 수 있는 마지막 수단이라고 할 수 있다.

하기 때문에 추후 이에 반하는 주장을 할 수 없음

5) 소비자분쟁조정위원회는 위원장 1명이 포함된 150명 이내의 위원으로 구성하며, 위원장이 포함된 5명은 상임으로 하고 나머지는 비상임으로 한다(소비자기본법 61조).

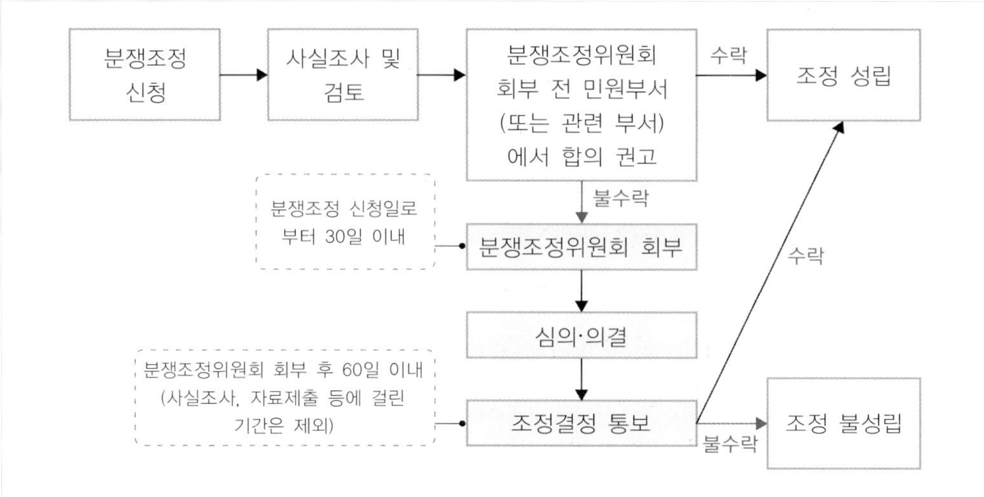

〈그림 9-4〉 금융분쟁조정제도(ADR) 절차

2. 신용카드와 소비자피해구제

신용카드 관련법은 여신전문금융업법, 할부거래에 관한 법률 등인데, 특히 여신전문금융업법은 신용카드 회원에 대한 보호와 신용카드회사 및 신용카드가맹점의 의무에 관해 규율하고 있다. 즉 신용카드 거래를 한 신용카드 회원을 보호하기 위해 신용카드 회사 또는 신용카드 가맹점에 대해 신용카드의 분실 · 도난 · 위조 및 변조 시 책임, 거래조건 주지의무, 거래거절 금지의무, 본인여부 확인의무 등을 부과하고 있다.

1) 신용카드 분야 소비자보호

(1) 신용카드의 분실 · 도난

신용카드 회사는 신용카드 회원으로부터 신용카드의 분실 · 도난 등의 통지를 받으면 신용카드의 사용으로 인한 책임을 지게 된다. 신용카드 회사가 분실 · 도난당한 신용카드의 사용에 대해 책임져야 하는 기간은 신용카드를 분실 · 도난당한 소비자가 통지한 날부터 60일 전까지이다. 다만, 신용카드의 분실 · 도난 등에 대해 그 책임의 전부 또는 일부를 신용카드 회원의 부담으로 할 수 있다는 취지의 계약을 서면으로 체결했다면, 신용카드 회사는 신용카드 회원에게 그 계약 내용에 따른 책임을 부담하게 할 수 있다.

(2) 신용카드 위조 · 변조의 경우

신용카드 회사는 신용카드 회원에 대해 위조 · 변조된 신용카드의 사용으로 인한 책임을 진다. 다만, 신용카드 회사가 신용카드의 위조 · 변조에 대해 그 신용카드 회원의 고의 또는 중대한 과실을 입증하면 그 책임의 전부 또는 일부를 신용카드 회원의 부담으로 할 수 있다는 취지의 계약을 서면으로 체결했다면, 신용카드 회사는 해당 신용카드 회원에 대해 그 계약 내용에 따른 책임을 부담하게 할 수 있다. 여기에서 고의 또는 중대한 과실은 고의 또는 중대한 과실에 의한 비밀번호의 누설, 신용카드의 양도 또는 담보 목적으로의 제공을 말한다.

(3) 거래조건 주지의무

신용카드 회사는 다음의 사항을 해당 신용카드 회사 및 여신전문금융협회의 인터넷 홈페이지에 게시하거나 전국 단위의 일간신문에 공고하거나 신용카드 회원에게 개별 통보하는 등의 방식으로 신용카드 회원과 신용카드 가맹점에 알려야 한다.

- 신용카드 회사가 정하는 이자율 · 할인율 · 연체료율 등 각종 요율
- 신용카드 이용금액의 결제방법
- 신용카드 등의 분실 · 도난 · 위조 · 변조 시 신용카드회원 등에 대한 책임
- 신용카드 가맹점에 대한 책임과 신용카드가맹점의 준수사항
- 신용카드 회원에게 적용되는 신용등급의 분포 현황
- 신용카드 회사의 신용카드회원에 대한 자금융통업무 종류별 수수료 등 수입비율

2) 신용카드 가맹점 소비자보호책임

① 거래거절 금지

신용카드 가맹점은 신용카드에 의한 거래를 이유로 물품 등의 제공을 거절하거나 신용카드회원을 불리하게 대우하지 못하게 금지된다. 만약 이를 위반하면 1년 이하

의 징역 또는 1천만원 이하의 벌금에 처해 진다.

② 본인 여부의 확인

신용카드 가맹점은 신용카드에 의한 거래를 할 때마다 신용카드상의 서명과 매출전표상의 서명이 일치하는지를 확인하는 등 해당 신용카드가 본인에 의해 정당하게 사용되고 있는지 여부를 확인해야 한다.

③ 가맹점 수수료 전가 금지

신용카드 가맹점은 가맹점 수수료를 신용카드 회원이 부담하게 해서는 아니 된다. 이를 위반하면 1년 이하의 징역 또는 1천만원 이하의 벌금에 처해 진다.

3) 신용카드와 소비자피해구제

신용카드 사용이 보편·대중화되었고 장점도 많으나 몇 가지 단점도 존재한다. 첫째, 신용카드는 분실이나 도난 시 그 피해가 커질 우려가 있다. 둘째, 현금이 없어도 구매를 할 수 있으므로 과소비를 유발할 가능성이 있다. 셋째, 수수료, 연체료 등 추가 경비를 부담시키는 단점이 있다. 신용카드사로부터 대출이나 현금서비스를 제공받을 경우 그 이자율이나 수수료가 높으므로 소비자는 주의하여야 한다. 넷째, 소비자는 제 3자의 부정사용, 가맹점의 매출전표 위조나 변조 등의 피해를 입을 우려가 있다.

신용카드와 관련한 법은 여신전문금융업법, 할부거래와 관련한 법률 등인데 신용카드 피해 중 분실이나 도난 등에 의한 부정사용에 대한 문제는 상담이나 정보제공으로 종결되는 사건이 아니므로 실제 피해구제 업무를 맡아보는 금융감독원이나 한국소비자원 등에서 구제를 받는 것이 좋다.

분실이나 도난 등에 의한 부정사용은 신용카드 회원 약관에 의해 신용카드업자가 카드 회원으로부터 분실이나 도난 등의 통지를 받은 때에는 회원의 과실이 없다면 분실신고 전 25일간 부정사용한 금액은 신용카드 회사에서 전액보상받을 수 있다. 그러나 예외적으로 분실을 인지하고 즉시 신고하지 않은 경우, 카드를 양도하거나 대여한 경우 등은 보상받기 힘들다. 소비자피해구제 여부는 회원의 과실유무(양도,

대여, 불법대출, 서명 미기재), 카드사의 보상 시한 내 부정사용 발생(신용카드사의 부정사용 적용), 신용카드사의 보상범위 미적용 시(서명의 육안상 상이 여부, 가맹점의 본인 여부 및 서명확인 여부) 등을 기초로 처리한다. 신용카드 사용과 관련한 소비자피해를 유형별로 구분하여 구체적으로 구제방안을 살펴보면 다음과 같다.

(1) 신용카드 분실 및 도난으로 인한 피해

신용카드 관련 피해 중 분실 및 도난으로 인한 제 3자의 부정사용으로 인한 피해가 가장 심각하다. 소비자피해는 소비자가 자신의 카드가 분실된 사실을 모르고 있다가 타인에 의해 사용된 카드대금이 청구되는 경우도 있고, 분실을 알고도 늦게 신고한 경우, 배우자나 가족에게 빌려 준 후 피해가 발생하는 경우 등 다양하게 발생하고 있다. 이러한 피해는 카드를 소지한 소비자의 철저한 관리, 가맹점에서의 서명확인, 분실 후 즉시 신고 등 기본적 사항이 준수된다면 예방될 수 있다.

신용카드 약관에 따르면 소비자는 분실 및 도난 즉시 카드회사에 신고한 경우에 이로 인한 피해발생시 보상을 받을 수 있다. 카드 도난이나 분실 시 소비자는 신용카드사에 전화 통보한 후, 서면 신고를 하여야 한다. 분실이나 도난 후 즉시 신고한 경우 신고 시점으로부터 60일 이전의 부정사용 등으로 인한 피해를 보상받을 수 있다. 구체적으로, 소비자는 신용카드회사에 전화로 알리는데 이때 신고접수 번호, 신고를 받은 직원의 이름을 적어 두어야 한다. 그러고 나서 다시 서면으로 신고 사실을 접수하여야 안전하다. 분실이나 도난 즉시 신고하지 않을 경우 신고지연 책임으로 인해 피해보상을 받지 못하는 경우가 발생한다.

그러나 고의 또는 과실로 신용카드를 분실하였거나 분실 사실을 알고도 늦게 신고한 경우에는 부정사용 금액의 일부 또는 전부를 분실자가 부담하여야 한다. 예를 들어, 신용카드 뒷면에 서명이 되지 않은 경우 피해보상이 되지 않는다. 신용카드를 신청하였으나 카드가 오지 않으면 발급 여부를 확인하는 것이 좋다. 우송 도중 문제 또는 피해가 발생할 수 있기 때문이다. 신용카드 비밀번호는 본인만 아는 것이 좋으며, 부부 등 가족에게도 신용카드를 맡기지 않는 것이 좋다. 매출전표와 영수증은 반드시 보관하고 카드 사용 후 거래금액을 반드시 확인하는 것이 피해를 사전에 예방하는 방법이다

또 다른 예를 들면, 소비자 A씨는 새벽 택시 안에서 카드가 분실된 사실을 알았는

데, 분실 신고를 오후에 하였으나, 아침에 벌써 몇백만 원어치의 부정사용이 일어 난 사건이 있었다. 이에 카드회사에서는 분실신고를 늦게 했다는 이유로 완전보상을 거절했다. 그 후 이 소비자가 소비자원에 피해구제신청을 하였고 그 결과 부정사용 금액 중 소비자가 10%, 카드사가 90% 부담하기로 중재된 사례가 있었다. 한편, A여성 소비자는 카드분실 사실을 모른 채 한 달 이상이 경과한 후 부정매출을 알게 되어 신고하였는데, 조사결과 부정사용자가 남자임이 판명되었다. 전표상의 서명과 청구인의 서명이 다르고 카드에 주민등록번호가 있고 카드 회원이 여자임에도 본인의 사용 여부를 확인하지 않고 물품을 판매한 가맹점의 책임이 인정되어 전액 배상받았던 사례가 있다.

(2) 신용카드관리 소홀로 인한 소비자피해

소비자가 신용카드 관리를 소홀히 한 경우 이로 인한 피해가 발생하면 소비자도 과실 책임을 물어야 한다. 신용카드 회원 규약에 따르면, 신용카드는 선량한 관리자로서 주의를 다하여 신용카드를 이용·관리하도록 규정되어 있다. 따라서 소비자는 신용카드를 확인할 수 있는 일정한 곳에 두면서 보관유무를 수시로 확인하여야 한다. 신용카드를 차안에 둔다든지, 어디다 두었는지 잘 모른다든지 하면 소비자의 관리소홀로 간주되어 피해보상을 전액받기 어렵다. 또한, 신용카드를 타인(배우자, 가족 등)에게 빌려준 경우, 카드 뒷면에 서명하지 않은 경우, 분실을 알고도 늦게 신고한 경우 등은 신용카드 분실 및 도난으로 인한 피해에 대하여 전액보상받지 못한다.

예를 들어, 신용카드를 투명한 수영가방 같은 데 넣어서 공공장소에 걸어 두었다가 분실한 경우, 즉 소비자가 분실하지 않도록 충분히 노력하지 않아 발생하는 피해는 완전히 보상받지 못한다. 또 다른 사례로써 소비자 B씨는 신용카드를 발급받은 후 한 번도 사용하지 않은 신용카드의 대금청구서를 받고서야 그 카드가 분실된 것을 확인하였다. 따라서 이 사실을 신용카드사에 신고하고 가맹점에 부정사용대금의 배상을 요구하였으나 거절당하였다. 소비자 B씨의 손해배상청구를 해결하기 위하여 조사를 한 결과 가맹점은 신용카드 회원과 사용자의 성별이 다른데도 본인 사용 여부를 확인하지 않았으며, 반면 B씨는 신용카드를 전혀 사용하지 않고 신용카드에 서명했는지도 기억하지 못하였고 대금청구서를 받고서야 분실 사실을 알게 되었으므로 신용카드 관리를 소홀히 한 것으로 간주되어 가맹점과 소비자의 과실을 절반씩

인정하여 두 당사자가 부정사용액의 50%를 배상하도록 한 사례가 있다.

(3) 가맹점의 의무 불이행으로 인한 피해

가맹점의 의무 불이행으로 발생하는 피해는 가맹점이 지도록 되어 있다. 신용카드업법에 따르면 신용카드 가맹점은 신용카드 거래를 할 때마다 신용카드가 정당하게 사용되고 있는지 여부를 확인하여야 한다고 규정하고 있다. 따라서 사용자 본인이 사용하고 있는지의 여부를 확인하지 않아 발생한 신용카드 사고는 가맹점이 책임을 지고 배상해야 한다. 뿐만 아니라, 가맹점의 매출전표 위조 및 변조 등 부정사용으로 인한 피해발생의 경우 당연히 가맹점이 책임을 지게 된다.

한편, 도난 또는 분실된 유효기간이 지난 신용카드를 부정사용하여 피해가 발생하기도 한다. 간혹 전산 오류로 가맹점이 유효기간이 경과한 신용카드를 승인해 주어 부정사용으로 인한 피해가 발생한 경우 신용카드사와 가맹점 과실이므로 양자가 손해부담하는 경우도 발생하고 있다.

소비자 C씨는 백화점 신용카드가 분실된 것을 알고 백화점에 그 사실을 신고하였다. 그러나 분실신고 후 160여 만원의 부정매출이 발생하여 대금이 이 소비자 C씨에게 청구되었다. 처리결과를 위해 조사한 결과 매출전표상에 사용자의 주민등록증번호와 성명이 허위로 기재되어 있음이 밝혀졌고, 백화점은 회원이 아닌 타인에 의하여 사용되었음을 인정하여 백화점에서 부정매출액 전액을 배상하는 것으로 처리된 사례가 있다.

(4) 가맹점의 수수료 전가행위

카드결제 시 봉사료 등의 명목으로 부당하게 가맹점 수수료를 소비자에게 전가하는 경우가 있다. 그러나 가맹점은 수수료를 소비자에게 전가할 수 없다. 가맹점의 수수료 전가에 대한 피해유형은 여신전문금융업법을 위반한 것이므로 가맹점은 불법행위를 한 것이라고 할 수 있다.

(5) 신용카드 우송 과정에서의 피해

신규가입이나 신용카드 재발급 시 본인에게 전달되지 않은 카드로 인한 피해는 소비자가 수령하지 않았음이 확인되면 신용카드 회사가 보상해야 한다. 사례를 들어 보면 소비자 D씨가 신청한 신용카드가 우송 중 분실되었다. 그 후 100만원 정도의 부정사용이 발생하여 그 대금이 D씨에게 청구되었다. 이에 D씨가 카드사에 배상을 요구하자 신용카드사는 주소를 명확하게 기재하지 않은 소비자가 과실이라며 보상을 거절하였다.

이를 처리하기 위하여 조사한 결과 주소가 불명확하여 집배원이 아파트 관리실 직원에게 신용카드를 수령하라고 하였으며 관리실 직원은 같은 아파트에 거주하는 동명이인에게 카드를 전달하여 부정사용이 발생하게 되었음이 조사되었다. 이 경우 소비자 본인이 서명하지 않았다는 것이 명확하므로 카드회사는 소비자에게 청구한 대금을 취소하도록 조치한 사례가 있다.

(6) 신용카드의 부정발급 피해

신용카드의 부정발급과 관련한 소비자피해는 나중의 분쟁에 대비해 소비자단체나 한국소비자원 등의 상담을 받아 사법기관에 형사고발하여야 한다. 사실 그대로를 적은 소장을 작성하여 관할 경찰서 민원실에 제출하여야 한다. 신용카드의 부정발급이란 예를 들어, 타인이 주민등록번호를 알아내어 임의로 신용카드를 발급받아 부정사용 후 도주하는 경우 등이 이에 해당한다.

9-1 학원부도 후 카드 대금결제

소비자 E씨는 웹 마스터 과정에 등록하고, 100만 원을 10개월 할부로 결제했다. 개강일에 학원을 가니 부도가 났고, 수강이 불가능했다. 그 사이 신용카드사로부터 청구서가 날아왔다.

이 경우, C씨는 신용카드사를 상대로 항변권을 행사하면 된다. 신용카드가맹점이 폐업 등으로 채무를 이행할 수 없거나 명백한 채무불이행으로 소비자에게 피해를 줄 때 항변권은 신용카드 회사에 가맹점의 관리책임을 묻는 것으로 20만원 이상의 할부거래 시 적용된다. 3~12개월 장기 계약 시 선불을 내야 하는 상품이나 서비스를 이용할 때는 일시불이나 현금보다는 신용카드 할부로 지불하는 것이 만일의 위험을 줄이는 방법이다. 할부거래의 항변권을 행사해서 카드대금 청구가 정지되도록 할 수 있기 때문이다. 단, 신용카드 일시불 결제일 때는 해당되지 않는다. 또한 문제발생 시 지체 없이 서면으로 신용카드사에 통보해야 하며, 증거자료 즉 매출전표 외에 어떤 계약이었는지를 알릴 수 있는 증거자료를 신용카드사에 제출해야 한다. E씨의 경우 강의내용 및 시간 등이 구체적으로 기록된 학원등록증 사본이나 구입계약서 등을 잘 보관해 두는 것이 할부거래에서 중요하다.

(7) 신용카드로 할부거래 후 발생하는 피해: 항변권

신용카드로 할부결제하였는데 피해가 발생한 경우 카드사를 상대로 항변권을 행사할 수 있다. 항변권은 1992년 할부거래법을 제정하면서 도입되었는데 계약의 일방 당사자인 사업자가 자신의 채무는 이행하지 않은 채 소비자에 대해서만 채무이행을 청구해 온 경우 사업자의 청구를 거절할 수 있도록 법에서 부여한 권리이다.

예를 들면, 소비자가 학원 수강료, 가전제품, 컴퓨터 등 비싼 제품을 신용카드로 할부결제하였는데, 제품을 약속한 날짜에 받지 못했다든가, 사업자가 명백하게 약속한 책임을 이행하지 않았다거나, 카드가맹점이 폐업했다거나 하는 이유로 소비자가 피해를 입은 경우 소비자는 신용카드사에 할부대금지급 취소를 요청할 수 있는 권리가 항변권이다. 할부거래법, 제12조 제1항에 따르면, 항변권을 사용할 수 있는 사유는 다음과 같다.[6)]

- 할부계약이 무효, 취소 또는 해제된 경우
- 목적물이 약속된 날짜까지 인도되지 않은 경우
- 매도인이 하자담보책임을 이행하지 않은 경우
- 기타 매도인의 채무불이행으로 할부계약의 목적을 달성할 수 없는 경우

통상적으로 항변권을 행사할 수 있는 조건은 할부거래여야 한다. 일시불 거래에서는 항변권 적용이 되지 않는데, 할부거래란 2개월 이상의 기간에 걸쳐 3회 이상 분할하여 대금을 지급하는 거래이다. 또한, 할부거래금액이 신용카드결제인 경우에 한해서 그리고 결제액수가 20만원 이상일 때[7)], 일반 할부거래(예: 할부금융)의 경우 10만원 이상이어야 한다. 한편 할부기간이 종료되지 않아야 하며, 이미 납부한 할부금은 반환 청구할 수 없고, 지급하지 않은 잔여 할부금에 대해 항변권을 행사할 수 있다.

6) 한편 무효, 취소, 해제 사유와 관련한 법적 근거는 착오에 의한 계약(민법 109조), 사기 또는 강박에 의학 계약(민법 110조), 법정 대리인의 동의 없는 미성년자의 계약(민법 5조), 한정치산자(민법 10조), 금치산자(민법 13조)와의 계약, 선량한 풍속, 사회질서 위반(민법 103조), 불공정한 법률행위 (민법 104조), 강행법규 위반, 해제조건의 성취(이행지체, 이행불능, 불완전 이행), 합의해제, 해지, 청약철회권 행사이다.

7) 항변권을 무제한으로 인정할 경우 남발로 인한 분쟁이나 비용이 더 커져 본래의 취지대로 운영되기 어렵다는 점 때문에 금액을 20만원으로 제한하고 있는데, 10만원으로 내리자는 주장이 계속적으로 제기되고 있다.

다시 말해, 할부로 결제했을 때, 할부기간이 끝나기 전에 권리로써, 이를 행사하기 위해서는 항변권 행사가 가능한 사유를 입증할 충분한 증거자료가 있어야 한다.

항변권을 행사하는 방법은 항변권 사유가 발생하는 경우, 즉시 신용카드사에 항변권을 행사하겠다는 의사를 서면으로 통지하여야 하므로 우체국에서 내용증명 우편으로 의사를 통지하면 된다. 물론, 이때 가맹점의 약속불이행 사실 등 항변 사유를 입증할 수 있는 증거자료가 있으면 첨부하여야 한다. 사정이 여의치 않아 증거자료가 확보되지 못한 경우, 나중에 보완하더라도 항변권을 행사하겠다는 내용의 내용증명을 빨리 발송하여야 한다.[8)]

9-2. 신용카드사 할부항변권 성형외과 이용 중 폐업

소비자 F씨는 한 성형외과에서 성형수술 및 관리비용으로 340만 원을 신용카드 18개월 할부로 결제하였다. 그러나 성형외과를 이용하던 중 폐업으로 인해 더 이상 진료를 받을 수 없게 되었다. 수술 후 정기적인 흉터관리와 주사 시술로 총 4회 진료를 받았다. 이후 예약을 위해 성형외과에 연락을 해보니 성형외과가 폐업한 사실을 알게 되었다. 진료 서비스가 남아 있어 신용카드사에 소비자 F씨 할부 항변을 신청했으나 카드사는 항변대상이 아니라며 이를 거절한 상황이다.

한국소비자원은 카드사가 소비자의 할부항변권을 수용해야 한다고 조정하였다. 이 사례와 같이 성형외과와 할부거래계약을 체결하고 서비스를 받는 중 성형외과가 폐업함으로써 더 이상 서비스를 제공받을 수 없는 경우는 할부거래법 제16조 제1항(소비자의 항변권)에서 할부거래업자의 채무불이행으로 인하여 할부계약의 목적을 달성할 수 없는 경우에 해당한다. 따라서 신용카드사는 귀하의 정당한 항변권 행사를 수용하고, 항변권 행사 이후 납부해야 할 나머지 할부금에 대해서는 청구하지 말아야 한다.

출처: 컨슈머치(2022.8.11.)

8) 항변권은 판매자의 계약 불이행 위험에 대비할 수 있는 좋은 장치이다. 따라서 1회성 매매거래가 아닌 미래의 특정 시점까지 서비스를 제공받는 계약인 경우 일시불보다 할부로 결제하되, 용역 제공 기간보다 최소한 길거나 같으면 좋다.

〈표 9-4〉 신용카드 소비자피해유형 및 피해보상기준

<table>
<tr><td>1) 분실·도난신고를 통지한 날로부터 60일 전 이후에 제 3자가 부정사용한 경우</td><td>전액보상</td><td rowspan="7">• 소비자에게 귀책사유가 있는 경우(신용카드회원 약관에 규정)는 과실상계 가능
• 다만, 다음 각호의 경우에는 과실상계 가능
1. 회원이 카드 미수령에 따른 사고발생 사실(타인 수령 등)을 인지하였으나, 카드사에 신고를 지연함으로써 부정사용대금이 발생한 경우
• 피해유형 3)의 경우 소비자의 고의 또는 중대한 과실이 있는 경우는 미보상
• 지급거절은 할부가격이 20만원 이상인 경우에 한하며, 할부기간 이내에 카드사에 당해 사유를 통지함</td></tr>
<tr><td>2) 발급카드 수령 전 제 3자에게 전달되어 부정사용된 경우</td><td>전액보상</td></tr>
<tr><td>3) 명의도용에 따른 신용카드 부정발급, 카드의 위·변조에 의해 제 3자가 부정사용한 경우</td><td>명의인의 카드대금 채무 무효</td></tr>
<tr><td>4) 가맹점 수수료가 회원에게 전가된 경우</td><td>신용카드 가맹점에서 수수료 환급</td></tr>
<tr><td>5) 비밀번호 유출이 된 경우
① 분실 또는 도난 시 저항할 수 없는 폭력이나 자기 또는 친족의 생명·신체에 대한 위해로 비밀번호를 누설한 경우
② 카드위변조로 비밀번호가 유출되어 사용된 경우</td><td>
전액보상

전액보상</td></tr>
<tr><td>6) 다음의 사유로 인하여 카드사에 항변권을 행사하였으나 거절하는 경우
① 할부계약이 성립되지 않았거나 무효인 경우
② 착오, 사기, 강박, 법정대리인의 동의 없는 미성년자 계약 등으로 할부거래계약을 취소한 경우
③ 상품에 결함이 있거나, 카탈로그 및 견본과 분명한 차이가 있는 경우로서 가맹점의 하자담보책임을 이행토록 청구했으나 이를 이행하지 않는 경우
④ 계속적 거래계약에서 가맹점의 귀책사유로 인해 계약해지를 요청하였으나 이를 거부하는 경우
⑤ 물품 또는 용역의 전부 또는 일부가 회원에게 인도 또는 제공되지 아니한 경우
⑥ 가맹점의 도산 등 기타 채무불이행으로 인하여 할부거래의 목적을 달성할 수 없는 경우</td><td>카드사에 할부금 지급거절 의사를 통지한 시점 이후에 도래하는 할부금에 대한 지급거절</td></tr>
<tr><td>7) 부당한 금융채무불이행자 등재</td><td>금융채무불이행 기록 삭제 및 손해배상</td></tr>
</table>

3. 보험과 소비자피해구제

1) 보험상품의 유형[9)]

보험은 보험금의 지급 원인에 따라 다음과 같이 구분할 수 있다.

- 재산상 이익에 관한 위험을 보장해 주는 손해보험: 화재보험, 자동차보험, 운송보험, 해상보험, 책임보험
- 사람의 생명·신체에 관한 위험을 보장해 주는 인보험: 생명보험, 상해보험
- 손해보험과 인보험의 기능이 결합한 제3보험: 질병보험, 상해보험, 개호보험

(1) 생명보험

보험기간이 길고, 사고가 일어나거나 만기가 되면 계약한 금액을 지급하는 정액보험

- 생존보험: 만기 시까지 생존했을 경우 보험금 지급
- 사망보험: 보험기간 중 사망(고도장해 포함)했을 경우 보험금 지급
- 정기보험: 5년, 10년 등 정해진 보험기간 내 사망했을 경우 보험금 지급
- 종신보험: 일생동안 보장이 계속되는 것으로 사망했을 경우 보험금 지급
- 생사혼합보험(양로보험): 생존보험(저축)+사망보험(보장)

(2) 손해보험

화재, 도난, 교통사고 등이 발생했을 때에 입은 재산상의 손해를 보상하는 보험(화

9) 보험자(assurer)는 보험사고가 발생할 때 보험금 지급의무를 부담하는 자로써 보험사업을 영위하는 자를 말한다(이하 네이버지식백과사전). 보험계약에서 피보험자에 상대되는 개념으로, 보험업자, 보험회사라고도 하며, 일부 업무는 개인보험업자인 언더라이터(underwriter)와도 유사하다. 대개 보험모집인과 보험대리점·보험중개인 등을 두고 있으며, 피보험자에게 보험금을 지급할 것을 계약하고 그 보수로서 피보험자로부터 보험료를 지급받는다. 보험업법에 따라 주식회사, 상호회사, 외국보험회사로 자격을 한정하므로 언더라이터는 허용되지 않고 있으며, 300억원 이상의 자본금이나 기금을 납입해야 한다. 또한 보험계약자를 보호하기 위한 보호예탁금을 금융감독원에 예탁하도록 규정하고 있다.

재보험, 도난보험, 자동차보험, 해상보험, 운송보험, 보증보험 등)

(3) 정책 보험

- 사회보험: 연금보험, 의료보험, 실업보험, 산업재해보상 보험
- 산업정책보험: 수출보험, 농업재해보험

보험과 관련한 소비자불만은 상품에 대한 약관 및 정확한 계약내용을 알지 못한 상태에서 가입한 후 예기치 않은 일이 발생하였을 때 보험금을 지급받지 못해 발생하는 지급 관련 문제가 대표적이다. 실적 위주의 무리한 보험 모집으로 인해 보험상품을 계약하나 정작 보험금을 타기는 까다롭다고 느끼는 소비자들의 불만이 높다. 따라서 소비자는 보험상품에 가입할 경우 그 상품과 관련한 약관, 보험계약의 내용 등에 대해 충분한 이해를 하고 계약하여야 한다. 소비자들의 주요 불만은 다음과 같다.

- 보험계약의 내용이 가입자가 알고 있는 것과 다르다.
- 약관의 내용을 잘 모르고 그에 대한 설명이 부족하다.
- 보험금 산정이 부당하고 그 지급절차가 복잡하다.
- 보험모집인으로부터 고지의무에 대한 설명을 듣지 못했다.
- 중도해약 시 해약 환급금이 적다.

2) 보험 관련 주요 법규

손해보험과 인보험에 공통적으로 적용되는 법령에는 상법, 보험업법, 예금자보호법 등이 있다. 그리고 손해보험과 관련된 법령에는 자동차손해배상 보장법, 교통사고처리 특례법, 화재로 인한 재해보상과 보험가입에 관한 법률 등이 있다.

(1) 상법상의 보험계약자 · 피보험자(보험수익자)의 권리와 의무

① 보험료감액 청구권

보험 계약의 당사자가 특별한 위험을 예정해서 보험료를 정한 경우에 보험기간 중 그 예정한 위험이 소멸한 경우에는 보험계약자는 이후 보험료에 대해서 감액을 청구

할 수 있다.

② 보험료반환청구권

보험계약자와 피보험자 또는 보험수익자가 선의이고 중대한 과실이 없는 경우에는 보험계약의 전부 또는 일부가 무효임을 이유로 보험자에게 보험료의 반환을 청구할 수 있다.

③ 보험계약부활청구권

보험계약자가 2개월 이상 보험료 납입을 연체해서 보험계약이 해지되고 해지환급금이 지급되지 않은 경우로서 보험계약자가 보험계약의 부활을 원하는 경우에는 보험계약이 해지된 날부터 2년 이내에 연체보험료에 약정이자를 더해 보험자에게 지급하고 그 보험계약의 부활을 청구할 수 있다.

④ 계약해지권

보험계약자는 보험사고가 발생하기 전에는 언제든지 보험계약의 일부 또는 전부를 해지할 수 있으며, 당사자 간에 다른 약정이 없으면 미경과된 보험료의 반환을 청구할 수 있다. 그러나 타인을 위한 보험의 계약에서는 그 타인의 동의를 얻지 않거나 보험증권을 소지하지 않으면 해당 보험계약을 해지할 수 없다. 그리고 보험사고의 발생으로 보험금액이 지급되었더라도 보험금액이 감액되지 않는 보험의 경우에는 보험사고가 발생된 후에도 보험계약자가 해당 계약을 해지할 수 있다.

⑤ 손해배상청구권

보험모집인이 보험모집을 하는 과정에서 손해를 입은 보험계약자는 보험자에게 그 손해의 배상을 청구할 수 있다. 다만, 보험자가 보험설계사 또는 보험대리점에 모집을 위탁할 때 상당한 주의를 했고 또한 이들이 행하는 모집에 있어서 보험계약자에게 가한 손해를 방지하기 위해 노력한 경우에는 배상책임을 물을 수 없다.

⑥ 보험료 지급의무

보험계약자가 보험계약을 체결했다면 지체 없이 보험료의 전부 또는 제1회 보험료를 지급해야 하며, 이를 지급하지 않고 계약 성립 후 2개월이 지나면 다른 약정이 없는 한 그 계약은 해제된 것으로 본다. 또한 계속보험료가 약정한 시기에 지급되지 않으면 보험자는 상당한 기간을 정해 보험계약자(타인을 위한 보험인 경우 그 타인을 포함)에게 최고하고, 그 기간 내에 보험료가 지급되지 않으면 계약을 해지할 수 있다.

⑦ 중요사실 고지의무

보험계약을 체결할 때 보험계약자 또는 피보험자는 보험사에 중요한 사항을 고지해야 하며, 거짓된 고지를 해서는 아니 된다. 이를 고지의무라고 하며, 보험계약자가 이를 위반하면 보험자는 그 사실을 안 날부터 1개월 이내, 보험계약을 체결한 날부터 3년 이내에 계약을 해지할 수 있다. 그러나 보험자가 보험계약 당시에 보험계약자가 고지를 하지 않거나 거짓고지를 한 사실을 알았거나 중대한 과실로 인해 알지 못한 경우에는 계약을 해지할 수 없다.

⑧ 위험변경 · 증가 통지의무

보험기간 중에 보험계약자 또는 피보험자는 사고발생의 위험이 현저하게 변경 또는 증가된 사실을 알게 되면 지체 없이 보험자에게 통지해야 한다. 보험계약자 등이 이를 게을리 하면 보험자는 그 사실을 안 날부터 1개월 이내에 계약을 해지할 수 있다.

보험자는 i) 위의 통지를 받거나, ii) 보험기간 중에 보험계약자, 피보험자 또는 보험수익자의 고의 또는 중대한 과실로 인해 사고발생의 위험이 현저하게 변경 또는 증가된 경우에는 1개월 내에 보험료의 증액을 청구하거나 계약을 해지할 수 있다.

⑨ 보험사고 발생 통지의무

보험계약자·피보험자 또는 보험수익자는 보험사고가 발생한 것을 알게 되면 지체 없이 보험자에게 그 사실을 통지해야 한다. 보험계약자 등이 이 통지의무를 게을리 해서 손해가 증가했다면 보험자는 그 증가된 손해에 대해서는 배상하지 않는다.

(2) 금융소비자보호법상의 소비자보호

① 보험계약 청약철회

계약자는 청약한 날 또는 제 1회 보험료를 납입한 날로부터 15일 이내에 그 청약을 철회할 수 있다. 소비자 청약철회를 위해 청약철회 청구서를 작성하여 등기우편으로 보내거나 회사를 방문하여 철회하면, 접수 3일 이내에 제 1회 보험료를 돌려받을 수 있다.

② 보험약관 교부 및 명시의무

보험모집원은 보험계약을 체결할 때 보험약관을 계약자에게 교부하고 그 약관의 중대한 내용을 알려 주어야 한다. 이 규정을 위반한 때는 보험계약이 성립한 날로부터 1개월 이내에 그 계약을 취소할 수 있다.

③ 계약자 배당

보험회사는 합리적인 경영을 하여 발생한 이자, 자기유지특별배당 등 이익금을 보험계약자에게 환원(배당이 없는 무배당상품은 보험료가 저렴)하도록 되어 있다.

④ 보험료납입 최고 및 부활

소비자가 납입 최고기간(보험료 납입일 다음날부터 다음달 말일)까지 보험료를 납입하지 않으면 계약은 해지된다. 보험회사는 납입 최고기간 다음 날부터 보험계약이 해지됨을 납입 최고기간 15일 전까지 알려야 한다. 계약이 해지되고 해약환급금을 받지 않은 경우, 계약자는 해지된 날로부터 2년 이내에 연체보험료와 이자를 납입하고 계약을 부활할 수 있다.

3) 보험자(보험회사)의 의무사항

① 보험약관 교부 · 명시의무(상법)

보험회사는 보험계약을 체결할 때 보험계약 소비자에게 보험약관을 교부하고 그 약관의 중요한 내용을 알려주어야 한다. 보험회사가 보험약관 교부 · 명시의무를 위반했다면 보험계약자는 보험계약이 성립한 날부터 1개월 이내에 그 계약을 취소할 수 있다.

② 보험증권 교부의무(상법)

보험회사는 보험계약이 성립하면 즉시 보험증권을 보험계약자에게 교부할 의무가 있다. 그러나 보험계약자가 보험료의 전부 또는 최초 보험료를 지급하지 않은 경우에는 보험증권을 교부하지 않아도 된다. 기존의 보험계약이 연장되거나 변경되는 경우에는 기존 보험증권에 그 사실을 기재하는 것으로 보험증권의 교부를 대신할 수 있다(상법 제640조 제2항).

③ 통신수단을 이용한 모집에서의 준수사항(보험업법)

보험설계사, 보험대리점, 보험중개사, 보험회사의 임・직원 등 보험모집인은 전화・우편・컴퓨터통신 등의 통신수단을 이용해 보험계약자를 모집할 때 다른 사람의 평온한 생활을 침해하는 방법으로 모집해서는 안 되며, 보험회사는 통신수단을 이용해서 보험계약을 청약한 사람이 그 청약을 철회하려고 할 때 통신수단을 이용할 수 있도록 해야 한다(보험업법 제96조).

④ 금융기관보험대리점 등의 금지행위(보험업법)

보험대리점 또는 보험중개사로 등록한 은행, 증권회사, 상호저축은행 등 금융기관보험대리점 등이 보험계약자를 모집할 때 다음의 행위가 금지된다(보험업법 제100조).

- 대출 등을 제공하는 조건으로 대출 등을 받는 사람에게 해당 금융기관이 대리 또는 중개하는 보험계약의 체결을 요구하거나 특정한 보험회사와 보험계약을 체결할 것을 요구하는 행위
- 대출 등을 받는 자의 동의를 미리 받지 않고 보험료를 대출 등의 거래에 포함 시키는 행위
- 보험모집자격이 없는 해당 금융기관의 임직원으로 하여금 모집을 하도록 하거나 이를 용인하는 행위
- 해당 금융기관의 점포 외의 장소에서 모집을 하는 행위
- 모집과 관련이 없는 금융거래를 통해 취득한 개인정보를 미리 동의를 받지 않고

모집에 이용하는 행위

- 보험모집자격이 없는 소속 임원 또는 직원으로 하여금 상담 또는 소개를 하게 하거나 상담 또는 소개의 대가를 지불하는 행위

9-3 보험상품, 브리핑 영업 · 과장광고 등 소비자 주의 필요

소비자는 미승인 보험안내 자료를 이용한 허위 · 과장광고를 주의해야 한다. 보험가입 시 가입설계서, 상품 요약서 등 보험안내 자료가 보험사의 승인을 받은 자료인지를 반드시 확인(관리번호 기재 여부)하고 미승인 안내 자료로 의심될 경우 보험사 콜센터에 문의하거나 안내자료와 설계사 명함을 함께 찍어 입증 자료로 보관해야 한다. 미승인 안내자료, 입수 날짜 또는 출처를 알 수 없는 경우 불완전 판매를 입증할 자료로 인정받기 어려울 수 있다는 점을 주의해야 한다.

아울러 해피콜(완전판매 모니터링 콜)은 반드시 소비자 본인의 의사에 의한 답변을 진행해야 한다. 해피콜 제도는 보험계약 청약 이후 보험계약자에게 전화 또는 전자적 방법을 통해 상품의 중요내용 설명여부 등을 확인하는 완전판매 검증절차를 말한다. 해피콜 답변 내용은 향후 민원 · 분쟁 발생 시 중요한 근거 자료로 사용되므로 계약자는 반드시 자세히 듣고 정확하게 답변해야 한다.

예를 들어, 보험설계사가 알려준 대로 답변을 했다 할지라도 계약자 본인의 답변으로 확인되면 불완전판매로 인정되기 어렵다는 점을 인지해야 한다. 민법 제107조에 '의사표시는 표의자가 진의 아님을 알고 한 것이라도 그 효력이 있다'고 규정하고 있어 의사 및 행위능력이 있는 자의 의사표시는 유효하다는 점을 꼭 유의할 필요가 있다.

이 밖에 변호사가 아닌 민원대행업체는 보험료 반환 등을 대가로 소비자에게 금품을 요구할 수 없다. 변호사법 제109조 제1호에 따라 변호사가 아닌 자는 금품 등을 받을 것을 약속하고 소송 사건 등 법률사무를 취급할 수 없기 때문에 변호사가 아닌 민원대행업체는 보험료반환, 보험금수령 등 민원을 대행하면서 소비자에게 금품 등을 요구할 수 없다.

출처: 이코노뉴스(2022.9.6.)

4) 보험 소비자피해구제 방법

보험에 관한 상담 및 분쟁은 금융감독원이나 보험협회에 의뢰하여 조정받을 수 있다. 보험사업자와 보험계약자 간의 분쟁을 심의 · 의결하기 위하여 보험감독원에 인보험과 손해보험으로 구분하여 각각 보험분쟁조정위원회를 두고 있다. 보험분쟁위원회는 당사자에게 합의 권고할 수 있으며, 합의가 이루어지지 않는 경우 분쟁조정위원회에 회부한다. 분쟁조정위원회는 30일 이내에 시의하여 조정안을 작성하고 당사자가 이를 수락하면 재판상의 화해와 동일한 효력을 갖는다. 한편, 한국소비자원

에서도 1999년 이후 보험상품과 관련한 소비자피해구제 업무를 수행하고 있어 피해 발생시 이용할 수 있다.

한편, 일부 보험회사에서는 회사 자체적으로 사내에 전문가들로 구성한 분쟁조정 위원회 성격의 고객권익위원회를 두고 있다. 이 같은 위원회에서는 제 3자의 전문가들이 소비자 관점에서 회사 내 보험금 지급 관련 분쟁을 자율적으로 모니터링하고 소비자 눈높이 보험 업무를 수행하고 있다. 보험소비자 입장에서 법적 근거를 넘어 보험소비자들의 보험상품 관련 불만이나 지급분쟁업무를 수행하고 있다.

특히, S화재(주)의 사내 분쟁조정 관련 고객권익위원회는 2009년 3월부터 사외 제3전문가들만으로 구성하여 사내 지급분쟁 관련 사건을 자체적으로 심의하고 있다. 매월 5~8건의 사내 소비자 민원, 사내 지급 관련 소비자와의 분쟁 사건을 심의해 오고 있다. 이 같은 위원회의 적극적인 활동으로 소비자가 금융감독원이나 다른 기관에 보험 민원 접수를 하지 않고 제3전문가들의 지급분쟁 조정으로 보험금을 지급받는 사례가 증가하고 있다. 이 고객권익위원회에서는 지급분쟁 외에도 보험약관, 안내장, 마케팅 자료, 보험금 지급 등에 대해 사전심의 및 고객 관점의 자문이나 권고를 받아 소비자중심경영 체제를 구축하고 있어 모범적인 사례라 할 수 있다.

S생명(주)에서도 2020년부터 이 같은 지급분쟁을 담당하는 자율적인 고객권익위원회를 발족하여 사내의 지급분쟁을 자체적으로 해결하고 있다. 이 2개 회사의 활동은 여러 타 보험사에게 모범이 되고 있다.

5) 보험 소비자피해구제 사례

(1) 불완전판매 소비자문제

불완전판매란 신규계약 건수 중 상품설명을 제대로 하지 않았거나 서면동의, 자필서명 등 3대 기본원칙을 지키지 않아 해지 또는 무효처리된 경우를 말한다. 불완전판매는 보험판매의 건전성을 판단하는 지표이다. 결론적으로 자필서명 받지 않음, 약관 또는 청약서 미교부, 보험판매자가 계약 중요 내용을 미고지, 사실과 다르게 고지, 보험계약자의 경제적 수준에 부적합한 수준의 보험(예: 한 달 80만원 소득자에게 월보험료 160만원 상품 권유) 상품 판매 등 불완전판매의 경우 보험계약 성립 1개월 이내에 보험계약 취소가 가능하다. 약관미교부 및 중요 내용 설명 미흡의 경우 보험증권을 받은 날부터 3개월 이내에 계약 취소가 가능하다. 그러나 일부 소비자의 경우 불완전판매 인지 시기가 늦은 점, 불완전판매여부 입증 곤란으로 청약철회가 되지 않는다는 불만도 제기되고 있다. 보험판매 단계별 소비자문제는 다음과 같다.

- 보험 체결 단계: 계약서 등 교부의무, 계약 주요 내용의 설명의무, 보험가입자의 고지의무 등 보험판매자의 정보제공 관련 소비자문제
- 보험 유지 단계: 보험계약 실효 및 부활, 계약변경, 명의도용으로 인한 대출, 모집인의 횡령, 보험료 납입변경요구 등의 소비자문제
- 보험 지급 단계: 보험사고발생에 따른 보험금 지급 관련 소비자문제

한편, 설명의무 위반의 사례는 다음과 같다.

- 중요 사실 불고지(예: 사업비용 설명 않은 변액연금계약, 보험 사실 미고지 연금보험, 보험료 감액납입 시 손해 불고지 변액보험, 펀드인 줄 알고 가입한 보험계약 등)
- 중요 내용을 사실과 다르게 설명(예: 요실금 등의 질병이 계약시와 달리 보장 안 되는 경우, 보험기간이 다르게 체결, 언제든지 인출 및 감액이 가능하다고 한 경우, 약관 대출금액 잘못 설명, 사실혼인데 영업소장 과실로 보험보장이 된다고 함. 모든 보상이 다 된다고 설명)
- 약관 중요 내용 단정적 설명(예: 연최저 8% 보장, 50만원씩 7년 납입 1억 보장, 배당급 1,400만원 지급, 가입 3년 후 원금 지급)

9-4 실손의료보험 소비자피해구제

실손의료보험금으로 인한 소비자피해가 끊이지 않고 있다. 실손의료보험은 피보험자가 지출한 의료비 가운데 법정본인부담과 비급여항목 등의 일부(37~60%)를 보장하고 있는데, 보험사가 본인부담상한제를 적용해 보험금을 적게 지급하거나 아예 지급을 거절하지 않는 사례도 늘고 있다. 본인부담상한제는 과도한 의료비로 인한 가계부담을 덜어주기 위해 비급여, 선택진료비 등을 제외한 본인부담금 총액이 소득수준에 따른 본인부담상한액(22년 기준 81~580만원)을 넘는 경우 초과금액을 국민건강보험공단에서 부담하는 제도이다(국민건강보험법 제44조 제2항). 본인부담상한제는 국민건강보험법에 정해져 있으나 보험금에서 소비자가 국민건강보험공단으로부터 받게 되는 환급금(사전급여 또는 사후환급금)을 임의로 삭감해 피해가 발생하고 있다.

출처: 컨슈머포스트(http://www.consumerpost.co.kr)

(2) 계약보험금 지급분쟁

가장 대표적인 소비자불만은 보험가입 후 지급 사유가 발생했다고 생각되어 지급을 신청했으나 보험금을 타지 못하는 경우이다. 실적 위주의 무리한 보험모집 등으로 보험가입은 용이해도 정작 보험금을 타기가 까다롭다는 불만이 끊이지 않고 있다. 보험상품은 그 내용이 매우 복잡하고 규정이 까다로우므로 계약할 당시 신중하게 검토하여야 한다.

〈지급분쟁 사례 1〉 위장사고 가능성을 이유로 보험금 지급 지연

소비자 A씨는 누나가 운전하는 T승용차의 갑작스런 후진으로 충격을 당하여 7개월간 입원하고 계속 통원 치료를 하던 중 보험금 지급이 지연되자 소송을 제기했다. 보험사는 사고 운전자와 피해자가 남매 지간이고, 목격자가 피해자의 후배인 점 등을 고려하여 위장사고의 가능성이 있다며 검찰에 수사를 의뢰, 보험금의 지급을 보류하고 있다. 검찰청의 확인결과 청구인의 혐의 없음이라는 결론이 나왔고, 보험금 6천3백만 원을 지급토록 보험사에 권고하여 합의하였다. 소비자 A씨는 사고 즉시 사고사실을 보험사에 통지하고, 사고 당시의 상황을 기록하거나 목격자를 확보하여 사고에 대한 보상이 원만히 처리되도록 증거를 확보하는 것이 중요하다.

〈지급분쟁 사례 2〉 친족의 신체사고 보험금 지급 지연

소비자 B씨는 1998년 차량운행 중 빙판에 미끄러져 가드레일을 들이받는 사고를 냈다. 자신뿐만 아니라 함께 타고 있는 가족도 다쳐 자기 신체사고 보험금 이외에 친족의 타인성을 인정해 책임보험의 보험금을 지급해 줄 것을 보험사에 요구했다. 그러나 보험사는 소비자 B씨와 생계를 같이 하는 가족(피보험자의 부모, 배우자, 자녀)을 타인으로 보는 것은 무리가 있으므로 책임보험금을 지급할 수 없다고 주장하였다. 이에 법원 판례와 과거 보험분쟁조정위원회의 분쟁조정결정을 근거로 친족인 피해자가 진정 공동 운행자가 아닌 타인으로 인정해 책임보험금을 지급할 것을 합의권고해 보험금을 지급하였다.

〈지급분쟁 사례 3〉 범죄 및 자살을 이유로 보험금 지급 지연

소비자 C씨는 자택에서 시체로 발견되었다. 수사기관의 수사 결과 환각을 목적으로 부탄가스를 흡입 중 부탄가스 흡입용 비닐봉지가 인두부(입안 경부)를 막아 이로 인해 질식사한 것으로 종결 처리되자 박 씨의 형이 보험사에 상해보험금 지급을 요청했다. 그러나 보험사는 부탄가스 흡입이 유해화학물질 관리법 35조의 규정에 의해 금지돼 있으므로 이를 흡입한 행위는 범죄행위에 속하고 약관상 범죄 행위 면책 또는 자살 면책에 해당해 보험금을 지급할 수 없다고 하였다. 이에 한국소비자원에서 중재한 결과 부탄가스의 흡입이 범죄행위이고 사망자가 스스로 흡입했다 해도 환각이 아닌 사망을 목적으로 했다는 뚜렷한 증거가 없는 한 상해보험약관의 자살, 고의에 의한 면책에 해당된다고 할 수 없으므로 보험사에 보험금을 지급할 것을 권고해 보험사가 이를 수락 보험금을 지급하였다.

9-5 소비자분쟁조정위원회 분쟁조정 사례

보험 기간 중 사고 만기 후 사망 시 분쟁 조정

소비자분쟁조정위원회는 보험기간 중 사고가 발생하였는데 보험 만기 직후 사망했다면 사망보험금 지급해야 한다고 조정하였다. 보험기간 중 발생한 사고로 집중치료를 받다가 보험 만기 직후 사망한 경우 유족급여금 등의 보험금을 지급해야 한다고 결정했다.

소비자분쟁조정위원회의 결정은 보험기간이 비교적 짧은 보험에 있어서 보험기간 중에 재해사고가 발생하고 보험기간이 종료된 이후 사망하는 경우, 보험기간 중 발생한 재해가 직접적인 원인이 되는 사망이라면 보험기간이 종료된 후라도 보험금을 지급해야 한다는 내용이다.

출처: 한국소비자원 보도자료(2021.8.31.)

(3) 사고배상책임보험 관련 분쟁

본인이 보험에 가입하지 않았으나 사고에 따른 배상책임을 받는 경우도 발생한다. 예를 들면, 상업건물이나 쇼핑몰, 지하주차장 등에서 부상을 입는 경우 과실이 누구에게 있는가, 어느 정도의 과실이 있는가에 대한 판정을 근거로 시설물에 대한 배상책임보험의 보험금을 지급받을 수 있다.

(4) 소비자의 고지의무 관련 분쟁

손해보험회사가 판매하는 장기손해보험 상품(예: 암보험, 건강보험)의 경우 소비자들의 고지의무 위반을 이유로 보험금지급을 거절하는 경우가 빈번하게 발생하고 있다. 장기손해 보험의 표준약관 제6조에 따르면 계약 전 피보험자(소비자)가 알릴 의무(이하 고지의무)라 하여 계약을 맺을 때 계약자 또는 피보험자는 청약서의 기재사항에 아는 사실을 빠짐없이 적어 회사에 알려야 한다고 규정되어 있다. 또한 제17조에는 피보험자의 고의 중과실로 청약서에 기재사항을 사실대로 알리지 않을 경우 보험금 지급사유 발생과 무관하게 보험사는 계약을 해지(안 날로부터 1개월 이내, 계약체결 날로부터 2년 이내, 단 진단을 받고 보험에 가입한 경우 1년 이내)할 수 있다고 규정하고 있다.

결국, 계약체결 시 피보험자는 과거의 병력, 현재의 건강상태, 직업 등에 대한 중요한 사항을 정확히 고지할 의무가 있음을 알 수 있다. 뿐만 아니라 계약이 실효된 후 다시 부활할 경우 신계약 절차를 거치므로 변동된 사항이나 관련 고지의무 등을 새로이 알려야 한다. 다시 말해, 전에 고지한 사항이 아니라 부활할 당시의 신체 상태나 직업 변동 등을 명확히 알려야 고지의무 위반으로 불이익을 당하지 않을 수 있다.

그러나 피보험자의 고지의무가 고의 또는 중과실이 있어야 하며 단순한 고지의무 위반은 보험사의 해지 사유에 해당하지 않는다. 또한, 고지의무가 위반되었다 해도 계약해지 전 발생한 보험 사유와 고지의무가 인과관계가 없다면 보험금은 지급받을 수 있다. 게다가 보험회사가 계약자가 고지의무를 위반한 사실을 안 날로부터 1개월이 지났거나, 계약체결 후 2년이 경과한 경우, 계약 당시 이미 의무 위반을 알았거나 중대한 과실로 알지 못한 경우는 보험회사에서 계약해지를 할 수 없다.

〈고지의무 관련 분쟁 사례 1〉 직업을 잘못 고지했다고 보험금지급 거절

소비자 A씨는 S 보험회사에 장기상해 보험인 '꿈덩이 보험'에 가입하여 유지하던 중 강원도 영월댐 공사에서 추락해 부상을 입어 치료 후 보험금을 청구했다. 그런데 보험회사는 가입 당시 A씨가 직업을 건설현장의 자재운반이라고 고지했으나 조사결과 건설현장 목수로 판명돼 직업에 대한 고지의무를 위반했다면서 보험금 지급을 거절해 분쟁이 발생했다.

이 사건에 대한 조정을 시도하였는데, A씨의 직업과 관련하여 건설 현장 일용근로자 중 자재운반만을 목적으로 종사하는 자가 없으며, 자재 운반은 통상 잡역부가 하는데 이는 목수와 위험이 특별히 다르지 않아 보험료의 차이가 발생하지 않는다. 또한, A씨가 직업을 고의 또는 중과실로 고지했다고 볼 수 없으므로 고지의무 위반 적용은 부당하다고 판단하여 조정위원회에서는 보험사에 보험금 지급을 권고했다. 그 결과 보험금 전액을 지급받을 수 있었다.

〈고지의무분쟁 사례 2〉 위염치료에 대한 고지를 안 했다고 보험금지급 거절

B씨는 D 보험회사에 장기상해 보험인 '슈퍼 안심 보험'에 가입하여 유지하던 중 1999년 S대학병원에서 위암 확정 진단을 받고 수술 후 보험금을 청구했다. 그런데 보험회사는 가입할 당시 B씨는 3년 전 서울 K의원에서 위염치료를 받았으나 이를 사실대로 고지하지 않았으므로 계약해지는 물론 보험금을 지급할 수 없다고 하여 분쟁이 발생했다.

조사결과 청구인인 B씨가 위염 관련 통원 치료한 사실은 있으나 일반인이 흔히 겪는 질병이며, 매년 시행한 직장 정기검진(위 내시경 검사)에서 위암과 관련한 진단이 없었으므로 고의나 중과실로 고지의무를 위반한 것은 아니며, 청구인 B씨가 당시 보험을 직장에서 단체로 가입했으며, 청약서만 배포되었을 뿐 고지의무에 대한 설명 및 약관을 교부받지 못했으며, 청약 서명도 보험 모집인이 대리서명하였음에도 불구하고 보험금 지급을 거절하는 것은 부당하다고 판단해 보험금 지급을 권고해 보험금을 받을 수 있었다.

9-6 **소비자설계사 K씨 고백: 불완전판매 악용 사례**

Z지점에서 보험설계사 K씨는 20대 후반 소비자 A씨에게 보험상품을 판매했다. 2개월 동안 50만원씩 보험금을 납부하던 A고객은 보험금 납부에 부담을 느껴 해지를 결심했다. 중도해지 할 경우 납부한 보험금의 10%밖에 돌려받지 못하는 상황이었다. 소비자 A씨는 금감원에 민원을 제기하면 바로 해지해 준다는 얘기를 듣고 3개월차 보험료 납입 전에 이메일로 금감원에 품질보증해지 민원을 제기했다. 해당 지점은 녹취자료까지 가지고 있었지만 민원제기 건수를 줄이기 위해 마지못해 보험을 해지해 줬다.

〈해설〉 상품에 대한 성실한 설명, 자필 싸인, 계약서 교부, 계약해지 관련 사전 충분한 안내 등이 되지 않으면, 즉 불완전판매로 간주되면 계약 취소 요건이 된다.

(5) 기타 보험금 불지급 사유 분쟁

보험상품에 계약하였더라도 보험금 불지급 사유에 해당하는 경우 보험금을 지급받지 못할 수 있으므로 이에 대한 충분한 이해가 필요하다. 보험금 불지급 사유와 관련한 분쟁이 종종 발생하고 있으므로 주의가 필요하다. 계약무효나 보험금 불지급 사유는 다음과 같다.

① 계약의 무효

사망을 보험금 지급사유로 하는 계약에서 피보험자의 서면동의를 얻지 않은 경우, 사망을 보험금 지급사유로 하는 계약에서 만 15세 미만자, 심신상실자 또는 심신박약자를 피보험자로 하는 경우 계약은 무효이다.

② 보험금 불지급 사유

피보험자가 고의로 자신을 해친 경우(기납입 보험료 지급), 수익자가 고의로 피보험자를 해친 경우(해약 환급금 지급), 계약자가 고의로 피보험자를 해친 경우(지급금 없음), 보험금지급 사유발생에 영향을 미치는 고지의무 위반(이미 납입한 보험료지급)의 경우 보험금을 받지 못한다.

6) 보험 소비자 주의사항

소비자가 보험에 가입할 때 주의해야 할 사양들이 많다. 보험상품에 가입할 때 보험 모집인의 설명만을 믿고 가입하기보다는 설계사의 설명 내용을 반드시 보험회사가 발급한 서류와 대조하고, 꼼꼼하게 내용을 살펴보아야 하며 궁금한 사항은 설명을 요구해야 한다. 청약서는 반드시 자필로 서명하는 등 보험가입 시 소비자들은 세심한 주의가 요구된다. 소비자가 알아두거나 취하여야 할 주의사항은 다음과 같다.

① 보험청약서는 계약자 본인이 작성하고 자필서명을 해야 한다.

② 계약자 또는 피보험자가 계약체결 시 고지의무를 위반하면 보험금을 받지 못하므로 이에 대한 충분한 이해를 바탕으로 고지의무를 이행하고, 이외에도 보험 관련 약관을 잘 읽어 보고 내용을 꼼꼼히 살핀 후 계약한다.

③ 계약자가 보험가입 시 약관과 청약서 부본을 전달받지 못했을 경우, 청약서 자필서명을 하지 않았을 경우, 약관의 주요 내용을 설명받지 못했을 경우 이를 이유로 청약일로부터 3개월 내에 계약해지를 요구할 수 있다.

④ 주소나 연락처가 변경된 경우 회사에 알려야 한다. 만일 주소 변경을 알리지 않은 경우 회사가 알고 있는 최종의 주소로 알린 사항은 계약자에게 도달한 것으로 간주된다.

⑤ 청약서 부본에 명시되어 있는 보험계약 내용(보험계약 관계자, 보험료, 보험료 납입기간, 납입방법, 보험기간, 보험가입금액 등)을 확인하고 나중에 보험증권이 발급되었을 때 청약서 부본과 비교하여 그 내용이 정확히 일치하는지를 확인한다.

⑥ 보험가입 시 제1회 보험료영수증이 포함된 청약서 부본, 보험약관, 보험가입자 안내 등의 서류를 꼭 받아야 한다.

⑦ 보험기간이 만료되기 전에 재계약하여야 하며, 분할보험료는 납입기한 내에 납입하여야 한다.

⑧ 보험가입 청약을 철회하려면 15일 이내에 해야 한다.

⑨ 보험 계약 후 변동사항(주소, 직업, 질병 발생)은 반드시 보험회사에 통보한다.

3부

소비자피해구제의 실제

일상에서 소비자들에게 중요한 제품과 서비스 품목별 소비자피해 이슈, 소비자피해구제 관련법과 피해구제 방법, 소비자피해구제 사례 등에 대해 살펴볼 필요가 있다. 대체로 제품과 서비스 품목별 피해보상 원칙은 공정거래위원회 소관 품목별 소비자분쟁해결기준에 따르고 있다. 물론 피해 품목, 피해 내용, 거래 방법 등에 따라 피해구제 적용 법제도 및 피해구제 방법에는 다소 차이가 있다. 본 저서에서는 피해가 많이 발생하고 소비자들의 관심이 많은 제품 품목과 서비스를 선정하여 이에 대한 소비자피해구제에 대해 자세하게 다루고자 한다.

3부에서 다루는 소비자피해구제 관련 내용들은 허경옥(2021), 허경옥(2011), 허경옥(2010)의 저서, 박희주(2007), 김영신 외(2007) 등 소비자 관련 저서들과 공정거래위원회, 한국소비자원, 기업이나 소비자단체 기관들의 사이트, 포털사이트 등을 참조하여 정리·종합하였음.

제10장
소비자피해구제의 기초 이해

소비자는 각종 제품이나 서비스를 이용하는 과정에서 제품 하자, 부당거래, 계약 불이행 등 다양한 원인으로 피해를 입을 수 있다. 우리나라 여러 법에서는 소비자가 사업자로부터 적절한 피해보상을 받을 수 있도록 여러 법 제도를 마련해 두고 있는데 일상 소비 생활에서 가장 많이 활용하는 것이 청약철회를 위한 내용증명 보내기, 품목별 분쟁해결 기준 등이 대표적이다. 특히, 소비제품 품목별 교환이나 환불, 유무상수리 등과 같은 소비자피해 해결은 공정거래위원회 소관 소비자분쟁해결기준이 가장 많이 사용된다.

1. 내용증명

내용증명이란 우편물의 특수취급의 일종으로서 그 자체로서는 직접적인 법적 효력을 갖는 것은 아니다. 그럼에도 법률적 분쟁이 발생하였을 경우 수취인에게 어떠한 내용을 보냈다는 증명력을 갖는 공신력 있는 문서로서 상대방에게 자신의 권익보호를 위해 최선의 노력을 하였다는 사실을 입증하는 수단이다.

1) 내용증명이 필요한 경우

내용증명이 필요한 경우를 예를 들면 보통 다음의 경우이다.

- 채무자에게 심리적 압박을 주어 민사소송 절차를 시작할 필요 없이 채권 회수하고자 하는 경우
- 각종 계약을 해제·해지하고자 할 때
- 차용증 없이 금전 대여 시 증거로써 활용하고자 할 때
- 건물임대차(임대, 전세)에 관한 내용의 통지가 필요한 때
- 수취한 내용증명에 대해 답변하고자 할 때
- 채권양도의 통지가 필요한 때
- 채권의 소멸시효에 대한 시효중단의 효과를 얻고자 할 때

2) 내용증명의 효과

내용증명을 보내는 목적, 즉 내용증명의 효과는 다음과 같다.

① 증거 보전을 위한 목적

내용증명은 문서에 확정일자를 부여하고 의사표시 사실을 증거로서 남길 수 있으므로 어떤 법적 효력을 발생하기 위하여 통지를 하는 경우에는 내용증명 우편으로 한다. 내용증명 그 자체로서는 직접적인 법률적 효력은 발생하지 않으나 어떠한 내용에 대하여 그 이행 등을 독촉한 사실을 증거로 확보할 필요가 있을 때나 어떠한 채권이 소멸시효에 임박하여 시효를 중단시킬 필요가 있을 때 내용증명을 보내게 된다.

② 상대방(채무자 등)에게 심리적 압박 목적

보통 금전채권관계에서 채무자 등이 차일피일 이행을 미루거나 이행(채무의 변제 등)을 하지 않을 경우에, 내용증명을 보냄으로써 채무자가 채무를 이행하지 아니하면 소송비용의 부담 등 불측의 손실과 기타 불이익을 초래할 수 있음을 상기시켜 채무자 등으로 하여금 채무 등의 이행을 실현하고자 한다.

그런데 우편물의 내용과 발송 사실만을 증명해 줄 뿐 내용증명 자체로는 어떤 법적 효력이 있는 것은 아니다. 만약, 내용증명 우편으로 송신자가 대여금의 반환을 최

고하였다고 하여 강제력이 발생하는 것은 아니며, 수신자가 회신을 보낼 의무도 없다. 그리고 수신인이 회신을 보내지 않고 있다고 하여 내용증명의 서신을 인정한 것으로 되지도 않는다. 예를 들면, 가압류나 소송의 제기 등 법적 조치를 취하겠다는 예고로서 채무자에게 심리적인 부담과 충격을 주어 채무를 변제하는 수가 있다.

실제로 내용증명을 받은 쪽에서는 무관심할 수 없는 것이 사실이다. 무엇인가 내용증명을 보낸 사람이 법적 수단을 쓸 것이라고 생각하면서 별로 유쾌하지 못한 기분을 느끼게 될 것이다. 분쟁을 일으키고 재판을 하게 된다는 것은 누구에게나 심리적인 부담이 가게 마련이므로 내용증명을 받기 이전에 비하여 심리적 변화를 가져올 수도 있다. 내용증명 우편은 이러한 효과를 기대하는 데 목적이 있다.

③ 계약해제(해지) 등을 통보하기 위한 목적

계약당사자 중 일방의 불이행으로 계약을 해제하고자 할 때나 기타 무능력·착오·사기·강박 등으로 인하여 그 계약을 취소하고자 할 경우 등에는 후일의 분쟁을 방지하는 차원에서 그 증거를 확실히 남길 필요가 있고 이를 위하여 필요한 증거확보 차원에서 내용증명을 발송하는 것이 바람직하다.

3) 내용증명에 대한 오해

내용증명 우편의 효과에 대해 소비자가 오해할 소지가 있다. 이에 대해 살펴보면, 내용증명은 단지 내용과 발송 사실만을 우편 기관에서 증명해 줄 뿐이고 법적 효력은 사법기관의 판단사항이므로 내용증명 발송만으로 법적 효력이 인정되는 것은 아니다. 내용증명은 본안소송 제기에 앞서 의무의 이행을 촉구하거나 증거력을 확보하기 위한 수단 등으로 개인 상호 간에 주로 이용되고 있는 것이다. 그러나 소송 등의 법적 절차를 시작하기 전에 반드시 내용증명 우편을 보내야 할 필요가 있는 것은 아니다. 또한, 상대방의 내용증명 우편에 대하여 반드시 회답을 하여야 하는 것은 아니다. 게다가, 내용증명에 답장을 하지 않았다고 해서 보낸 사람이 주장한 내용을 인정하는 것은 아니다. 다만 불리하게 작용할 수도 있으므로 사실이 아닌 부분은 반박하는 것이 좋다.

4) 내용증명의 부작용 및 주의

내용증명은 여러 이점이 있는 반면, 때로는 부작용을 야기하기도 한다. 즉, 채무자 등이 성심을 다해 채무 등을 변제(이행)하고자 노력하는 중임에도 불구하고 독촉장이나 최고서(내용증명)를 발송하여 상대(채무자 등)로 하여금 오기 등을 일으키게 하여 그 이행을 곤란하게 하거나 실질적 이행 능력이 전혀 없는 자에게의 독촉 등은 그 의미가 없이 오히려 상대의 반감을 일으키는 소지가 있을 수 있는 것이다. 오히려 역효과가 나서 대화를 중단시킬 수도 있고 마음대로 해 보라며 배짱을 부릴 수도 있다. 그러므로 내용증명을 발송하고자 할 경우에는 그 사정을 신중히 고려하여 내용증명의 발송 여부를 결정하여야 하고, 또 내용증명서상의 내용이 너무 과격하거나 권리의 남용에 해당하지 않도록 신중히 작성하여야 할 것이다.

2. 소비자피해구제 요청 방법

1) 소비자의 피해구제 해결 수단

소비자피해 발생에 대한 소비자 입장에서 피해구제 방법은 당사자 간 해결, 즉 해당 기업과의 해결, 법적 해결이 아닌 소비자단체나 정부기관 등 제 3자에게 피해구제 요청, 법원 소송에 의한 해결 수단으로 구분된다. 이때 당사자 간 해결이 무엇보다 중요하다 이 단계에서 해결하는 것이 당사자는 물론 사회 측면에서도 효율적이다. 제 3자의 소송 외적 해결 방법은 제 3기관, 예를 들면, 소비자단체, 한국소비자원, 소비자분쟁조정위원회의 조정 방법 등이 존재한다.

(1) 당사자 간 해결

제품에 문제나 불만이 있는 경우 피해를 입은 경우 소비자는 판매업자나 제조업자와 접촉해 해결을 시도하는 것이 우선되어야 한다. 소비자가 겪는 소비자문제를 스스로 해결하기 위해서는 제일 먼저 소비자문제의 핵심이 무엇인지 정확하게 파악하고 관련된 증거자료를 정리하여 일차적으로 구입 장소를 방문하거나 기업이나 사업체에게 상담이나 피해구제 접수를 시도한다. 기업에게 소비자가 피해구제를 요청할 경우 다음의 해결이 가능하다.

- 수리: 손상이나 파손 등으로 인해 제 기능을 수행하지 못하는 제품의 경우 수리. 보통 품질보증기간 동안의 수리에 소요되는 비용은 사업자가 부담
- 교환: 동일제품으로 하되, 동일제품 교환 불가능 시 동종 유사제품으로 교환
- 환불: 거래 시에 교부된 영수증 등에 기재된 물품 및 용역의 가격을 기준으로 환불
- 배상: 고의, 과실 등의 사유가 있는 경우 손해배상

(2) 제 3자 소송 외적 피해구제 및 분쟁조정

당사자 간 소비자피해분쟁이 해결되지 않은 경우 소비자단체, 공공기관, 지방자치단체 등에 설치된 소비자피해구제 부서나 분쟁조정위원회에서 소비자분쟁의 해결을 시도하게 된다. 소비자단체 등의 합의권고에도 불구하고 소비자 또는 기업 당사자, 소비자단체 및 정부기관의 장은 한국소비자원 분쟁조정위원회에 피해구제 또는 분쟁조정을 신청할 수 있다.

한국소비자원은 피해구제 신청을 받은 날부터 30일 이내에 합의가 불성립된 때에는 지체 없이 소비자분쟁조정위원회에 조정을 신청하여야 하며, 조정을 신청받은 소비자분쟁조정위원회는 지체 없이 조정절차를 개시하여야 한다. 한국소비자원 소비자분쟁조정위원회는 분쟁조정을 위하여 필요한 경우 전문위원회에 자문을 구할 수 있으며, 분쟁조정절차에 앞서 이해관계인, 소비자단체, 관계 기관의 의견을 들을 수 있다.

한편, 소비자분쟁조정에서 소비자피해구제 민원을 제기한 소비자 그리고 피신청인인 사업자가 분쟁조정 당사자이다. 당사자의 자격은 자연인, 법인, 법인 아닌 사단이나 재단, 그 밖에 법령 등에 따라 권리, 의무의 주체가 될 수 있는 자이다. 소비자피해구제를 제기하는 민원 행정은 사업자로부터 피해 보상받지 못한 소비자가 소비자기본법에 의거 국가나 지방자치단체에 피해구제 신청서를 접수하면서 시작되며, 국가나 지방자치단체는 절차에 따라 구제 행정을 진행하게 된다. 소비자가 사망하였을 때, 상속인과 다른 법령 등에 따라 당사자의 권리 또는 이익을 승계한 자는 소비

자 지위를 승계한다. 사업자도 법인이 합병되었을 때, 합병 후 존속하는 법인이나 합병 후 새로 설립된 법인이 당사자 지위를 승계한다. 소비자는 소비자의 배우자, 직계존비속 또는 형제자매, 소비자가 법인인 경우 그 임원 또는 직원, 변호사, 법령 등에 따라 대리인이 될 수 있는 자에 해당하는 자를 대리인으로 선임할 수 있다.

피해를 입은 소비자가 법원에 의한 소송절차로 구제받는다는 것은 매우 어렵다. 소비자가 돈과 정보와 조직에서 우위에 있는 기업을 상대로 승소를 기대하기 어렵다. 이러한 이유로 소비자는 소송 전에 행정부가 운영하는 피해구제 절차를 이용할 수 있다. 즉, 소비자기본법에 의거 마련된 소송 외적 피해구제 절차에 따라 도움을 신청할 수 있는 것이다. 소송 외적 분쟁해결은 대체적 분쟁해결제도(Alternative Dispute Resolution: ADR)라고 부른다. 흔히 ADR로 부르는 대체적 분쟁해결제도는 시간과 비용 부담이 큰 소송을 통한 분쟁 해결을 대신해 신속하고 경제적인 방법으로 분쟁을 해결하는 방식이다. 당사자의 양보와 화해를 바탕으로 합의에 이르는 점에서 분쟁 당사자의 참여와 의사를 존중하고 당사자 간 갈등을 완화할 수 있다는 장점이 존재한다. 소비자나 사업자도 분쟁조정 신청자가 될 수 있다. 또한 한국소비자원, 지방자치단체도 분쟁조정 신청을 할 수 있다. 그런데 소비자기본법 제39조 3항에 의거 한국소비자원에서 처리가 부적합하다고 판단되는 경우는 피해구제가 중지된다.

한국소비자원 소속 소비자분쟁조정위원회는 대표적인 대체적 분쟁해결기구(ADR)이다. 소비자분쟁조정위원회는 소비자기본법 제60조에 따라 소비자와 사업자 사이에 발생한 분쟁을 조정하기 위해 한국소비자원에 설치돼 있으며 소비자와 사업자가 조정 결정을 수락하면 재판상 화해의 효력이 발생하게 된다. 한국소비자원은 조차 조정결정에 대한 법적 권한이 없고 강제력이 없다. 따라서 이 같은 행정적 피해구제제도가 소비자에게 실효성 있는 제도가 되어야 하는 것이 과제라고 하겠다.

(3) 소송에 의한 피해구제

소송에 의한 해결 단계는 법원이 주관하는 1심, 2심, 3심이 있으며, 필요한 경우 민사조정법에 의한 조정 단계를 거칠 수 있다.

2) 소비자 스스로 피해해결 요청 절차 및 방법

소비자 스스로 피해해결 처리 방법 중 하나는 해당 당사자인 사업자에게 불만의 편지를 작성하고 전송하는 것이다.

(1) 불만편지 작성 및 전송

소비자의 불만 편지란 말 그대로 소비자가 제품에 대한 불만을 사업자에게 편지로 쓰는 것을 말한다. 먼저 누구에게 연락해야 하는지를 확인해야 한다. 이때 사업자 이름 및 주소 등을 알기 위해서도 제품의 라벨이나 품질보증서는 꼭 보관할 필요가 있다.

① 불만사항이 무엇인가를 완전하게 알고 정확하게 정리하여 전한다.

- 구입한 제품의 제품번호, 모양, 색 등 구체적으로 적는다.
- 구입한 날짜와 지불 수단(현금, 수표, 신용카드 등)을 적는다.
- 가능하다면 그 제품을 구입한 장소와 판매원의 이름을 적는다.
- 만일 통신판매로 구입했다면 구입 동기(신문광고, 라디오, 광고, 팸플릿 등)와 그 광고를 접한 날짜를 적는다.

② 체계적으로 전달한다.

- 문제점을 자세히 적는다.
- 그 문제점을 해결하기 위해 취했던 모든 과정과 절차를 적는다.
- 그 문제점 때문에 전화통화를 하였다면 통화한 사람들의 이름과 전화한 날짜 등을 적는다.
- 증거 입증 자료로 영수증, 보증서, 수리 기록, 계약서 등의 복사본을 첨부한다. 이때 원본을 보내지 않도록 유의한다.
- 사후 처리를 위하여 불만편지의 복사본을 보관한다.

③ 원하는 것을 정확하게 전달한다.

- 불만을 해결하기 위해 사업자 쪽에 요구하는 것을 구체적으로 적는다.
- 납득할 만한 기간 내에 문제를 해결해 주기를 요구한다.

- 편지 내용에 지나친 분노나 경멸, 협박 등 불필요한 감정이나 태도를 담지 않도록 유의한다.

④ 편지를 보낸 내용을 증명하기 위해서는 회사 제출용 1부, 우체국 보관용 1부, 본인 보관용 1부, 총 3부를 작성하여 내용증명으로 보낸다. 이러한 불만 편지를 보내서 사업자에게서 답장을 받게 되면 이것 역시 복사해 잘 보관해 둬야 한다.

	○○회사 소비자상담 담당자께
구입날짜	본인은 지난 2023년 10월 31일 서울 명동에 있는 ○○
구입장소, 모델명	대리점에서 귀사의 HPF06SR 이라는 모델의
상품명	청소기를 구입하였습니다.
문제점 (불만사항)	그런데 구입한 지 한 달도 안 되어서 청소기 봉투를 넣는 부분이 잘 닫히지를 않고 테이프가 돌아가다가 자꾸 멈추었습니다.
조치경과	그래서 두 차례나 대리점에서 수리받았으나, 다시 동일한 하자가 계속 발생하고 있습니다. 이에 판매 대리점에 이를 항의하고 새 제품으로 교환 요구하였으나, 대리점에서는 교환해 줄 수가 없다고 합니다.
요구사항	명백히 제품자체 결함 있는 것으로 판단되므로 귀사에서 조치하여 새 제품으로 교환을 해 주거나 환불해 주시기를 부탁드립니다.
회신요청	이 문제에 대한 귀사의 적극적인 해결 조치를 기대하며 다음 주까지 회신을 기다리겠습니다. 아래 주소나 전화로 연락하여 주시기 바랍니다.
편지작성일	2023년 11월 20일
이름	○ ○ ○
주소	○○ ○○시 ○○구 ○○동 ○○번지
연락처	전화 : ○○○-○○○○-○○○○

〈그림 10-1〉 소비자불만 편지 예시

출처: 허경옥(2011). 포털사이트 정보 등을 토대로 재구성함.

(2) 내용증명 우편물 작성 및 전송

내용증명이란 보내는 사람(발신인)이 받는 사람(수신인)에게 어떤 내용의 문서를 언제 발송했다는 사실을 우체국이 증명해 주는 우편제도이다. 보통 내용증명은 개인 상호 간의 채권·채무 관계나 권리 의무를 더욱 명확하게 할 필요가 있을 때 주로 이용되고 있다. 우체국에 그 편지의 원본을 3년간 보관해 둔다. 본인이 가지고 있던 내용증명을 분실한 경우 우체국에 재증명을 청구하여 받을 수 있다

내용증명 우편 작성 방법은 일반편지와 큰 차이는 없으나 발신인과 수신인의 주소, 성명을 편지의 봉투는 물론 본문의 내용에도 반드시 표시해야 한다. 편지 내용은 A4용지 한쪽 면만을 사용하여 상대방에게 알리고자 하는 내용을 6하 원칙에 따라 작성한 후 마지막에 발신인의 이름을 적고 도장을 찍는다. 내용이 여러 장일 때는 각 장마다 간인을 하여야 합니다. 간인은 앞장을 접어 뒷장과의 연결 부분에 날인하는 방식으로 한다. 정정, 삭제된 문자는 알아볼 수 있도록 남겨두고 정정, 삭제 또는 삽입 한 글자 수를 난외의 빈자리에 적고 그곳에 발신인의 도장을 찍어야 한다. 한 줄에 몇 자, 한 면에 몇 줄을 넘길 수 없다는 등의 제한 없이 자유롭게 쓸 수 있다. 내용문서의 서두나 끝부분에는 발송인 및 수취인의 주소·성명을 반드시 기재하여 누가 누구에게 발송한 내용문서임을 확실하게 나타내어야 한다.

내용증명 우편의 내용물은 3부를 작성해서 우체국에 가지고 가야 한다. 계약서, 영수증 등의 첨부서류도 3부를 작성해야 한다. 내용문서 3통에 대하여 소정의 증명절차가 끝나면 원본을 수취인에게 보낼 원본은 내용 문서에 기록된 발송인 및 수취인의 주소·성명을 동일하게 기재한 봉투에 넣고 우체국 취급직원이 보는 곳에서 이를 봉함하여 등기접수하면 된다. 등기접수하게 되면, 우체국에서는 1부는 수신인에게 보내고 1부는 우체국에서 보관하고 1부는 접수인을 찍어 발신인에게 다시 준다. 수신인에게 도달한 것을 확실히 하기 위해서는 배달증명까지 함께 신청하는 것이 좋다. 배달증명을 신청하면 수신인에게 도달한 날짜가 기재된 엽서가 발신인에게 오게 된다.

배달증명으로 하면 좋은 이유는 다음과 같다. 상대방에 대한 의사표시는 그것이 상대방에 도달함으로써 효력이 발생한다. 그런데 내용증명 우편으로 의사표시를 하면 내용의 서신을 발송하는가에 대하여 입증이 가능하지만 그 통지가 상대방에게 확실히 도착하였는가, 또 언제 도달하였는가 하는 문제는 확인할 수가 없다. 그러므로

법률상으로 중요한 의미를 가지는 각종 통지 행위는 단순히 내용증명 우편만으로 할 것이 아니라, 반드시 배달증명으로 우편 발송하면 상대방에게 도달한 날짜를 기재한 엽서가 배달우체국에서 보내온다. 내용증명의 실효를 보장하기 위해 반드시 배달증명으로 발송해야 한다.

내용증명 취급은 국내 우편의 특수 취급이기 때문에 외국으로 발송하는 우편물에는 이용할 수 없다. 다만 국내에 거주하는 외국인에게 국내 우편물로서 발송이 가능하다. 내용증명 우편물 발송 후 발송인이나 수취인이 내용문서의 등본이나 원본을 분실하였거나 새로운 등본이 필요할 때에는 당해 내용증명 우편물을 발송한 다음날로부터 3년까지는 발송 우체국에서 내용증명의 열람이나 재증명을 청구할 수 있다.

제목, 예: 청약철회서, 해약통고서, 이의신청서 ....

수신 : (받는 사람의 주소를 먼저 쓰고 상호나 이름을 쓴다)
발신 : (보내는 사람의 주소를 먼저 쓰고 이름을 쓴다. 전화번호도 기재하는 것이 좋다.)

▶ 여기에 내용을 자세하게 쓴다. 가장 좋은 방법은 긴 문장으로 쓰는 것보다 번호를 주어가며 간략하면서도 자세히 쓰는 것이 좋다.

예) 아래 참조
1. 귀사의 발전을 기원합니다.
2. 상기 발신인은 2000년 0월 0일 귀사의 금융상품인 OO를 구입하였습니다.
3. 구입 후 OOO한 사유로 귀사의 OO처리를 요구합니다.
4. 귀사는 금융소비자보호법상의 서면고지의무를 이행하지 않았으며…
5. 귀사의 조속한 답변을 기다립니다.

년 월 일
(우체국에 가는 날짜를 쓴다.)

상기 발신인: (인)
(위의 발신인과 같은 이름을 쓰고 도장 날인을 한다.)

〈그림 10-2〉 일반적인 내용증명 작성법

출처: 허경옥(2011)의 내용을 재구성함.

(3) 청약철회 요청(내용증명)

소비자문제 발생 시 소비자 청약철회권을 행사하기 위해 사실에 대한 입증 방법으로써 내용증명 우편 제도를 자주 활용하게 된다. 소비자문제와 관련하여, 특히, 청약철회를 하기 위해 내용증명을 발송하게 되는 경우는 보통 다음의 경우이다(허경옥, 2011).

- 전화권유에 의해 회원권, 어학교재, 학습지, 월간지 등 구입 후, 철회기간 이내에 청약철회를 요구할 때
- 방문판매에 의해 건강식품, 유아용교재, 가전제품 등 구입 후, 철회기간 이내에 청약철회를 요구할 때
- 인터넷, TV홈쇼핑 등에서 물품 구입 후, 철회기간 이내 청약철회를 요구할 때
- 할부로 물품을 구입한 후, 철회기간 이내에 청약의 철회를 요구할 때(상행위 목적으로 할부계약 체결한 경우 제외)
- 물품 등 할부로 구입 후, 매도인과 신용제공자에 항변권 행사하고자 할 때
- 기타 서면에 의한 의사표시 및 이에 대한 증빙자료가 필요할 때

10-1 청약철회가능 기간 정리요약

계약을 취소할 수 있는, 청약철회 가능 기간은 법에서 정해져 있다. 계약의 철회는 다음 각각의 기간 이내에 계약서를 교부받은 날, 또는 계약서를 교부받지 못한 때에는 목적물을 인도받은 날, 또는 서면의 미교부, 계약서 등에 주소가 미기재되었거나, 주소가 변경되어 매도인의 주소를 알 수 없는 경우에는 주소를 안 날로부터 계약의 철회가 가능하다. 어떤 방법으로 제품을 구매하였는가에 따라 청약철회 기간은 다른데, 다음과 같다.

- 방문판매, 다단계 판매, 전화권유판매(텔레마케팅): 14일 이내
- 전자상거래, 통신판매: 7일 이내
- 할부거래(상조업 포함) 판매: 7일 이내

청약철회통지서를 작성하는 방법은 내용증명을 작성하는 방법과 거의 유사하다. 청약철회 통지서 작성 예시는 〈그림 10-3〉에 제시한 바와 같다.

청약철회통지서

1. 수신: (판매업체명, 주소)
2. 발신: (성명, 주소, 전화번호)
3. 제품명:
4. 판매원:
5. 계약일:
6. 상품인도일:
7. 해약사유:

위와 같은 사유로 계약해제를 통보합니다.

년 월 일

통고인 (인)

〈그림 10-3〉 청약철회 통지 작성 예
출처: 네이버 인터넷사이트

3. 소비자피해구제의 법적 체계

소비자피해구제에서 중요한 법적 이슈, 즉 소비자가 실제 피해구제 과정에서 알아야 할 법적 체계를 살펴보면 다음과 같다.

1) 법적 체계

소비자피해구제는 소비자의 기본적 권리인 소비자기본법을 법적 근거로 한다. 소비자보호 주체의 소비자피해구제와 관련한 의무와 역할을 구체적으로 규정하고 있다.

우리나라의 소비자피해구제 체계의 독특한 특징은 공정거래위원회 시행령인 품목별 소비자분쟁해결기준이 있다는 것이다. 이것은 동일한 내용의 피해의 사후구제 과정에서 사업자 또는 피해구제 기관마다 서로 다른 피해보상기준을 제시할 경우, 소비자분쟁의 해결이 어려워지고 소비자피해구제 역시 효과적이지 못할 문제점을 해결하기 위함이다. 소비자가 사업자로부터 적절한 피해보상을 받을 수 있도록 품목별, 피해 유형별로 보상기준을 마련해 놓은 것이 소비자분쟁해결기준이다.

소비자분쟁해결기준은 소비자와 사업자 간에 일어날 수 있는 분쟁을 원활하게 해결하기 위한 기준으로 소비자보호법에 근거하여 1985년 제정되었는데 일반적 소비자분쟁해결기준(시행령)과 품목별 소비자분쟁해결기준(공정거래위원회 고시)이 있다. 다시 말해, 공정거래위원회는 품목별 소비자분쟁해결기준을 제정·고시하고 있는데, 소비자분쟁해결기준은 사업자가 제공한 물품의 제조·운반·사용 또는 용역의 이용 과정에서 발생하는 소비자의 재산상 손해 및 신체상 위해로 인한 피해보상을 원칙으로 하며, 보상기준을 수리, 교환, 환급, 배상, 계약해제·이행 등으로 품목별로 구체적으로 정하고 있다.

여기서, 소비자분쟁해결기준은 원칙적으로 사업자에 대한 법적 강제력은 가지고 있지 않으므로, 다른 법령에 근거하는 별도의 보상기준이 있을 시에는 당해 보상기준을 우선 적용한다.

2) 미성년자와 소비자피해구제

최근 새로운 소비층으로 10대 미성년자 등장은 시장에서 무시할 수 없는 소비자이다. 미성년자들을 대상으로 한 상품과 판매 활동이 증가하면서 미성년자들의 소비자 피해 역시 증가하고 있으며, 그 피해구제를 위하여 부모의 동의 없이 이루어진 미성년자의 계약 취소 여부에 대한 소비자 분쟁이 끊임없이 발생하고 있다.

우리나라에서는 만 20세가 되지 않은 미성년자의 경우, 독립적으로 완전한 계약을 할 수 있는 능력을 가진 성인과 분류하여 법정대리인의 동의 없이 한 계약은 취소할 수 있도록 하고 있다(민법 제4조 및 제5조). 그러나 만 20세가 되지 않은 경우에도 미성년자가 혼인을 한 경우에는 예외적으로 미성년자 역시 성년으로 보도록 하고 있다(민법 제826조의 2).

(1) 미성년자의 계약취소권

법정대리인의 동의는 일정한 형식을 요구하지는 않지만, 반드시 법정대리인이 인지 가능해야만 한다. 또한 동의 후라도 미성년자가 스스로 계약하기 이전에는 동의를 철회할 수 있다.

미성년자가 권리만을 얻거나 의무만을 면하는 행위, 즉 미성년자에 대해 어떠한 법률적 불이익을 초래하지 않는 계약의 경우에는 미성년자 보호의 필요가 없으므로 법정대리인의 동의를 요구하지 않는다(민법 제5조 제1항 단서). 처분이 허락된 재산의 처분행위, 영업이 허락된 미성년자의 그 영업에 관한 행위나(민법 제6조 및 제8조), 식품 구입, 철도나 버스 승차, 전화사용 등과 같은 일상적인 거래 역시 법정대리인의 동의가 없이 자유롭게 행할 수 있다. 하지만 만일 미성년자가 직장에 다니는 경우일지라도 대금이 고액인 경우에 일반적인 미성년자와 같이 법정대리인의 동의가 있어야 한다. 그런데 동의가 없는 미성년자와의 계약은 취소 효과를 갖는다. 이 경우 취소할 수 있는 자는 미성년자 자신, 법정대리인 및 임의대리인, 상속인과 같은 포괄적인 승계인과 취소에 의해 보호하려는 지위를 승계한 특정승계인이다(민법 제140조). 취소권은 취소권자가 사업자에 대한 일방적 의사표시로 행사되며, 추인할 수 있는 날로부터 3년 내에, 계약을 한 날로부터 10년 내에 행사할 수 있다. 취소된 계약은 처음부터 무효인 것으로 보고, 이때 미성년자는 이익이 현존하는 한도에서 상환하면 된다.

그런데 미성년자와의 계약일지라도, 미성년자가 사술로써 사업자를 오신시켜 성년으로 믿게 하거나 법정대리인의 동의가 있는 것으로 믿게 한 경우에는 계약을 취소할 수가 없다(민법 제17조). 이때 미성년자의 단순한 거짓진술은 사술로 인정되지 않으며, 호적등본・초본・인감증명의 변조, 법정대리인 동의서의 위조 등과 같은 적극적인 경우가 사술로 인정된다.

미성년자의 계약취소권은 미성년자 및 소비자 보호의 관점에서 미성년자에게 유리하게 적용되어야 할 것이다. 그러나 일부 경우 미성년자 법정대리인에 의해 미성년자의 계약취소권이 악용하는 사례가 발생하기 때문에, 미성년자 측의 상담내용이나 사업자의 입증자료가 충분히 확인된 후에 계약 취소 여부가 결정되어야만 할 것이다.

3) 소비자피해구제의 민사법적 기준

민법은 크게 재산관계에 관한 재산법과 가족관계에 관한 가족법으로 나눌 수 있으며, 이를 위하여 민법전은 총칙, 물권, 채권, 친족, 상속의 5편으로 구성되어 있다.

소비자들의 소비생활의 경우 재산법과 관련이 있다. 특히 소비생활에서 권리관계 변동의 주된 원인이 되는 계약의 성립과 효력, 계약의 이행, 불이행에 따른 책임, 불법행위의 성립 요건과 효과, 특수 불법행위 등에 대하여 다룰 필요가 있다.

계약은 계약자유의 원칙에 따르므로 그 종류를 한정할 수 없다. 그러나 민법은 경험적으로 정형화된 계약(전형적 계약)으로서 14종의 계약을 규정하고 있는데, 증여, 매매, 교환, 소비대차, 사용대차, 임대차, 고용, 도급, 현상광고, 위임, 임치, 조합, 종신정기금, 화해이다. 그러나 계약 당사자는 민법에 규정되어 있는 14종의 계약 외의 계약도 자유롭게 만들 수 있다.

소비자피해구제는 민사법 규정, 영업정지나 과태료 등의 행정법 규정, 징역 또는 벌금 등의 형사법 규정을 법적 근거로 한다. 이 중 민사법 규정이 소비자피해구제의 중요한 기준이 된다. 소비자피해에 대한 민사적 구제기준은 계약형과 손해배상형 두 가지로 나누어지는데, 계약형이란 계약이행형과 계약부정형으로 다시 나누어진다. 계약이행형은 계약의 강제이행, 계약부정형은 계약 취소, 무효, 해제, 해지 등을 뜻한다. 또한 손해배상형은 계약책임, 불법행위책임이다.

(1) 민사적 구제기준으로써 계약

사업자와의 계약과정에서 발생하는 소비자피해 원인은 하자, 충동구매, 채무불이행 등이다. 그러나 최근 부당광고나 방문판매로 인한 원치 않는 계약체결이나, 계약 이후의 사업자의 채무불이행으로 인해 계약을 해지하고 싶어 하는 소비자들이 증가하고 있다. 이런 경우 소비자는 계약 자체를 무효로 하고 환급 및 손해배상을 요구하게 된다. 원치 않는 소비자계약으로부터의 해방을 위한 민사제도는 계약 무효, 취소, 철회, 해제, 해지 등이 있다. 원치 않는 계약으로부터 벗어날 수 있는 무효·취소·해제·해지에 관한 것은 민법에, 철회에 관한 것은 소비자 관련 법(예: 할부거래법, 방문판매법, 전자상거래소비자보호법 등)에 규정되어 있다. 그러나 실질적으로 소비자분쟁해결기준은 이에 관한 자세한 규정을 두고 있지 않다. 소비자기본법 시행령에서 일반적 소비자분쟁해결기준은 환불(환급)의 기준만을 정하고 있으며, 소비자분쟁해결기준은 일부 품목 및 품종에 대해서만 계약해제·해지, 환급, 손해배상 등을 규정하고 있다.

① 소비자계약의 무효

소비자계약의 무효란 소비자계약이 성립된 때부터 법률상 그 효력이 발생하지 않는 것을 뜻한다. 즉, 대금지급 이전이라면 소비자는 대금을 지급할 의무가 발생하지 않으며, 사업자는 대금이행 청구 및 이행강제를 할 수 없다. 또 이미 대금을 지급한 후라면 계약무효의 원인이 사업자에게 있는 경우 환급을 받을 수 있다. 대표적인 소비자계약 무효의 사유는 사회질서 위반의 계약, 불공정한 계약, 강행 규정 위반의 계약, 통정허위표시, 비진의표시 등이다.

② 소비자계약의 취소

소비자계약의 취소란 유효하게 성립된 계약의 효력을 소급하여 소멸토록 하는 취소권자의 의사표시이다. 이것은 무효와는 달리 계약의 유효를 전제로 하고 계약의 무효 여부를 취소권자에게 맡기게 된다. 대표적인 소비자계약 취소의 사유는 무능력자의 계약, 착오에 의한 계약, 사기 또는 강박에 의한 계약 등이며, 취소할 수 있는 취소권자로는 무능력자(미성년자 포함), 하자 있는 의사표시를 한 소비자와 대리인 또는 승계인이 있다. 또한 취소 가능한 소비자계약을 추인하여 확정적으로 유효하게 하거나 일정한 사유가 있으면 당연히 추인한 것으로 하는 법정추인 제도가 있다. 이때 법정추인 사유는 전부나 일부의 이행, 이행의 청구, 경개, 담보의 제공, 취소할 수 있는 행위로 취득한 권리의 전부나 일부의 양도, 강제집행 등이다(민법 제145조). 취소권은 추인할 수 있는 날로부터 3년 이내, 계약한 날로부터 10년 이내에 행사하여야 하며(민법 제146조).

③ 소비자계약의 철회(청약철회)

소비자의 청약철회권(Cooling-off)이란 소비자가 일정한 철회기간 내에 청약 또는 계약을 철회할 수 있는 것을 말한다. 민법상 계약원칙에 의하면 청약의 의사표시가 상대방에게 도달한 이후에는 철회할 수가 없고(민법 제527), 유효하게 성립한 계약은 채무불이행 등의 경우를 제외하고는 계약해제 또는 해지가 불가능하지만, 소비자법은 충동거래로 인한 소비자보호를 위해 예외적으로 청약철회권을 규정하고 있다(할부거래법 제5조, 방문판매법 제10조 · 제21조 · 제35조).

④ 소비자계약의 해제 · 해지

계약의 체제·해지란, 당사자 일방에게 채무불이행의 사유가 발생하여 계약의 목적을 달성할 수 없는 경우 더 이상 계약을 존속시킬 이유가 없어지므로, 상대방의 일방적인 의사표시로 계약을 해소하여 계약의 구속으로부터 벗어나게 하는 제도이다. 해제권의 종류로는 약정해제권과 법정해제권이 있는데, 당사자 사이에 일정한 경우 당사자의 일방 또는 쌍방에게 해제권의 발생을 약정할 수 있지만, 법정해제권의 발생 원인은 일시적 계약 모두에 공통되는 것으로 채무불이행, 즉 이행지체와 이해 불능(민법 제544조 내지 546조), 증여·매매·도급 등 각각의 일시적 계약의 특유한 것을 규정하고 있다.

소비자는 사업자의 이행지체로 인한 해제권을 가지게 되는데, 사업가가 채무를 이행하지 않을 경우 일정 기간을 정하여 그 이행을 최고하고 그 기간 내에 이행되지 않을 경우에는 계약을 해제할 수 있다(민법 제544조). 또 계약의 성질 또는 당사자의 의사표시에 의해 일정한 시일 또는 기간 내에 이행하지 않을 시 계약의 목적을 달성할 수 없는 경우에 사업자가 그 기간 내에 이행하지 않는다면 최고 없이 계약을 해제할 수 있다(민법 제545조).

사업자의 채무불이행으로 인해 계약을 해제한 경우 각 당사자는 상대방에 대한 원상회복의 의무를 가지게 되므로(민법 제548조), 소비자는 대금을 환급 받을 수 있으며, 별도의 손해 발생 시에는 손해배상 역시 청구할 수 있다(민법 제551조). 그러나 할부거래 시 매도인이 매수인의 할부금 지급의무의 불이행으로 인해 계약을 해제할 경우에는 할부계약을 해제하기 전 14일 이상의 기간을 정하여 매수인에게 그 이행을 서면으로 최고하여야만 한다(동법 제8조).

계약의 해지는 계속적 계약에 있어서 계약의 효력을 장래에 향하여 소멸시키는 계약당사자의 일방적 의사표시이다. 해지권 역시 당사자의 계약 또는 법률의 규정에 의하여 발생하는데, 계약을 해지한 경우 계약은 해지한 시점으로부터 그 효력을 잃게 된다(빈법 제550조). 그러므로 계약당사자는 계속적 계약관계의 존속을 전제로 하여 인도한 물건이나 대금이 있는 경우에는 해지 후 원상회복해야만 하며, 해지로 인한 손해발생 시에도 손해배상을 청구할 수 있다(민법 제551조).

(2) 민사적 구제기준으로써 손해배상

소비자손해배상이란 채무불이행 또는 불법행위 등 사업자의 위법행위로 인해 발생한 손해를 소비자 이외의 자가 전보하여 손해가 발생하지 않는 것과 같은 상태로 원상회복시키는 것을 말한다.

① 손해배상 청구권의 발생 원인

소비자의 손해배상청구권은 사업자의 채무불이행과 불법행위, 계약체결상의 과실책임, 하자담보책임, 품질보증계약 등에 의해 발생한다. 손해배상청구권의 소멸시효기간은 채무불이행의 경우 계약의 내용 또는 목적물에 따라 10년, 3년, 1년 등이며(민법 제162조, 제163조, 제164조), 불법행위의 경우에는 피해자 또는 법정대리인이 손해 및 가해자를 안 날로부터 3년 또는 불법행위를 한 날로부터 10년이다(민법 제766조).

② 손해배상의 범위

사업자의 위법행위로 인해 손해가 발생한 경우일지라도 발생된 손해를 모두 배상받을 수 있는 것은 아니다. 그 이유는 사업자의 채무불이행으로 인한 손해라 하더라도 그 손해가 무한히 확대될 경우 사업자에게 너무 과중한 부담이 주어지게 되기 때문이며, 민법 제393조에 의해 그 배상의 범위를 결정하는 기준이 규정되어 있다. 민법 제393조에 따르면, 채무불이행으로 인해 발생할 것이 예상되었을 통상 손해의 경우에는 채무자에게 손해 전부에 대한 배상책임을 인정하지만(동조 제1항), 일반적으로 발생하지 않는 특별손해의 경우에는 원칙적으로는 배상책임을 부정하며 채무자가 그 사정을 알았거나 알 수 있었을 경우에 한해 배상책임을 인정한다(동조 제2항).

③ 손해배상액의 산정

손해배상액의 산정은 확정된 손해를 금전적으로 평가하여 이루어진다. 재산적 손해의 배상액은 재산적 가치의 평가액으로 통상가격이나 통상교환가격을 표준으로 하며, 비재산적 손해의 배상(위자료)은 금전적 평가에 어려움이 있으므로 법원이 소비자의 정신적 충격 정도를 고려하고 당사자 쌍방의 직업・재산・채무불이행의 동기 등 여러 사정을 고려하여 그 금액을 판정한다.

(3) 위약금약정 또는 손해배상액의 예정

소비자와 사업자의 계약체결 후 물건이 인도되지 않거나 대금지급이 이루어지지 않는 등 계약위반사유의 발생으로 인한 계약의 해제 또는 해지 등에 대비하여 일정한 금전 기타 이익을 위반자가 지급하도록 약정을 두는 경우, 위반자가 지급하게 되는 일정한 금전 기타 이익을 위약금이라 하고, 이러한 내용의 약정을 위약금약정이라고 한다. 채무불이행 발생 시 채무자의 배상책임의 내용을 미리 약정하여 손해배상문제의 처리를 간편하게 하고, 이러한 위약금산정은 '손해배상액의 예정'이라고도 한다. 위약금약정은 계약당사자가 자유롭게 규정할 수 있으나, 방문판매 등의 일부 소비자계약에 있어서 과다한 위약금이 문제가 되는 경우가 있다. 예를 들어 방문판매업자가 계약서나 약관에 과다한 위약금약정을 명시하여 소비자의 계약해지를 방해하거나 과다한 위약금을 부담시킬 수 있으므로, 이를 방지할 수 있도록 민법과 약관의 규제에 관한 법률에 별도의 규정이 있다.

민법에서는 위약금약정을 손해배상액의 예정으로 추정하고, 손해배상의 예정액이 부당히 과다한 경우에는 법원이 적당히 감액할 수 있다고 규정하고 있다(동법 제398조). 하지만 아무리 과다한 위약금약정일지라도 금액을 이유로 전부 무효가 될 수는 없으며, 법원이 적당히 감액한 범위 내에서 그 효력을 유지하게 된다.

약관의 규제에 관한 법률은 고객에 대하여 부당하게 과중한 지연손해금 등의 손해배상의무를 부담시키는 약관 조항은 무효로 규정하고 있으며(동법 제8조), 약관규제법에 의해 위약금약정이 부당하게 과중하다고 인정될 경우 그 조항 자체가 무효가 된다.

적정한 위약금의 범위에 대한 일괄적인 기준은 없으므로, 거래유형에 따른 합리적 판단이 필요하다. 판례의 동향은 통대금의 1할로 수렴하는 경향이 있는데, 이는 소비자분쟁해결기준에서의 보상기준이 참조가 될 것이다.

방문판매·다단계 판매·통신판매·할부거래의 경우 소비자의 귀책사유로 인한 계약해제 시 사업자가 청구할 수 있는 손해배상액의 범위를 명시적으로 제한하고 있으며(방문판매 등에 관한 법률 제12조·제23조·제40조와 할부거래에 관한 법률 제9조 참조), 약관규제법에 의해 위약금약정이 무효가 되거나 위약금약정 또는 손해배상액의 예정이 없는 경우 채권자는 민법의 일반 원칙(민법 제393조)에 따라 손해액을 입증하여야 한다. 만일 손해를 입증하지 못한다면 손해배상을 받을 수 없다.

(4) 과실상계

소비생활 내에서의 소비자손해는 대부분 사업자의 과실로 인해 발생하고 있으며, 소비자피해의 가장 효과적인 보상방법은 손해배상이다. 손해배상액의 조정을 위한 제도로는, 과실상계와 손익상계가 있다. 손익상계란 소비자에게 손해를 입히는 과정에서 이익이 생겼을 때 이 이익을 손해를 산정하는 데 참작하는 것을 뜻한다.

① 과실상계의 의의

과실상계란 채무불이행이나 불법행위로 인하여 손해배상책임이 발생할 때, 소비자에게 손해발생 또는 확대에 대한 과실이 있는 경우 이 사실을 참작하여 사업자의 손해배상책임을 감면해 주기 위한 제도로, 채무불이행에 관하여 채권자에게 과실이 있는 때에는 법원은 손해배상의 책임 및 그 금액을 정함에 이를 참작하여야 한다고 규정한다(민법 제396조).

② 소비자의 과실

과실상계에서의 소비자의 과실은, 과실상계가 책임부정의 기능을 할 시에는 사업자의 과실과 같은 정도이어야 하며, 배상액경감의 기능을 할 시에는 사업자와 달리 약한 정도의 과실로 충분하다. 그 이유는 과실상계가 사업자에게 적극적인 손해배상책임을 지게 하는 것과 달리, 손해배상액을 정하는데 있어서 소비자의 과실을 어떻게 참착할 것인가의 문제일 뿐이기 때문이다. 소비자 이외에도 소비자와 일체성을 이룬다고 보여 지는 밀접한 자의 경우 과실상계에 고려할 수 있으며, 소비자의 가족, 대리인, 피용자 등의 과실이 손해의 원인이 될 경우도 이를 고려해야 한다. 그러나 동료, 친구 등의 관계는 제외된다.

③ 소비자의 과실 참작

소비자의 과실이 인정될 경우 배상책임 및 배상액 산정에 있어 그 과실을 참작해야 하는데, 이때 사업자의 과실과 소비자의 과실을 대비하여 과실상계 비율을 정하게 된다. 과실상계의 정도를 정할 시에는 소비자와 사업자의 과실의 정도, 손해 발생 및 확대의 원인 등을 고려하여야 하고, 소비자 법규위반 유무 및 정도가 특히 문제가 된다. 사업자에 비해 소비자의 과실이 중대한 경우는 사업자의 손해배상책임을 부정할 수 있으며, 만일 소비자 과실이 존재한다 해도 사업자가 배상합의를 한 경우에는 과실상계를 할 여지가 없다.

④ 객관적인 과실상계율의 기준화 필요

과실상계의 비율은 소비자피해구제담당자의 판단에 의존하기 때문에 담당자에 따른 개인차가 존재할 수 있으므로, 그로 인한 소비자피해구제에 대한 불신감이 발생할 수 있다. 그러므로 합리적인 소비자피해구제를 위하여 과실상계 평가방법의 기준화 및 과실상계기준의 정형화가 필요하고, 따라서 소비자기본법 시행령상의 일반적 소비자분쟁해결기준에 과실상계율에 관한 기준을 마련하여 정형화된 사건의 경우 명시적으로 과실상계의 비율을 규정하는 방안이 있다.

(5) 품질보증과 하자담보책임

사업자는 양질의 제품 생산의 의무와 함께, 불량제품에 대한 처리의 의무 역시 가지게 된다. 그러나 일부 사업자의 경우, 제품의 하자에 대한 수리, 교환, 환급 등의 피해보상을 이행하지 않아 더 큰 소비자문제를 발생시키고 있다.

① 제품의 하자

제품의 하자란 제품이 거래 통념상 또는 당사자의 특약상 보유한 것으로 보증한 품질·성능·형태 등에 결함이 있어 사용 가치 및 교환가치를 감소시키는 것을 뜻한다. 제품의 하자여부는 소비자계약에 정한 기준, 소비자계약의 목적, 계약체결 상황 등을 기준으로 주관적으로 파악되고, 당사자 간의 특별한 약정이 없을 시에는 객관적으로 결정되기도 한다. 또한 자연적·물리적인 것뿐만 아니라, 물건의 사용성에 관한 결함도 하자에 속하게 된다.

② 품질보증서에 의한 품질보증

품질보증서에 의한 품질보증은 사업자가 자신의 제품품질 보장을 위해 소비자에게 행하는 제품의 성능 및 안전성에 대한 약속이자, 그 약속 위반 시 이행할 피해보상에 대한 의사표시라 할 수 있다. 즉 소비자는 제품의 하자발생 시 품질보증서 내용에 따라 품질보증을 요구할 수 있으며, 품질보증서는 품질보증기간 및 피해보상 내용을 포함한다. 그러나 대부분의 경우 사업자가 특정한 보증내용을 두지 않고, 소비자기본법에 의한 소비자분쟁해결기준에 따라 피해보상을 한다는 내용만 표시되어 소비자분쟁해결기준에 의해 처리되게 된다. 일반적으로 품질보증기간은 소비자가 물품을 구입 또는 용역을 제공받은 날부터 인정되며, 계약일과 인도일이 다를 경우에는 인도일이 기준이 된다. 만일 품질보증서에 판매일자가 기재되어 있지 않거나, 품질보증서를 받지 못하거나 분실하는 등 판매일자를 파악하기 곤란할 시에는, 당해 제품의 제조일 또는 수입 통관일로부터 6월이 경과한 날로부터 품질보증기간을 계산하게 된다. 또한 품질보증은 보증계약의 일종이므로 민법이 적용되며, 소비자와 직접적 계약 관계가 없는 제조사의 품질보증서는 직접 또는 판매자를 통해 소비자에게 교부된다. 만일 소비자가 품질보증서를 교부받지 못한 경우, 제품하자에 대해 판매업자에게 민법상의 하자담보책임을 물어 피해보상을 받는 것이 가능하다.

③ 하자담보책임

민법상 하자담보책임은 소비자매매, 개인 간의 매매, 상사매매에 모두 적용된다(동법 제580조). 소비자가 민법상 하자담보책임을 판매업자에게 물으려면, 제품구입 당시부터 제품의 하자가 존재해야 하며, 소비자는 하자 사실을 알지 못했어야 하며, 무과실이어야만 한다. 또한 제품의 하자로 인해 계약의 목적을 달성할 수 없을 때 소비자가 계약해제 및 손해배상 청구가 가능하며, 하자가 존재함에도 불구하고 계약 목적의 달성이 가능할 시에는 손해배상만 청구 가능하다.

민법상 하자담보책임은 소비자가 하자 발생을 알게 된 말로부터 6개월 안에 행사하여야 한다고 할 뿐 구체적 기간을 규정하고 있지 않기 때문에, 소비자는 품질보증기간이 지난 후에도 하자담보책임을 물을 수 있다. 또 제품을 신용카드 할부로 구입한 경우 발생한 하자에 대해 판매업자가 하자담보책임을 이행하지 않는다면, 할부거래에 관한 법률상 항변권을 행사하여 잔여할부금지급을 거부할 수 있다(동법 제12조).

품질보증책임과 하자담보책임의 공통점은 제품하자에 대한 피해보상을 통하여 소비자를 보호한다는 것이다. 그러나 품질보증책임은 제품사용 중 하자발생 시 품질보증기간 내에 제조자 또는 판매업자가 피해보상을 한다는 약정책임으로 품질보증서에 따라 책임내용 및 범위가 정해지지만, 하자담보책임은 제품 하자의 존재에 대해 판매자가 부담하는 법적책임으로 내용과 범위가 민법에 규정되어 있다. 하지만 이

둘 사이에는 보충관계가 성립하게 되는데, 품질보증책임은 제품 인도 후 제조자 또는 판매자가 품질보증기간 내에 발생한 하자의 책임을 부담하고, 소비자는 품질보증기간 경과 후에도 하자담보책임의 조건이 갖춰지면 하자 발생을 인지한 날로부터 6개월 안에 권리를 행사할 수 있다.

(3) 채무불이행과 책임

채무불이행은 채무자 측에서 책임 있는 사유로 이행기까지 채무의 내용에 따른 완전한 이행을 하지 아니하는 것을 말하며, 즉 채무를 이행하지 아니하고 이행기가 지나간 이행지체, 이행이 불가능하게 된 이행불능이 있다. 채무불이행은 채무자에게 귀책사유가 있는 경우에만 책임이 생기는 과실책임이 원칙이다. 다만, 채무불이행이 있으면 당연히 귀책사유가 있는 것으로 추정되고, 채무자는 책임을 지지 않기 위해 자신에게 귀책사유가 없음을 증명하여야 한다.

채무자의 귀책사유에는 그 대리인, 피용자 등 이행보조자의 귀책사유도 포함되고, 이행지체 중에 생긴 손해에 대해서는 이행기에 이행하였더라도 그 손해를 면할 수 없다는 입증을 하지 못하는 한, 무과실책임을 지게 된다. 특히 금전채무의 불이행에 대해서는 항상 무과실책임을 지게 된다.[1]

채무자의 이행지체가 발생한 경우에는 채권자는 상당한 기간을 정하여 이행을 최고하고 그래도 이행하지 아니할 때에 계약해제권과 손해배상청구권이 생긴다. 그러나 그 지체로 인하여 이행의 이익이 없거나(정기행위) 이행불능의 경우에는 이행의 최고 없이 곧 계약해제권과 손해배상 청구권이 생긴다.

한편, 채권자가 자기의 귀책사유로 인하여 채무의 수령을 지체하거나 수령이 불능케 된 경우에는 채권자에게 채무불이행과 같은 성질의 책임이 생기는데, 이를 수령지체 또는 채권자지체라고 한다. 수령지체가 생기면 채무자는 이행을 제공한 때부터 채무불이행의 책임을 면하고, 수령지체 중에는 채무자의 고의 또는 중과실이 있는 경우에만 책임을 진다. 또한 채무자에게 그로 인한 계약해제권, 손해배상청구권, 공탁권 등이 생긴다.

1) 금전채무의 불이행에 대한 손해배상액은 법정이율에 의하는 것이 원칙이나, 약정이율이 있는 때에는 이자제한법의 한도에서 그 약정이율에 의한다.

상대방의 채무불이행을 이유로 계약을 해제하는 경우, 채권자는 자기 채무를 면하고 또한 이행한 것을 반환받게 되지만, 그것만으로 채무불이행으로 인한 손해를 전보받지 못한 경우가 있으면 상대방에게 손해배상을 청구할 수 있다. 손해배상은 다른 의사표시가 없으면 금전으로 배상하는 것이 원칙이다.

4. 소비자분쟁해결기준[2)]

소비자는 각종 물품의 사용이나 서비스를 이용하는 과정에서 제품의 하자·부당거래·계약 불이행 등 다양한 피해를 입을 수 있다. 소비자피해가 발생했을 때는 첫째, 당사자 간의 합의 둘째, 제3 자에 의한 중재·조정, 셋째, 재판, 3가지 수단을 통하여 처리된다.

이때 소비자의 피해가 소액인 경우가 대부분이기 때문에 재판보다는 당사자 간의 합의나 제 3자에 의한 중재·조정과 같은 재판외분쟁해결제도(ADR)를 이용하여 처리되는 것이 일반적이다. 왜냐하면 재판외분쟁해결제도는 보다 간이하고 신속하게 분쟁을 해결할 수 있고 비용이 저렴하기 때문이다. 소비자는 각종 제품이나 서비스를 이용하는 과정에서 제품의 하자, 부당거래, 계약불이행 등으로 신체상의 그리고 재산상의 피해를 입을 수 있다. 이 같은 피해를 구제하기 위한 방법은 보상이다. 여기서 보상이라 함은 제품의 제조, 운반, 사용과정에서 발생한 소비자피해에 대해 사업자가 소비자에게 행하는 수리, 교환, 환불, 배상, 이행, 계약해제 등을 의미한다.

1) 소비자분쟁해결기준 제정 경과

소비자피해구제 과정이나 분쟁 사례에서 소비자와 사업자 간에 의견대립이 심한 경우가 많다. 따라서 원활하고 신속한 소비자피해의 해결을 위해서 피해의 발생 원인과 책임소재, 보상수준 및 방법 등을 결정하기 위해서 양 당사자가 납득할 수 있는

2) 본 저서 12장과 13장에서는 제품과 서비스 품목별 피해구제 방법을 다루고 있는데 소비자기본법 시행령인 소비자분쟁해결기준이 많이 적용되고 있다.

객관적인 기준이 필요하다. 소비자가 사업자로부터 적절한 보상을 받을 수 있도록 품목별· 피해 유형별로 보상기준을 마련해 놓은 것이 소비자분쟁해결기준이다.

소비자분쟁해결기준은 소비자와 사업자 간에 일어날 수 있는 피해보상에 한 분쟁을 원활하게 해결하기 위한 기준으로 1985년 12월 소비자기본법의 규정에 따라 제정되어 1986년 2월부터 시행되어 왔다. 당시 명칭은 소비자피해보상규정이었으나 2008년 소비자보호법을 소비자기본법으로 개정하면서 소비자피해보상규정의 명칭도 소비자분쟁해결기준으로 변경하였다. 소비자분쟁해결기준은 대상품목, 품목별보상기준(수리·교환·환불 및 위약금 산정 기준), 품질보증 및 부품보유기간(70여개 품목), 내용 연수표 등으로 구성되어 있다.

소비자기본법 제12조 제2항과 동법 시행령 제11조에 의하면 국가는 소비자와 사업자간 분쟁의 원활한 해결을 위하여 대통령령이 정하는 일반적 소비자피해보상기준에 따라 품목별로 소비자피해보상기준을 제정할 수 있고, 공정거래위원장은 품목별 소비자피해보상기준을 제정하는 경우 품목별로 당해 물품 또는 용역을 주관하는 중앙 행정 기관의 장과 협의하여야 하며 소비자 대표, 사업자 대표, 대학교수 등 관계 전문가의 의견을 들어야 한다고 되어 있다. 이에 따라 공정거래위원회에서는 소비자피해보상규정에 적용되는 대상 품목을 확대한다든지 또는 보상기준을 보다 합리적으로 조정할 필요가 있을 경우 사업자단체, 소비자단체, 관계 부처 등과의 협의를 거친 후 최종 확정, 발표하게 된다.

한편, 다른 법령에 근거한 별도의 보상기준이 소비자기본법이나 소비자분쟁해결기준에 의한 보상기준보다 소비자에게 유리한 경우에는 그 다른 법령에 우선하여 적용되도록 함으로써 효과적인 소비자피해구제를 추구하고 있다.

소비자분쟁해결기준은 행정기관이 결정한 사항 등을 일반 국민에게 널리 알리기 위하여 공시하는 것으로 원칙적으로는 사업자에 대한 법적 강제력은 없다. 그러나 소비자분쟁해결기준을 관장하는 공정거래위원장은 품목별로 소관 중앙행정기관의 장과 소비자단체, 사업자단체 및 대학교수 등 관계전문가의 의견을 들어 기준을 정하고 있다는 점에서 실질적인 지침이 될 수 있다. 따라서 대부분의 사업자는 품질표시나 품질보증서에 '본 제품은 재정경제부가 고시한 소비자 분쟁해결기준에 따라 보상을 받을 수 있습니다'라고 표시하여 계약 내용으로서의 구속력이 있게 된다.

소비자단체, 한국소비자원 등 소비자피해구제업무를 담당하는 기관에서는 이 규정에 근거하여 피해구제 업무를 수행하고 있다. 사업자는 제품을 판매하는 경우 품질보증기간, 부품보유기간, 수리・교환・환불 등의 보상방법, 기타 사항을 제품의 용기에 표시하거나 이 같은 내용을 포함하는 증서(품질보증서)를 교부하여야 한다. 별도의 표시나 품질보증서 교부가 어려운 경우에는 소비자기본법 시행령, 즉 소비자분쟁해결기준에 근거한 피해보상기준에 따라 피해를 보상한다는 내용만을 제품에 표시할 수 있다.

이때, 품질보증기간, 부품보유기간, 수리・교환・환불 등의 보상방법, 기타 사항에 대한 표시가 소비자분쟁해결기준에서 제시한 기간보다 짧거나 미흡한 경우에는 소비자분쟁해결기준을 적용한다. 제품이나 서비스에 대한 보상은 제품의 소재지나 제공지에서 행하는 것을 원칙으로 하나, 휴대가 간편하고 운반이 용이한 제품의 보상은 사업자의 소재지에서도 보상이 가능하다.

2) 소비자분쟁해결기준의 일반적 원칙

소비자분쟁해결기준이란 소비자가 사업자로부터 적절한 피해보상을 받을 수 있도록 품목별, 피해 유형별로 보상기준을 마련할 것이다. 이때, 다른 법령에 근거한 별도의 보상기준이 소비자분쟁해결 기준에 의한 보상기준보다 소비자에게 유리한 경우에는 그 다른 법령에 우선하여 적용되도록 하고 있다. 소비자피해보상 규정은 나름대로 일반적인 기준을 가지고 적용되고 있다. 제품이나 서비스의 종류 및 유형에 따라 다소 차이가 있으나 일반적인 기준은 다음과 같다.

사업자가 물품이나 용역의 거래에 부수하여 소비자에게 제공하는 경제적 이익인 경품류의 하자・채무불이행으로 인한 소비자피해에 대해서는 사업자는 소비자피해에 대하여 교환, 환급, 배상을 하거나 계약의 해제, 해지 및 이행 등을 하여야 한다. 그러나 소비자의 귀책사유로 계약이 해제 또는 해지되는 경우 사업자는 소비자로부터 당해 경품을 반환받거나 반환이 불가능한 경우에는 당해 지역에서 거래되는 동종의 유사제품을 반환받거나 동종의 유사제품의 통상적인 가격을 기준으로 환급받을 수 있다.

소비자분쟁해결기준은 소비자피해보상에 관한 일반 원칙과 품목별 보상기준으로 구성되어 있다. 품목별 보상기준에는 112업종, 541개 품목별(개정에 따라 업종과 품목 변동됨)로 소비자가 사업자에게 피해보상을 요구할 수 있는 불만 유형을 비롯해 물품이나 용역의 품질・가격・표시상의 불일치・거래조건 등 사실상 소비자와 사업자 간에 발생하는 거의 모든 문제를 수용함으로써 소비자는 자신이 입은 피해를 보다 쉽게 보상받을 수 있는 기준이 된다. 소비자분쟁해결기준은 분쟁당사자 간에 분쟁해결방법에 관한 별도의 의사표시가 없는 경우 분쟁해결을 위한 합의 또는 권고의 기준이 된다. 그러나 다른 법령에 근거한 별도의 분쟁해결기준이 소비자분쟁해결기준보다 소비자에게 유리한 경우에는 그 분쟁해결기준을 우선 적용한다. 그리고 품목별 소비자분쟁해결기준에서 동일한 피해에 대한 분쟁해결기준을 2가지 이상 정하고 있는 경우는 소비자가 선택하는 분쟁해결기준에 따르며, 해당 품목에 대한 분쟁해결기준이 없는 경우는 유사제품에 대한 분쟁해결기준을 준용할 수 있다.

뿐만 아니라 이 규정의 적용을 받는 대상 사업자는 물품의 제조업자・판매업자・수입업자는 물론 용역의 제공자까지 포함하고 있어 소비자가 물품의 사용과 용역의 이용 과정에 불만이 있을 경우 해당 사업자에게 보상을 청구할 수 있게 되어 있다. 따라서 물품을 구입하거나 용역을 제공받은 소비자가 자신이 입은 피해에 대하여 정당한 불만을 제기할 때에 제조업자, 수입업자, 판매업자 및 용역을 제공하는 자는 원칙적으로 이 기준에 따라 보상해야 한다. 품목별 소비자분쟁해결기준은 분쟁당사자 간에 보상방법에 대한 별도의 의사표시가 없는 한 소비자분쟁해결의 기준이 된다.

① 품질보증서 교부 및 품질보증기간

사업자는 물품 판매 시에 품질보증기간, 부품보유기간, 수리・교환・환급 등 보상방법 기타 품질보증에 관한 사항을 표시한 증서(이하 품질보증서라 한다)를 교부하거나 그 내용을 물품에 표시해야 한다. 그러나 별도의 품질보증서를 교부하기 적합하지 아니하거나 보상기준의 표시가 어려운 경우에는 소비자기본법에 의한 소비자분쟁해결기준에 따라 피해를 보상한다는 내용만을 표시할 수 있다.

품질보증기간은 당해 사업자가 품질보증서에 표시한 기간으로 하는 것이 원칙이다. 그러나 사업자가 정한 품질보증기간이 품목별 소비자분쟁해결기준에서 정한 기간보다 짧은 경우에는 품목별 분쟁해결기준에서 정한 기간으로 한다. 그리고 사업자가 품질보증기간을 표시하지 아니한 경우는 품목별 분쟁해결기준에서 정한 기간으로 한다.

사업자가 품질보증서에 품질보증기간을 표시하지 아니하였거나 해당 품목에 대한 품질보증기간이 소비자분쟁해결기준에 없는 경우에는 유사제품의 품질보증기간을 적용하고, 이에도 해당되지 않는 경우 품질보증기간은 1년(식료품은 유통기간)으로 한다. 한편 중고품에 대한 품질보증기간은 품목별 분쟁해결기준에 의한다.

품질보증기간은 소비자가 물품을 구입한 날 또는 서비스를 제공받은 날로부터 계산하게 되나 물품의 계약일과 인도일이 다른 경우에는 물품의 인도일로부터 품질보증기간이 계산되는데, 품질보증서에 판매일자가 기재되어 있지 않거나 품질보증서의 미교부, 분실 또는 영수증과 같은 증거자료를 보존하고 있지 않아 정확한 판매일자의 확인이 곤란한 경우는 당해 제품의 제조일(수입품은 수입통관일)로부터 6개월이 경과한 날로부터 품질보증기간을 계산하도록 되어 있다. 그러나 제품이나 제품포장용기에 제조일이나 수입 통관일이 표시되어 있지 않은 경우에는 소비자가 주장하는 제품구입일로부터 품질보증기간이 계산된다.

품질보증기간 동안의 수리·교환·환급에 소요되는 비용은 사업자가 부담한다. 그러나 품질보증기간 동안이라고 하더라도 소비자의 취급 잘못이나 천재지변으로 인하여 고장 또는 손상이 발생한 경우와 제조자 및 제조자가 지정한 수리점이 아닌 자가 수리하여 제품이 변경 또는 손상된 경우에는 소비자가 비용을 부담한다.

② 내용연수

내용연수표는 감가상각액 계산 시 준용되며, 감가상각은 제품하자로 인한 계약해제 시 환불액을 계산하기 위해 필요하다. 환불액은 다음의 방법으로 산정된다.

$$\text{환불액} = \text{구입가} - \frac{\text{사용연수}}{\text{내용연수}} \times \text{구입가}$$

③ 부품보유기간

사업자가 품질보증서에 부품보유기간을 표시하지 않거나 해당 품목에 대한 부품보유기간이 소비자분쟁해결기준에 없으면 유사제품의 부품보유기간을 적용한다. 부품보유기간의 계산은 당해 제품의 단종 시부터 계산한다.

④ 수리비의 부담기준

품질보증기간 내에 정상적인 사용상태에서 발생한 제품의 고장을 수리하기 위하여 소요되는 모든 비용(부품대, 원자재비용, 기술료, 출장료 등)은 사업자가 부담(무상수리)하는 것을 원칙으로 한다. 그러나 소비자의 취급 잘못으로 발생한 고장이나, 제조자 또는 제조자의 지정수리점이 아닌 장소에서 수리함으로써 제품을 변경·손상시킨 경우, 천재지변에 의한 고장의 경우에는 품질보증기간 내라고 하더라도 유상수리를 하도록 하고 있다. 품질보증기간 경과 후에 발생한 고장에 대하여는 순수부품대, 원자재비용 등 소정의 수리비를 소비자가 부담(유상수리)하도록 하고 있다.

사업자는 지체 없이 수리해야 하며, 불가피하게 수리를 지체하는 경우는 이를 소비자에게 통보해야 한다. 만약 소비자가 수리를 의뢰한 날부터 1월이 경과해도 사업자가 물품 등을 수리하지 못하는 경우는 다음에 따라 교환 또는 환급한다.

- 품질보증기간 이내일 때는 먼저 동종물품으로 교환하고, 동종물품으로 교환이 불가능한 때에는 환급한다.
- 품질보증기간이 경과한 때에는 구입가를 기준으로 정액 감가상각한 금액에 100분의 10을 가산하여 환급한다.

그리고 물품을 유상으로 수리한 경우, 유상수리한 날부터 2월 이내에 소비자가 정상적으로 물품을 사용하는 과정에서 수리한 부분이나 기능에 종전과 동일한 고장이 재발한 때에는 사업자는 무상으로 수리하고, 수리가 불가능한 때에는 종전에 받은 수리비를 환급한다.

⑤ 교환 기준, 환불 기준, 환불 요건[3]

제품에 고장이 발생하여 소비자분쟁해결기준에 근거하여 제품을 교환하는 경우 동일제품으로 교환하여야 하며, 동일제품의 생산이 중단되어 동일제품으로의 교환이 불가능한 경우에는 유사제품으로 교환하여야 한다. 이때 유사제품으로의 교환에 대해 소비자가 동의하지 않으면 구입가격만큼을 환불하도록 되어 있다. 할인판매된 물품을 교환하는 경우에는 그 정상가격과 할인가격의 차액 발생과 관계없이 동일제

3) 소비자분쟁해결기준에서는 1999년 5차 개정 시 환불이라는 용어 대신 환급이라는 용어를 사용하기로 한 바 있다. 환급은 법률적 용어라고 한다면, 환불은 소비자들이 흔히 사용하는 용어라고 할 수 있다. 본 저서에서는 소비자들이 이해하기 쉬운 환불이라는 용어를 사용하기로 한다.

품으로 교환한다.

소비자분쟁해결기준에 의하여 환불하는 경우 증서 또는 영수증에 기재된 제품이나 서비스의 가격을 기준으로 환불하며, 반드시 현금으로 반환하도록 되어 있다. 그러나 구입가격에 다툼이 있는 경우에는 서면증거자료에 기재된 금액과 다른 금액을 주장하는 사람이 이를 입증하여야 하며, 입증이 불가능한 경우에는 당해 지역의 통상거래가격으로 환불하도록 되어 있다.

서비스의 이용계약 이후에 계약해제로 인하여 서비스 이용이 불가능한 경우 환불요건이 된다. 소비자가 표시된 가격을 초과한 금액을 지급하고 제품을 구입한 경우 양 당사자가 합의하면 초과된 금액만을 환불할 수 있다. 예를 들면, 소비자가 중고제품을 신제품가격으로 지불하고 구입한 경우, 광고 또는 표시의 내용과 제품이 일치하지 않는 경우, 제품의 사용설명서의 내용이 불충분하거나 누락되어 소비자가 피해를 입은 경우, 사업자가 계약 내용을 불이행하여 소비자가 계약해제를 요구하였을 경우에도 환불요건이 된다.

할인판매 기간에 할인된 가격으로 구입한 제품에 하자가 발생하여 교환하고자 하는 경우, 비록 정상판매로 환원되어 가격 차이가 발생한다고 하더라도 가격 차이와 관계없이 동일제품으로 교환해 주어야 한다. 그러나 할인판매 기간에 할인된 가격으로 구입한 제품의 환불은 구입 당시의 가격을 기준으로 환불하도록 되어 있다.

⑥ 사업자의 손해배상책임

사업자가 소비자와 계약한 내용을 이행하지 않았거나 제대로 이행하지 않는 경우, 제품의 사용과정에서 제품의 하자나 결함으로 인하여 소비자가 재산상의 손해나 신체상의 위해(소비자피해)를 입은 경우 사업자가 그 피해에 대하여 손해배상책임을 지도록 하고 있다. 사업자의 귀책사유로 인하여 소비자피해가 발생한 경우 그 피해구제의 처리 과정에서 발생하는 운반비용이나 시험검사비용 등 모든 경비는 사업자가 부담하도록 규정되어 있다. 피해보상은 물품의 소재지 또는 용역의 제공지에서 한다. 그러나 사회통념상 휴대가 간편하고 운반이 용이한 물품에 대하여는 사업자의 소재지에서 보상할 수 있다.

⑦ 경품류에 관한 분쟁해결기준

사업자가 물품 등의 거래에 부수해 소비자에게 제공하는 경제적 이익인 경품류의 하자 · 채무불이행으로 인한 소비자피해에 대한 보상기준은 일반 물품 등에 관한 분쟁해결기준과 같다. 한편, 소비자의 귀책사유로 계약이 해제 또는 해지되는 경우 사업자는 소비자로부터 당해 경품을 반환받거나, 반환이 불가능한 경우는 당해 지역에서 거래되는 동종의 유사제품을 반환받거나 동종의 유사제품의 통상적인 가격을 기준으로 환급받는다.

3) 품목별 소비자분쟁해결기준

소비자분쟁해결기준은 구체적으로 대상품목별로 피해유형과 그에 따른 보상기준을 규정하고 있다. 적용 대상은 107개 업종 540개 품목(소비자분쟁해결기준 개정 시 품목 및 업종 변경됨)으로 지정 상품제로 운영되고 있다. 대표적으로 현재 규정되어 있는 업종 및 품목은 공공서비스(2개 업종), 공산품(27개 업종) 농 · 수 · 축산물(7개 업종), 문화용품 기타(4개 업종), 부동산중개업(1개 업종) 등이다. 본서에서 품목별 소비자분쟁해결기준은 12장과 13장의 개별 품목별로 피해구제 방법으로 다루고 있다.

제11장
제품 품목별 소비자피해구제의 실제

소비자피해는 제품 품목에 따라 불만 및 피해유형이나 내용 등이 다양하게 나타나고 있고, 제품에 따라 피해구제 방법이나 관련 법적 근거도 다르다. 대체로 제품에 대한 소비자불만이나 피해의 주요 유형은 품질, 기능, 계약, 거래 방법, 가격이나 지불 방법, 정보 문제 등으로 다양하게 구분할 수 있다. 일상생활에서 빈번하게 발생하는 제품 품목별로 소비자피해 유형이나 이슈, 소비자피해구제 방법 등에 대해 자세하게 살펴보면 다음과 같다.

1. 공산품 전반

1) 공산품 피해보상 및 분쟁해결 일반 원칙

공정거래위원회 고시 품목별 분쟁해결 기준에 따르면 공산품은 가전제품, 사무용기기, 전기통신기자재, 시계, 재봉기, 광학제품, 아동용품, TV(텔레비전), 전구, 가구, 스마트폰, 전자담배, 자동차, 모터사이클, 자전거, 보일러, 농어업용 기계 및 자재, 건축자재, 주방용품, 문구, 의복류, 우산류, 신발, 가죽제품, 악기, 타이어, 연탄, 가방류, 생활위생용품, 가발 등을 포함한다. 한편, 품목별로 다소 차이가 있으나 공산품에 대한 소비자분쟁해결기준의 일반적 원칙을 가지고 있다.[1] 일반적인 기준에 대해 간단하게 살펴보면 다음과 같다.

① 하자 · 채무불이행

공산품의 하자 · 채무불이행으로 인한 소비자피해에 대해서는 사업자가 교환, 환급, 배상을 하거나 계약의 해제, 해지 및 이행을 하여야 한다. 분쟁당사자 간에 보상방법에 대한 별도의 의사표시가 없는 한 소비자분쟁해결기준을 따르게 된다. 이때, 사업자가 소비자와 계약한 내용을 이행하지 않았거나 제대로 이행하지 않는 경우, 제품의 사용과정에서 제품의 하자나 결함으로 인하여 소비자가 재산상의 손해나 신체상의 위해(소비자피해)를 입은 경우 사업자가 그 피해에 대하여 손해배상책임을 져야 한다. 사업자의 귀책사유로 인하여 소비자피해가 발생한 경우 그 피해구제의 처리 과정에서 발생하는 운반비용이나 시험검사비용 등 모든 경비는 사업자가 부담하도록 규정되어 있다. 피해보상은 물품의 소재지 또는 용역의 제공지에서 한다. 그러나 사회통념상 휴대가 간편하고 운반이 용이한 물품에 대하여는 사업자의 소재지에서 보상할 수 있다.

② 품질보증기간 이내 발생

품질보증기간 이내에 발생한 공산품의 수리 · 교환 · 환급에 소요되는 비용은 사업자가 부담한다. 그러나 품질보증기간 이내에 발생한 공산품이라도 소비자의 취급 잘못이나 천재지변으로 인하여 고장 또는 손상이 발생한 경우와 제조자 및 제조자가 지정한 수리점이 아닌 자가 수리하여 제품이 변경 또는 손상된 경우에는 소비자가 비용을 부담한다.

③ 품질보증기간 이후 발생

품질보증기간 경과 후에 발생한 공산품의 고장 등에 대하여는 순수부품대, 원자재비용 등 소정의 수리비를 소비자가 부담(유상수리)하도록 하고 있다. 사업자는 지체

1) 본 저서 11장에서 소비자분쟁해결기준의 일반 원칙을 자세하게 논의하였음.

없이 수리해야 하며, 불가피하게 수리를 지체하는 경우는 이를 소비자에게 통보해야 한다. 만약 소비자가 수리를 의뢰한 날부터 1월이 경과해도 사업자가 물품 등을 수리하지 못하는 경우는 다음에 따라 교환 또는 환급한다.

- 품질보증기간 이내일 때는 먼저 동종물품으로 교환하고, 동종물품으로 교환이 불가능한 때에는 환급한다.
- 품질보증기간이 경과한 때에는 구입가를 기준으로 정액 감가상각한 금액에 100분의 10을 가산하여 환급한다.

④ 유상수리 이후 다시 고장 발생

공산품을 유상으로 수리한 경우, 유상수리한 날부터 2월 이내에 소비자가 정상적으로 공산품을 사용하는 과정에서 수리한 부분이나 기능에 종전과 동일한 고장이 재발한 때에는 사업자는 무상으로 수리하고, 수리가 불가능한 때에는 종전에 받은 수리비를 환급한다.

⑤ 제품교환에 대한 일반 원칙

공산품에 고장이 발생하여 소비자분쟁해결기준에 근거하여 제품을 교환하는 경우 동일제품으로 교환하여야 하며, 동일제품의 생산이 중단되어 동일제품으로의 교환이 불가능한 경우에는 유사제품으로 교환하여야 한다. 이때 유사제품으로의 교환에 대해 소비자가 동의하지 않으면 구입가격만큼을 환불하도록 되어 있다. 할인판매된 물품을 교환하는 경우에는 그 정상가격과 할인가격의 차액 발생과 관계없이 동일제품으로 교환한다.

⑥ 환불 일반 원칙

소비자분쟁해결기준에 의하여 환불하는 경우 증서 또는 영수증에 기재된 제품이나 서비스의 가격을 기준으로 환불하며, 반드시 현금으로 반환하도록 되어 있다. 그러나 구입가격에 다툼이 있는 경우에는 서면증거자료에 기재된 금액과 다른 금액을 주장하는 사람이 이를 입증하여야 하며, 입증이 불가능한 경우에는 당해 지역의 통상거래가격으로 환불하도록 되어 있다. 할인판매 기간에 할인된 가격으로 구입한 제품에 하자가 발생하여 교환하고자 하는 경우, 비록 정상판매로 환원되어 가격 차이가 발생한다고 하더라도 가격 차이와 관계없이 동일제품으로 교환해 주어야 한다. 그러나 할인판매 기간에 할인된 가격으로 구입한 제품의 환불은 구입 당시의 가격을 기준으로 환불하도록 되어 있다.

2) 공산품 피해구제 사례

공산품의 소비자피해 발생 및 피해구제 사례를 살펴보면 다음과 같다.

〈공산품 피해사례 1〉

축구공, 며칠 만에 공기 주입구 파손…업체 보상불가 주장

축구공 구매 후 며칠만에 바람이 빠졌지만 제조사는 수리도, 교환・환불도 할 수 없다는 입장이다. 소비자 A씨는 아이에게 축구공을 사준 뒤 3~4일 정도 점심시간에 잠깐씩 가지고 놀았는데 바람이 빠졌다. 공기를 주입하던 도중 작은 '뻥' 소리와 함께 공기주입구에 바람이 빠지지 말라고 끼워놓은(바람을 넣을 때도 사용하는) 구멍이 빠져 버려 더 이상 사용할 수 없게 됐다. 소비자 A씨는 판매자에게 바로 서비스를 신청하니, 휴대폰 문자메시지로 본사에 반품했으나 이러한 경우는 수리가 되지 않는다고 하며 교환이나 환불도 해줄 수 없다는 답변을 들었다.

1372 소비자상담센터는 이 경우 교환 또는 환급을 받아야 한다고 답변하였다. 축구공은 스포츠・레저용품으로 소비자분쟁해결기준에서 정한 보상기준에 따르면, 구입 후 1개월 이내에 정상적인 사용 상태에서 발생한 성능, 기능상의 하자로 중요한 수리를 요할 때는 제품교환이나 구입가 환급이다.

따라서 A씨가 구입한 축구공은 사용 후 며칠 만에 공기가 빠지고, 쉽게 공기주입구가 망가졌으며, 사업자가 수리가 어렵다고 하는 점을 고려할 때, 정상적인 사용 상태에서 중요한 수리를 요하는 성능, 기능상의 하자로 소비자분쟁해결기준에 따라 제품교환이나 구입가 환급을 받아야 한다. 그러나 소비자 과실 및 부주의로 인한 하자의 경우를 배제할 수 없어 제품의 품질에 대해 소비자와 사업자의 주장이 다른 경우에는 전문가의 심의를 통해 제품의 불량 여부를 확인해야 한다.

일단 소비자의 피해보상 요구에 사업자가 거부하는 경우 소비자보호기관이나 한국소비자원을 비롯한 소비자단체, 시도 소비생활센터 등에 상담을 하면 도움을 받을 수 있다.

출처: 컨슈머치(2023.1.19.)

〈공산품 피해사례 2〉

일회용 콘택트렌즈 맞지 않아…안경점 "새제품 구매" 요구

소비자 A씨는 안경점에서 콘택트렌즈를 구매했다. 해당 렌즈를 사용한 뒤 눈에 문제가 생겼고, A씨는 안경점에서 안구 상태를 정확히 파악하지 않은 채 제품을 판매했기 때문이라며 제품 환급을 요구했다. 안경점은 환급을 거부하며, 새 제품을 구매할 것을 제안했다. 1372소비자상담센터는 제품의 하자가 있다고 보기 어렵지만, 판매자는 소비자에게 정확한 정보를 제공해야 한다고 말했다. 소비자분쟁해결기준에 따르면 콘택트렌즈와 의학약품 경우 품질, 성능, 기능불량 시 제품 교환 또는 구입가 환급을 받을 수 있다.

그러나 사례를 살펴보면 렌즈 불량보다는 안경점 직원의 불찰로 소비자의 안구에 맞지 않는 제품을 판매한 것으로 보인다. 소비자기본법 제3장 제2절 19조 3항과 5항에 의하면 사업자는 소비자에게 물품 등에 대한 정보를 성실하고 정확하게 제공해야 하며, 사업자는 물품 등의 하자로 인한 소비자의 불만이나 피해를 해결하거나 보상해야 한다고 기재돼 있다.

출처: 컨슈머치(2023.3.1.)

〈공산품 피해사례 3〉
실내운동기구 사용 시 안전사고 주의해야

운동기구와 관련한 안전사고가 매해 증가하고 있는 것으로 나타났다. 특히 만 6세 이하의 영유아 사고가 차지하는 비중이 높아 주의가 요구된다. 한국소비자원이 최근 3년간 소비자위해감시시스템(CISS)에 접수된 운동기구 관련 위해사례(322건)를 분석한 결과, 만 6세 이하의 영유아들의 사고 발생률(36%, 116건)이 가장 높았다. 사고 원인으로는 실내 운동기구에 부딪히거나(28%, 90건) 끼어서(27.3%, 88건) 사고를 당한 경우가 많은 것으로 조사되었다.

사고의 원인별로 살펴보면, 기구에 부딪쳐 발생하는 사고가 28.0%(90건)로 가장 많았고, 기구 사이에 신체 일부가 눌리거나 끼여서 발생하는 사고(27.3%, 88건), 넘어지거나 미끄러져 발생하는 사고(22.4%, 72건)의 순으로 나타났다. 어린이 화상 및 골절 사고는 성장판 손상으로 성장에 지장을 주거나 흉터로 인해 추후 여러 차례의 수술 치료가 요구될 수 있어 안전사고 예방에 특히 주의를 기울일 필요가 있다. 기구별로는 런닝머신 관련 위해사례가 40.4%(130건)로 가장 많았으나 헬스사이클, 덤벨, 복부 운동기구 등으로 인한 사고도 많아 위해 우려가 특정 제품에 국한되지는 않은 것으로 나타났다.

출처: 연합뉴스(2009.2.26.)

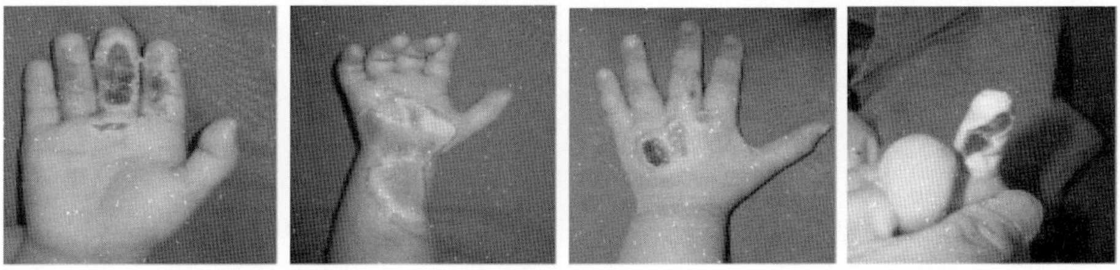

〈러닝머신에 손이 끼어 발생한 영유아 화상 사고〉

출처: 한림대학교 한강성심병원

〈공산품 피해사례 4〉
브래지어, 원래 반품 안 돼, 미착용에는 환불 가능

속옷이라는 이유로 반품을 거절한 판매자가 있다. 소비자 A씨는 전자상거래로 브래지어를 주문하고 다음날 수령하였다. 한눈에 봐도 일상적으로 착용하던 제품들보다 사이즈가 작았다. 이에 착용하지 않고 사업자에게 반품을 요청하였다. 사업자는 브래지어는 원래 반품이 안 되고 이를 사이트상에 고지했다며 반품을 거절하였다. 1372 소비자상담센터는 전자상거래 등에서의 소비자 보호에 관한 법률(이하 전자상거래법)에 의거, 물품 수령 후 7일 이내에 청약철회를 할 수 있다고 판정하였다. 다만, 소비자의 사용이나 일부 소비, 재화 훼손 등 청약철회를 제한할 수 있는 사유들이 있는데, 단순히 브래지어라는 이유만으로는 청약철회를 제한할 수 없다. 해당 브래지어를 소비자가 착용하지 않았으므로 재화의 가치가 감소한 바도 없으므로 청약철회가 가능해야 한다는 것이다.

사업체가 일방적으로 전자상거래법보다 소비자에게 불리한 약관을 만들어 적용 및 게시하고 있다면 이는 전자상거래법 위반이며, 불공정약관으로 해당 조항은 무효다. 분쟁이 발생할 경우에 대비하여 제품 수령 후 7일 이내에 청약철회의 의사를 밝혔다는 사실을 입증할 수 있는 자료(게시판 글 인쇄 등)를 확보하는 것이 좋다.

출처: 컨슈머치(2023.10.7.)

〈공산품 피해사례 5〉

툭하면 불나는데 고객센터 불통...라디언스 온열매트에 소비자불만 폭발 검수 결과 이상 없다더니...과열로 불에 탄 매트

소비자 A씨는 라디언스 온열매트 싱글・퀸 사이즈를 각 1개씩 구매해 사용해 왔다. 그 중 싱글 매트의 열선이 과열되면서 아래에 깔아 둔 침대패드까지 까맣게 타 구멍이 났다. A씨는 고객센터와 카카오톡 문의 채널에 3주간 문의를 남겼지만 아무런 답변을 받지 못했다며 답답함을 토로했다. 온도조절기 타버렸는데 고객센터 연락두절 매트 과열로 불타 AS 문의하려는데 고객센터는 불통이었다.

온열매트는 다른 침구류와 함께 사용한다는 점에서 열선 과열 시 자칫 큰 화재로 이어질 우려가 있다. 또 수면 중에 이용하는 경우가 많아 문제 발생 시 신속한 대응이 어렵기도 하다. 온열매트의 열선이 과열돼 매트는 물론 이불, 침대 매트리스까지 타 버리거나 심한 경우 신체에 화상을 입는 일도 있었다. 화재 사고가 아니더라도 고장 나 AS를 요청하면 모든 소통 창구가 먹통이라 문의 시 처리까지 수개월이 걸리며 소비자 분노가 치솟는 상황이다.

소비자고발센터(www.goso.co.kr)에 따르면 2022년 11월부터 2023년 1월까지 제기된 라디언스 관련 불만 제보는 총 90여 건이다. 불만 내용은 크게 온열매트 열선 과열, 고객센터・이메일・카카오톡 문의 접수 및 처리 지연이다.

라디언스는 매트 열선 과열 위험으로 벌써 두 차례나 리콜을 진행하면서 제품 안전성에 의심을 받고 있다. 2020년 12월에는 발열매트(WS-1000A) 제품이 안전 기준치인 95도(℃)보다 높은 최대 129.9℃까지 발열돼 리콜됐다. 2022년 11월에는 RC 3000 제품의 발열체 온도가 102.5℃까지 측정되어 리콜되었다.

출처: 소비자가 만드는 신문(2023.2.3.)

〈공산품 피해사례 6〉

불량제품 환불에 서약서까지 요구한 신분증 사본과 주민번호까지 요구

소비자 A씨는 B보일러 회사 요구에 문제를 제기했다. 소비자 A씨는 문제 있는 제품 때문에 시간적 피해와 스트레스를 받은 것도 모자라 교환도 거부하며 환불 조건으로 과도한 서약서를 요구했고 불만을 터트렸다. B보일러 회의 지점에서는 관행적으로 고객의 주민등록번호를 수집하면서 개인정보를 요구한 것이다. 특히 이 과정에서 본사는 본사가 아닌 지사에서 임의로 만든 문서를 사용하여 개인정보를 요구 했다고 해명했다. 소비자 A씨는 환불받으려면 확인서에 서명하고 그렇지 않으면 하지 말라는 식의 고압적인 자세를 보였다고 주장한다.

개인정보보호법 제24조 제2항에 따르면 법인에서 개인의 주민등록번호를 불필요하거나 과도하게 요구하면 3000만원 이하의 과태료 처분을 받을 수 있다.

출처: 세계일보(2023.4.15.)

〈공산품 피해사례 7〉

물 빠짐 아기욕조 집단분쟁 조정 성립

한국소비자원 소비자분쟁조정위원회는 집단분쟁 조정을 통해 프탈레이트계 가소제가 기준치 이상 검출된 물 빠짐 아기 욕조를 사용한 소비자가 배상(가구당 위자료 50,000원, 총 851가구 2,590명 배상 예정)을 받게 되었다.

2020년 12월 10일 국가기술표준원이 아기 욕조의 배수구 마개에서 프탈레이트계 가소제 DINP[2]가 기준치의 612배 이상 검출됨에 따라 리콜명령을 시행하였다. 이에 위 욕조를 사용한 소비자들이 아기에게 피부 발진 등 이상 증상이 발생하였다며 제조자 및 판매자를 대상으로 배상 요구하는 집단분쟁조정을 소비자분쟁조정위원회에 신청하였다.

소비자분쟁조정위원회는 제조자 A사가 아기 욕조의 제조 과정에서 배수구 마개의 제조 원료인 PVC의 변경에도 불구하고 추가 시험검사를 거치지 않아 결국 어린이제품 공통안전기준에 부적합한 제품을 제조하여 납품한 데에 따른 책임을 인정하였다. 판매자 B사 역시 납품 전부터 제작 등 과정에 밀접하게 관련이 있었던 것으로 보아 제조자와 유사한 지위를 인정하여 연대책임을 지도록 결정하였다.

출처: 한국소비자원(2022.1.27.)

〈공산품 피해사례 8〉

석면 파동

건축 단열재와 자동차 브레이크 라이닝 등에 주로 쓰이는 석면이 발암물질 2009년 4월 국산 베이비파우더 제품에서 다량 검출됐다. 식품의약품안전청(식약청)은 시중에 유통 중인 베이비파우더를 조사한 결과 8개사 12개 제품에서 석면이 검출됐다고 밝혔다. 베이비파우더에서 석면이 검출된 것은 원료 성분인 탈크에 자연적으로 혼재된 석면이 제조공정에서 제거되지 않았기 때문으로 밝혀졌다. 국내에선 산업안전보건법에 따라 석면이 0.1% 이상 함유된 제품의 제조 및 사용을 금지하고 있다. 베이비파우더 속 석면의 경우 바르는 과정에서 호흡기를 통해 흡입될 수 있고, 습진이나 아토피 등의 상처난 피부에 바를 경우 상처를 통해 피부 진피층에 침투해 접촉성 피부염이나 장기적으로 노출될 경우 피부암까지 유발할 수 있으며, 시민환경연구소에 의하면 여성들이 탈크 원료를 회음부에 이용할 경우 난소암이 2배 이상 증가한다는 자료가 나와 있다고 밝혔다.

그 이후 조사결과 어린이용 석면 파우더 충격에서 깨어나지 못한 판국에 비타민 드링크제에

2) DINP는 플라스틱을 유연하게 만드는데 사용되는 산업적으로 중요한 프탈레이트 그룹 물질로서, 호스, 수영장 라이너, 바닥 타일, 방수포 제작에 사용됨. WHO 산하 국제암연구소(IARC)의 발암물질 분류에는 포함되어 있지 않음.

실제 적은 양의 비타민이 함유되어 있다는 것, 어린이가 삼켜도 무해한 것처럼 허위, 과대광고를 한 어린이용 치약 제품, 지방의 한 대형 할인점에서 판매한 가짜 삼겹살 등 대한민국 기업의 비양심적이고 부도덕한 행태에 벌린 입이 다물어지지 않는다. 또한, 냉장고, 세탁기 등 집에서 쓰는 일부 가전제품과 생활용품에도 석면이 들어 있는 것으로 밝혀졌다. 특히 폐기 과정에서 석면 함유 부품을 별도로 수거하고 폐기물 처리장의 석면먼지 비산에 대한 대책을 세워야 한다.

2009년부터 국내에서 석면 사용이 전면금지돼, 이후 시판된 제품에 석면이 쓰였을 가능성은 높지 않지만 석면규제가 허술한 나라에서 수입되는 제품들에 석면이 함유돼 들어올 가능성이 있기 때문에 세관에 수입 제품의 석면 함유 여부를 판별하는 전담 조직을 두고, 수입산 가정용품의 성분 표시제를 시행해야 할 것이다.

출처: 세계일보(2009.4.3.)

〈공산품 피해사례 9〉

온열매트 단선 사고 발열·그을음…손해배상 요구

소비자 A씨는 매트리스와 온열매트가 세트로 구성된 온열침대 세트를 사용하던 중 온열매트의 전기선 단선으로 발열과 함께 매트리스에 그을음이 생기는 사고가 발생했다. 다음 날 소비자 A씨는 제조사에 사고에 대해 항의하자, 사업자는 매트리스를 수거한 후 200만원을 배상하겠다고 했으나, 소비자 A씨는 당장 매트리스 없이 지내기 불편해 이를 거부했다.

이후 사업자는 재차 200만원 상당의 자사 매트리스로의 교체와 온수매트의 신규 제공을 제안했으나 A씨는 거부했고, 제품의 하자로 큰 사고가 날 뻔했으므로 제품에 대한 배상뿐 아니라 유독가스, 정신적 충격에 대한 손해배상을 요구했다.

한국소비자원은 사업자는 A씨로부터 매트리스를 수거한 후 A씨에게 200만원을 지급하라고 조정했다. A씨의 제품 구입계약에 대한 증빙자료가 전혀 없고, 사업자는 판매자가 아닌 제조자에 불과하므로 사업자에게 민법상 하자담보책임을 묻기는 어렵다. 또한, A씨는 신체·정신적 손해를 주장하나 이를 입증할 만한 자료가 없어 제품의 훼손 외 이로 인한 신체·재산상 손해가 발생했다고 보기 어려우므로 제조물책임법에 따른 배상책임도 묻기 어렵다. 한편, 해당 제품에 대한 계약서, 품질보증서 등이 제출되지 않아 분쟁해결방법에 관한 별도의 의사표시가 있었는지 확인할 수 없다. 다만, 사업자가 A씨가 제품을 반환하는 경우 200만 원의 배상이 가능하다고 진술하고 있으므로, A씨는 이를 받아들이는 것이 적절하다고 조정 내렸다.

출처: 컨슈머치(2023.3.30.)

2. 가전제품

가전제품은 고가의 대표적인 내구재로써 소비자 입장에서 중요한 제품이다. 다만 우리나라 가전제품은 다른 제품보다는 A/S가 적극적으로 실시되고 있어 이에 대한 소비자들의 만족이 높은 편이다. 그러나 가전제품 모델이나 기능이 수시로 추가되면서 과거 구매한 가전제품의 부품이 없다거나 반복적 고장이 나거나, 해외직구 가전제품의 A/S 문제 등 소비자불만이 여전히 존재한다.

소비자분쟁해결기준에서 가전제품과 관련한 일반적인 원칙은 구입 후 10일 이내에 정상적인 상태에서 발생한 성능이나 기능상의 하자로 중요한 수리를 요하는 경우에는 제품 교환이나 구입가 환불이 가능하다. 제품품질보증 기간 이내, 즉 구입 후 1년 이내에 결함이나 고장 문제가 발생한 경우 제품을 교환받을 수 있다. 한편 품질보증기간 이내에 동일한 하자에 대해 2회 수리하였으나 하자 재발 시, 또는 여러 부위에 하자가 여러 번 발생하여 4회까지 수리받은 경우 5회 째에는 제품 교환 및 구입가 환불을 받을 수 있다. 그러나 품질보증기간이 지난 이후는 유상수리가 가능하다.

〈표 11-1〉 가전제품 및 공산품 소비자분쟁해결기준(개정 22년 12/28 공정위고시 제2022-25호)

가전제품, 사무용기기, 전기통신기자재, 시계, 재봉기, 광학제품, 아동용품 (1 - 2)		
분쟁 유형	해결 기준	비고
1) 구입 후 10일 이내에 정상적인 사용상태에서 발생한 성능·기능상의 하자로 중요한 수리를 요할 때	• 제품교환 또는 구입가환급	* 감가상각방법은 정액법, 내용연수는 품목별 내용연수표를(월할 계산) 적용함 • 감가상각비=(사용연수/내용연수)×구입가
2) 구입 후 1개월 이내에 정상적인 사용상태에서 발생한 성능·기능상의 하자로 중요한 수리를 요할 때	• 제품교환 또는 무상수리	
3) 품질보증기간 이내에 정상적인 사용상태에서 발생한 성능 기능상 하자 – 하자발생 시, 수리불가능 시, 교환불가능 시, 교환된 제품 1개월 이내에 중요한 수리를 요할 때	• 무상수리 • 제품교환 또는 구입가 환급 • 구입가 환급 • 구입가 환급	* 품질보증기간 이내 동일하자 2회까지 수리하였으나 하자 재발 경우 또는 여러 부위 하자 4회까지 수리하였으나 하자 재발 경우 수리 불가능한 것으로 봄
4) 소비자가 수리 의뢰한 제품 사업자가 분실한 경우 – 품질보증기간 이내, 품질보증기간 경과 후	• 제품교환 또는 구입가 환급 • 정액감가상각한 금액 10%를 가산하여 환급 (최고한도: 구입가격)	
5) 부품보유기간 이내에 수리용 부품 보유하고 있지 않아 발생 피해 – 품질보증기간 이내 • 정상적인 사용 상태에서 성능·기능상의 하자로 인해 발생된 경우	• 제품교환 또는 구입가 환급 • 유상수리 해당하는 금액 징수 후 제품교환 • 정액감가상각한 잔여 금	* 컴퓨터, 전축 등 개별기기(본체와 주변기기 등)의 조합으로 이루어진 제품(set물품)을 전체로 구입한 경우 교환은 각 개별기기를 대상으로 하고, 동일회사에서 판매한 set물품

• 소비자 고의·과실로 인한 고장인 경우 – 품질보증기간 경과 후	액에 구입가의 10% 가산하여 환급	으로서 개별기기에 대한 교환이 불가능하여 환급할 때에는 전체를 대상으로 함. 단 컴퓨터의 경우는 본체와 모니터, 키보드만을 전체로 봄. • 정액감가상각한 잔여금 계산은 구입가-감가상각비 * 토너, 잉크 등 필수소모품(대체품 없는 경우)은 부품에 포함됨
6) 제품구입 시 운송과정에서 발생 피해	• 제품교환(단, 전문운송기관에 위탁한 경우 판매자가 운송사에 대해 구상권 행사)	
7) 사업자가 제품설치 중 발생 피해	• 제품교환	

〈표 11-2〉 주요 가전제품 부품보유기간 및 내용연수 기간

구분	이전		2012년 1월		2016년 10월	
	부품보유	내용연수	부품보유	내용연수	부품보유	내용연수
TV, 냉장고	7년	5~6년	8년	7년	9년	9년
에어컨, 보일러	6년	5~6년	7년	7년	8년	8년
세탁기	5년	5년	6년	5년	7년	7년

참조: 2016년 10월 부품 보유와 내용연수를 통일시킴
출처: 소비자가 만드는 신문, 2017년 9월 1일

〈표 11-3〉 가전제품의 부품 보유기간 및 품질보증기간

품 목	부품보유기간	품질보증기간
TV, 냉장고	9년	1년(단, 보일러, 에어컨, 난로, 선풍기, 냉풍기, 데스크톱, 노트북, 전기장판, 자동차 차체 및 일반 부품은 2년
보일러, 자동차, 에어컨	8년	
모터사이클, 전축, 전자레인지, 정수기, 가습기, 전기청소기, 세탁기	7년	
비디오플레이어, 전기오븐, 비데, 가스레인지, 믹서, 망원경, 전기압력밥솥	6년	
세탁기, 카메라, 네비게이션, 난로, 선풍기, 냉풍기, 전기장판	5년	
복사기	5년	6개월
노트북, 휴대용 음향기기	4년	
전기면도기, 전기조리기, 헤어드라이어	3년	

참조: 부품보유 기간은 해당 품목의 생산이 단종된 이후의 기간을 의미함

11-1 로봇청소기, 9일 만에 하자…사용했다 환불 거절

소비자 A씨는 로봇청소기의 하자로 환불을 요구했지만, 판매자는 무상수리만 가능하다고 했다. 39만 8000원짜리 로봇청소기를 구입한 A씨는 청소기 수령 후 9일 만에 작동이 멈추는 하자가 발생하자 판매자에게 반품을 요구했다. 며칠 뒤 또 다시 같은 증상이 나타나자 A씨는 제품을 판매자에게 발송했고, 점검 결과 메인보드 불량으로 확인됐다. 판매자는 무상으로 수리해 주겠다고 했으나 A씨는 환급을 요구했다.

한국소비자원은 사업자가 A씨에게 구입 대금을 환급하라고 결정했다. 사업자는 청소기가 사용돼 가치 하락으로 청약철회가 불가하다고 주장하는데, 단순 변심으로 인한 청약철회의 경우에는 청약철회 제한 사유가 있으나 A씨와 같이 하자로 인한 경우에는 사용에 의한 가치 하락이 있다고 하더라도 이를 이유로 청약철회가 제한되지 않는다. 더욱이 해당 하자는 사용하지 않으면 발견할 수 없는 성질이므로 사용했다는 이유로 하자로 인한 반품이 불가하다는 것은 상식과 이치에 맞지 않는다. 한국소비자원의 분쟁조정위원회는 사업자는 A씨에게 구입대금 39만 8000원을 지급해야 한다고 조정하였다.

출처: 어바웃컨슈머(2023.3.30.)

1) 반복적인 동일하자

가전제품 구매 후 품질보증기간 이내에 동일한 하자로 2회까지 수리를 하였음에도 동일한 하자가 다시 발생하면 제품 교환 또는 구입가에 해당하는 액수를 환불받을 수 있다. 그런데 에어컨의 경우 시공 직후부터 냉방기능 미흡, 냉매가스 누출, 소음 발생으로 몇 차례 수리를 받았으나 계속적으로 하자가 있는 경우 설치상의 문제인지 제품상의 결함인지 조사하여, 판매업체나 제조업체에 피해보상을 요구할 수 있다. 이때 제품 교환이 가능하며 무상으로 설치받을 수 있다. 또 다른 예로써 김치냉장고를 구입한 뒤 전원 불량으로 익일 교환받았으나, 그 제품에도 하자가 있어 겨우내 먹어야 할 김치가 전부 상한 경우 구입가 환불 및 손해배상(상한 김치 1kg 해당 가격)을 받을 수 있다.

2) 부품이 없어 수리가 안 되는 경우

품질보증기간 이내에 부품이 없어 수리가 안 되는 경우 제품교환 또는 구입가에 해당하는 액수를 환불받을 수 있다. 그러나 소비자 과실로 고장 난 경우에는 유상으로 제품을 교환받아야 한다. 품질보증기간이 지난 경우는 잔존가치, 즉 감가상각 금액에 처음 구입한 가격의 10%를 가산하여 환불받을 수 있다. 예를 들면, 5년 전 구입한 에어컨 수리를 의뢰했는데 부품이 없어서 고칠 수가 없는 경우 에어컨의 부품 보유 기간은 〈표 11-1〉에서 제시한 바와 같이 7년이어서 부품 보유기간이 지나지 않았으므로 감가상각을 감안한 잔존가치(부품 보유기간이 남아 있는 2년) 금액에 최초 구입가의 10%를 가산한 액수만큼 환불을 받을 수 있다. 만약 품질보증 기간 안에 발생한 고장이라면 제품 교환이나 환불이 가능하나, 이 경우 품질보증기간이 지났을 경우 유상수리를 받아야 한다.

11-2 노트북 고장과 내용 연수

소비자 A씨가 3년 전 100만원에 노트북을 구입했으나 고장 발생(3년째 사용 중)으로 노트북 산 곳을 찾아갔다. 그러나 부품이 없어 수리를 할 수 없다고 한다.

소비자분쟁해결기준에 따르면 노트북은 4년간 부품을 보유해야 하므로, 소비자는 잔존 연한, 즉 1년에 해당하는 제품의 사용가치(잔존가)에 구입가의 10%를 합한 액수를 환불받을 수 있다. 내용 연수가 지나도 대부분의 제품은 사용 가능하기 때문에 잔존가치에 구입가의 10%를 추가로 얹는 방식으로 보상받을 수 있다. 따라서 소비자 A씨가 원할 경우 진공청소기를 반납하고 13만원(100만원÷4년=25만원이므로 25만원×1년=25만원과 구입가의 10%인 10만원의 합)을 35만원을 환불받을 수 있다.

11-3 에어컨 설치하다 유리창 깨트려. 설치업체 책임?

가전제품 설치 과정에서 장판, 벽지, 유리창 등이 파손되거나 누수 등 피해가 잦은 가운데 피해보상 책임을 놓고 제조사와 설치업체 간 책임을 떠넘기는 일이 많아 소비자불만이 줄어들지 않고 있다. 가전제품 설치의 경우 과실을 입증하기가 쉽지 않은 데다 뒤늦게 발견하는 경우도 상당수라 해결이 쉽지 않다. 특히 피해의 책임 주체를 제조사와 설치업체가 서로 떠넘겨 문제 해결이 되지 않는 경우가 많다.

일반적으로 가전업체와 설치업체는 용역 방식으로 계약을 맺고 있으며 피해 발생 시 손해배상은 귀책사유가 있는 쪽에서 진행한다. 제품 자체의 문제일 경우 보상책임은 가전업체에 있으며, 설치 중 발생한 문제인 경우 용역업체가 책임지는 식이다. 그러나 설치과정에서 변수가 많고 피해 원인을 정확히 파악하기 어려워 소비자와 업체 간 분쟁이 빈번한 상황이다. 가전제품업체 관계자들은 소비자가 설치과정에서 생긴 피해로 민원을 제기한 경우 보험사나 내부 인력을 통해 손해평가를 진행하고 피해에 대한 책임이 특정되는 경우 적정 수준의 보상을 제공하고 있다.

소비자분쟁해결기준에 따르면 가전제품 설치업의 경우 설치 하자로 인해 제품에 하자가 발생하는 경우 설치비 환급 및 발생 피해를 손해배상 하도록 규정하고 있다. 또 사업자의 가전제품 설치 하자로 발생한 소비자의 재산 및 신체상의 피해 역시 사업자가 손해배상해야 한다. 그러나 손해발생 사실과 손해 액수는 피해자가 입증해야 해 청구가 어려운 경우가 많다. 특히 피해 발생 사실을 바로 알아채지 못한다면 이를 증명하기가 더욱 어려워 보상액을 포기해야 하는 경우가 빈번하다. 민법・상법에서 피해에 대한 입증은 피해를 주장하는 자가 진행해야 한다. 사업자가 모든 제품에 대한 하자를 일일이 증명하기 어려운 만큼 현재로선 제품설치 시 소비자가 영상을 남기는 등 주의를 기울이는 수밖에 없는 상황이다.

출처: 소비자가 만드는 신문(2021.5.25.)

3. 가구

가구는 고가의 내구재로써 한번 구입하면 장기간 사용하는 것이 보통이므로 소비자 입장에서는 중요한 제품이다. 그런데 가구는 환불을 잘 해주지 않는 제품 중 하나여서 사업자와 소비자 간의 마찰이나 분쟁이 발생하기 쉬운 품목이다.

1) 가구 구매계약 취소

소비자분쟁해결기준에 따르면, 구매계약을 했는데 사업자가 배달하려는 제품이 없다는 사실을 알게 되어, 즉 재고 부족으로 소비자와 작성한 판매 계약을 취소하는 경우 계약금으로 받은 액수가 물품 대금의 10% 이하인 경우 사업자는 계약금의 2배를 환불해 주어야 한다. 만약 계약금으로 받은 액수가 10%를 초과한 경우 계약금에 물품대금의 10%를 가산하여 소비자에게 환불해 주어야 한다.

역으로 소비자가 선금(계약금)을 지불한 후 가구를 배달받기 전 소비자 개인적 사정으로 해약을 하는 경우 소비자가 지불한 선금에서 물품 대금의 10%를 공제한 후 환불받을 수 있다. 일부 판매자의 경우 가구 대금의 20~40%씩 위약금을 요구하기도 하나 이는 부당한 위약금 요구이다.

한편, 주문제작형 가구의 경우 가구제작 작업 착수 이전에는 총 제품금액의 10%의 위약금을 소비자가 물어야 하고, 가구제작 작업 착수 이후에는 손해배상을 해야 한다. 가구점에서 유사제품 판매, 즉 가구점에서 상표남용 등 유사제품을 판매한 경우에는 소비자가 구입가 환불을 요구할 수 있다. 소비자는 계약하는 가구 제품의 모델 번호와 어떤 업체에서 제작한 가구인지를 서면 기입 및 확인한 이후 계약해야 나중 사업자와의 분쟁을 예방할 수 있다.

2) 각종 불량이나 결함이 발생한 경우

가구와 관련한 각종 결함이나 불량문제는 좀벌레 발생, 문짝이 휘는 경우, 백화현상, 도장 불량, 세트가구의 색상의 차이, 악취 등 자극성 냄새, 칠기가구의 경우 균열, 패각 등이다. 결함이나 불량이 어떤 것인가에 따라 다소 차이가 있으나 소비자분쟁해결기준에 따르면, 구입 일로부터 10일 이내에는 제품 교환 또는 구입가 환불이 가능하다. 품질보증기간인 1년 이내에는 무상수리, 부품 교환 또는 제품 교환이 가능하도록 되어 있다. 예를 들면, 세트로 구입한 가구가 색상, 크기 등 여러 측면에서 동일하지 않을 경우, 또는 가구 구입일로부터 1개월 이내 이 같은 문제를 발견한 경우 제품 교환이 가능하고, 만일 동일한 제품이 없을 때는 구입 액수만큼 환불받을 수 있다(예: 옷장과 화장대 세트). 한편 가구를 구입한 후 색상변색이나 도장 불량이 발견되면 구입 일로부터 10일 이내에는 제품교환 또는 구입가 환불(예: 동일색상 제품 없는 경우)이 가능하며, 1년 이내에는 제품을 교환받을 수 있다. 이때, 1년 이내 결함으로 인해 가구의 배달 및 수리를 위해 가구를 이동하는 경우 그 운송료를 소비자에게 부담시키는 경우가 있다. 그러나 품질보증기간 중 제품의 하자 때문에 발생한 운송비에 대해서는 가구점에서 부담해야 한다.

3) 동일 하자가 3회 이상 발생

품질보증기간(1년) 이내에 2회 수리를 받았는데도 불구하고 3회째 동일한 하자가 발생한 경우 소비자는 제품을 교환받거나 구입가만큼 환불을 받을 수 있다.

4. 자동차

자동차는 가격이 비싼 고도의 기술 제품이며 한번 구입하면 오랜 기간 사용하게 되므로 소비자 입장에서는 구매결정 시 신중을 기해야 하는 제품이다. 또한 자동차는 수많은 부품들의 결합으로 생산되는 제품이므로 결함, 고장 등의 문제가 발생할 가능성이 단순한 다른 소비제품보다 높다. 최근 전 세계적으로 급발진, 폭스바겐 배기가스 정보 조작 사건, BMW 자동차 화재 사건, 도요타 리콜 사건이 계속되면서 자동차안전이 소비자의 관심사가 되고 있다. 이 같은 사건들이 계속되면서 차량제조사의 책임, 진정성 있는 리콜제도 문제 자동차 소비자피해구제법 제도적 개선 등이 사회적 이슈가 되고 있다.

한편, 새 차 계약 및 구입 이후 결함 관련 소비자분쟁이 자주 발생하고 있다. 새 차의 계약 후 취소, 신차와 관련한 품질보증, 성능, 하자 및 결함, 교환 및 환불 등과 관련하여 사업자와 소비자 간 분쟁이 끊이지 않고 있다. 이 같은 상황에서 새 차의 교환·환불 관련 일명 레몬법이 도입되었다.[3] 지금까지 공정거래위원회 시행령으로 운영되고 있는 품목별 소비자분쟁해결기준에서 자동차 관련 규정은 보수적이고 엄격하여 신규 구입한 차량의 반복적 고장 등에 대한 분쟁기준에 소비자들의 불만이 높았다. 급기야 2018년 개정, 2019년 시행된 새 차 결함 관련 분쟁처리는 자동차관리법 개정, 즉 레몬법 규정 도입으로 어느 정도 해소되었다고 하겠다.

그러나 아직도 국내 시장에서 신규 자동차 구매 후 반복적 결함에 대한 교환·환불은 쉽지 않은 것이 현실이다. 따라서 징벌적 손해배상제도, 결함 책임에 대한 제조사의 책임 강화, 선제적 자동차 안전 모니터링 시스템 등 여러 측면에서 개선이 필요하다는 지적이 제기되고 있다.

---

3) 레몬법은 미국에서 1975년 제정된 법으로 자동차 및 전자제품에 결함이 존재하는 경우 제조사가 교환, 환불 등을 해 주도록 하는 법이다. 레몬법의 정식 명칭은 매그너슨-모스 보증법(Magnuson-Moss Warranty Act)으로 미국 상원 의원 워런 매그너슨(Warren G. Magnuson)과 하원 의원 존 모스(John E. Moss)의 이름을 딴 것이다. 미국에서 이 법의 내용은 주(州) 별로 조금씩 차이가 있는데 1975년 연방법으로 처음 제정된 이후 1982년 코네티컷 주에서 최초로 시행되어 점차 다른 모든 주로 확산되었다.

1) 자동차 소비자피해구제 관련 법

소비자가 자동차를 구입하여 사용하다가 결함을 발견하거나 하자 등으로 피해를 입은 경우 또는 자동차 거래 과정에서 발생하는 문제를 해결 또는 손해배상을 받기 위해서는 보통 민법, 공정거래위원회 시행령인 소비자분쟁해결기준을 적용받게 된다. 과거 벤츠망치 남성[4] 사건을 통해 리콜 대상이 아닌 자동차의 결함에 판매자가 교환이나 환불 요구를 거부하면 법적으로 쉽게 구제받을 방법이 없음을 알 수 있었다.

다행히 2019년부터 새 차의 경우 자동차관리법상의 교환·환불 규정에 따라 교환이나 환불을 받을 수 있다. 다만 교환·환불을 받으려면 소비자가 자동차를 신규 구매할 때 자동차 매매계약서에 교환·환불 조항(레몬법 규정)이 포함된 서면계약서를 체결했어야 하고, 또한 국토부 자동차안전하자심의위원회의 환불 중재결정이 있어야 한다.

(1) 자동차 하자담보 책임 규정과 해석

자동차 하자 및 결함 관련 문제 발생 시 민법, 제조물책임법, 자동차관리법, 소비자분쟁해결기준을 근거로 해결하게 된다. 소비자가 새로 자동차 구입 계약 이후 하자 있는 제품을 인도받을 경우, 계약체결 내용대로 제품을 인도받지 못한 경우 민법상 하자담보책임 및 채무불이행 책임 규정을 근거로 계약해제·해지 청구, 완전물급부청구, 손해배상청구, 감액청구가 가능하다. 자동차 하자는 크게 2가지이다. 자동차 자체에 존재하는 하자 그리고 하자·결함으로 인하여 발생하는 확대 손해로 구분할 수 있다. 자동차 하자는 민법에서 규정된 하자의 개념과 제조물책임법상의 결함으로 구분하여 살펴볼 필요가 있다.

민법의 담보책임(민법 제580조, 제581조)을 토대로 하자는 무엇을 하자로 볼 것인가에 대해 객관설, 주관설, 병존설로 구분할 수 있다. 객관설은 특정 제품이 일반적으로 가져야 하는 성질이 없는 경우 하자로 정의한다. 주관설은 당사자 간에 합의되

4) 몇 년 전 벤츠를 구입한 남성 소비자가 구매한 지 얼마 되지 않은 벤츠 차량이 수시로 시동 꺼짐이 발생하자 벤츠 코리아에 교환을 요구했다. 반복적인 교환 요구가 거부당하자 소비자는 영업점 앞에서 자신의 벤츠 차를 골프채로 부수었고, 이 행동이 언론에 주목받자 벤츠 코리아가 교환을 해준 사건이 있었다.

었으나 성질이 없으면 하자로 간주하되 당사자 간의 의사가 불분명한 때에는 객관설에 따른다. 병존설은 제품이 본래 가지고 있어야 할 객관적 성질과 당사자가 합의한 성질이 없는 경우 둘 다 하자로 간주한다. 거래 통념상 자동차가 객관적 성질·성능을 결여하거나, 당사자가 합의(보증)한 성질이 결여된 경우 소비자는 민법상 하자담보책임을 물을 수 있다. 이때 법원에서는 자동차 구매와 관련한 분쟁에서 하자란 그 종류의 물건이 보통 가지고 있는 성질(특성)이 없는 경우(객관설), 중고차 구매 시 하자는 당사자의 합의가 하자를 판정하는 중요한 요소로 사용한다.

그런데 공정거래위원회 시행령 고시인 소비자분쟁해결기준(자동차 품목)에서는 자동차의 교환·환불 요건으로써 민법상 하자 담보 책임과 명시적 보증에 대한 채무불이행 책임을 구체화하고 있다. 소비자분쟁해결기준에 따르면 소비자가 주행 및 안전 등과 관련하여 동일한 결함으로 수리를 반복적으로 받아야 했다면 결함 차량으로 간주하고, 교환·환불을 해 주도록 규정하고 있다. 미국에서는 이 같은 반복 수리 관련 규정을 레몬법이라 부르는데 개별 주 정부마다 다소 상이한 규정을 두고 있다. 미국 8개 주는 중대한 하자 개념을 평균 1회 수리 이후 동일 수리 2회째 교환이나 환불해 주도록 하고 있다. 미국 21개 주는 3회 수리 후 4회째 동일한 문제 발생 시 교환 또는 환불, 28개 주는 4회 수리 후 5회째 교환 또는 환불을 해 주도록 하고 있다.

자동차의 경우 민법 제581조 규정에 따라 하자가 발견된 때 자동차 매매계약 해제 또는 손해배상청구, 또는 이에 갈음하는 하자 없는 자동차 인도를 청구할 수 있다. 여기서 하자담보책임에 관한 규정은 임의 규정으로써 담보책임 배제, 경감, 가중 등의 특약은 원칙적으로 효력이 있다. 소비자와 판매자의 경우 자동차의 하자에 따른 매매대금 환불, 무상보증기간과 보상 범위나 항목, 무상보증기간 이후 발견된 하자 등과 관련한 분쟁이 발생한다. 이들 유형의 소비자문제나 분쟁에 대해 구체적으로 살펴보자.

첫째, 자동차의 중대한 하자의 경우 계약해제를 통해 매매대금반환 문제이다. 민법상 하자담보책임에는 계약해제가 명시되어 있지만 이는 임의규정이다. 이때, 제조사와 소비자 간의 약정이 있다면 약정에 따르게 된다. 한편, 자동차 교환이나 환불 판단은 소비분쟁해결기준이 활용되어 왔다. 수리 이후에도 동일하자가 3회 이상 발생 시 교환 또는 환불이 가능하도록 되어 있었다. 그러나 소비자분쟁해결기준은 강제성이 없는 권고사항이며, 이 규정으로 우리나라에서 실제 자동차를 교환 또는 환불해 준 사례가 극히 드물다. 따라서 이와 관련한 법률적 입법이 필요하다는 목소리가 많았고, 이에 2019년부터 자동차관리법에 일명 레몬법 규정이 도입되었다.

둘째, 무상보증기간에 대한 분쟁인데 무상보증 기간은 제조사별로 다르며, 같은 차종의 경우에도 다른 경우가 많다. 또한 그 규정의 해석에도 차이가 있다. 소비자분쟁해결기준에 따르면, 새 자동차의 경우 보통 무상기간이 차체 및 일반 부품은 2년 이내로 하는데 이때에도 단서 조항으로써 주행거리가 4만km를 초과한 경우에는 기간이 만료된 것으로 명시한다. 대체로 자동차제조사들의 무상보증기간은 차체 및 일반 부품의 경우 2년/4만km에서 5년/10만km이다. 엔진, 동력전달 부품의 무상보증기간은 경우 3년/6만km에서 5년/10만km이다. 이때 자동차제조사들은 보증기간 계산을 새 차 판매일부터 적용하며 기간 또는 주행거리 중 먼저 도달한 요건을 기준으로 보증기간 만료로 해석한다. 그러나 소비자들은 자동차 부품 대부분이 소모품이지만 그에 관한 고장이나 하자 유무는 일정 기간 주행을 한 이후 발생하기 때문에 사업자가 유리하게 보증기간을 만료시키면 제조사의 부당이득을 인정하는 것이라고 주장한다. 소비자들은 AS 비용을 매매대금에서 지불하였다고 주장하면서 보증기간 또는 주행기간 중 소비자에게 유리한 기준을 적용해야 한다고 주장하고 있다.

셋째, 무상보증기간 이후 발견되는 하자에 대한 제조사 책임부담 이슈이다. 하자나 결함 발견 시 자동차제조사들은 리콜을 하고 있지만 소비자가 리콜 사실을 모르는 경우가 많고 자발적 리콜이 되지 않는 경우가 많아 보증기간 이후의 결함도 제조사 책임이 부담되어야 한다는 소비자들의 주장이 많다. 자동차 리콜이 결정되면 우편발송 등 국토교통부령으로 정하는 방법과 절차에 따라 지체 없이 그 사실을 공개하고 시정조치를 해야 하지만 실제 소비자에게 고지가 되지 않는 경우가 많다. 따라서 소비자에게 리콜 사실이 충분히 고지되어야 하고 보증기간이 경과되었더라도 결함 책임을 제조사가 부담을 져야 한다는 것이 소비자들의 주장이다.

11-4 품질보증기간 내 자동차 수리비 환불

소비자 A씨는 봄에 소형승용차를 구입하여 15,000km 운행하였다. 그런데 그 해 10월 출근길에 시동이 꺼져 승용차를 견인하였다. 품질보증기간 이내이므로 무상수리를 요구하였으나 정비공장에서는 사용 중 과실로 인하여 기아 변속장치가 망가졌다며 수리비 70만원을 요구했다. 기아 변속장치는 동력전달 장치의 일부로서 품질보증 기간이 엔진과 동일하게 3년 또는 주행거리 6만km이다. 고장의 원인이 소비자의 과실이 아닌 것으로 밝혀질 때는 수리비 환불과 견인요금도 되돌려 받을 수 있다.

(2) 새 차 교환환불 관련 자동차관리법(레몬법 규정)

자동차 산업이 발달한 미국은 새 차 교환·환불 기준으로서 여러 차례 중요 부분 수리한 경우를 판단의 중요 기준으로 삼고 있으나 우리의 경우 그 기준이 다소 낮다는 지적이 많았다. 이에 국토교통부는 2018년 7월 자동차관리법, 하위 법령인 시행령, 시행규칙을 개정하여 미국식 레몬법 규정을 추가시켰다(2019년 시행). 개정한 자동차관리법에서는 레몬법의 내용을 반영하여 자동차 교환·환불 요건과 환불 기준, 교환·환불 중재 절차 등 세부 사항 등을 포함하고 있다. 2019년 개정된 자동차관리법이 시행되었는데, 우리나라에서도 새 차를 구입한 후 동일한 고장이 반복될 경우 교환 또는 환불을 받을 수 있도록 하는 일명 레몬법 규정이 시행된 것이다.[5)]

그동안 레몬법이 제정되기 이전에는 공정거래위원회의 소비자분쟁해결기준에 의거 자동차 교환 또는 환불을 인정해 왔으나 그 기준은 강제력이 없이 일종의 권고에 지나지 않았던 것이다. 그 결과 2019년 레몬법 규정 시행 이전에는 자동차제조사들이 소비자들과 무상수리 수준에서 타협해 왔고, 소비자는 대안이 없었다. 일부 소비자는 억울하다는 현수막을 걸거나, 인터넷상에 호소, 골프채로 새 차를 부수는 행동을 표출한 경우도 있었다. 결론적으로 한국형 레몬법은 자동차관리법의 일부 개정, 제5장 2항 자동차의 교환 또는 환불조항 신설로 시작되었다.

2019년 1월부터 시행되고 있는 자동차관리법상 일명 레몬법 규정의 내용을 상세하게 살펴보면, 새 차 구매 후 중대한 하자가 2회 발생하거나 일반 하자가 3회 발생한 이후 또다시 하자가 발생하면 중재 과정을 거쳐 교환·환불이 가능토록 하고 있다. 중대한 하자에 해당하는 범위는 법에서 정한 내용으로써, 원동기, 동력전달장치, 조향·제동장치, 주행·조종·완충·연료공급 장치, 주행 관련 전기·전자 장치, 차대 등이 포함되어 있다. 자동차의 교체·환불 여부를 결정하는 중재위원회는 법학,

5) 레몬(lemon)은 영미권에서 결함 있는 불량품을 지칭하는 말로 쓰인다. 이는 달콤한 오렌지(정상제품)를 기대하고 구매했는데 기대와 달리 오렌지를 닮은 매우 신 레몬(불량품)이었다는 뜻을 담고 있다. 한마디로 레몬법은 새 차의 교환·환불제도를 말한다.

자동차, 소비자보호 분야 전문가로 구성된 자동차안전·하자 심의위원회에서 담당한다.

2019년부터 시행된 한국형 레몬법 규정은 자동차관리법 제47조 2항에서 찾아볼 수 있다. 제1항 제1호에서는 하자발생 시 소비자 중 새 차로의 교환 또는 환불 보장 규정, 즉 국토교통부령으로 정하는 사항이 포함된 서면 계약서를 작성하고 구매한 자동차만이 새 차 교환 또는 환불이 가능(임의규정)하도록 규정하고 있다. 레몬법 관련 조항에는 자동차 교환·환불 조건과 절차, 중재부 구성 등을 포함하고 있다. 그러나 교환·환불의 요건을 살펴보면 완벽한 강제력이 있다고 보기 어려운 게 현실이다. 또한, 중재 절차가 소비자들에게 여전히 부담된다는 지적이 제기되고 있다. 소비자들은 교환·환불 요건을 갖췄다고 모두 교환이나 환불을 받을 수 없는 것에 불만을 표출하고 있다. 소비자가 환불 또는 교환을 요청하는 절차를 살펴보면, 자동차 소유 소비자는 국토부 자동차안전하자 심의위원회에 중재 신청을 해야 한다. 중재 신청이 접수되면 법학, 자동차, 소비자보호 분야의 전문가 등으로 구성된 50인 이내의 위원회위원 중 3인 위원이 중재부로 선정된다. 이중 과반수 이상의 찬성이 있어야 소비자가 교환·환불을 받게 된다. 자동차안전하자위원회의 중재 결정은 법원의 확정판결과 같은 효력을 가지므로 자동차 제작사는 반드시 결정 사항을 이행해야 한다.

결국 하자가 있는 새 차를 교환 또는 환불을 받으려면 소비자는 교환·환불 조항이 포함된 서면 계약서를 체결하고 새 차를 구입해야 한다. 아직까지 자동차 구매계약서는 제조사마다 다르다. 즉 계약서에 교환·환불 조항을 넣는 것은 자동차제조사의 선택이며 강제 조건이 아니다. 이 규정으로 인해 자동차 교환·환불제도를 시행하지 않고 있는 자동차제조업체도 있다. 현대자동차, 볼보코리아, 기타 많은 자동차제조사들은 개정안 시기에 맞춰 2019년 이후 레몬법을 이행하고 있다. 그러나 여전히 모든 자동차제조업체가 자동차의 교환·환불제도, 한국형 레몬법에 동참하지 않고 있다.

문제는 한국형 레몬법을 거부하고 있는 외국 자동차제조사들이 미국, 유럽 등 강력한 자동차레몬법을 시행하고 있는 국가에선 레몬법 규정의 주요 내용을 모두 수용하여 소비자들을 보호하고 있다는 것이다. 다른 나라들의 레몬법과 비교하여 교환·환불 범위와 배상의 범위가 낮은 편인 우리나라 자동차관리법상의 교환·환불제도를 무시하며 이를 거부하고 있어 소비자들의 불만이 거세다.

한국형 레몬법 이행에서 중요한 규정인 새 차 판매 시 교환·환불 명시 계약을 임의 규정 형태로 두고 있어 우리나라 레몬법의 한계로 지적되고 있다. 다시 말해, 한국형 레몬법 규정이 포함된 개정된 자동차관리법에서 새 차 구입 계약서에 구매 후 결함 및 하자가 발생하면 교환·환불을 받을 수 있도록 하는 규정을 의무사항으로 하지 않고 있는 것이다. 새 차 구매계약 당시 교환·환불 규정 투입에 자동차제조업체가 자동차제조사들의 동의가 있어야 하고, 동의하지 않아도 유명무실한 법 제도가 되고 있는 것이다. 그 결과 소비자는 새 차 구입 이후 결함 및 하자가 발생하여 교환·환불을 받을 수 있는 요건이 충족되었음에도 일부 수입업체 자동차(계약 시 교환·환불규정 배제)를 구입한 경우 중재신청을 할 수 없는 것이다. 이 같은 상황에서 소비자들은 새 차 교환·환불의 전제 조건인 새 차 구입계약서에 자동차제조사의 레몬법 이행 동의를 적어야 하는 법 조항은 레몬법의 실효성을 낮추므로 삭제해야 한다는 지적이 나오고 있다.

11-5 품질보증기간 이내 자동차하자로 인한 견인료는 자동차제조회사가 보상

어떤 소비자가 새 승용차를 구입하였는데 6개월째 되던 어느 날(주행거리 1만km) 승용차가 갑자기 정지해 버렸다. 자동차 회사에 연락했으나 여의치 않아 일반 견인업체에 의뢰하여 서비스센터로 견인 후 견인비 15만원을 지불했다. 이 소비자는 견인비를 자동차 회사로부터 배상받고자 하였다. 품질보증기간 중의 하자차량 견인도 무상수리 개념에 포함될 수 있다. 노상에서 차량하자가 발생, 자동차 회사에 긴급출동 서비스를 요청했는데도 조치를 받지 못해 견인업체에 의뢰하였다면 그로 인한 견인료는 자동차회사에서 보상해야 한다.

출처: 한국소비자원 보도자료

(3) 자동차 관련 제조물책임법

자동차의 결함으로 발생하는 손해에 대해서는 제조물책임법이 적용된다. 제조물책임법은 제조자의 고의 과실 여부와 무관하게 결함 존재에 따라 위험책임 또는 무과실책임을 부과하고 있다. 그런데 제조물책임법에서 면책사유, 면책특약, 소멸시효 등으로 소비자가 피해를 입었음에도 이를 구제받지 못하는 경우가 많았다는 지적이 계속되어 왔다.

제조물책임법 제2조에서는 결함에 대한 정의로서 해당 제조물이 제조상, 설계상 또는 표시상의 결함이 있거나 그 밖에 통상적으로 의식할 수 있는 안전성이 결여되어 있는 제품을 의미하는 것으로 규정하고 있다. 자동차관리법에서는 자동차가 안전기준에 적합하지 아니하거나 안전운행에 지장을 주는 결함이 있는 자동차의 경우 결함으로 판단한다. 예로, 자동차 누수 및 부식, 자동차의 기본적 내구성을 갖추지 못한 경우 결함으로도 간주한다. 그런데, 2만개 이상의 부품들로 이루어진 자동차의 경우 하자와 결함이 공존하는 경우가 많다. 자동차의 하자나 결함을 논의할 경우 그 개념의 정의를 광의와 협의로 나누어, 광의는 하자와 결함이 포함된 것으로, 협의는 담보책임법상의 하자로 간주하는 개념으로 구분할 필요가 있다.

자동차결함에 따른 소비자피해 관련 제조물책임 논란의 대표적 이슈는 자동차 급발진이었다.[6] 국내에서 자동차 급발진 피해보상 소송이 제기되었지만, 아직 소비자피해구제가 이루어진 판결은 보이지 않고 있다. 그 이유는 제조물에 대한 결함을 일반 소비자가 입증하기 쉽지 않고, 소비자가 자동차 결함과 손해 발생과의 인과관계를 입증하는 것이 쉽지 않기 때문이다.

한편, 폭스바겐 배출가스 조작 사건 이후 미국과 캐나다에서는 소비자 1인당 최대 1만 달러(약 1200만 원)를 보상금으로 지급한다는 보도가 있었다(비즈한국, 2018년, 8월, 11일). 그러나 우리나라에는 2016년 12월 소비자에게 100만원 상당의 쿠폰을 제공하기로 하여, 동일한 피해임에도 법 제도의 미비로 국내 소비자만 피해를 입은 결과를 초래한 것이다. 이 같은 상황에서 정부에서는 2017년 제조물책임법을 개정하여 소비자의 입증책임 완화, 징벌적 배상 규정을 포함시켰다. 제조물책임법 이전에도 하도급거래 관계의 공정화를 위해 하도급법에서, 비정규직 차별 방지를 위해 기간제법 등에서 징벌적 손해배상 제도가 도입되었다. 제조물로 인한 소비자피해는 그 범위가 넓고 피해자가 다수 발생할 수 있기 때문에 제조물책임법에서 징벌적 규정을 도입할 필요가 있었던 것이다. 다만, 개정법에서는 징벌적 손해배상의 적용 대상을 생명·신체 손해를 입은 경우로 한정하였다. 따라서 자동차와 같은 제조물에는 이 규정이 적용되지 않는 것이 문제라고 할 수 있다. 결국, 2017년 자동차관리법을 개

6) 급발진은 의도치 않은 상태에서 제어를 벗어난 가속을 말하는데, 제동성능의 상실을 수반하는 현상이다. 이 문제는 운전자 과실(페달의 오조작), 기계적·전기적인 문제, 일부 다른 요인들이 결합하여 발생한다. 급발진의 주요 요인으로 급속한 자동변속기 차량도입, 전자식 Electronic Throttle Body의 장착, 전자제어 유닛(ECU)에 의한 제어, 자동항속장치(Cruise Control System) 보급 등으로 지적되고 있다.

정하여 레몬법 규정을 추가시키기에 이르렀다.

(4) 공정거래위원회 시행령 자동차 분쟁해결 기준

자동차로 인한 소비자피해는 자동차의 품질이나 기능과 관련한 것이 가장 많다. 자동차 품질 불만을 유형별로 분류하면 엔진과 차체의 소음·진도에 대한 불만이 가장 많으며, 변속기와 조향 장치 작동불량, 주행 중 시동 꺼짐 순으로 알려지고 있다(한국소비자원, 2010).

자동차로 인하여 소비자피해가 발생 시 피해보상기준이 되는 소비자분쟁해결기준은 〈표 11-4〉에 제시한 바와 같다. 자동차의 품질보증기간(차체 및 일반부품)은 2년이므로 2년 이내에 발생하는 중대한 결함은 무상수리를 받을 수 있도록 되어 있다. 자동차의 성능이나 기능으로 인한 중대한 결함이 발생한 경우 소비자분쟁해결기준에 따르면 차량을 인도받은 후 1개월 이내에 원동기나 동력전달장치에 2회 이상 중대한 흠이 생겼을 때 쉽게 교환이나 환불이 가능하다.

〈표 11-4〉 자동차 소비자분쟁해결기준 및 품질보증/부품보유기간

<table>
<tr><th colspan="4">소비자피해유형</th><th>피해보상기준</th></tr>
<tr><td rowspan="4">품질보증
기간 이내</td><td colspan="3">재질이나 제조상의 결함으로 고장 발생 시</td><td>무상수리</td></tr>
<tr><td colspan="3">1개월 내 주행·안전 관련 중대결함 2회 이상 발생 시</td><td>제품교환/구입가 환급</td></tr>
<tr><td colspan="2" rowspan="2">주행·안전 관련 동일하자 4회 발생
중대한 결함 수리기간 30일 초과</td><td>차령 12개월 이내</td><td>제품교환/구입가 환급</td></tr>
<tr><td>차령 12개월 초과</td><td>부품교환/기능장치 교환</td></tr>
<tr><td rowspan="5">부품
미보유로
수리
불가능</td><td rowspan="3">품질보증기간 이내</td><td rowspan="2">정상적 사용</td><td>차령 12개월 이내</td><td>구입가 환급/제품교환</td></tr>
<tr><td>차령 12개월 초과</td><td>감가상각비 공제 후 10% 가산
환급 또는 제품교환</td></tr>
<tr><td colspan="2">사용상 과실</td><td>감가상각비 공제한 구입가
환급 또는 제품교환</td></tr>
<tr><td colspan="3">품질보증기간 이후</td><td>감가상각비 공제액 10% 가산
환급</td></tr>
<tr><td colspan="3">내구연한 경과 후 부품의무보유 기간 이내</td><td>구입가 10% 환급</td></tr>
<tr><td colspan="4">탁송과정 중 발생 차량하자</td><td>보상/무상수리
차량교환/구입가 환급</td></tr>
<tr><td rowspan="2">옵션용품
하자</td><td colspan="2" rowspan="2">옵션용품 품질보증기간</td><td>보증기간 이내</td><td>무상수리, 구입가 환금, 교환</td></tr>
<tr><td>보증기간 이후</td><td>유상수리</td></tr>
</table>

	보상책임자	차량 출고 시 장착	자동차 회사
		차량 출고 후 장착	장착한 사업자
품질보증기간			부품 보유기간
차체 및 일반부품: 2년 이내(주행거리 4만km 초과 해당 없음) 엔진 및 동력전달장치: 3년 이내(주행거리 6만km 초과 해당 없음)			7년(단, 성능·품질 하자 없는 범위 유사부품 사용 가능)

2) 자동차 관련 소비자피해구제

(1) 자동차 계약해지 시 계약금 환불

자동차 매매 약관에 의하면, 계약 후 회사 측 사유로 계약이 해약될 경우 회사 측은 계약금은 물론이고 계약금 지급일로부터 반환일까지의 계약금에 대한 1년 만기 정기예금이자를 추가하여 환불해 주어야 한다. 소비자는 자동차 매매계약 체결 후 자동차를 인수하기 전까지는 계약을 해제할 수 있고, 계약을 취소할 경우 계약금에서 계약기간에 따른 정기예금이자(1년 만기 기준)를 공제 후 반환받을 수 있다. 단, 소비자가 할부거래 청약철회권을 행사하려면 계약서를 교부받은 날이나 계약서를 받지 않은 경우에는 자동차를 인도받은 날로부터 7일 이내[7]에 판매자에게 구매철회 의사표시를 하고 반드시 서면으로(내용증명) 청약철회를 요청하여야 한다.

(2) 새 차 동일하자의 반복적 발생

소비자가 자동차를 구입한 이후 동일한 하자로 인해 피해가 반복적으로 발생할 경우자동차관리법의 개정 일명 레몬법 도입으로 제품교환이나 환불이 가능하다. 소비자분쟁해결기준에 따르면, 출고 1년(품질보증기간) 이내 동일한 하자가 3회 이상 발생하면 소비자는 제품을 교환, 또는 구입가를 환불받을 수 있도록 되어 있다.[8] 그러나 대부분의 자동차업체가 교환보다는 부분적 수리를 유도하고 교환을 회피하고 있

7) 자동차를 사용하게 되면 그 가치가 현저히 낮아져 중고차로 바로 전락되므로 자동차 사용 이후 단순변심에 의한 청약철회를 할 수 없다.

8) 단순변심이 아니고 차량하자 및 이상 증세가 생길 때 다음 4가지의 경우 환불받을 수 있다. i) 차량 인도 후 1개월 이내 주행 안전이 우려되는 큰 결함이 2회 이상 발생, ii) 차량 인도 후 12개월 이내 동일하자 3번 반복 수리했으나 재차 발생한 경우, iii) 차량 인도 후 12개월 이내 주행 및 안전 관련 결함이 있어 수리했으나 결함 재차 발생, iv) 차량 인도 후 12개월 이내에 하자 수리 기간이 30일을 초과한 경우

으며 차일피일 기간을 끌어 품질보증기간인 1년을 넘기는 경우도 발생하고 있다.

(3) 각종 서비스 제공 약속 불이행

영업사원이 판매실적을 위하여 이행이 불가능한 조건을 약속한 후 이를 이행하지 않는 경우가 많다. 영업사원의 극단적인 서비스 제공 약속은 대부분 그 내용을 당사자 간에 구두로 약정하고 계약서에 기재하지 않기 때문에 약속이 이행되지 않는 경우가 많다. 따라서 이 같은 피해를 예방하기 위해서는 구두의 서비스 제공 약속도 계약서에 명시해야 한다. 한편 자동차를 구입하면서 영업소의 직원이 소비자에게 차량등록에 필요한 서류 및 제비용을 인수하여 다른 용도에 사용하거나 등록비용을 횡령하는 등의 소비자피해도 발생하고 있다. 또 다른 예를 들면, 소비자가 신규로 자동차를 구입하는 경우 기존 소유 차량의 처분을 영업사원에게 대행토록 하는데 영업사원이 이를 지연하거나 고의로 다른 목적에 사용하는 등으로 인한 소비자피해가 발생하고 있어 주의가 필요하다.

11-6 중고 침수차량 환불기간 30일 → 90일로 확대

앞으로 중고차 소비자는 사고 또는 침수된 사실을 고지받지 못한 채 구매하면 차량 인수일로부터 90일까지 환불받을 수 있게 된다. 현행법상에 중고차 환불은 계약체결부터 30일까지만 허용하고 있지만, 이 기간이 3배까지 늘어나는 것으로 그만큼 중고차 매매에 따른 억울한 피해가 줄어들 것이란 기대가 나옵니다.

2023년 2월 자동차관리법 일부 개정 법률안이 임시국회 본회의를 통과했다. 국토교통부에 따르면 국내에는 연간 1만 대 가량의 차량이 침수피해를 입고 있으며, 특히 지난해 8월에는 집중호우로 약 1만 2,000대의 침수차량이 발생해 침수차량 유통에 대한 우려가 빗발쳤다.

현행법은 매수인이 매매계약을 해지할 수 있는 기간이 자동차 인도일로부터 30일 이내에 불과해 소비자의 일방적인 피해가 계속됐고, 중고차 매매에 대한 비판과 불신으로 이어지고 있다. 자동차 사고 또는 침수 등의 사항을 사실과 다르게 고지하고 판매한 경우 처벌하는 자동차관리법 일부 개정 법률안도 현재 상임위원회에 계류 중이라고 밝혔다.

출처: TBS뉴스(2023.3.1.)

5. 중고차

중고차 구매 소비자가 증가하면서 중고차시장 규모가 확대되고 있다. 중고차 구입 및 사용으로 인한 소비자문제는 사회적 관심사로 등장한 지 오래되었다. 소비자들은 중고차를 구매할 경우 구입하려고 하는 중고차가 성능이나 상태가 좋은 것인지를 판단하기가 어렵고, 구입한 이후에는 구매한 중고차가 언제 고장이 날지 몰라 걱정하게 된다. 중고차시장은 판매자와 소비자 간 정보비대칭으로 소비자불만과 피해가 많으며 문제발생 시 피해구제가 쉽게 되지 않아 소비자들의 불만이 높은 제품 거래 유형이다. 허위 미끼매물과 깜깜이 거래 등으로 2021년 통합소비자상담 1372에 접수된 중고차 중개 매매 관련 상담 건수는 4,600건이 넘는다고 한다.

이 같은 소비자문제를 완화시키고 중고차 매매를 활성화시키기 위해 중고차 매매업체들이 중고차 품질보증제를 운영해 오고 있다. 중고차 품질보증제는 자동차의 사고경력을 소비자들에게 알려 주는 제도로써 중고차의 성능이나 상태에 대한 성능점검기록부를 작성하여 소비자들에게 교부하며, 핵심 부품의 경우 품질보증을 통해 나중에 고장이 날 경우 무상수리를 해주는 서비스를 제공하는 제도이다. 정부에서도 2001년 소비자기본법 시행령을 개정하여 중고차 품질보증제를 의무적으로 시행하도록 하고 있다.

1) 중고차 판매 및 중개업체로서 대기업 자동차제조업체 진입 허가

미국, 독일, 일본 등 선진국에서는 중고차매매시장에 자동차제조업체가 중고차 전문 매매업체들과 경쟁하고 있다. 우리나라는 2013년 중고차 판매중개업을 생계형 적합 업종으로 지정해 대기업 자동차제조사의 진입을 막았다. 그런데 2019년 2월 진입 규제 시한이 만료되면서 중소벤처기업부는 생계형 적합 업종 재지정에서 대기업 자동차제조업체도 중고자동차 매매 및 중개가 가능하도록 규제완화할 수 있게 되었다. 이에 2022년 현대차는 중고차판매시장 진출을 선언하였고, 소비자와 직접 거래를 시작하였다. 당시 현대차는 중고거래업체들의 반발을 감안하여 상생방안으로 현대차는 구입 후 5년 이내, 그리고 주행거리 10만km 미만의 품질이 인증된 중고차량만 거래하고 중고시장 점유율도 2024년까지 5.1%를 넘지 않도록 하겠다고 발표하였다.

현대차는 중고차시장 진출을 공식화하면서 중고차의 새 차 수준의 상품화 등 여러 측면의 긍정적 효과를 홍보하였다. 대형 자동차제조업체로서 보유한 기술력 활용하여 중고차 성능검사와 수리를 거친 인증중고차(Certified Pre-Owned: CPO) 공급, 자사 브랜드 차량 대상 200여 개 항목 품질검사와 인증체계를 마련하고, 이를 통과한 중고 차량을 새 차 수준으로 만들어 판매하겠다는 것이었다. 또한, 인증중고차 전용 하이테크센터를 구축하여 인증 중고차 정밀진단, 정비와 내·외관 개선 등의 노력을 보여주겠다는 것이다. 뿐만 아니라 현재까지 문제시되어 온 중고차시장의 허위·미끼 매물 근절, 중고차 정보 수집·분석 후 소비자들에게 종합정보제공(중고차 통합정보 포털 구축), 중고차 성능·상태 통합정보제공(중고차의 사고 유무와 보험수리 이력, 침수차 여부, 결함·리콜 내역 등), 적정가격 중고차 판매를 하겠다고 밝혔다. 게다가, 모바일 앱 기반 가상전시장 구축 및 중고차 판매채널 운영하겠다고 밝혔다. 소비자들은 가상전시장에서 상품검색 및 비교, 견적/계약/출고/배송 원스톱 진행으로 집 앞 등 원하는 장소에서 배송받는 서비스를 받을 수 있다는 것이다.

현대차와 기아차 등 대기업 생산차가 국내 중고차 거래시장에 진출하였으므로 소비자 선택권, 소비자편익 및 이익, 거래 안전성 및 신뢰성 향상, 실질적 유효경쟁, 산업구조 측면에서 긍정적 효과가 기대된다. 소비자들은 대기업 진출로 중고차의 사고 유무와 보험수리 이력, 침수차 여부, 결함 및 리콜 이력, 중고차의 현재 성능·상태와 이력 등을 쉽게 파악할 수 있을 것으로 보인다.

그러나 대기업 자동차제조회사의 중고차시장 진출 당시 약속한 많은 내용들이 보이기식 쇼가 아니고 실제 성실한 실천으로 이어지는지 모니터링해 볼 필요가 있다. 중고차의 적정가격(실거래 정보) 산정, 중고차시장 정보 공개, 중고차시장 투명성 확보, 중고차 오래 타기 등 산업과 환경에 미치는 긍정적 효과를 창출해야 한다. 현대차가 완성차 업체로서 향후 중고차시장에서 보유한 기술 정보와 노하우를 전수하고, 중고차시장 종사자들의 차량 이해도와 지식수준 향상, 판매 현장 역량 강화 등에 많은 지원을 해야 할 것이다.

2) 중고차 구매 관련 소비자피해 유형 및 구제

중고차 매매가 소비자들의 일상생활에서 차지하는 비중이 높아지고 있는데 중고차를 어떻게 구입하였는가에 따라 그 피해 유형 및 피해보상 방법이 다르다. 일단, 개인 간의 당사자 거래나 경매로 중고차를 구입한 경우는 중고차로 인한 피해구제를 받기 어렵다. 그러나 중고차 매매업체로부터 구입한 경우 소비자분쟁해결기준에 의거하여 피해보상을 받게 된다. 중고차 관련 소비자피해를 유형별로 구분하여 피해구제 방안에 대해 살펴보면 다음과 같다.

3) 중고차 구입 후 소유권이전 문제

자동차관리법에 따르면, 중고자동차 매매업자는 거래된 차량에 대해 매수인을 대신하여 양도일로부터 15일 이내 소유권이전 등록신청을 하도록 되어 있으며 위반 시 과징금 50만원에 처한다고 되어 있다. 그러나 명의 이전이 제대로 되지 않아 소비자 문제가 발생하기도 한다.

4) 중고차 중대 결함을 속이고 판매

자동차관리법에 따르면, 매매업자가 중고차의 성능을 고지하지 않고 판매한 경우 20만원 이상의 과징금과 사업 정지 10일을 요청할 수 있다. 이 경우 중요한 하자가 발생하면 소비자는 구매를 취소하고 매매업자로부터 중고차 판매가를 환불받을 수 있다.

11-7 하자 차량 구입

소비자 A씨는 중고차 매매상을 통해 H사의 중고차를 구입하였다. 그 후 하자발생으로 서비스센터에 가보니 사고가 난 차량이었음을 알게 되었다. H사 측에서는 계약 당시 계약서상에 사고가 있었을 시 환불해 주겠다는 내용을 쓰지 않았으므로 구입금액과 제반비용(이전비 및 기타 세금)을 환불해 줄 수가 없다고 한다.

그러나 소비자분쟁해결기준에 의하면 사업자가 자동차의 구조, 장치의 성능 상태를 소비자에게 알리지 않았거나 허위로 고지하여 하자가 발생한 경우 소비자는 수리비 보상을 요구할 수 있다. 소비자는 자동차 사고 사실에 대한 확인서 및 상세한 피해 경위서를 작성하여 한국소비자원, 소비자단체 등에 고발해야 한다.

5) 각종 제세공과금

중고차매매 관련 거래를 할 경우 각종 세금이나 공과금에 대한 내용을 반드시 확인하고 이에 대한 내용을 계약서에 명시하는 것이 필요하다. 예를 들면, 중고차 구입 후 소비자가 사용하지 않은 기간의 자동차세가 고지되는 경우 문제가 될 수 있다. 보통, 계약거래 시 제세공과금에 대한 특정 명시가 없는 경우 매매업자가 자동차세를 보상하도록 되어 있다.

6. 학습교재

유아용 교재, 자격증 관련 교재, 어학교재, 창업이나 취업 관련 교재 등과 관련한 소비자불만 및 피해는 사라지지 않고 있다. 학습교재의 경우 방문판매를 통해 세트상품을 판매하는 경우가 많고, 가격이 매우 비싼 경우가 많아 소비자불만이 높다. 또한, 예를 들면, 자격증 교재를 판매하는 시점에서 자격증 획득을 위한 학습을 시켜준다는 조건으로 교재를 판매하였으나 이 같은 약속이 이행되지 않는 경우가 있어 소비자불만이 높다. 대체로 학습교재 관련 소비자피해 유형은 주로 청약철회 거절, 미성년자 계약 취소 거절, 계약서 미교부, 계약 불이행 등으로 나타나고 있다.

1) 계약 시 약속불이행

학습교재 판매시점에서 구두로 약속하거나 광고했던 사항에 대한 약속이 이행되지 않는 경우가 많이 발생한다. 예를 들면, 판매시점에는 합격까지 학습 요령 지도 또는 출제경향 등의 정보를 제공하겠다는 약속을 하고 판매 이후 이를 이행하지 않는 경우, 얼마간의 잡지 구독 후 아르바이트를 할 수 있다고 광고 후 판매했으나 판매 이후 이를 이행하지 않는 경우가 많다. 이 같은 사례의 경우 소비자는 계약 시 구두 약속이나 각종 약속에 관한 것을 계약서(특약 부분)에 명시하여야 후일 그로 인한 피해구제를 받을 수 있다.

한편, 학습지 구독 계약 후 학습지가 언젠가부터 배달되지 않는 경우 소비자는 중도해지를 요구할 수 있으며 미배달된 학습지 구독료를 환불받을 수 있다. 게다가, 학습의 내용이 충실치 못하고 지질이나 제본의 질이 좋지 못한 경우 교환 또는 환불받을 수 있다. 그러나 교재 내용의 불충실성에 대한 판정은 주관적인 견해에 의존하므로 판매자와 분쟁의 소지가 있을 수 있다.

2) 청약철회요구 거절

방문판매로 구입한 학습교재는 계약서를 작성한 날 또는 계약서를 작성하지 않은 경우 물품을 인도받은 날부터 14일 이내에 청약철회를 요구할 수 있다. 그러나 소비자의 청약철회권 행사를 거절하거나 교묘한 방법으로 지연시키는 경우가 빈번하게 발생하고 있어 소비자의 주의가 요구된다. 따라서 소비자는 구입 시 판매자의 권유에 따라 포장을 뜯고 교재를 직접 사용하는 등의 행동에 주의해야 한다. 계약철회는 반드시 서면으로 해야 하며 발송 사실을 확실히 하기 위해 내용증명으로 발송해야 한다. 이때, 신용카드로 대금을 할부결제한 후 계약을 철회(항변권)하였다면, 소비자는 해당 카드사에 취소 사실을 반드시 확인해야 한다. 이런 저런 이유를 대며 응해주지 않는 경우, 포장 박스를 뜯거나 훼손했다는 이유, 해약을 거부하거나 지나치게 높은 손해배상요금을 요구하는 등의 문제가 발생하고 있다.

3) 계약서 교부 회피

할부거래나 방문판매 방법을 통한 학습지 구매계약 시 계약서의 교부를 회피하거나 판매처와 연락처를 고지하지 않아 소비자가 계약을 철회할 수 없도록 하는 경우가 발생할 수 있다. 따라서 소비자는 구매계약 시 계약서를 반드시 작성하고 판매자 및 판매처 연락처를 알아두어야 한다. 또한 교재의 발행처가 마치 시험을 관장하는 기관이나 또는 영향력이 있는 기관인 것처럼 사칭하거나 유사한 이름을 사용하는 경우에 주의해야 한다.

4) 미성년자와의 학습지나 잡지 계약해지

대학교 주변에서 미성년자(만 20세 이하)를 대상으로 학습교재, 자격증 교재, 영문잡지 등의 구독 계약을 체결한 경우 이 계약은 원칙적으로 무효이다. 민법에 따르면 미성년자와의 계약은 법정대리인이나 부모의 동의가 없는 경우 무효이므로 미성년자가 성년이 된 날로부터 3년 이내, 법률행위를 한 날로부터 10년 이내에는 청약철회할 수 있다. 따라서 미성년자가 잡지 등 학습지 구독을 계약한 후 취소하고 싶다면 배달된 교재와 고지서를 우송하고, 본인이 정확한 구입의사를 밝히지 않았으며 부모의 동의 없는 계약임을 명시하는 청약철회서를 우체국에서 내용증명으로 발송하여 계약을 취소한다. 그러나 낱개로 포장된 CD, 카세트테이프, 비디오테이프 등은 구입 후 개봉한 경우 청약철회권이 제한되므로 소비자들의 주의가 요구된다.

7. 화장품

화장품은 여성 소비자뿐만 아니라 남성 소비자에게도 중요한 소비제품이 되고 있다. 그런데 불량, 부정 화장품은 단순히 미용에 부정적 영향을 미칠 뿐만 아니라 건강에도 심각한 영향을 미치므로 화장품의 안전성은 중요한 사항이다. 식품의약품안전청에서는 화장품의 안정성이나 부작용 등에 대한 정보를 조직적으로 신속·정확하게 수집하고, 또한 분석·평가하여 적절한 안전대책을 강구하고, 부작용 등 국민보건의 위해를 방지하고자 노력하고 있으나 화장품과 관련한 소비자피해는 끊이지 않고 있다.

1) 계약 및 해지

계약 및 해약에 관한 소비자 분쟁은 점포에서 직접 구입한 경우보다 방문판매에 의한 구매에서 많이 발생한다. 방문판매원인 화장품 회사영업사원들이 화장품을 구입할 경우 추가적으로 피부관리를 해 준다고 약속한 후 할부결제를 유도하는 경우가 많다. 추가적 서비스 제공을 받은 경우 소비자는 화장품 구매계약이나 해지를 하기 어렵다. 또한, 화장품 세트를 인도하면서 화장품 박스를 영업사원이 가져가거나, 소비자에게 시용해 보도록 유도하여 후일 발생할지 모르는 소비자의 청약철회를 고의적으로 방해하는 경우가 많다. 소비자는 방문판매로 화장품을 구입한 경우 방문판매법에 의해 14일 이내, 할부거래의 경우 7일 이내 서면으로 해약, 즉 청약철회를 요구할 수 있다. 방문판매원으로부터 화장품을 구입하는 경우 반드시 계약서를 작성하고 사업자나 판매자의 연락처를 계약서에 기입하여야 한다.

2) 부작용 및 품질불량

화장품 또는 특수 기능성 화장품의 경우 기능 미달이나 부작용 등 발생할 수 있으나 소비자들은 화장품 부작용 및 기능 미달에 대한 입증이 어려워 피해구제가 쉽지 않다. 예를 들어, 각질제거 및 피부재생에 효과가 있다는 기능성 화장품을 사용한 후 얼굴에 열과 가려움 증세가 심해, 소비자가 반품을 요구하자 판매자가 사용을 일시 중지했다 다시 쓰도록 권하며 반품을 회피하는 등의 피해가 발생하고 있다.

3) 부업이나 피부관리 등 추가 서비스 제공

화장품 방문판매의 경우 피부개선을 위한 마사지 서비스를 조건으로 화장품을 판매하는 등 추가 서비스 제공을 약속하는 경우가 많다. 이처럼 피부마사지 등 부대서비스를 제공하기로 한 후 추가 서비스를 제공하지 않거나 소비자가 중도해지를 원할 경우 무료로 제공한 서비스 비용을 청구하는 등 판매처에서는 해약을 거부하는 경우가 많다.

한편, 피부 마사지 이외에 다단계 판매 방법을 활용하여 소비자에게 판매원으로서의 역할을 강요하기도 한다. 예를 들면, 수입 화장품 5세트 팔면 수당과 보너스 상품을 제공하기로 하여 소비자가 계약한 후 2세트를 판매한 후 더 이상 판매가 어려워 취소를 요구하자 수당 지급과 반품을 거절하는 경우도 발생한 바 있다.

8. 상품권

상품권은 명절이나 기념일에 부모님 및 친지들의 선물로 그 어떤 소비제품보다 선호되고 있다. 이 같은 상황에서 1999년 2월 상품권법이 폐지됨에 따라 다양한 상품권이 쏟아져 나오고 있다. 기존의 백화점 상품권이나 구두·의류 상품권 이외에 주유 상품권, 문화 상품권, 도서 상품권, 외식 상품권, 한복 상품권, 스포츠 상품권, 건강 상품권 등 그 종류도 매우 많다. 그런데 소비자들은 상품권을 사용함으로써 손해를 볼 수도 있으므로 상품권의 필요성을 잘 판단하여 구입하여야 한다. 모든 법인이 어떠한 발행조건 없이 상품권을 발행할 수 있게 되어 영세업체에서 발행한 상품권으로 인한 피해를 입을 수 있다. 그러므로 가급적 공신력 있는 기업이나 단체에서 발행한 상품권을 이용하는 것이 바람직하다. 또한, 상품권의 유효기간이 자유로워진 반면(유가증권 소멸시한 5년 적용), 상품권 지급보증보험은 일부 일련번호까지만 보험이 적용되기도 하므로 상품권 구입 시 유효기간을 확인해야 한다.

1) 상품권 잔액 현금 환불 여부

상품권으로 제품을 구입하고 남은 잔액의 현금 환불 가능 여부는 소비자와 사업자간에 많이 발생하는 분쟁 유형이다. 상품권 표준약관과 소비자분쟁해결기준에 따르면, 소비자가 상품권 액면 금액의 60% 이상을 사용하고, 잔액 반환을 요구할 경우 사업자는 현금으로 반환해 주도록 되어 있다. 단, 1만원 이하의 상품권은 80% 이상 사용한 경우에 잔액을 현금으로 반환받을 수 있다. 여러 장의 상품권을 동시에 사용할 경우에도 총금액을 기준으로 60% 이상 물품을 구입한 경우 잔액을 현금으로 반환해 주도록 명시되어 있다.

2) 상품권 사용이나 물품 인도 거절

할인기간 또는 할인매장이라는 이유로 사업자가 상품권 사용을 거절하거나, 유효기간 경과를 이유로, 대표자 변경을 이유로 상품권 사용을 거절하는 등의 피해도 발생하고 있다. 상품권 앞이나 뒷면에 특정 상품, 특정 매장에서 상품권 사용제한이 표시되어 있지 않은 한 특정 상품에 대하여, 할인매장 또는 할인기간의 이유로 상품권 사용을 거부할 수 없다. 상품권의 유효기간은 5년이므로 발행일로부터 5년까지는 상품권 권면 금액만큼 물품이나 용역을 제공받을 수 있다. 뿐만 아니라 대표자가 변경된 상품권의 경우도 사업자는(매장 주인 변경 이후 동일장소, 동일상호 사용 시 상품권 사용 가능) 이를 이유로 사용을 거절할 수 없다.

3) 상품권 발행업체 부도

상품권 발행업체가 부도났다면 발행업자가 상품권 지급보증을 선 업체인지 여부에 따라 소비자가 보상을 받을 수 있는지가 결정된다. 그런데 상품권 지급보증 여부에 대해 사업자는 상품권에 표시할 의무는 없으므로 지급보증을 서지 않은 발행업체가 부도가 난 경우 상품권은 휴지조각이 될 수 있다. 따라서 소비자는 지급보증이 된 상품권인지 살펴보고 구입하는 것이 좋다.

4) 상품권 사용 매수의 제한

상품권은 무기명 유가증권(화폐와 유사)의 성격을 갖고 있으므로 사업자는 상품권의 사용 매수를 제한하거나 특정 상품에 대해서만 사용을 강요할 수 없다. 단, 상품권에 '1매 1상품'으로 제한한다는 조항이 명시되어 있는 경우(대부분 과다할인 매출된 상품권)에는 상품권 사용 매수를 제한받게 된다. 상품권과 비슷한 유사 상품권이 있는데 이는 홍보 선전용이며, 돈을 주고 구매하는 것이 아니기 때문에 상품권으로 오인해서는 안 된다.

〈표 11-5〉 상품권 소비자분쟁해결 기준

1) 금액상품권의 경우 잔액환급비율의 금액 이상에 상당하는 물품 또는 용역을 제공받고 그 잔액을 환급하여 줄 것을 요구하였으나 잔액환급을 거부하는 경우(금액상품권)	잔액 현금 환급	잔액환급비율(=구매대금/상품권 권면금액) • 상품권 권면금액이 1만원 초과일 경우: 100분의 60 • 상품권 권면금액이 1만원 이하일 경우: 100분의 80 • 상품권을 2매 이상 동시에 사
2) 특정상품에 대하여 상품권 상환을 거부하거나 할인매장 또는 할인기간 중	당해상품 제공의무 이행 또는 상환을 제시한 상품	

이라는 이유 등으로 상품권 상환을 거부하는 경우	권의 권면금액 전액 현금 환급	용한 경우에는 상품권 권면금액의 합계액을 기준으로 함. 다만, 구매대금과 무관한 상품권은 합계액에 포함하지 않음 –보상책임자: 상품권 발행자(직영매장 포함)와 상품권발행자가 지정한 자(상품권사용가맹점 등)
3) 상품권발행자의 영업양도 등이 있는 경우 상품권발행자의 변경 등의 이유로 상품권상환을 거부하는 경우	상환의무 이행	
4) 유효기간은 경과하였으나 상사채권 소멸시효(5년) 이내인 상품권의 상환을 거부하는 경우	권면금액의 100분의 90 에 해당하는 현금, 물품 또는 용역의 상환의무 이행	

한편, 유사상품권 소비자피해란 신유형 상품권, 즉 할인된 가격으로 포인트를 구매하면 가맹점에서 현금처럼 쓸 수 있다는 새로운 형태의 상품권 판매로 인한 소비자피해이다. 소비자 사용 중 가맹점이 줄어들어 환급을 요구하면 사업자가 위약금을 공제하고 있다는 것이다.

9. 휴대폰 단말기

휴대폰 사용이 일상화되면서 휴대폰 단말기와 이동전화 서비스로 인한 소비자문제 및 피해는 급증하고 있다. 특히, 최근 휴대폰 사용이 급증하면서 한국소비자원에 접수된 피해구제 요청 중 단일품으로 가장 많은 피해구제 요청 품목이 휴대폰 단말기 및 이동통신서비스로 나타나 단말기나 이동통신서비스에 대한 소비자들의 불만 및 피해가 크다는 것을 알 수 있다. 단말기와 관련한 소비자불만이나 피해 유형은 주로 수리비를 과다하게 요구하는 것, 소비자 과실로 원인을 돌리는 것, 부품이 없어 수리가 불가능한 경우, 수리 불가능을 이유로 신제품 구입 권유 등이다.

단말기와 관련한 소비자피해 유형 및 분쟁해결기준은 〈표 11-6〉에 제시한 바와 같은데 피해 유형별로 구제방법을 살펴보면 다음과 같다.

〈표 11-6〉 휴대폰 단말기 소비자분쟁해결기준

피해 유형		보상기간 이내	보상기간 이후
구입 후 10일 이내 중요 품질 이상 발생시		교환 또는 환불	
구입 후 1개월 이내 하자로 중요한 수리 요구 시		교환	
수리 가능	동일하자로 3회까지 고장 발생시	무료수리	유료수리
	동일하자로 4회째 고장 발생시	교환 또는 환불	유료수리
수리 불가능	수리용 부품은 있으나 수리 불가능시	교환 또는 환불	감가상각 후 교환
	수리용 부품이 없이 수리 불가능시	교환 또는 환불	감가상각 10%가산 환불
부품보유기간	5년	품질보증기간	1년

① 부품이 없어 수리 불가능

부품이 없다는 이유로 수리를 해주지 않거나 이를 이유로 신제품 구매를 유도하는 경우가 빈번하게 발생하고 있다. 그러나 휴대폰의 부품보유기간은 5년이므로 부품보유기간 이내에 부품이 없어 수리가 안 되는 경우는 휴대폰의 잔존가치(구입가에서 감각상각을 공제한 액수)에 제품 구입가의 10%를 가산한 금액을 환불받을 수 있다. 그러나 소비자 과실로 고장 난 경우에는 유상으로 제품을 교환받을 수 있다.

② 중요한 기능 하자 및 동일하자 반복 발생

구입 후 10일 이내에 정상적인 상태에서 발생한 성능, 기능상의 중대한 하자가 발생한 경우 제품교환 또는 구입가를 환불받을 수 있다. 또한, 동일한 하자로 인해 3회 이상 고장이 발생한 경우 사업자는 제품을 교환 또는 환불해 주어야 한다.

③ 통화품질 불량으로 인한 계약해지

단말기 자체의 하자로 발생하는 통화품질 문제의 경우 단말기의 수리, 교환, 환불 등의 조치가 가능하다. 그런데 기지국 미설치 등 통신서비스 회사의 귀책사유로 인한 통화품질의 문제는 위약금 없이 계약해지가 가능하다. 보통, 거주 생활지에서의 통화상태 불량의 경우 계약해지가 가능하다.

④ 가개통 이동전화기 피해

가개통 전화기란 대리점들이 보다 유리한 조건으로 단말기를 확보하기 위하여 실제 사용자가 없는데도 전화번호를 입력해 놓은 것으로 소비자들은 계약 당시 전화의 명의변경을 확인하여 이로 인한 피해를 방지해야 한다.

11-8 소비자분쟁조정 사례: 단말기 구매계약 분쟁조정

통신비가 절감된다는 판매원의 설명에 따라 사용하던 휴대폰 단말기를 동일 모델의 새 단말기로 교체했으나 반납한 단말기는 물론 새 단말기의 할부금까지 청구돼 오히려 더 많은 요금을 내게 되는 사례가 발생하고 있다. 한국소비자원 소비자분쟁조정위원회는 이 경우 판매점이 과도하게 불리한 계약을 유도했다고 보아 반납한 단말기의 교환가치에 상당하는 금원을 소비자에게 배상해야 한다고 결정했다.

출처: 한국소비자원보도자료(2021.8.31.)

10. 식품

농산물 및 식품의 경우 농약사용, 환경오염, 이물질검출 등 소비자불만이나 상담 또는 피해가 다양하게 발생한다. 대량생산 및 복잡한 유통과정에서 발생하는 식품 관련 소비자문제나 소비자피해는 금전적 손해뿐만 아니라 소비자의 생명과 건강에 직결된다는 점에서, 또한 위생 등에 대한 소비자의 요구가 높은 점에서 중요한 과제이다.

식품의 종류에 따른 소비자피해 유형 및 소비자분쟁해결기준은 〈표 11-7〉에 제시한 바와 같은데, 대체로 위해 식품으로 인해 신체상의 상해가 없는 경우 제품교환 및 구입가 액수 환급으로 정해져 있다. 위해식품으로 인해 신체상의 상해가 발생한 경우에는 치료비, 경비, 치료로 인해 직장 근무를 못한 경우 임금 배상을 해 주도록 되어 있다. 다만, 정신적 피해에 대한 보상은 소비자분쟁해결기준 규정에서 인정하지 않고 있다.

〈표 11-7〉 식품 종류별 소비자분쟁해결기준

식품 소비자피해 유형	피해보상기준
• 함량, 용량 부족 • 부패, 변질 • 유통기간 경과 • 이물혼입 • 개수부족 및 표시내용 상이	• 이상 제품 교환 • 구입가 환불
• 부작용 • 용기파손 등으로 인한 상해사고	• 이상 치료비 • 경비 및 임금 배상

그런데 식품에 이물질이 들어간 경우 그로 인한 상해가 없는 경우 교환 또는 구입가액수만 환불해 주도록 되어 있는 것에 논쟁이 발생할 수 있다. 쓰레기 만두 파동, 중국산 김치 기생충 알 발견, 새우깡 생쥐머리 발견, 멜라민 검출 등이 발생하면서 이물질로 인한 소비자피해가 신체적 피해가 없다는 이유로 법적으로 교환환불처리만이 가능한 현 상황에서 소비자들의 불만이 높은 상황이다. 지나치게 사회적 물의를 빚거나 악의적인 경우 강력한 과징금 부과, 징벌적 손해배상 등을 검토할 필요가 있다는 목소리가 거세지고 있다.

11-9 온라인몰 식품 유통기한 관련 소비자불만 늘었다

식품의 유통기한을 소비기한으로 변경하는 내용을 골자로 식품표시광고법 개정안이 의결되면서 2023년 1월부터 현행 유통기한 대신 소비기한표시제가 식품에 적용돼 관련 표시 사항을 소비자에게 정확하게 제공하는 것이 더욱 중요해졌다면서 소비자에게 정확하고 안전한 정보를 제공하기 위한 업체들의 노력이 필요하다.

출처: 디지털타임스(2023.1.3.)

11. 건강기능 및 다이어트 식품

건강에 대한 관심이 증가하면서 건강기능 식품이나 다이어트 식품에 대한 소비자들의 관심과 수요가 증가하고 있다. 그런데 이 같은 높은 관심과 수용을 악용하여 건강기능식품이 질병 치료에 효과가 있는 것처럼 판매하고 있어 소비자불만이 끊이지 않고 있다. 건강기능 식품은 건강 보조를 목적으로 특정 성분을 원료로 하거나 식품 원료에 들어 있는 특정 성분을 추출·농축·정제 등의 방법으로 제조한 식품이다. 그러나 일부 건강기능식품들의 광고에서 허가된 용도 외에 유아, 성인, 비만인 등을 위한 특수영양식품인 것처럼 광고하는 사례가 발생하여 이로 인한 소비자불만 및 피해가 끊이지 않고 있다. 따라서 건강기능식품 및 이 같은 제품들의 유용성이나 효과에 대한 과학적 근거를 마련하고, 과학적인 근거만을 제품에 표시할 수 있는 관련 제도의 도입, 유용성 표시에 대한 공인 검증기관의 운영 등이 필요하다는 지적이 거세지고 있다.

또한 체중 감량을 내세운 다이어트 식품들의 광고가 문제시되고 있다. 그러나 식품위생법상 다류나 청량음료로 허가를 받은 식품은 단순히 마시는 음료 이상의 어떤 특정 효과에 대한 광고를 해서는 안 된다고 되어 있다. 한편, 소비자가 건강에 효과가 있다고 기대해서 구입하는 건강기능식품, 특수영양식품, 다이어트 관련 제품 등은 주로 방문판매나 인적 유통경로를 통해 제품이 판매되고 있어 그 피해가 더 심각하다. 방문판매의 경우 허위선전 등 소비자들의 충동구매를 부채질할 수 있다는 점에서, 지하철역, 노인정, 농촌 지역에서 설문조사나 무료제품을 나누어 준다는 허위 설명 등으로 판매되고 있어 그 피해가 증가하고 있다.

게다가, 건강기능식품, 다이어트 식품의 경우 높은 중간 마진으로 인해 가격이 비싸 소비자들의 불만이 높다. 일반적으로 공장도 가격(공급가격)은 소비자가격의 60% 선인데 비해, 건강기능식품의 소비자가격은 공장도 가격의 최고 6배에 달하는 등 높은 중간마진을 취하는 것으로 알려지고 있다.

1) 허위·과장광고 피해

건강기능식품이나 다이어트 식품에 관한 피해는 허위·과장광고로 인한 피해가 많다. 허위·과장광고를 믿고 건강기능식품을 구입하였으나 그 효능이나 기능이 나타나지 않아 소비자불만이 높다. 예를 들면, 혈압을 내리게 한다, 무공해, 자연식품 장(腸)의 활동과 소화흡수를 촉진한다는 과장된 표현이나 의학적 효과가 있는 것처럼 광고 또는 선전하여 식품표시기준 위반 문제가 되고 있다.

2) 다이어트 식품 광고 관련 소비자피해

다이어트 식품 광고에서 100% 책임감량, 굶지 않으면서 살을 뺀다는 광고를 하는 경우가 종종 있다. 소비자들이 다이어트 식품을 구매·복용 후 다이어트 효과가 없어 항의 및 피해배상을 요구하는 경우가 발생하고 있다. 그러나 이 같은 사업자들은 그 원인을 소비자들의 복용 방법이나 체질 탓으로 돌리는 경우가 많아 소비자불만이 끊이지 않고 있다.

3) 부작용 관련 소비자피해

건강기능 식품이나 다이어트 식품 구매 후 성분이 광고와 다르거나 유효기간 등이 불명확한 수입 건강식품이 유통되고 있어 부작용이 발생하는 경우가 있다. 실제 복용 후 효과가 있는 경우는 드물고 오히려 부작용이 나타나는 경우가 많다. 예를 들면, 방문판매원으로부터 변비에 효과가 있다는 건강기능식품 복용 후 오히려 변비가 심해진 사례, 위가 쓰리는 등 부작용 발생 등이 기사화된 바 있다. 방문판매로 건강기능식품 복용 후 부작용이 생겼을 경우 소비자분쟁해결기준에 따라, 전문의사의 진단서를 발부받아 피해보상을 요구하면 청약철회기간이 지났더라도 구입비용의 환불은 물론 치료비 및 이로 인한 임금의 손실까지 보상받을 수 있다. 청약철회를 방해할 목적으로 방문판매자가 고의로 소비자가 제품을 시식하도록 권유하거나 제품박스를 훼손시키는 경우가 발생하고 있다. 방문판매로 건강기능식품을 구입할 때 소비자는 반드시 서면계약을 하여야 하고 계약서를 요구하여 보관하는 것이 좋다. 또한, 계약시 신청서(계약서)를 잘 읽고 계약해야 한다.

제12장 서비스 품목별 소비자피해구제의 실제

보다 나은 서비스에 대한 소비자들의 기대 수준이 높아지면서 서비스에 대한 소비자들의 불만은 줄어들지 않고 있다. 실제로 제품에 대한 상담 비중은 점차 감소하고 있는 반면, 서비스와 관련한 소비자상담 비중은 증가하고 있다. 이는 생산기술 발달로 인해 제품 자체의 품질·기능상의 문제는 줄어들고 있으나 새로운 서비스 산업의 출현과 질 높은 서비스에 대한 소비자 요구가 커지면서 각종 서비스와 관련한 소비자문제 및 피해가 늘어나고 있다. 대체로 서비스 분야 관련 소비자피해구제는 공정거래위원회 고시인 소비자분쟁해결기준을 적용한다. 다만 서비스 거래 방법에 따른 피해구제는 할부거래법이나 방문판매업의 소비자 청약철회권을 적용할 수 있고, 광고와 다른 서비스 제공 시 표시광고법을 적용하는 등 다양한 별도의 법규정 적용이 가능하다.

1. 여행 서비스

해외여행이 증가하면서 영세·부실 여행사의 난립, 업체 간의 지나친 경쟁이 계속되면서 허위·과장광고, 여행지에서의 쇼핑 강요, 가이드의 팁 요구 등 여러 가지 부작용 및 소비자피해가 속출하고 있다. 여행 서비스 소비자피해의 주요 내용을 살펴보면, 여행 출발 전 여행사의 사정으로 계약한 내용이 취소 또는 변경되는 경우, 여행도중 관광 일정을 함부로 변경하는 경우, 계약 내용을 위반하는 경우, 여행 참가인원 부족으로 여행계약 취소, 항공권 미확보로 여행계약이 취소되는 경우 등이다. 이외에도 항공권 예약 내용에 대한 변경, 여행 안내원의 추가경비 요구, 휴대품 분실 등이 해외여행과 관련한 소비자들의 주요 피해사항이다. 공정거래위원회에서는 소비자분쟁해결기준 외에도 여행 서비스 관련 표준약관을 마련하여 소비자불만을 예방하고 소비자피해나 분쟁을 줄이고자 노력하고 있다.

1) 여행사 사정으로 여행계약 취소 시

여행사가 단체여행이나 패키지 상품을 판매했는데 같이 떠날 여행 관광객을 충분히 모집하지 못하였기에 여행계약을 취소하는 경우, 항공권을 구입하지 못하여 여행계약을 취소해야 하는 경우 등 여행사 사정으로 소비자와 계약한 여행계약을 취소하는 경우 여행사가 계약 취소통보를 언제 하느냐에 따라 손해배상 액수가 달라지는데, 손해배상 규정은 〈표 12-1〉에 제시한 바와 같다. 예를 들면, 여행 출발 하루 전 여행사로부터 비성수기라 여행참가자를 채우지 못했다며 여행계획 취소통보를 받은 경우 소비자는 여행사로부터 계약금은 물론이고 총 여행경비의 20%인 40만원을 배상 받을 수 있다. 즉, 총 여행경비 200만원과 배상금 40만원인 총 240만원을 여행사로부터 환불받을 수 있다.

〈표 12-1〉 단체여행: 여행사 귀책(사정으로) 취소 시

취소 사유	취소 통지 시점	피해 보상기준
참가인원 미달	7일 전 취소통지	여행 경비의 10% 배상
	1일 전 취소통지 당일 취소통지	여행 경비의 20% 배상 여행 경비의 50% 배상
여행사의 귀책	20일 전 취소통지 10일 전 취소통지 8일 전 취소통지	계약금 환불 여행 경비의 5% 배상 여행 경비의 10% 배상
	1일 전 취소통지 당일 취소통지	여행 경비의 20% 배상 여행 경비의 50% 배상

2) 소비자 사정으로 여행계약 취소 시

소비자가 개인적 사정에 의해 단체 여행이나 패키지 여행계약을 취소할 때는 〈표 12-2〉의 규정에 따라 소비자가 배상금을 여행사에게 지불하여야 한다. 소비자가 국내여행의 경우 출발 5일 전에 그리고 국외 여행의 경우 20일 전에 계약취소를 여행사에게 통보하면 위약금이나 배상 없이 계약이 취소된다. 그러나 여행 출발 하루 전에 소비자가 여행계약을 취소하는 경우 소비자는 전체 여행경비의 20%를, 당일 취소할 경우 해외여행의 경우 전체 경비의 50%(국내 숙박여행의 경우 30%)를 여행사에게 배상해 주어야 한다. 다만, 자신이나 직계가족의 중대사(사망, 부상 등) 등이 발생하여 취소하는 경우는 예외로 하고 있다.

〈표 12-2〉 소비자 귀책 여행계약 해약 시 배상위약금 기준

구 분	해약 시기	위약금
국외여행	출발 20일 전	없음(계약금 전액 환불)
	출발 10일 전	요금의 5%
	출발 8일 전	요금의 10%
	출발 1일 전	요금의 20%
	출발 당일	요금의 50%
국내 당일여행	출발 3일 전	없음(계약금 전액 환불)
	출발 2일 전	요금의 10%
	출발 1일 전	요금의 20%
	출발 당일	요금의 30%
국내 숙박여행	출발 5일 전	없음(계약금 전액 환불)
	출발 2일 전	요금의 10%
	출발 1일 전	요금의 20%
	출발 당일	요금의 30%

3) 여행 도중 발생한 소비자피해

여행 도중 여행사나 관련 종사자로 인해 발생하는 소비자피해 유형은 보통 다음과 같다.

- 광고 내용이 지켜지지 않은 경우

- 여행사 계약조건 위반(관광비, 셔틀버스, 호텔, 식사내용, 일정, 관광코스 등)
- 여행 종사자의 고의나 과실로 인한 피해
- 여행지에서 부당한 추가경비 요구
- 현지 안내원의 팁이라고 하는 수고비 요구
- 현지 가이드의 잘못으로 인한 손해가 발생한 경우
- 수하물 분실 및 도난(여행사 과실)

소비자가 여행사로부터 피해보상을 받기 위해서는 소비자들은 피해를 입증할 수 있는 가능한 모든 객관적인 증거자료를 갖추어 두는 것이 좋다. 예를 들어, 여행사에서는 정해진 여행경비만 지출하면 현지에서 개인적으로 쓰는 경비 이외에 별도의 비용은 없다고 설명하고 상품을 판매하였다. 그러나 여행을 갔더니 관광 도중 입장료와 선택관광이라는 명목으로 별도의 추가경비를 여행객들에게 요구한 것이다. 또한, 마지막 날 현지 안내원의 수고비로 일정 액수의 돈을 요구했다. 이 경우 소비자는 소비자분쟁해결 기준에 따라 추가경비나 현지 안내원의 수고비를 더 지불할 필요가 없다. 만약 현지에서 추가로 더 낸 경비는 추후 환불받을 수 있다.

여행과 관련한 피해가 발생한 경우 소비자분쟁해결 기준이나 공정거래위원회의 여행 표준약관을 근거로 피해구제를 받게 되는데, 앞서 살펴본 피해 이외에도 공정거래위원회에서 제시하고 있는 여행 관련 규정은 다음과 같다.

- 여행요금 인상은 여행 출발 15일 전 통보
- 여행조건 여행사가 마음대로 변경 못함
- 여행사 잘못으로 여권사증 미발급으로 인한 일정변경 시 경비 100% 배상
- 교통수단 연발착 피해: 여행사 과실로 항공기, 기차, 선박 등을 놓치거나 늦게 출발하여 피해 발생 시 여행사가 피해 배상
- 귀가 협조: 여행사는 국내외 여행 계약이 중도 해지된 경우에도 여행객의 안전귀가에 협조해야 함

한편, 여행계약 후 여행사가 도산하는 경우 소비자는 부도가 난 여행사가 들어 둔 보증보험이나 영업보증금의 피보험자로 되어 있는 지역별 협회장에게 피해보상을 신청할 수 있다.

12-1 여행 소비자피해: 선택관광 싫으면 호텔로 돌아가

해외여행 수요가 폭증하면서 패키지여행의 선택관광 피해도 함께 늘어나는 추세다. 현지 가이드가 선택관광을 강요하며 일방적으로 일정을 변경하거나 거절시 불성실한 태도나 고압적 태도로 소비자와 갈등을 빚는 일이 많다. 이 경우 녹취록 등 증거를 확보해야 추후 여행사에 피해보상을 요구할 수 있다. 소비자고발센터(www.goso.co.kr)에 제기된 여행 가이드 관련 피해는 2021년 70여 건에서 2022년 130여 건으로 훌쩍 뛰었다. 여행객들이 겪은 피해 사례는 다음과 같다.

- 가이드들이 노골적으로 선택관광에 참여하도록 유도하는 경우 다른 필수 여행상품과 엮어 선택하지 않을 수 없게 만듦
- 선택관광에 참여하는 다른 팀에게 선택관광에 참여 않은 팀 때문에 출발할 수 없다며 흉을 보는 등 눈치를 줌
- 협박, 강압적 태도로 강권하는 경우

여행 가이드들이 여행객에게 선택관광을 강권하는 원인은 여행사 수익 구조 때문이다. 먼저 여행사들이 싼 값에 상품을 팔고 현지 여행업체에 관광비용을 전가하면, 마이너스 경영에 시달리는 현지 여행업체들이 수익을 챙기기 위해 선택관광을 강요하는 악순환이 반복되는 것이다. 여행사들의 저가상품 경쟁이 사그라지지 않는 한 선택관광 피해는 반복될 수밖에 없다.

선택관광 강요 이슈는 일차적으론 가이드에게 책임이 있다. 다만 사례 별로 살펴보면 천차만별이고 주관적 감정도 얽혀 있을 수 있어 피해 여부를 판단하기 어려운 부분도 있다. 선택관광을 원치 않을 경우 소비자는 분명하게 의사표시를 해야 한다. 문제가 있을 경우 국내 여행사 고객센터로 빠르게 피해를 신고하는 게 가장 중요하다.

출처: 소비자가 만드는 신문(2023.3.24.)

2. 교통 및 운송 서비스

1) 화물, 버스. 철도

노선화물, 구역화물, 용달화물 등 교통 및 운송 수단 관련 소비자피해는 주로 제품의 도난, 분실, 파손이나 훼손, 침수 등이다. 이 같은 피해가 발생했을 때 〈표 12-3〉의 소비자분쟁해결기준에 따라 운임환불 및 손해액을 배상받을 수 있다. 대체로 사업자의 사정으로 조기 출발이나 운행 취소로 버스 승차가 이루어지지 않은 경우 〈표

12-3〉에 제시한 바와 같이 운임액수에 10%를 추가적으로 합한 액수를 환불해 주어야 한다. 반대로, 소비자가 출발 전에 버스 승차를 취소한 경우, 즉 소비자 측의 이유로 승차가 이루어지지 않은 경우는 버스 운임의 10%를 공제한 액수를 환불받을 수 있으며, 예정 버스가 출발 후 2일 후에는 전체 운임의 20%를 공제한 후 환불받을 수 있다. 철도의 경우 철도사의 사정으로 운송이 불이행되었는가, 소비자의 사정으로 승차하지 않았는가에 따라 구별하여 피해보상이 가능하다.

〈표 12-3〉 교통 및 운송 소비자분쟁해결기준(화물, 버스, 철도)

<table>
<tr><th>품 종</th><th colspan="3">소비자피해 유형</th><th>소비자분쟁해결 기준</th></tr>
<tr><td>노선화물
구역화물
용달화물</td><td colspan="3">도난사고(화물취급 포함), 운송도중 손해사고 피해(집배도중 분실포함), 파손, 훼손, 오손, 함량유출 사고, 침수 등의 피해, 운송지연으로 인한 부패·변질 등의 피해, 화기, 기타 인화물질, 약품 등으로 피해</td><td>운임환불(선불시) 및 손해액 배상</td></tr>
<tr><td rowspan="10">고속
시외버스</td><td colspan="3">위탁 수하물의 분실</td><td>여객이 입은 손해배상</td></tr>
<tr><td rowspan="3">사업자 사정
운송 불이행</td><td colspan="2">운행 취소, 조기출발로 미승차</td><td>운임환불 및 운임의 10% 배상</td></tr>
<tr><td rowspan="2">운송도중 고장, 교통사고 등 운송미완수</td><td>여행불원 시</td><td>잔여구간 운임 환불 및
잔여구간 운임 20% 환급</td></tr>
<tr><td>여행계속 시</td><td>대체 차편 제공 및
잔여구간운임 20% 환급</td></tr>
<tr><td rowspan="2">사업자 사정
운송지연</td><td colspan="2">정상소요시간의 50% 이상 지연</td><td>운임액의 10% 배상</td></tr>
<tr><td colspan="2">정상소요시간의 100% 이상 지연</td><td>운임의 20% 배상</td></tr>
<tr><td colspan="3">운송 종사자의 고의·과실로 인한 피해</td><td>여객이 입은 손해배상</td></tr>
<tr><td rowspan="3">여객승차권
반환</td><td colspan="2">출발 전</td><td>운임 10% 공제 후 환불</td></tr>
<tr><td colspan="2">출발 후 2일까지</td><td>운임 20% 공제 후 환불
(주말, 연휴, 명절 50%)</td></tr>
<tr><td colspan="2">출발 후 3일 경과 후</td><td>무효</td></tr>
<tr><td rowspan="8">철도
여객</td><td rowspan="5">열차운행
불능 시</td><td colspan="2">여행 개시 전 운행을 못할 경우</td><td>운임 전액 환불 또는 운임의 10% 배상</td></tr>
<tr><td rowspan="4">여행 개시 후 운행을 못할 경우
(도중 역에서 운행불능 시)
- 여객희망에 따라 선택</td><td>여행불원 시</td><td>운임전액환불(잔여 구간이 최저구간일 때 최저운임만 지불)</td></tr>
<tr><td>시발역까지 송환</td><td>무임송환 후 운임환불</td></tr>
<tr><td>타 열차 이용</td><td>열차종별 구분 없이 다른 열차를 이용, 지연료 지불</td></tr>
<tr><td>당해경로가 불통</td><td>승차권 사용기간 연장</td></tr>
<tr><td colspan="3">도착시각보다 1시간 이상 지연될 경우</td><td>승차거리에 따라 지연요금 환불</td></tr>
<tr><td rowspan="2">여객이 승차권 반환 시</td><td colspan="2">보통 승차권(비둘기호, 전철)</td><td>50원 공제 후 운임 환불</td></tr>
<tr><td>급행승차권</td><td>출발 2일전</td><td>500원 공제 후 운임 환불</td></tr>
</table>

	(여행 보류 시)	(통일호 이상)	당일 출발 전까지	운임의 10% 공제 후 환불
			출발 후 30분까지	운임의 30% 공제 후 환불
			출발 후 30분 초과	운임의 50% 공제 후 환불
			도착시간 이후	무효

2) 항공

항공기의 경우 사업자의 사정으로 운송하지 않거나 운송이 지연되는 경우 운임이나 체제경비에 대한 환불이외에 적절한 정도의 손해배상을 해 주도록 되어 있다(표 12-4 참조).

① 악천후로 비행기 운항 취소 시

악천후는 어쩔 수 없는 불가피한 사정이기 때문에 항공사는 운행일정 취소나 변경이 가능하다. 운행일정이 취소된 경우 소비자는 전혀 사용치 않은 항공권에 대해 전액 환불받을 수 있고 운항변경 시 취소 지점에서 목적지까지 운임을 환불받을 수 있다.

② 항공권 분실 시

소비자가 분실한 항공권은 분실 사실에 대한 충분한 증거가 있을 경우 전액 환불된다. 그러나 다른 사람이 사용하지 않았다는 것이 명백하거나, 다른 사람이 환불받아가지 않은 분실항공권은 유효기간 만료일로부터 30일 이내에 문서에 의한 분실신고를 했을 경우 환불이 가능하다.

③ 미사용 항공권 환불

유효기간 만료일로부터 30일이 경과한 항공권은 항공사가 환불을 거절할 수 있다. 또한, 유효기간이 경과하지 않았더라도 할인 티켓은 예약 변경이나 환불이 불가능하다. 항공권에 Non-Refund라고 기재되어 있는 항공권은 환불이 불가능하다.

④ 항공수하물 분실

항공수하물이 분실된 경우 이에 대한 배상책임 한도액은 국제운송항공인 경우 국제항공 협약(바르샤바협약)에 따라 여객 1명이 kg당 20달러만 배상을 받을 수 있다. 무료로 실을 수 있는 수하물의 허용 중량이 노선과 좌석 유형에 따라 다르다. 예를 들어, 이코노미 클래스의 경우 20kg이므로 400달러가 배상 한도액이다. 다만 미주 노선은 중량 한도가 짐 1개당 32kg이므로 짐 1개당 640달러가 배상 한도액이 된다. 그런데 만약 사전에 내용품(고가의 귀중품 등)을 신고했을 경우에는 최고 2,500달러까지 배상받을 수 있다.

12-2 해외여행 중 가방 분실 피해보상

소비자 A씨는 10박 11일 동안 미국과 캐나다를 여행하고 난 후 서울에 도착하니 가방이 분실되었음을 알게 되었다. 가방의 중량은 약 20kg이고, 가방 속에는 약 200여 만원 상당의 물품이 들어 있었다. A씨는 탑승할 당시 수하물에 대한 별도의 귀중품 신고와 추가요금은 지불하지 않았다. 이 경우 일부 배상만 가능하다. 만약 귀중품 내용을 신고하고 추가요금을 지불하였다면 적정 금액을 배상받을 수 있다. 태평양 노선은 크기 제한을 하고 있어 중량에 대한 신고가 없을 경우 배상 한도액은 700달러(35kg)이다. 소비자 A씨가 추가배상을 요구하기 위해서는 가능한 객관적인 입증자료를 준비하여 여행사를 상대로 손해배상 청구를 할 수 있다.

〈표 12-4〉 항공기 소비자분쟁해결기준

품종	소비자피해 유형			소비자피해보상기준
국내항공	위탁수하물의 분실·파손			손해배상(수하물가격신고 후 종가요금을 지불한 경우 신고가격으로 배상)
	사업자 고의·과실 운송불이행(불가항력 제외)	대체편 제공(12시간 이내)	4시간 이내	운임의 20% 배상
			4시간 이후	운임의 30% 배상
		대체편 제공하지 못한 경우		운임환불, 해당구간 항공권/교환권 제공
		대체편 제공 후 여객 거부		운임환불규정에 준하여 최초 대체편 제공 가능시기에 따라 배상
	사업자 고의·과실로 운송지연	2시간~4시간 지연		체재경비 및 운임 20% 배상(4시간 이상 30%)
	항공권 미사용 시	취소시한 이전	전부 미사용	지불운임 전액 환불
			일부 사용	탑승구간 적용운임 공제 후 환불
		취소시한 이후		취소수수료, 서비스요금 및 통신비 공제
	항공권 분실 시	대체항공권 미구입 시	전부 미사용	지불운임 전액 환불(일부 사용 탑승구간 운임 공제)
		대체항공권 구입 시		대체항공권 구입액 환불(동일 항공사, 동일구간)

<table>
<tr><td rowspan="12">국제항공</td><td colspan="4">위탁수하물의 분실, 파손 등 사고</td><td>손해배상(수하물가격신고 후 종가 요금 지불 경우 신고가격으로 배상)</td></tr>
<tr><td colspan="3" rowspan="2">항공권 미사용 시(유효기간 전)</td><td>전부 미사용</td><td>서비스요금 및 통신비 공제 후 차액 환불</td></tr>
<tr><td>일부 미사용</td><td>사용구간 운임, 서비스요금/통신비 공제 후 차액 환불</td></tr>
<tr><td rowspan="4">항공권 분실 시</td><td colspan="2" rowspan="2">대체항공권 미구입 시</td><td>전부 미사용</td><td>지불운임 전액 환불</td></tr>
<tr><td>일부 사용</td><td>탑승구간 적용운임 공제 후 환불</td></tr>
<tr><td colspan="3">대체항공권 구입 시</td><td>대체항공권 구입액(동일 항공사, 구간 및 등급 조건)환불</td></tr>
<tr><td colspan="3">분실항공권 재발행</td><td>이중사용 발생 시 배상동의 및 적용서비스 요금(재발행 수수료) 여객부담</td></tr>
<tr><td rowspan="4">사업자 고의·과실로 운송불이행(불가항력 제외)</td><td rowspan="2">대체편 제공</td><td>운항시간 4시간 이내</td><td>4시간 이내</td><td>체재경비 및 최고 USD 100배상(4시간 초과 200배상)</td></tr>
<tr><td>운항시간 4시간 초과</td><td>4시간 이내</td><td>체재경비 및 최고 USD 200배상(4시간 초과 400배상)</td></tr>
<tr><td colspan="3">대체편을 제공 못함</td><td>체제경비 및 운임환불 및 USD 400배상</td></tr>
<tr><td colspan="3">대체편 제공을 소비자가 거부</td><td>운임환불 및 (1)의 규정에 준하여 최초 대체편 제공 가능시기에 따라 배상</td></tr>
<tr><td>사업자 고의·과실로 운송지연</td><td colspan="3">2시간–4시간 이내 운송지연</td><td>체제경비 및 운임의 10% 배상(4시간 이상 20%)</td></tr>
</table>

한편, 소비자가 국내선 항공권을 예약한 후 취소할 경우 이와 관련한 환불 규정은 〈표 12-5〉와 같다. 소비자들의 예약 부도율이 높은 점을 감안하여 항공사들이 오버부킹(over booking)하는 경우도 많이 발생하고 있으므로 소비자들은 항공권 예약 시 취소와 관련한 규정을 잘 알고 이에 적절한 행동을 취하는 것이 필요하다.

〈표 12-5〉 항공권 예약 취소 및 환불수수료

<table>
<tr><th>구 분</th><th>승차권 상황</th><th>환불 수수료</th><th>비 고</th></tr>
<tr><td rowspan="5">국내선 예약취소</td><td>출발 2일 전</td><td>없음</td><td rowspan="2"></td></tr>
<tr><td>출발 1일 전부터 당일</td><td>탑승요금의 10%</td></tr>
<tr><td>출발 이후</td><td>탑승요금의 20%</td><td></td></tr>
<tr><td>출발 1~2일 전</td><td>탑승요금의 10%</td><td rowspan="2">명절, 연말연시 등 특별수송 기간에만 적용</td></tr>
<tr><td>출발 당일 또는 출발 이후</td><td>탑승요금의 20%</td></tr>
</table>

3. 이사 서비스

이사 계약취소, 이사서비스 요금, 이사물품의 파손, 훼손, 멸실 등과 관련하여 이사 업체와 소비자 간의 분쟁은 사라지지 않고 있다. 특히, 손(損)이 없는 날에 이사하고 싶어하는 많은 소비자들로 인해 이사철의 경우 이사 주문이 겹쳐 이로 인한 소비자불만 및 피해가 급증하고 있다. 더구나, 포장이사가 보편화되면서 비싼 요금을 내고 포장이사 서비스를 제공받았음에도 불구하고 이사물품의 파손, 이사물품 정리 등과 관련한 소비자불만은 증가하고 있는 실정이다. 이사 서비스와 관련하여 소비자 피해가 발생한 경우 〈표 12-6〉에 제시한 바와 같이 소비자분쟁해결기준을 적용하여 피해보상을 받을 수 있다.

〈표 12-6〉 이사 서비스 관련 소비자분쟁해결 기준

<table>
<tr><th>품종</th><th colspan="2">소비자피해 유형</th><th>피해보상기준</th></tr>
<tr><td rowspan="9">이사화물
취급자동차
운송알선
및
화물자동차
운송사업</td><td colspan="2">사업자의 고의·과실로 인한 이사화물의 멸실·파손·훼손 등 피해</td><td>사업자가 직접 배상(보험금을 지급받는 경우에는 동 금액을 차감한 후 배상)</td></tr>
<tr><td rowspan="3">사업자의 고의·과실로 계약취소</td><td>운송일 1일 전 취소통보 시</td><td>계약금 반환 및 약정운임의 20% 배상</td></tr>
<tr><td>운송일 당일 취소통보 시</td><td>계약금 반환 및 약정운임의 40% 배상</td></tr>
<tr><td>운송당일 취소통보 없음</td><td>계약금 반환 및 약정운임의 100% 배상</td></tr>
<tr><td rowspan="2">소비자의 귀책사유로 계약취소</td><td>운송일 1일 전 취소통보 시</td><td>소비자가 약정운임의 10% 배상</td></tr>
<tr><td>운송일 당일 취소통보 시</td><td>소비자가 약정운임의 20% 배상</td></tr>
<tr><td colspan="2">사업자의 고의·과실로 인한 운송지연</td><td>운송지연으로 인한 직접적인 손해배상</td></tr>
<tr><td colspan="2">소비자 귀책사유로 운송지연</td><td>운송지연으로 인한 직접적인 손해배상</td></tr>
<tr><td colspan="2">부당한 운임 및 위탁자에 의한 수고비 요구</td><td>부당요금 반환 및 시정</td></tr>
<tr><td></td><td colspan="3">※적용범위: 자동차운수사업법상 이사화물을 취급하는 사업체 적용(일반구역화물자동차 운송사업, 전국화물자동차 운송사업, 용달화물자동차사업 및 자동차운송 알선사업)</td></tr>
</table>

① 이사 계약 해지

이사 계약을 이행하지 못하여 계약이 취소되는 경우 누구의 사정에 의해 그리고 언제 취소통보하는가의 시점에 따라 손해배상이 달라진다. 먼저, 이사철 이사 주문이 쇄도하여 사업자가 이사 서비스 계약을 지키지 못하는 경우 사업자가 이사 운송

예정일 1일 전에 계약을 취소통보하는 경우 사업자는 소비자에게 계약금을 반환하여야 하며 동시에 약정 운임의 40%를 배상하여야 한다. 만약 당일 날 취소통보할 경우는 60%를 배상하도록 되어 있다. 반대로, 소비자가 개인적 사유로 이사 계약을 취소하는 경우 운송일 1일전에 취소통보하는 경우 약정 운임의 10%, 당일날 취소통보하는 경우 20%를 소비자가 이사 서비스 사업자에게 배상하여야 한다.

② 일부만 정리 · 정돈 해 준 포장이사

소비자들이 포장이사를 선호하는 가장 큰 이유는 물품의 포장과 이사 후 정리・정돈 서비스까지 제공한다는 데 있다. 그런데 계약과 달리 포장이사업체가 정리・정돈을 해 주지 않는 경우 소비자는 이에 대한 피해배상을 받을 수 있다. 예를 들면, 완전한 포장과 정리를 조건으로 이사 서비스를 받기로 계약하고 포장이사를 하였으나 이사업체가 장롱, 가전제품 등 주요 이사물품만 정리하고 가버리는 경우 하루 인건비에 해당하는 손해배상을 받을 수 있다.

③ 부당한 웃돈의 요구

부당한 웃돈의 요구는 단호히 거절해야 하지만 거절하면 인부들이 짐을 함부로 다루거나 제대로 서비스를 제공하지 않는 경우가 많기 때문에 소비자들이 불가피하게 웃돈(예: 인부 점심값)을 지급하는 사례가 있다. 이 경우 소비자는 계약 시의 정황을 입증(점심값 증빙)하고 반환을 청구할 수 있다. 따라서 소비자는 이사 서비스와 관련한 계약서를 작성할 때 웃돈에 관해 분명히 명시하는 것이 바람직하다.

④ 이사물품이 파손되는 피해

소비자분쟁해결기준에 의하면 사업자의 고의・과실에 의한 이사 화물의 멸실, 파손, 훼손(예: 모서리 흠집)에 대해서는 사업자가 손해배상해야 한다. 이삿짐업체가 이사 과정에서 발생한 사고가 아님을 입증하지 못하면 소비자에게 보상을 해 줘야 한다. 이때, 귀중품의 경우 따로 운송계약을 하거나 조건을 계약서에 명시해 넣었어야 한다.

⑤ 거래약관이나 관인 계약서 내용 변경 및 신고 불이행

이삿짐업체는 거래계약서 작성 과정에서 표준약관(표준 계약서 양식)을 반영하도록 되어 있다. 그러나 실제 거래계약 시 이사 사업자에게 유리하게 변경하여 사용하는 경우가 있어 문제가 되고 있다. 표준약관에는 계약금을 운임의 10%로 규정하고 있고, 소비자가 개인 사정으로 이사 하루 전에 해약할 경우 소비자는 계약금을 받지 못하거나 약정운임의 10%를 배상하도록 규정하고 있다. 또한 이삿짐이 없어지거나 파손되었을 때 사업자의 책임을 이삿짐을 인도받은 날로부터 14일까지로 규정되어 있으나 그 내용을 변경 사용하고 있어 문제시되고 있다. 또한, 약관 규정에 계약서 작성 및 교부를 의무화하고 있음에도 불구하고 실제로 계약서를 작성하지 않는 경우가 있어 문제가 되고 있다.

4. 부동산 중개 서비스

소비자들은 부동산 중개업자들의 부동산 매매, 전세임차 및 임대 등과 관련 서비스를 받고 중개료를 지불하게 된다. 중개업무의 범위, 중개 수수료의 금액과 수수방법, 중개를 위한 광고요금 등과 관련하여 중개업자와 소비자 간의 분쟁이 발생하기도 하며, 이 과정에서 소비자불만이 높아지고 있다. 부동산 중개 서비스와 관련하여 발생하는 소비자피해 유형은 주로 중개 물건에 관한 확인이나 설명 부족, 계약서 부실 작성으로 계약금이나 임차보증금 손실, 부동산매매 알선 광고료 사기피해, 중개업자의 사기나 계약금의 횡령 등으로 나타나고 있다.

현행 규정에 근거하여 소비자가 부동산 중개 수수료를 과다지불한 경우 소비자는 차액을 환급받을 수 있으며, 부동산 중개대상물의 확인·설명 소홀로 인한 재산피해를 입은 경우 손해액을 배상받을 수 있다. 중개업자와 소비자 간의 분쟁이 발생한 경우 손해배상을 받는 방법은 쌍방합의, 중개업 분쟁조정위원회의 중재, 소비자단체나 한국소비자원의 합의 권고 등이다.

〈표 12-7〉 부동산거래 시 법정 중개 수수료율(서울시)

거래내용	거래금액	상한요율	한도액
매매/교환	5천만원 미만	1천분의 6	25만원
	5천만원 이상~2억원 미만	1천분의 5	80만원
	2억원 이상~9억원 미만	1천분의 4	0
	9억원 이상~12억원 미만	1천분의 3	0
	12억원 이상~15억원 미만	1천분의 2	0
	15억원 이상	1천분의 1	0
임대차 등 (매매/교환 이외)	5천만원 미만	1천분의 5	20만원
	5천만원 이상~2억원 미만	1천분의 4	30만원
	2억원 이상~9억원 미만	1천분의 3	0
	9억원 이상~12억원 미만	1천분의 2	0
	12억원 이상~15억원 미만	1천분의 1	0
	15억원 이상	1천분의 6	0

참조: 지자체마다 법정 중개 수수료율이 다를 수 있다.

〈표 12-8〉 오피스텔, 토지/상가 부동산 중개 수수료율표

부동산 유형	적용대상	거래내용	상한요율
오피스텔	전용면적 8제곱미터 이하, 일정설비를 모두 갖춘 경우(전용수세식화장실, 전용입식부엌, 목욕시설 등	매매/교환	1천분의 5
		임대차 등	1천분의 5
	위 적용 대상 외 경우	매매/교환/임대차 등	1천분의 9
토지/상가	토지/상가	매매/교환/임대차 등	1천분의 9

1) 중개 수수료 과다

소비자피해보상규정에 의하면 부동산 중개업자가 중개 수수료를 과다하게 징수했을 때는 법정 수수료율 초과한 차액을 환불하도록 되어 있다(주민센터, 구청 등에 신고). 소비자는 중개 수수료 관련 피해를 입지 않기 위해, 〈표 12-7〉에 제시한 바와 같이 법정 수수료율을 알아 두어, 거래 전에 미리 중개 수수료를 확정한 후 서면으로 계약서를 작성하는 것이 좋다.

2) 중개 광고료 송금

부동산 판매촉진을 위한 광고비 요금과 관련한 분쟁도 간혹 발생하고 있다. 부동산업자들이 인터넷상에 광고를 게재하면 빨리 처분해 주겠다는 조건으로 광고료를 지불케 하여 성사 여부와 관계없이 상당액의 광고비를 챙김으로써 소비자불만이 급증하고 있다. 온라인에 광고를 하면 빨리 팔린다는 중개업자의 말을 듣고 광고비를 지불한 경우, 거래가 성사되지 않았다 해도 소비자는 광고비를 환불받기 어렵다. 광고는 부동산 거래의 판촉수단일 뿐 거래를 보장하는 것은 아니기 때문이다. 따라서 소비자들의 주의가 요구된다.

3) 권리자 사칭으로 인한 사기 계약 피해

중개업자가 소비자에게 부동산 주인이 사정상 직접 계약을 하지 못한다는 식으로 속여 허위계약을 하게 한 뒤 사라져 소비자가 피해를 보는 경우가 있다. 따라서 소비자는 부동산 계약 시 집주인을 직접 대면 또는 확인하는 것이 필요하다.

12-3 사기 부동산 계약 피해

어떤 소비자가 땅 주인으로부터 계약체결을 위임받았다는 중개인을 믿고 2억원에 계약하였으나, 다음날 중개인은 도주하고 땅 주인은 중개업자에게 땅을 내놓은 적이 없다고 주장하는 사건이 발생하였다. 이 경우 땅 주인을 확인하지 않은 것은 일단 소비자의 잘못이라고 할 수 있다. 조사결과 도주한 중개인은 전국부동산중개업협회에 가입되어 있어 전국부동산중개업협회에서 소비자의 과실분 40%를 감한 손해배상금을 지급받을 수 있었다.

4) 계약이 해지된 경우 중개 수수료

부동산중개소의 도움으로 거래가 성사되면 중개업자에게 일정한 수수료를 지급하게 된다. 그러나 거래가 제대로 이루어지지 않거나 계약이 취소된 경우 중개 수수료 지불여부에 대한 분쟁이 발생한다. 보통, 중개업자를 통해 계약이 성사된 후 당사자끼리의 계약취소가 발생할 경우 이는 중개인과 무관한 일이므로 중개료는 환불되지 않는다. 다시 말해, 유효하게 성립되었고 부동산중개인과는 무관하게 해제된 계약의 경우 중개 수수료는 반환되지 않는 것이 원칙이다.

5) 의뢰 가격보다 높은 가격으로 거래 후 차액 횡령

중개업자가 매매요청자의 의뢰한 가격보다 높은 가격으로 계약하고 그 차액을 가로 챘다면 중개인을 상대로 손해배상을 청구할 수 있다. 소비자는 이런 피해를 입지 않도록 매도인과 중개인이 한 자리에 있을 때 계약서를 쓰거나 매도인에게 직접 매도 가격을 알아보아야 한다.

6) 중개보조원이 계약금을 가지고 도주한 경우

중개보조원으로 발생하는 소비자피해는 중개사무소의 대표자가 배상해야 한다. 만약 중개보조원에게 계약금을 송금하였는데 중개보조원이 계약금을 착복하고 도주한 경우 공인중개사무소의 대표자를 상대로 손해금액을 배상받을 수 있다.

5. 자동차 정비 및 견인 서비스

1) 자동차 정비 서비스

자동차 정비와 관련한 소비자불만 및 피해의 주요 내용은 크게 정비요금 문제, 수리를 받았음에도 같은 문제가 계속 발생되는 문제, 사기성 정비 문제(예: 새 부품을 중고부품으로 교체, 멀쩡한 부품교환 유도, 재생부품을 신품으로 속임) 등이다. 특히, 정비요금 문제는 정비 서비스 관련 소비자불만이 가장 높은 문제로 나타나고 있는데 특히, 여성 운전자가 정비를 요청할 경우 심각한 것으로 밝혀지고 있다. 자동차 정비 관련 소비자문제나 피해가 발생한 경우 이를 해결할 수 있는 소비자분쟁해결기준 〈표 12-9〉에 제시한 바와 같은데, 자동차 정비 서비스와 관련하여 피해 유형과 소비자구제 방법을 살펴보면 다음과 같다.

〈표 12-9〉 자동차 정비 소비자분쟁해결기준

소비자피해 유형		피해보상기준
정비 잘못으로 해당 부위 및 관련 부위 하자 재발 시	차령 1년 미만 또는 주행거리 2만km 이내	최종정비 90일 이내 무상수리
	차령 3년 이상 또는 주행거리 6만km 이상	최종정비 30일 이내 무상수리
정비 의뢰 후 보관상 과실 벌과금 등이 소비자에게 부과된 경우		해당비용 보상
표준부품대 및 공임(정비업협회표준요금)을 초과하여 수리비 청구하거나 수리하지 않은 비용 청구하는 경우		초과금액 환급
정당한 사유의 통보 없이 약정한 날로부터 수리기간이 초과한 경우		초과기간 교통비/실비 제공

① 과다하게 청구된 자동차 수리비

자동차 고장 및 사고로 자동차 수리를 받는 경우 부품값을 비싸게 받거나, 교환하지도 않은 부품비를 청구하는 등 수리비를 과다하게 청구하는 경우가 많다. 소비자들은 정비업소 등에 견적서를 요청하고 수리내역서와 비교해 보면 적절히 고쳐졌는지 아니면 수리비가 과다청구되었는지를 알 수 있다. 부당한 요금이 청구된 경우 환불받을 수 있으므로 소비자는 견적서 내역을 잘 확인하도록 한다.

② 적게 산정된 수리비만 지급한 보험사

수리비를 보험처리하는 경우 보험회사에서 공식적으로 책정된 수리비가 너무 적어 소비자에게 추가수리비가 청구되는 경우가 있다. 따라서 소비자는 보험사에 책정된 수리비가 실제 수리비용에 비해 적정한지를 확인해야 한다.

③ 정비후 재고장 발생 문제

자동차 정비업체로부터 수리를 받았음에도 같은 고장이 계속적으로 발생한 경우 〈표 12-9〉에 제시한 바와 같이 정비업소는 무상수리해 주어야 한다. 새 부품을 중고부품으로 교체, 멀쩡한 부품을 교환하도록 유도, 재생부품을 신품으로 속여 판매한 경우는 사기행위이므로 고발조치할 경우 형사처벌 대상이 된다.

12-4 브레이크 디스크·패드 양쪽 교체… 소비자 과잉 수리 주장

소비자 A씨가 카센터 측이 수리비를 과잉 청구했다고 주장하며 환급을 요구했다. A씨는 차량을 후진할 시 조수석 후륜에서 소음이 발생해 카센터를 찾아가 엔진오일 및 좌측 브레이크 패드 교체 등의 수리를 요청했다. 수리 기사는 차량 점검 결과, 브레이크 패드는 정상적으로 작동하나 좌측 후륜 브레이크 디스크에 문제가 있다고 하면서 교체를 권유했다. A씨는 1차 수리견적서의 비용 66만 1,896원을 확인한 후, 수리비용이 과잉 청구된 것 같다며 타이어 교환 비용을 제외한 수정된 견적서를 요청했다. 그에 따른 2차 견적서 38만 7,294원에 따라 수리를 진행했으나, A씨는 여전히 과잉 정비가 이뤄졌다고 주장하며 카센터 측에 수리 재견적을 통한 금액 등의 배상을 요구했다.

이에 대해 카센터 측은 차량 소음은 후륜 좌측 브레이크 캘리퍼의 고착으로 인해 발생했고, 차량의 후륜 좌우측 디스크 및 패드도 마모가 진행된 상태였다고 설명했다. 디스크 및 패드 부품은 좌우측이 한 세트로 구성돼 있고, A씨 입회하 동의를 얻어 수리를 진행한 것이므로, A씨 요구를 수용할 수 없다고 주장했다.

한국소비자원은 A씨의 과잉 수리비 환급 요구를 인정하지 않았다. 소비자분쟁해결기준 자동차 정비업에서는 수리하지 않는 내용을 청구하거나 사전에 고지하지 않은 부분을 수리해 수리비를 청구하는 경우에 해당 금액에 대한 청구 취소를 권고하고 있다.

A씨의 차량 정비 내역을 살펴보면, 수리를 하지 않은 내용 혹은 고지하지 않은 부분에 대해 금액이 청구된 사실은 확인되지 않으므로, 소비자분쟁해결기준에 따른 차량 수리비용 취소·환급 사유는 존재하지 않는다. 또한, 차량 제동장치의 경우 좌·우측이 함께 작동해 부품을 한쪽만 교체하면 양쪽 브레이크 디스크와 브레이크 패드 간 마찰력 차이로 인한 좌우 제동력의 불균형이 발생해 주행 중 안전도에 영향을 미칠 위험이 있다.

A씨 차량 점검 당시 차량 누적 주행거리는 24만 9,767km로 장시간 사용에 따른 부품 접촉면의 마모도가 커 연마 작업보다는 좌우 부품을 동시에 교환하는 것이 효율적이다.

카센터 측이 A씨의 수리비용을 줄이기 위해 재제조품을 주문사용하고, A씨의 입회 및 동의하에 수리를 진행한 점 등을 종합적으로 고려할 때, A씨의 주장만으로는 차량에 과잉 정비가 이뤄졌다고 보기 어렵다. 다만, A씨 입장에서는 차량 좌측에만 문제가 발생했음에도 차량 양쪽 모두 부품 교체 수리가 이뤄져서 청구된 수리비용이 과다하다고 느낄 수 있다. 또한, 수리과정상 양쪽 부품 모두 교체돼야 하는 사실에 대해 충분히 설명을 듣지 못한 것으로 보인다. 소비자 분쟁조정위원회는 상호 양보를 통한 분쟁해결이라는 조정의 취지를 고려해, 카센터 측은 A씨에게 차량의 오른쪽 디스크 관련 공임비 3만 7천원을 환급하는 것이 적절하다라고 조정하였다.

출처: 컨슈머치(2023.3.21.)

2) 자동차 견인 서비스

자동차견인과 관련한 소비자불만 및 피해는 주로 부당한 견인 요금과 관련한 것이다. 대개 자동차 사고가 난 경우 고속도로에서 차량이 고장 난 경우, 밤에 외진 곳에서 견인을 해야 하는 경우 등 다급한 상황에서 견인을 요청하게 되므로 이를 악용한 사업자가 과다요금을 요구할 경우 소비자는 이에 응할 수밖에 없는 것이 현실이다. 이외에도 견인 사업자가 임의대로 견인 업체와 관련이 있는 엉뚱한 공업사로 견인을 하여 소비자가 이중으로 요금을 내게 하거나, 원치 않는 공업사에서 수리를 하게 하는 경우, 단순 견인만을 하고도 구간 요금까지 청구하는 경우 등이 발생하고 있다. 차량 견인 요금과 관련한 분쟁 발생 시 화물자동차 운수사업법에 제시된 자동차 견인요금, 즉 〈표 12-10〉을 기준으로 처리하면 된다.

〈표 12-10〉 차량 크기, 이동거리별 자동차견인료, 가산금 적용

<table>
<tr><th>거리/차량크기</th><th colspan="2">2.5톤 미만</th><th>2.5-6.5톤 미만</th><th>6.5톤 이상</th></tr>
<tr><td>10km까지</td><td colspan="2">51,600원</td><td>64,700원</td><td>102,500원</td></tr>
<tr><td>100km까지</td><td colspan="2">5km마다 약 8,400원 가산</td><td>5km마다 10,800원 가산</td><td>5km마다 16,100원 가산</td></tr>
<tr><td>100km 초과 시</td><td colspan="2">10km마다 16,800원 가산</td><td>10km마다 21,600원 가산</td><td>10km마다 32,400원 가산</td></tr>
<tr><th colspan="5">기타 견인요금 기준</th></tr>
<tr><th>요금 종류</th><th colspan="2">내 용</th><th>차량톤수</th><th>요금</th></tr>
<tr><td>대기료</td><td colspan="2">견인차량 현장 도착 후 구난작업 시작 전까지의 시간에 대한 요금으로 기준 대기시간 30분 경과 후 매 30분마다 대기료 산정</td><td>2.5톤 미만
2.5~6.5톤
6.5톤 이상</td><td>8,200원/30분
9,200원/30분
12,800원/30분</td></tr>
<tr><td>구난작업료</td><td colspan="2">구난차량 현장 도착 후 사고차량을 견인차의 견인고리에 연결 직전까지의 소요시간을 시간당 계산</td><td>2.5톤 미만
2.5~6.5톤
6.5톤 이상</td><td>31,100원/1시간
38,200원/1시간
61,000원/1시간</td></tr>
<tr><td>보관료</td><td colspan="2">사고차량을 차고지 등에 보관할 경우 1일 초과 시 매 1일당 부담요금이며, 30만원을 초과할 수 없음</td><td>2.5톤 미만
2.5~6.5톤
6.5톤 이상</td><td>19,000원/1일
20,800원/1일
22,900원/1일</td></tr>
<tr><th colspan="5">가산금 적용기준</th></tr>
<tr><th colspan="3">작업조건</th><th colspan="2">할 증 율</th></tr>
<tr><td colspan="3">• 시간당 50mm 이상의 심한 폭우, 폭설시
• 야간(20:00-익일 06:00), 휴일, 법정공휴일
• 10톤 이상 대형차량, 냉동차, 냉장차
• 배기량 3000cc 이상 승용차</td><td colspan="2">견인료의 30% 할증</td></tr>
<tr><td colspan="3">• 화약류, 유류, 방사선물질, 고압가스 등으로 인정되는 경우</td><td colspan="2">견인료의 50% 할증</td></tr>
</table>

소비자는 〈표 12-10〉과 비교하여 볼 때 자동차견인 요금을 초과하여 지불한 경우, 지불한 날로부터 10일 이내에 전국 시・군・구 단위로 설치된 관할 관청(교통지

도과, 교통행정과)에 고발 조치하면 부당요금을 환급받을 수 있다. 이때 해당 업체는 20만원의 과징금 및 사업 일부 정지(10일)의 행정적 제재도 받게 된다(화물자동차운수사업법).

12-5 원치 않는 곳으로 견인된 경우

소비자 P씨는 자동차 견인을 요청하였는데, 견인 업체는 지정한 정비업소에서 10km나 떨어진 다른 자동차 공업사로 차량을 견인하여 견인요금이 과다청구되었다. 이에 소비자 P씨가 이의 신청하여 정해진 견인요금과의 차액을 환불받기로 합의하였다. 견인 당시 소비자 의사에 반하여 견인하거나 소비자가 의사표시를 할 수 없는 상태에서 사회통념상 상당히 먼 거리 정비업소로 견인했을 때에는 피해보상이 가능하다.

출처: 한국소비자원 자료

6. 학원 서비스

소비자들의 학원에 대한 불만은 사라지지 않고 있다. 학원과 관련한 분쟁이 발생하면 학원설립운영에 관한 법률 및 동법 시행령, 소비자분쟁해결기준 등에 따라 해결하게 된다. 소비자들의 가장 큰 불만은 수강을 취소할 경우의 수강료 환불문제이다. 강습시간, 강의내용 등을 충분히 고려하지 않았거나, 본인의 적성, 체력 등을 고려하지 않고 수강 신청한 경우, 소비자 사정으로 수강 취소해야 하는 경우, 부실한 강의진행 등 사업자의 책임으로 해약 및 환불을 요청하는 경우가 발생한다. 따라서 학원으로 인한 소비자불만을 예방하기 위해서 소비자는 강습 조건과 본인의 수강 여건을 신중히 고려하여 계약하여야 한다.

한편 학원 수강료와 관련한 또 다른 불만이나 피해 중 하나는 2개월 이상의 장기수강 시 수강료의 일괄 선불로 인한 불만이나 피해이다. 장기학원수강과 관련한 소비자불만을 제거하기 위해 선불수강금에 대한 보전조치, 즉 수강료의 일정액을 환불보증금으로 공탁하는 제도의 도입이 필요하다는 의견이 제시되고 있다. 또한, 계약내용을 서면으로 작성하는 것이 의무화되어야 하며, 장기교습의 경우 청약철회

(cooling off) 제도가 철저히 도입되어야 한다는 의견이 제시되고 있다.

학원 수강료와 관련한 사업자와 소비자 간의 분쟁이 발생한 경우 학원수강 해약의 원인이 누구에 있는가에 따라 손해배상이 다르다. 학원업자의 사정으로 인하여 수강이 불가능한 경우 〈표 12-11〉에 제시한 바와 같이 수강료를 환불해 주어야 한다. 그러나 소비자 사정으로 인한 수강계약해제의 경우 강의 개시일 이전의 해약은 수강료 환불이 가능하나 개강 후에는 환불되지 않는다. 한편 2개월 이상의 수강료를 한꺼번에 지불한 경우 강의가 시작된 달의 수강료는 환불되지 않으나 나머지 잔여 수강 월에 대한 수강료는 환불해 주도록 되어 있다.

〈표 12-11〉 학원 서비스 소비자분쟁해결기준

소비자피해 유형			피해보상기준	비고
사업자 부당행위	허위·과장광고, 수강정원 초과, 무자격, 자격미달 강사	즉시 해제 시	계약취소 및 수강료 전액환불	
		수강 중 해제 시	잔여기간에 대한 수강료 환불	일할계산
수강기간 중 학원 이전, 학원인가나 등록취소, 폐강, 기타 사업상사정으로 인한 수강 불능			잔여기간에 대한 수강료 환불	일할계산, 5일 이내 환불
소비자사정으로 계약해제	최초 월 강의개시일 이전		수강료 금액 환불	수강기간 불문 적용
	당해 월 강의개시일 이후		당해 월 제외한 잔여월수강료 환불	강의개시일 포함

1) 사업자의 부당행위나 사업자 사정으로 인한 계약해지

학원 사업자의 부당행위로 인한 수강취소의 경우 사업자는 학원비를 소비자에게 환불해 주어야 한다. 학원 사업자의 부당행위는 주로 학원과 소비자가 계약할 때 허위·과장광고에 의해 수강계약을 체결한 경우, 무자격·자격미달 강사가 교습한 경우, 수강정원 초과 등인데, 이처럼 부당행위가 발생한 경우 소비자는 수강계약을 취소할 수 있고 개강 후라 해도 수강료 전액을 환불받을 수 있다. 이때 환불을 받기 위해서는 이를 입증할 수 있는 자료가 있어야 한다. 예를 들어, 아르바이트 및 취업보장 이라는 광고를 보고 수강한 경우, 한 달 내 취업을 시켜주겠다는 광고나 확인서를 받은 경우에는 광고물이나 확인서 등의 증거자료를 제출하여 수강료를 환불받을 수 있다. 또 다른 예로서, 강사가 전국 규모의 서예 공모전에 입상한 경력이 있다,

외국인이 강의한다라고 해서 등록했는데 알고 보니 입상한 사실이 없고, 외국인이 한국인으로 교체된 경우, 빈번한 휴강 및 대체 강사, 강의내용도 부실한 경우 등은 소비자가 수강 취소를 요구하면 수강료를 환불받을 수 있다.

2) 학원 사정으로 수강 불가능한 경우

수강기간 도중 학원의 이전, 폐쇄, 폐강, 기타 사업자의 사정으로 인하여 수강이 불가능한 경우에는 소비자분쟁해결기준에 따라 수강료를 일할 계산하여 잔여기간에 대한 수강료를 환불하여 주도록 되어 있다. 예를 들면, 1주일간 강의를 받았으나, 학원 측의 일방적인 강의 폐지로 수강이 불가능한 경우 강의를 받은 1주일분 수강료 공제 후 나머지 수강료 잔액을 환불받을 수 있다.

3) 소비자 사정으로 수강 불가능한 경우

학원에 수강등록을 하였으나 수강자가 개인사정으로 수강취소를 요구하는 경우 강의 개시일 전에 취소를 요구하면 수강료 전액을 환불 받을 수 있다. 그러나 한 달의 수강료를 지불하였는데 소비자가 강의 개시일이 지나고 나서 수강 취소를 요구하면 소비자는 강의료를 환불받을 수 없다. 한편, 2개월 이상 여러 달의 수강료를 미리 선불한 바 있는데 강의 개시일 이후 강의 수강 계약을 해제하고 싶은 경우 소비자는 강의가 개시된 달을 제외한 나머지 달의 수강료를 환불받을 수 있다. 그런데 학원이 나머지 달의 수강료를 환불해 주지 않는 경우 소비자는 수강료를 지불한 영수증을 첨부하여 내용증명을 발송함으로써 청약철회의사를 표시해야 한다. 구체적인 예를 들면, 6개월 과정 어학원에 등록을 하고 일시불로 수강료를 지급하고 수강을 하고 있었는데, 개인사정으로 2개월 반을 수강하던 중 더 이상 수강할 수 없게 된 경우 수강을 하지 않은 잔여개월인 3개월에 해당하는 미수강료를 환불받을 수 있다.

이때 소비자는 분쟁이나 다툼으로 시간이 지나게 되는데 청약철회권 행사를 늦추지 않는 것이 좋다. 소비자는 수강료를 지불한 영수증을 첨부하여 내용증명을 사업자에게 발송하여 철회의사를 표시해야 한다. 또한 6개월치 수강료 대금을 신용카드로 일시불 결제한 이후 계약을 철회하고자 하는 경우 소비자는 사업자의 취소전표가 해당 카드사에 전달되었는가, 즉 취소 사실을 신용카드사에 반드시 확인해야 한다. 한편 만약 할부거래로 6개월치를 결제하였는데 잔여 수강월에 대한 환불 관련 사업자가 취소전표를 작성해 주지 않는다면, 지체 없이 서면으로 신용카드사에 수강계약과 관련한 증거자료와 함께 소비자 항변권을 통보해서 나머지 수강 월에 대한 할부금이 소비자에게 청구되지 않도록 해야 한다.

12-6 학습지 해지, 본사에 규정 있어도... 현장에선 당월 취소불가

매달 받는 학습지를 해지하려다 신청일이 지났다는 이유로 거절당한 소비자들의 불만이 끊이지 않는다. 국내 교육업체들은 본사 규정에서 소비자가 해지를 원하는 즉시 취소 접수하고 약관에 따라 위약금 및 환불 금액을 따진다는 입장이다. 그러나 현장에서는 여전히 특정 일자나 정해진 기간 내에만 해지가 가능토록 강제하고 있다. 이 같은 해지 규정을 사전에 명확히 설명해 주지 않아 소비자가 알기 어렵게 만든다는 점도 갈등 요인이다. 본사 공식 메뉴얼과 다르게 업무처리되는 교육 현장에 대해선 일부 교사들이나 지부의 잘못된 업무 대응 때문일 거란 설명이다.

소비자고발센터(www.goso.co.kr)에 따르면 2022년 학습지와 관련된 소비자불만 중 과반 이상이 해지 관련된 내용이었다. 한국소비자원의 2022년 학습교재와 관련된 불만 상담 중 계약해제・해지, 위약금 관련한 내용이 총 55%를 차지하는 것으로 나타났다. 불만 내용은 주로 ① 해지 신청이 가능한 특정 시점 또는 일자를 지나 해지 접수가 어려움 ② 차월 교재가 미리 제작돼 당월 해지하더라도 차월 교재비까지 납부 요구 ③ 당월 해지 시 물어야 하는 수수료가 남은 일수에 비해 비쌈 등 여러 가지이다. 일부 소비자들은 학습지 계약 당시에 교사로부터 해지 규정에 대해 설명을 들은 적이 없거나 세부 약관에만 서술돼 있어 미리 인지하기 어려웠다고 불만을 제기하고 있다.

공정거래위원회원회 학습지 표준약관에는 회원은 계약 중 언제든지 해지할 수 있으며 회사는 해지 통지받은 날을 기준으로 회사가 정한 기준에 의해 잔여기간의 월회비를 환불해야 한다라고 기재되어 있다.

출처: 소비자가 만든 신문(2023.3.31.)

7. 세탁 서비스

섬유산업이 발달하면서 기성복의 고급화, 다양화, 패션화가 가속화되고 있다. 그러나 이에 비해 세탁 기술 부족과 시설부재가 개선되지 않고 있어 세탁 서비스에 대한 소비자불만 및 소비자피해가 증가하고 있다. 가죽 전문 등의 광고 문구를 통해 가죽세탁을 전문적으로 취급하는 것처럼 선전하고 있으나 실제로는 세탁물을 공장에 보내는 경우가 있다. 또한 취급방법이 까다로운 밍크, 무스탕, 가죽의류, 한복과 관련한 소비자불만이나 피해가 많이 발생하고 있다.

세탁 서비스와 관련한 소비자불만은 세탁 서비스의 품질에 대한 것이 가장 많은데, 세탁물의 손상 및 훼손이 소비자피해의 주요 유형으로 나타나고 있고, 색상이나 형태 변화, 형태 변화, 얼룩발생, 분실 등의 순으로 조사되고 있다. 세탁물로 인한 소비자피해가 발생하면 이 피해의 원인이 세탁업자에게 있는지, 제조업자에게 있는지, 소비자에게 있는지를 판정하게 된다. 과실의 원인제공자별로 나타나는 소비자분쟁해결기준은 〈표 12-12〉에 제시한 바와 같다.

〈표 12-12〉 세탁 서비스 소비자피해 유형 및 피해구제

과실 제공자	소비자피해 유형
세탁업자	① 용제불량으로 인한 역오염이나 용제정화 시 잔유 유산으로 인한 섬유 손상 ② 오염처리 미숙으로 인한 사고 • 과다브러싱으로 천이 미어짐 • 부적합한 약품사용으로 섬유조직이 파괴되고 천이 타거나 탈색 ③ 섬유특성에 따른 세탁기술 부족 및 세탁선별능력 부족에 따른 사고 • 노방깨끼 한복은 일반 세탁물과 같이 취급 시 흰줄이 심하게 생김 • 드라이 제품을 물세탁할 경우 수축, 변형, 탈색됨 • 물세탁제품을 드라이 할 경우 코팅 탈락, 탈색, 섬유가 부러지거나 뻣뻣해짐 ④ 스팀다리미 미숙 • 니트는 늘어지거나 변형, 건조 시 온도가 높으면 수축, 옷감이 딱딱해짐 ⑤ 세탁물 분실 및 화재로 인한 사고 ⑥ 보관 부주의로 인한 탈색, 병충해로 인한 파손 등
제조업자	① 세탁취급표시 잘못 및 혼용률 표기 잘못으로 수축, 탈색 ② 염색견뢰도가 낮아 탈색, 쉽게 변퇴색 ③ 소재불량으로 인한 사고 • 접착심지 불량 및 배색된 원단 • 액세서리를 같이 세탁해야 하는 경우 탈색, 변형, 이염, 수축 등의 사고
소비자	① 세탁물에 있는 이물질 얼룩(파마약, 중화재, 청량음료수, 자동차 배터리액, 식용유 등)이 드라이클리닝 중 용제와 화학반응으로 탈색 ② 땀이 찬 옷을 방치했다 드라이클리닝하면 그 부분의 색상이 쉽게 변색

세탁물 소비자피해구제는 주로 소비자분쟁해결기준과 공중위생법에 의해 처리되

고 있다. 소비자단체들은 자체적으로 세탁물 심의위원회를 설치하고 세탁 전문가들에 의뢰하여 세탁물 피해구제를 처리하고 있다. 한국소비자원에서는 의류검사소에서 문제의 원인을 조사하는 검사를 실시하고 있다. 한국소비자원에서는 의류 시험으로 1차 원인규명, 제조업자 등 관계자에게 해명 요구, 전문위원회의 심의, 양 당사자에게 합의권고, 분쟁조정위원회의 조정결정을 하고 있다.

1) 세탁 서비스 제공 이전의 세탁물 문제

세탁업소와 소비자 간에 대표적인 분쟁은 세탁물 맡기기 전에 세탁물에 이미 문제가 있었는지의 여부로 인한 분쟁이다. 세탁물을 받기 전에 얼룩진 곳이 있는지, 어떤 부분에 문제가 이미 발생하였는지에 대해 사업자와 소비자는 사전에 확인 절차를 거쳐야 하는데 이러한 절차가 제대로 이행되지 않은 경우 세탁 사업자의 책임이 된다. 소비자분쟁해결기준에 따르면 세탁업자는 세탁물인수 시 세탁물의 하자여부를 서면으로 확인하도록 명시하고 있다. 그럼에도 불구하고 세탁업자가 이 같은 절차를 거치지 않은 경우 이로 인한 분쟁이 발생하면 세탁업자가 배상의무를 지도록 되어 있다.

2) 세탁업자의 잘못으로 하자 발생

세탁물로 인한 소비자피해가 발생하였는데 이 피해의 원인이 세탁 사업자의 책임인 것으로 판명된 경우 〈표 12-13〉의 배상비율 표와 〈표 12-14〉의 내용연수를 감안하고 손해배상액을 산정하여 소비자에게 배상하여야 한다.

구체적으로 살펴보면 〈표 12-13〉의 배상 비율표는 내용연수 1년을 기준으로 작성된 것이다. 경과월수는 사용에 관계없이 물품 구입 후 세탁소에 맡기기 전까지의 월수를 의미한다. 따라서 세탁물 관련 손해배상액수 산정은 해당 의류가 배상을 받을 수 있는 내용연수를 확인한 후 실제 경과일수를 1년 기준으로 환산하여야 한다.

〈표 12-13〉 세탁물 배상 비율표

구분	구입시부터 경과월수	배상비율(%)
1단계	1~1.5개월 미만	85
2단계	1.5~3개월 미만	70
3단계	3~4.5개월 미만	60
4단계	4.5~6개월 미만	50
5단계	6~7.5개월 미만	45
6단계	7.5~9개월 미만	40
7단계	9~10.5개월 미만	35
8단계	10.5~12개월 미만	30
9단계	12개월 이상	20

〈표 12-14〉 품목별 의류 평균내용 연수

품목	용도	소재	내용 연수	품목	용도	소재	내용 연수
남성복	하복	모, 모혼방, 견, 기타	4년 3년	카펫		모, 기타	6년 5년
	추동복		4년	양복바지	하복	모, 모혼방, 견, 기타	3년 2년
코트			4년 3년		추동복		4년
여성 원피스, 투피스	하복	모, 모혼방, 기타	3년 2년	스웨터			3년
	추동복		4년	셔츠류			2년
스커트	하복	모, 모혼방, 견, 기타	3년 2년	블라우스		견, 기타	3년 2년
	추동복		3년	제복	사무복 학생복		2년 3년
스포츠 웨어			3년	스카프		견, 모, 기타	3년 2년
재킷, 점퍼	하복	모, 모혼방, 견, 기타	3년 2년	머플러			3년
	추동복		4년	넥타이			2년
한복류 치마, 바지 저고리, 두루마기		견, 벨벳, 기타	4년	란제리, 내복			2년
				피혁		돈피, 파충류, 기타	3년 5년
				기타			3년
				인조피혁			3년

12-7 세탁물 탈색 피해

어떤 소비자 A씨가 구입가가 20만원짜리 외출복인 투피스(모혼방)를 세탁소에 맡겼으나, 세탁업자의 과실로 탈색되어 입을 수 없게 되었다고 하자. 이때 세탁업자는 손해배상을 하여야 하는데 이 외출복의 내용년수는 3년, 즉 36개월임을 알 수 있고, A 소비자가 사용한 월수가 26개월인 경우 경과월수는 8.67로서 〈표 12-14〉에 근거하여 배상률은 40%임을 알 수 있다(경과월수=사용월수/내용년수, 26/36=8.67개월). 따라서 세탁업자는 A 소비자에게 외출복 구입가인 20만원의 40%인 8만원을 보상하여야 한다.

3) 소비자가 세탁물을 늦게 찾아 발생하는 피해

세탁업자가 세탁물을 찾아가라고 서면으로 통지한 후 한 달이 지났음에도 소비자가 찾아가지 않았을 경우 세탁업자는 세탁물과 관련된 피해의 책임에서 면제된다. 소비자분쟁해결기준에 따르면 세탁업자가 세탁물을 찾아가라고 서면으로 통지한 지 30일이 지나도 소비자가 찾아가지 않으면 세탁물에 문제가 있어도 세탁업자는 책임지지 않도록 되어 있다.

4) 세탁물이 분실 또는 소실된 피해

소비자가 옷을 한 벌로 맡긴 후 세탁소 과실로 옷 전체 또는 일부 옷이 분실 또는 소실된 경우 소비자는 한 벌을 기준으로 손해배상을 받을 수 있다. 그러나 소비자가 한 벌 의류 중 일부만을 세탁소에 맡긴 후 의류가 손실되었을 경우, 소비자에 명시된 세트의류 배상액 배분표인 〈표 12-15〉에 근거하여 배상받을 수 있다.

〈표 12-15〉 세트의류 배상액

구 분	배상 비율(%)
상·하의 한 세트	상의: 65%, 하의: 35%
상·중·하의 한 세트	상의: 55%, 중의: 10%, 하의: 35%

참조: 위 표는 한 벌 중 일부만을 세탁소에 맡긴 후 분실피해가 발생한 경우 배상액

한편, 세탁업자로부터 세탁물 인수증(보관증)을 받지 않은 상태에서 세탁물 분실 사고가 일어났을 경우, 소비자가 인수증을 받지 않았다는 것과 세탁물을 찾아간 사실이 없다는 것을 증명해야 손해배상이 가능하다. 따라서 세탁소 이용 시 인수증을 주고받는 습관이 중요하다.

5) 제조자책임으로 인한 소비자피해

세탁물을 세탁한 후 소비자피해가 발생하였는데, 그 원인이 세탁업자가 아닌 의류 제조자의 책임인 것으로 나타난 경우 제조자가 피해보상을 해야 한다. 실제 사례로써, 어떤 소비자가 투피스를 세탁 의뢰한 후 세탁이 끝났다고 하여 투피스를 찾아보니 허리 장식 플라스틱 부자재가 녹아 미관상 입을 수가 없어 피해보상을 요구하게 되었다. 조사결과 품질표시 라벨에 표시된 소재와 세탁 표시가 일치하지 않는 것으로 드러났다. 이 경우 제조업체가 품질경영 및 공산품안전관리법을 위반한 경우이므로 제조업체에서 다른 제품으로 교환해 주거나 피해보상을 해 주어야 한다.

9. 예식장 서비스

결혼 시즌이 되면 예식장을 예약하는 것조차 어려운데 예식장 관련 소비자불만이나 피해가 증가하고 있다. 예식장 대여 계약 취소 시 계약금 반환문제, 예식장 사용 부당요금, 부대서비스 강제이용 요구, 예식서비스의 질적 저하 등과 관련한 소비자와 예식업자들 간의 분쟁이 줄어들지 않고 있다. 예식장 사용을 계약할 경우 발생하는 주요 소비자피해 유형과 그 구제방법을 〈표 12-16〉의 소비자분쟁해결 기준을 적용한다.

〈표 12-16〉 예식장 대여 소비자분쟁해결기준

소비자피해 유형		피해보상기준
계약위반으로 인한 피해		계약금 및 위약금(계약금 100%) 배상
예식사진 관련 피해	이용자 동의 없이 촬영된 사진	사진금액 환급
	촬영 사진의 멸실 또는 불량	무료 재촬영 및 손해배상
부대품 및 부대시설 미사용으로 인한 부당대우		예식비용 금액 환급
신고가격을 위반한 금액청구		차액환급
미사용한 부대품 및 부대시설 비용 징수		환급

1) 계약취소로 인한 계약금 반환

소비자와 예식장 대여업자 간의 계약이 사정에 의해 취소되는 경우 계약금 반환 등의 문제가 발생한다. 소비자분쟁해결기준에 따르면 소비자 사정으로 인한 계약해지일 경우 계약금(보통 전체 비용의 10%가 계약금임)은 돌려받을 수 없다고 되어 있다. 계약금을 전체 비용의 10% 이상 낸 경우 위약금 10%를 물도록 되어 있으므로 그 금액을 공제한 나머지 잔액을 환불받을 수 있다. 반대로 예식장 대여 사업자가 사업자의 사정으로 인해 계약을 취소하는 경우 소비자에게 계약금을 돌려주어야 하며 위약금 또한 물어주어야 한다. 보통, 위약금은 전체 계약비용의 10%로 간주한다. 그러나 천재지변이나 파업, 정부의 지시, 기타 불가피한 사유로 사업자가 계약을 취소하는 경우에는 계약 취소로 인한 책임이 면제된다.

2) 부대시설 이용치 않은 요금 할부

원칙적으로 신부화장, 사진촬영 등에 대한 것은 소비자가 자유롭게 선택할 수 있는 사항이다. 공정거래위원회에서도 예식장에서 예식을 위한 장소대여 이외에 신부화장, 사진촬영 등 부대시설을 강제로 사용하도록 하는 행위를 불공정거래행위 중 하나인 '끼워팔기'로 간주하여 규제 대상으로 삼고 있다. 따라서 사업자가 계속 부대시설을 강요하는데 소비자는 이용하기 싫은 경우 예식장 대여 계약을 체결하지 않거나, 계약을 할 경우 반드시 부대시설을 사용하지 않음을 계약서에 기입하는 것이 좋다. 만약 신부화장이나 사진촬영 등을 하지 않기로 하였는데, 나중에 결혼식이 끝난 후 사용하지 않은 부대품 및 부대시설에 대해 요금청구가 나왔다면 이는 내지 않아도 되고, 이미 냈다면 환불받을 수 있다.

3) 예식 사진촬영 피해

야외 촬영, 결혼식 촬영, 신혼여행 촬영 등 사진촬영과 관련한 문제가 발생하는데, 보통 소비자와 계약한 바 없이 임의로 사진을 촬영한 후 비용을 청구하는 문제, 불량 사진이나 촬영 사진 분실 문제, 촬영 필름 반환 문제 등이 발생한다. 먼저 소비자분쟁해결기준에 따르면 소비자의 동의(계약) 없이 사진촬영업자가 일방적으로 추가 촬영한 사진에 대해선 소비자가 비용을 지불하지 않아도 된다. 한편, 계약에 따라 촬영한 사진의 상태가 매우 불량하거나, 촬영 업체 측이 사진을 분실했을 경우에는 무료로 다시 촬영하거나 손해배상을 해 주도록 되어 있다. 또한 소비자가 나중을 위해, 결혼식 촬영 필름이나 야외 촬영한 필름을 되돌려받고 싶어 이를 요청하였으나 반환해 주지 않아 분쟁이 발생하기도 한다. 그런데 처음 계약할 당시 '필름은 돌려주지 않는다'라는 특약을 적어 두지 않았다면 소비자는 필름을 돌려받을 수 있다.

4) 예식장 식당 요금

하객 대접을 위한 식당 사용과 관련한 요금문제도 발생한다. 계약서를 작성할 때 하객의 적정인원을 잘 파악하여 계약해야 한다. 식당 비용과 관련해서는 손님 수와 관련한 분쟁이 있을 수 있으므로 결혼식 당일 식당업자 측이 입회한 상태에서 현장에서 직접 확인하는 절차를 통해 분쟁의 소지를 없애는 것이 중요하다.

10. 택배 서비스

택배서비스 이용이 급증하면서 그 피해도 잇따르고 있는데 물품의 파손, 분실, 배달지연 등이 주요 유형이다. 특히, 소비자들은 운송계약 조건으로 운송장에 파손면책 조항을 기재하도록 사업자로부터 요구받아 이를 기재할 경우 나중에 사고 발생 시 보상받기 어려워 분쟁이 되고 있다. 파손면책이란 소비자가 포장이 부실하거나 깨지기 쉬운 물품들의 경우 위험을 감수하고도 운송을 의뢰하면서 만약 파손되더라도 사업자에게 책임을 묻지 않겠다는 특약이므로 소비자들은 이에 대한 주의를 기울여야 한다. 공정거래위원회는 2001년 7월 택배업계가 마련한 표준약관을 승인하였다.

1) 파손, 훼손되는 경우

공정거래위원회가 2001년 7월 승인한 표준약관에 따르면 택배업체 운송 도중 물건이 파손되면 운송장에 기재된 물건가액을 기준으로 손해를 받을 수 있다. 택배업체는 파손된 물건의 수선이 가능하면 고쳐주고, 불가능하면 돈으로 배상해야 한다.

12-8 노트북 운송의뢰 후 파손

소비자 A씨는 노트북 운송을 의뢰했다가 노트북 액정과 외관이 심하게 파손되는 피해를 당했다. 그러나 회사 측은 A씨가 파손면책 난에 날인했다는 이유로 배상요구를 거부했다. 그러나 파손면책 조항에 서명했더라도 운송인이 통상의 의무를 다하지 않아 발생되는 파손에 대해서는 책임을 져야 한다. 이 경우 노트북 외관이 심하게 파손되어 있었으므로 운송 중 과실이 충분히 입증된다고 볼 수 있어, 택배회사가 A씨에게 노트북 수리비 80만원을 배상했다.

그런데 만약 소비자가 신제품을 구입한 후 그 제품을 집으로 배달시켰는데 훼손된 경우는 누구에게 배달요청을 하였는지에 따라 배상 주체가 달라진다. 제품판매자에게 운송을 요청한 후 운송과정에서 제품이 손상될 경우 판매자가 제품을 교환해 주도록 되어 있으며, 소비자가 직접 운송업자에게 배달을 의뢰한 경우에는 판매자 측에 보상을 요구할 수 없으며 운송업자에게 보상을 요구해야 한다.

2) 분실되는 경우

물품이 운송과정에서 분실된 경우 그 책임은 운송인에게 있다. 택배회사를 이용할 경우 운송장에 운송 물품의 품명, 가격, 중량, 주의사항, 인도 예정일 등을 기재하도록 되어 있다. 따라서 물품이 분실된 경우 이 운송장에 기재된 물품액수를 기준으로 손해배상을 받을 수 있다. 화물운송을 담당하는 사업자가 소비자가 지정하는 자에게 물품을 배달해야 할 의무가 있음에도 제 3자에게 인도한 이후 분실되면 분실된 물품 가격을 배상해야 한다.

3) 배달이 지연되는 경우

배달 날짜를 특정하지 않으면 일반 지역은 2일, 도서・산간지역은 3일까지 배달하는 것으로 정하고, 배달이 늦어지면 운임의 2배 한도 안에서 지연금을 받을 수 있다. 천재지변 등으로 물건이 파손되거나 제대로 배달되지 못한 경우에 택배업자는 택배 요금을 받을 수 없다.

12-9 주소 변경 바랍니다… 택배회사 사칭 보이스피싱 소비자경보

금융감독원은 택배회사를 사칭한 보이스피싱 피해사례 증가에 따라 주의 등급의 소비자경보를 발령했다. 최근 사기범들이 택배회사 명의로 귀하의 물건을 주소 불일치 사유로 보관 중이니, 아래 인터넷 주소(URL)를 클릭해 주소 변경 바랍니다라고 문자 메시지를 보내고 있다. 주소를 변경하기 위해 URL을 누르는 순간 피싱사이트 연결 및 악성 애플리케이션(앱)이 설치된다. 이렇게 탈취한 개인정보를 토대로 피해자의 모바일 뱅킹 앱에 접속해 자금을 편취한다.

또한 정부・공공기관을 사칭한 보이스피싱이 다시 늘어나고 있다. 사기범들은 질병관리청 등을 사칭해 가게에 전화를 걸어 긴급하게 코로나19 방역이 필요하다고 업주를 기만한다. 이에 따른 방역지원금을 지급하기 위해 개인정보가 필요하다는 게 이들 수법이다.

우선 택배회사 사칭은 구매한 물품이 맞는지 철저히 확인해야 한다. 또 문자메시지 URL은 절대 클릭하지 말고 택배회사 고객센터를 통해 사실 여부를 체크하는 게 좋다.

정부・공공기관・금융기관은 전화 및 문자를 통해 절대 개인정보나 금융정보를 요구하지 않는다. 특히 휴대전화에 개인정보를 저장하지 않아야 한다. 사기범의 원격조종 악성 앱이 설치될 경우사진첩, 파일폴더, SNS 전송 내역 등에 보관된 개인정보를 이용되기 때문이다.

피해 발생 시 금융회사 콜센터 또는 금감원 콜센터(1332)에 즉시 전화해 지급정지를 요청하고 피해구제를 신청해야 한다.

출처: 프라임경제(2023.3.21.)

11. 스포츠센터 서비스

한국소비자원에 접수되는 소비자분쟁 중 헬스장과 관련되는 분쟁이 가장 많은 것으로 나타났다. 한국소비자원 소비자분쟁조정위원회의 2022년 소비자분쟁조정 처리현황을 살펴본 결과 2022년 분쟁처리를 가장 많이 한 품목은 헬스장으로 530건이 접수됐다. 헬스장은 2020년 433건, 2021년 269건을 기록해 지난 3년 간 매년 1위를 기록하고 있다(데이터솜, 2023.2.28). 헬스장 다음으로는 이동전화 서비스 161건, 필라테스 144건, 치과 112건, 인터넷 교육서비스 91건, 스마트폰 90건, 기타 숙박시설 85건, 항공여객 수송서비스 84건, 미용서비스 78건, TV 69건 순이었다.

위원회가 처리한 분쟁조정사건은 5,065건으로 전년 4,229건에 비해 19.8% 증가한 것으로 나타났다. 특히 접수한 4,119건보다 많은 사건을 처리해 미결건수를 2,505건에서 1,558건으로 대폭 감축했다. 또 양 당사자가 조정결정 내용을 수락하는 분쟁조정 성립률도 전년 64.9% 대비 3%p 향상된 70.9%를 기록했다. 소비자원의 최근 6년 간 소비자 분쟁조정 접수 건수는 2017년 2,790건, 2018년 3,147건, 2019년 3,392건, 2020년 5,265건, 2021년 4,803건, 2022년 4,119건을 기록했다.

스포츠센터와 관련한 소비자불만은 주로 장기 계약(선불)로 인한 문제, 계약 후 파기 등 이다. 스포츠센터(헬스장) 이용 약식 약관은 다음과 같다.

- 이용신청 철회: 이용신청을 할부계약으로 한 경우는 7일 이내, 방문사원을 통하여 구매한 경우 14일 이내 철회할 수 있다
- 이용연기: 이용자는 체력단련장 이용 전 또는 이용 중 연기가 필요한 경우 사업자와 협의하여 이용시기를 연기할 수 있다.
- 계약의 해제・해지: 이용자는 계약내용 또는 광고내용이 사실과 다르거나, 기기, 시설고장, 정원초과 등인 경우 계약을 해제・해지할 수 있다.
- 손해배상: 체력단련장의 시설물에 의하여 이용자 신체에 피해가 발생한 경우 사업자는 이용자의 고의, 과실이 없는 한 손해를 배상한다.
- 소지품의 보관: 사업자는 이용자의 소지품을 안전하게 보관하여야 하며 보관을 의뢰하지 않은 소지품도 사업자의 책임 있는 사유로 멸실 또는 훼손된 경우 그 손해를 배상한다.

〈표 12-17〉 스포츠 센터 계약 해제·해지 조건

사유	이용 개시일 이전	이용 개시일 이후
사업자 귀책	총 이용금액 전액과 총 이용금액의 10% 환불	총 이용금액에서 해지일까지 이용금액을 일할계산하여 공제하고 난 후의 금액과 총 이용금액의 10%를 환불
이용자 귀책	총 이용금액에서 10%에 해당하는 금액공제한 후 환불	총 이용금액에서 해지일까지 이용일수에 해당하는 금액과 총 이용금액의 10%를 공제한 후 환불

참고: 총 이용금액이란 매이용 계약 시 이용료로 납입한 금액

12. 기타 서비스

1) 상조 서비스

일본의 상조회를 모델로 1982년 부산지역에 처음으로 도입된 이래 상조업 시장 규모가 급속히 확대되고 있다. 그러나 상조업체 서비스에 가입했다가 피해를 입는 사례도 늘고 있다. 한국 소비자원에 따르면 상조업 관련 소비자불만 상담건수는 매년 기하급수적으로 증가하고 있다.

상조상품이란 한 달에 얼마씩 일정액을 짧게는 5년, 길게는 10년 동안 넣은 뒤 후에 결혼이나 장례 등 경조사가 발생하면 서비스를 받는 상품이다. 대부분 상조회사들은 결혼보다는 수익이 훨씬 많이 남는 장례서비스에 주력하고 있다. 최근 장례 상조상품 가격은 높아지고 있다. 1000만원이 훌쩍 넘는 상품도 등장하면서 피해가 속출하고 있다.

한국소비자원에 따르면 상조업과 관련한 불만 유형으로는 계약해지 거절과 과다 위약금(69.1%)이 가장 많고, 부당한 계약체결(19.1%), 서비스 불만족(9.6%), 부도, 폐업 등으로 인한 서비스 미이행(1.5%) 순서로 나타나고 있다. 우선 상조회원으로 가입한 소비자가 일정한 납입금을 지급한 상황에서 회원가입 계약을 해지하는 경우, 일부 상조업체는 납입금 환급을 거절, 지연하거나 과다한 위약금을 요구하고 있는 피해사례가 가장 많다.

상조업체의 일부 영업사원들은 소비자가 상조상품에 가입하여 납입금 지급을 완

료하면 은행적금보다도 많은 이자를 받을 수 있는 것처럼 속이고 회원을 모집하는 경우가 있다. 이러한 기만행위를 통한 회원 모집은 주로 노인들을 대상으로 이루어지고 있는 것으로 파악된다.

공정거래위원회는 중요정보 고시 개정을 통해 소비자가 안심하고 상조에 가입할 수 있도록 상조업체는 게시물, 상품설명서와 계약서에 고객불입금에 대한 관리방법과 사업자의 재무상태, 구체적인 상조서비스 내용과 추가비용 부담 여부, 중도해약 환급금에 대한 환급기준과 시기의 표시를 의무화시켰다(이투데이, 2009.2.16). 또한 상조업체가 대한 약정된 서비스를 이행할 수 없을 만큼 재무상태가 악화되었음에도 기만 방법으로 계약을 체결하는 행위를 집중단속하고 있다. 이를 통해 고객 불입금의 배임, 횡령, 기타 사기적인 방법으로 고객을 유인하거나 계약을 강제하는 행위에 대해서는 검찰과 경찰과 협조해 형사제재하고 있다.

최근 상조 서비스 업체의 부도 및 부실운영, 상조 서비스 계약 후 해지 등과 관련한 소비자불만 및 피해가 급증하고 있다. 상조 서비스로 인한 소비자피해 유형별 피해보상기준은 〈표 12-8〉과 같다.

〈표 12-18〉 상조 서비스 분쟁해결기준

증권 및 약관 미교부	계약일로부터 3개월 이내 계약해제(기납입액 환급)
사업자 귀책사유로 인한 계약해제 · 해지 및 손해발생	사업자 사유로 인한 계약해제는 행사 개시 이전에는 계약해제(기납입액 환급), 행사 개시 이후에는 손해배상
소비자 귀책사유로 의한 계약해지	월단위로 납입한 경우 그리고 일시불 등으로 납입한 경우(일시에 특정금액을 (명칭여하 불문) 납입한 후, 행사 후 잔액을 납입하기로 계약한 상품의 해지) 초기 납입금액의 80.5% 환급, 단 계약 이후 소비자가 기초생활자로 된 경우에는 전액환급

상조상품 해약환급금 계산식은 다음과 같다.

- 환급액={상조적립금-(총 계약기간월수-납입경과기간 월수+1/총 계약기간 월수)×모집수당}×0.9
- 회차별 상조적립금: 회차별 납입액 누계-회차별 관리비 누계
- 모집수당은 최대 15.3%(상품가격대비), 관리비는 최대 10%(상품가격대비)

단, 총 계약기간 월수≥60인 경우 총 계약기간 월수=60,
산출된 환급액의 100원 단위 절삭

〈표 12-19〉 만기 6년, 월납 3만원인 상조상품의 환급액 계산표 예시

월회비	관리비 비율	모집수당비율
30,000	10%	15.3%

상조업에 대해 장례 등 관련 행사가 끝남과 동시에 남은 회비를 모두 불입한다는 점에서 보험계약과는 완전히 다르다는 것에 유념해야 한다. 피해를 예방하기 위해서는 가급적 표준약관을 사용하는 업체에 회원가입하는 것이 바람직하다.

표준약관을 사용하지 않는 업체의 경우에는 ① 상조업체의 재무건전성과 고객불입금 보존가능성 ② 계약해지 시 환급금액의 범위 ③ 서비스 제공지역 ④ 서비스 내용 중 추가 요금 지급 여부 ⑤ 장례용품의 품질 등 주요거래 조건에 관한 해당 약관의 내용을 꼼꼼히 확인해야 한다.

약관 내용이 표준약관의 내용에 비해 소비자에게 불리하게 되어 있다면 회사 측에 대해 계약내용을 수정 해 줄 것을 요구하고, 주요한 거래 조건 중 약관에 명시되어 있지 아니한 내용이 있다면 그 내용을 계약서에 명기해 줄 것을 요구해야 한다. 회원으로 가입한 상조업체가 도산이나 폐업할 경우 약정된 서비스를 제공받지 못할 수 있으므로 자신이 회원으로 가입하려는 상조업체의 신뢰성, 재무건전성, 납입금 보존가능성 등에 관해 사전에 꼼꼼히 확인해야 한다.

2) 결혼정보(소개업) 서비스

결혼정보회사를 통해 이성을 소개받는 경우가 많은데 이와 관련한 사업자와 소비자간 분쟁도 끊이지 않고 있다.

(1) 사업자의 귀책사유 계약해제 및 해지

회원 가입 계약 성립 후 사업자의 소개 서비스 개시 이전에 해지된 경우 가입비 환급 및 가입비의 20%를 배상한다. 한편, 1회 소개 개시 후 해지된 경우에는 가입비×(미소개 횟수/총 횟수)+가입비의 20%를 환급한다. 단 귀책사유란 일방당사자의 고의 과실로 명백히 객관적으로 판별할 수 있는 사항(예: 결혼정보, 직업, 학력 등)에 관한 정보를 상대방에게 허위로 제공한 경우 등을 말한다.

(2) 소비자의 귀책사유 계약해제 및 해지

회원 가입 계약 성립 후 사업자의 소개 서비스가 개시 이전에 해지된 경우 가입비의 80% 환급한다. 한편, 1회 소개 개시 이후 해지된 경우 가입비의 80%×(잔여횟수/총 횟수) 환급한다.

한편, 결혼준비 대행업 서비스의 경우 사업자의 귀책사유로 인한 계약해제・해지 및 손해발생의 경우 그러나 결혼 준비 대행 서비스 개시 이전에는 계약해제(전액환급)한다. 결혼준비 대행서비스 개시 이후에는 손해배상을 해 주어야 한다. 반대로 소비자의 귀책사유로 인한 계약해지의 경우 해지 시점이 결혼준비 대행 개시 이전에는 총 대행요금의 10% 공제 후 환급한다. 결혼준비대행 개시 이후에는 이미 제작된 물품비용 및 잔여금액의 10% 공제 후 환급한다.

3) 어학연수 및 수속대행 서비스

어학연수 및 어학연수 수속대행 서비스 관련 분쟁발생은 〈표 12-20〉과 〈표 12-21〉을 적용하게 된다.

〈표 12-20〉 어학연수 및 수속대행 서비스 분쟁해결기준

구분	보상 내용
사업자 귀책사유	• 계약서 작성 후 해지 요청 시 대행수수료 환급과 대행 수수료의 10% 보상한다. • 대행 업무 이루어지지 않거나 출국예정일 3개월 이상 지연 시 대행수수료 환급과 대행수수료의 30%를 보상한다.
소비자 귀책사유	• 계약서 작성 후 해지 요청 시: 대행수수료의 10% 공제 후 환급 • 서류번역, 입학신청서 작성 후 해지 요청 시: 대행수수료의 30% 공제 후 환급 • 어학원 신청서 발송 후 해지 요청 시: 대행수수료의 50% 공제 후 환급 • 입학허가 받은 후 해지 요청 시: 대행수수료의 70% 공제 후 환급 • 비자발급 완료 후 해지 요청 시: 대행수수료의 90% 공제 후 환급

참조: 해당 학교의 환불 규정을 우선 적용하고, 해당 학교의 특별한 환불 규정이 없을 때에는 동 규정을 적용한다.

〈표 12-21〉 국내 어학연수업 및 수속대행 분쟁해결기준

구분	서비스 개시 전	서비스 개시 이후
사업자 귀책사유	• 개시 10일 전까지 통보 시: 기납입액 환급 및 계약금에 해당하는 금액 배상 • 개시 1일 전까지 통보 시: 기납입액 환급 및 총 비용의 20% 배상 • 개시 당일 통보 시: 기납입액 환급 및 총 비용의 30% 배상	• 기납입액환급 및 총 비용의 1/3에 해당하는 금액 배상
소비자 귀책사유	• 개시 10일 전까지 통보 시: 계약금을 위약금으로 한다. • 개시 1일 전까지 통보 시: 총 비용의 20% 공제 후 환급 • 개시 당일 통보 시: 총비용의 30% 공제 후 환급	• 총 캠프기간의 1/3경과 전: 총 비용의 2/3에 해당하는 금액 환급 • 총 캠프기간의 1/2경과 전: 총 비용의 1/2에 해당하는 금액 환급 • 총 캠프기간의 1/2경과 후: 미환급

참조: 공통적으로 계약금이 총비용의 10%를 초과하는 경우에는 총 비용의 10%를 위약금으로 한다. 계약금이라 함은 접수비, 행정 수속비 등 그 용어와 상관없이 계약체결 시 지불하는 소정의 비용을 의미한다.

4) 이동통신서비스

이동통신서비스 시장의 주요 이슈는 시장경쟁 존재 문제, 이동통신요금의 적절성 이슈, 알뜰시장 및 중고폰 시장, 가계 통신요금 인하 문제 등이다. 이동통신서비스와 관련한 소비자피해는 주로 계약 관련 문제, 부당요금 문제, 통화품질에 관한 문제 등이다.

소비자들이 통신사에 불만을 호소하면 장비가 구축되지 않아 어쩔 수 없다거나 단말기 책임이라고 떠넘기고, 제조사를 찾아가면 단말기엔 이상이 없고 통신 문제라고 책임을 회피한다는 지적이 계속되고 있다. 통신사들의 입막음용 피해보상 문제도 이슈화되고 있다. 이들은 통신 3사가 공식 보상 없이 문제를 제기한 피해자들에 대해 명확한 기준 없이 12~130만원에 달하는 고무줄 보상을 진행하고 있다고 주장했다.

이동통신 3사는 공식적인 보상을 진행하지 않고 지속해서 문제를 제기하는 소비자에 대해서만 입막음으로 보상하고 있다며 많은 소비자가 동일한 사안을 겪고 있다고 봐야 하는데 이로 인한 피해는 온전히 소비자의 몫이라 말했다.

소비자들은 통신 3사가 5G 불통 현황을 1600만명에 달하는 가입자들에게 고지하고 투명하고 형평성 있는 보상을 진행해야 한다고 주장한다. 또한 소비자들은 정부도 5G 서비스 이후 증가하는 소비자문제 해결을 위해 적극적인 실태조사와 행정 조

치에 나서야 한다고 주장하고 있다.

(1) 이통통신서비스 소비자불만 유형

① 부당한 서비스 요금

이동통신서비스 요금과 관련한 소비자피해는 주로 계약 내용과 다른 요금제의 적용, 가입비의 이중청구, 부과서비스로 인한 부당요금청구 등이다. 예를 들면, 무료서비스라고 하여 이용하였는데 나중에 요금이 청구되거나, 전화 발신자와 수신자 모두에게 요금이 청구되는 부당한 사용료 등의 문제가 발생하고 있다. 예를 들면, 무료라고 해서 신청한 부가서비스 이용 요금, 휴대폰 단말기 고장으로 기기를 바꾸어 신규가입하였음에도 기존 번호의 기본요금이 계속 자동이체되는 경우 등 부당한 서비스 요금문제가 끊이지 않고 있다. 이 같은 문제와 관련하여, 일방적인 약관 개정으로 무료통화를 제한하는 경우 부당하게 징수된 요금을 가입자에게 반환해 주어야 하며, 계약과 다르게 비싼 요금을 적용하는 것은 부당하므로 계약 당시의 요금제도를 적용하여야 한다.

② 휴대폰의 명의도용

휴대폰 업체의 과다한 고객 유치 경쟁으로 가입자의 신분을 제대로 확인하지 않고 개통해 주어 명의도용 계약이 남발하여 이에 따른 피해가 발생하고 있다. 타인의 명의를 이용한 계약은 무효이므로 명의도용 사실을 입증할 수 있다면 계약해지가 가능하다.

③ 부모동의 없는 미성년자의 계약

부모의 동의 없이 체결된 미성년자와의 이동통신서비스 관련 계약은 무효이다. 미성년자는 계약 취소 시 이용료에 대한 납부 책임이 없으므로 미성년자의 부모는 단말기를 반납하고 이미 지불된 이용요금 등을 환불받을 수 있다. 보통, 미성년자가 부모동의 없이 휴대폰을 구입 후 분실, 요금체납으로 신용거래 불량자로 등록된다는 통지가 발송되는 경우가 발생하고 있다. 미성년자와의 계약은 무효이므로 해지할 수 있고 요금청구에 대한 취소를 요청할 수 있다.

사업자는 미성년자와 계약 시 법정대리인의 동의서, 인감증명서 등을 확인해야 하며, 명의자의 자필서명이나 유선 확인이 필요하다. 이 같은 요건을 충족시키지 못한 미성년자와의 계약은 무효이므로 부모는 이동통신요금 청구를 취소 요청할 수 있다. 계약해지 및 요금청구 취소를 요청하는 방법은 내용증명으로 해당 회사에 미성년자와의 계약이었으며 동의 없이 체결된 것임을 알리면 된다.

④ 휴대폰 분실에 따른 피해

휴대폰을 분실한 경우 사용정지를 신청하지 않으면 요금이 계속 청구된다. 따라서 소비자는 분실 즉시 대응 방안을 모색해야 한다.

12-10 서명은 위조, 보상은 고무줄… '불통' 5G 피해

직장인 소비자 A씨는 2020년 말 T대리점을 통해 9만원 상당의 5G 요금제에 가입했다. A씨의 직장은 Z이통사가 5G 서비스를 제공하는 지역에 포함됐다. 하지만 SNS에 사진 한 장 올리는 데 5분이 걸리는 등 5G 서비스는 제대로 이뤄지지 않았다. A씨는 2020년 11월부터 Z이통사 고객센터에 서비스 개선을 요구하는 민원을 여러 차례 접수했다. 그럼에도 문제가 해결되지 않자 A씨는 2021년 5월 방송통신위원회 통신분쟁조정위원회에 조정을 신청했다.

조정과정에서 A씨는 자신의 서명이 위조된 것을 확인했다. 확인 결과, 계약서상 서명은 대리점 직원의 위조서명이었다. Z이통사는 본사의 귀책사유가 없다며 T대리점의 사과와 보상금 30만원을 제시했다.

출처: 한겨레신문(2021.8.1.)

(2) 이동통신 알뜰폰 서비스 및 소비자 전략

이동통신서비스는 경제발전과 편익 향상에 필수적이나, 규모의 경제, 망외부성 등으로 인한 진입장벽이 높아 아직까지 우리나라 이동통신서비스 시장은 대표적인 독과점적 시장을 형성하고 있다. 이로 인해 정부에서는 요금인하 및 소비자권익 향상을 위해 효율적 경제 메커니즘인 경쟁적 시장환경조성 정책을 펼쳐왔다. 공급자 간 적극적 경쟁, 유효경쟁 확보, 서비스 질 향상, 원가 기반 요금, 혁신적 서비스 개발, 다양한 요금제 선택 등이 이통통신시장의 과제라고 하겠다. 대표적인 경쟁촉진 정책으로서 정부에서는 MVNO 사업자(가상이동망사업자, 일명 알뜰폰) 제도를 도입하였다. 알뜰폰은 이동통신망을 가지지 못한 사업자가 기존 통신 3사의 망을 빌려 서비스를 제공하는 상품이다.

언론 보도에 따르면 2022년 말 기준, 알뜰폰 시장점유율은 16.7%라고 밝힌 바 있다. 1위 이동통신사업자의 점유율은 지속적으로 하락하고 있고, MVNO(알뜰폰) 시장점유율 비중은 점진적 증가하고 있는 것도 사실이나, 매출액을 기준으로 할 때, 알뜰폰 사업자의 점유율은 전체의 5% 수준으로 이통서비스시장에서 경쟁이 미흡함을 알 수 있다.

또한, 정부에서는 가계 통신비 부담을 낮추기 위해 알뜰폰 제도 외에도 5G 중간요금제 확대, 제4 통신사를 추진해 왔고, 이동통신사업자들도, 어르신・청년 요금제 출시, 중간가격대 요금제 추가 등을 추진해 왔다. 그럼에도 불구하고, 2023년 1분기 가구당 통신비 13만원을 돌파하였고, 저소득층의 통신비 지출 비중이 15% 늘었다고 한다. 5G 가입 소비자들이 늘면서 저소득 가계의 통신비 부담이 가중되고 있다는 보도가 있었다.

이 같은 상황에서 전문가들은 데이터 단가를 낮추고 공공 와이파이 설치를 늘리고, 사용한 만큼 요금을 내는 후불요금제를 도입해야 한다고 주장하고 있다. 또한 데이터 단가 즉, 1기가바이트(GB)당 단가를 의무적으로 공개, 경쟁을 촉진시켜야 한다는 주장을 하고 있다. 데이터 단가 후불요금제를 도입하면 사용하지 않는 데이터만큼 요금을 줄여 결과적으로 통신비 부담을 낮출 수 있다는 것이다.

이 같은 상황에서 이동통신 요금인하는 물론 이통시장구조 재편, 즉 경쟁적 시장구조가 정착되기 위해서 소비자는 어떻게 해야 할까? 아직도 알뜰폰 서비스 이용 소비자가 적고, 예상과 달리 무제한요금제를 이용하는 소비자가 너무 많다는 지적이다. 저렴한 요금제를 원하면서도 수시로 스마트폰을 바꾸는 소비자, 무제한 요금제가 편리한 소비자가 너무 많다는 것이다. 정보통신정책연구원(KISDI)의 2023년 조사 발표에 따르면 5G 서비스 가입자의 85%가 데이터 제공량보다 적은 데이터를 사용(3개월 평균)하는 것으로 나타났다고 한다.

결국 경쟁 촉진을 위해, 가게의 통신비를 줄이기 위해 소비자들의 전략적인 선택과 소비행동이 권유되고 있다. 예를 들면 요금할인을 받아 기기 할부금 없이 자급제폰을 사용하자, 가족 결합 할인을 이용하자는 의견이 제시되고 있다. 보통 대리점에서 비싼 요금제를 가입하면 지원금을 더 준다고 해서 24개월/36개월 할부로 스마트폰을 구입하는 경우가 많다. 그러나 할부로 핸드폰을 구매하면 할부 종료까지 통신사 이동이 불가능하며 무조건 해당 통신사에서 제공하는 요금제만을 사용해야 한다. 타 이동통신사에서 저렴한 요금제를 출시해도 약정이 걸려 있어 옮기지 못하게 되는 것이다. 제조사 홈페이지에서 구입하게 되면 카드 혜택을 통해 할인을 받을 수 있고 구매 후 기존에 사용하던 유심칩을 넣어 사용하면 할부이자를 줄일 수 있고, 다른 이동통신사에서 좋은 요금제가 나오면 쉽게 옮길 수 있다고 한다. 공짜 폰은 없다. 휴대폰을 오래 쓰는 것이 좋다. 많은 소비자들이 제언하는 통신비 절약 노하우 못지않게 더 중요한 것은 내가 지불하고 있는 통신비가 어느 정도인지, 왜 그 정도 금액을 납부해야 있는지 수시로 체크하는 것이 제일 중요하다.

13. 전문 분야 서비스

의료, 법률, 금융 등 전문 서비스의 경우 소비자가 불만을 느끼거나 피해를 입어도 이를 쉽게 구제받기 어려운 것이 현실이다. 의료서비스와 관련한 소비자들의 주요 불만이나 피해는 치료과실, 병원 서비스로 인한 피해, 과잉진료 등 의료비 과다 청구, 병원 내 장의사 서비스 관련 문제 등 다양하게 나타나고 있다. 의료, 법률 등 전문 서비스 분야에서 발생한 피해를 구제받기 위해 소송을 제기할 경우 비용과 시간 소요가 크며 소비자의 전문성 부족, 기업 조직 및 정보에서 소비자가 열세하며, 패소하는 경우가 많다. 특히 의료사고가 발생하여 병원에서 시위 등 실력 행사를 할 경우 업무방해로 오히려 고소당하는 경우가 많다. 보건복지부에서는 환자의 알 권리를 확대하여 국민건강보험법 시행규칙을 근거로 환자가 요구할 경우 의료기관이 진료비 계산서의 구체적인 내역, 즉 약과 검사의 가격, 보험비 적용 내역 등을 명시한 세부 내역을 제공토록 하고 있다. 진료비 과잉청구, 환자와 의료기관 간의 분쟁을 예방하기 위한 조치이다. 그동안 의료 분야와 관련한 분쟁의 경우 의사 등이 참여하는 의료심사조정위원회 피해조정을 받을 수 있다. 그러나 전문 서비스 분야에서 피해나 분쟁 발생 시 막상 소비자가 피해구제받기는 쉽지 않은 것이 현실이다.

이에 정부는 1999년 소비자보호법(현 소비자기본법)을 개정하여, 한국소비자원이

1999년 4월부터 의료, 증권, 은행, 보험, 법률서비스에 대한 피해구제업무를 담당하도록 하였다.

1) 의료서비스

한국소비자원은 의료서비스에 대한 소비자불만 상담을 받고 있는데 통상 1372 단일 통합상담센터에 소비자가 전화를 걸면 한국소비자원으로 상담 연결되고 있다.

한국소비자원 이외에도 국민건강보험공단, 보건소민원실, 한국의료평가센터, 의료사고가족연합회, 의료법률정보 홈페이지 상담실 등에서도 의료 관련 피해상담을 받고 있다. 한편 최근 복건복지부에서는 의료분쟁조정법을 제정하여 의료사고에 대한 환자와 의사간의 분쟁조정을 2개월 이내에 처리하도록 하고 있다.

의료서비스와 관련한 소비자피해는 의사개인의 과실로 인한 사고, 병원 행정시스템 사고 등이다.[1] 병원 내 피해 사례의 예를 들면, 병실 바닥이 미끄러워 넘어지는 사고, 정신병자가 발작을 일으켜 같이 입원한 환자에게 피해를 입힌 경우, 침대 등 기구의 결함으로 환자가 부상을 당한 경우 등 다양하게 발생하고 있다. 한편, 의료비용과 관련한 문제도 발생하고 있는데 보험에 적용 분쟁, 과잉진료비용 문제 등이 발생하고 있다.

① 의사 개인 과실로 인한 피해

의료사고가 발생한 경우 의사로서의 주의의무를 다하였는가, 즉 의사의 과실 여부(예: 거즈 삽입 후 빼지 않고 봉합)가 중점 사항으로 다루어지고 있다. 최근 의료 과실에 대한 소송이 급증하고 있어 이와 관련한 체계적인 법률 제정이 시급하다. 또한, 우리나라의 경우 무과실 책임을 인정하는 의사 배상책임보험 제도가 발달하지 않아 의료사고 피해발생의 경우 보상책임의 주체를 둘러싸고 분쟁이 끊이지 않고 있다. 따라서 배상과 관련한 사회보험 제도의 도입이 필요하다고 하겠다.

1) 병원 행정 시스템은 병원 내 협진 시스템, 입원실 운영 시스템, 종합검진센터 운영 시스템, 응급의료 운영 시스템으로 구분할 수 있다.

〈소비자피해구제 사례 12-1〉 정관수술의 피해

1998년 12월 소비자 A씨는 Z의원에서 정관수술을 받았으나 99년 4월 아내가 임신하였다. 아내에게 임신중절수술을 받게 한 후 Z의원에 손해배상을 요구했다. 의원 측은 정관수술 후에도 피임실패 가능성이 있다는 것은 의학적으로 인정되고 있다며 버텼다. 소비자원은 중재에 나섰고, A씨는 정신적·물질적 피해에 대한 보상금 1백만원을 1999년 5월에 받았다.

〈소비자피해구제 사례 12-2〉 제왕절개 수술 중 의사부주의 사고

소비자 B씨는 제왕절개 수술을 받았으나 이완성 자궁 출혈이 있어 자궁적출술을 시술받던 중 의사가 방광 및 요도에 손상을 입혀 방광이 천공되고 요관이 절제되었다. 비뇨기과에서 치료비 40만원을 환급해 주었다.

〈소비자피해구제 사례 12-3〉 코 성형수술

소비자 C씨(남, 27세)는 코를 높이는 수술을 받았으나 실리콘이 오른쪽으로 기울어져 재수술을 받아야 했다. 이를 교정하기 위해 세 차례 수술을 받았으나 수술받은 부위가 심하게 붓고 통증이 눈에까지 느껴졌다. 실리콘 제거 후 염증 치료를 위해 약을 복용해야 했다. 염증 발생에 대해 의사의 과실이 인정되어 2백50만원을 배상하였다.

② 병원 서비스로 인한 피해

의사의 개인과실이 아닌 병원의 시설물이나 각종 서비스로 인한 피해도 빈번하게 발생하고 있다. 예를 들면, 병원 바닥이 미끄러워 넘어져 발생한 피해, 병원 침대에서 낙상하는 사고, 병실 공동 사용으로 인한 2차 감염 등이다. 구체적인 사례는 다음과 같다.

- 병원침대에서 낙상한 사고: 같은 병실의 목격자를 확보, 병원으로부터 사고원인에 대해 서면확인을 받아둠. 침상 촬영 등 증거물을 가지고 있으면 분쟁해결 용이
- 병실 공동사용에 따른 2차 감염: 감염여부 확인 검사나 예방치료를 위해 약물복용 시 병력이 있거나 특이체질인 경우 의사와 상의해야 함

③ 의료비용 문제

진료비 과잉청구, 환자와 의료기관 간의 비용과 관련한 분쟁을 해결하기 위하여 국민건강보험법 시행규칙에 따르면, 환자가 요구할 경우 의료기관이 진료비 계산서의 구체적인 내역, 즉 약과 검사의 가격, 그리고 보험비 적용 내역 등을 명시한 세부내역을 제공토록 하고 있다.

한편, 병원 장례식장과 관련한 요금에 대한 소비자불만이나 피해가 발생하고 있

다. 장례는 장례식장별 물품가격 등 관련 정보가 전무한 상황에서 경황없이 이루어지기 때문에 그 어떤 거래보다도 투명성 확보가 어렵다. 장례식장의 서비스와 관련한 문제점은 장례용품 및 장의서비스 이용 강제, 관, 수의 가격차가 병원별로 크고 재질 및 품질 확인 곤란, 계약서 미교부 등 무원칙한 거래 관행 및 관련 정보에 대한 소비자의 무지, 열악한 기본 시설과 편의시설의 부족 등이다.

이 같은 문제를 해결하기 위해 소비자의 장례용품 선택권 보장이 필요하다는 지적이 많다. 장례식장에서는 장례용품 자율 구입 안내문 게시 또는 계약서에 동 내용 명시 의무화, 수의의 명칭 통일, 수의재질 및 원산지 표시, 원산지 증명과 품질인증, 재질과 품질확인 및 허위표시 단속, 장례식장의 시설확충 등이 요구되고 있다.

한편, 의료사고를 예방하고 대처하기 위한 소비자의 주의사항은 다음과 같다.

- 충분한 설명을 들어야 한다. 치료(수술) 시에는 치료효과뿐 아니라 치료 후 나타날 수 있는 부작용에 대해서도 알아듣기 쉬운 용어로 충분한 설명을 요구한다.
- 의료사고의 원인을 규명할 수 있는 자료를 확보해야 한다. 사고가 발생하면 신속히 경과기록지, 처방기록지, 수술·검사·마취기록지, 간호기록지, 방사선 필름 및 판독지, 진단서, 진료비 영수증 등을 확보해야 한다.
- 사고 내용을 파악해야 한다. 치료담당자, 사고발생 시점, 치료 내용과 방법 등에 대해 정확하게 파악해야 한다.
- 문서상의 합의 내용이 있어야 한다. 의료분쟁 당사자와 합의할 때는 상대 당사자의 적격 여부 및 그 내용에 신중을 기해야 하며, 합의 내용을 반드시 문서로 기록·보존해야 한다.
- 소멸시효에 주의해야 한다. 의료사고는 현행법상 불법행위 책임을 물을 경우 사고를 안 날로부터 3년 이내, 사고가 발생한 날로부터 10년 이내에 손해배상청구권을 행사해야 한다(채무불이행 책임의 경우는 10년 이내).
- 전문기관에 상담한다. 의사는 전문가이며 환자는 비전문가인 경우(지식, 경험, 기술, 조직, 정보 등에서 불리한 입장)가 대부분이다.

12-11 비급여 진료 내역 · 비용 공개 의무화 개정 의료법 합헌

의료기관의 비급여 진료내역과 진료비용을 공개하도록 하는 개정 의료법에 합헌 결정이 내려졌다. 헌법재판소는 23년 3월 치과의사 김모 씨를 비롯한 의료기관장들이 의료법 제45조의2 등이 위헌이라며 제기한 헌법소원을 재판관 5대4 의견으로 기각했다.

현행 의료법은 의료기관장이 보건복지부 장관에게 비급여 진료내역과 증명 수수료 항목, 기준, 금액 등을 보고해야 한다고 규정한다. 법 개정을 통해 2021년 새로 도입된 제도이다. 의료법 개정 전 방식인 표본조사로는 비급여 현황을 정확히 판단하기에 한계가 있고 병원마다 비급여 진료 명칭과 코드를 제각기 사용하는 현실을 볼 때 의료기관에 보고 의무를 부과할 필요가 있다고 봤다.

이번 헌법재판의 대상이 된 개정 의료법은 의료기관의 구체적인 보고 대상을 복지부가 고시로 정하게 했다. 복지부는 작년 12월 비급여 진료비용 등의 보고 및 공개에 관한 기준 개정안을 행정예고했다. 금번 합헌 결정에 따라 그간 고시의 부재로 시행되지 못했던 비급여 진료비용 보고 제도가 곧 현실화할 것으로 보인다.

출처: 연합뉴스(2023.3.5.)

2) 법률 서비스

소비자와 변호사 간에 법률 관련 서비스에서 분쟁이 발생한 경우 소비자가 변호사로부터 피해구제받기는 어려운 것이 현실이다. 만약 분쟁조정제도를 이용할 경우에도 같은 업종에 종사하는 변호사가 결국 소비자불만처리 과정에 참여할 수 있어 법률서비스로 인한 소비자피해구제는 쉽지 않다. 결국 변호사 서비스 관련 분쟁에서는 제 3자의 중재가 절실하다.

한국소비자원에서는 의료, 법률, 금융서비스 등 전문서비스 분야 관련 소비자상담 및 피해구제를 지원하고 있다. 각 분야별 전문적인 지식과 경험을 갖춘 전문가들을 채용하여 사태 파악, 증거자료 수집 등을 통해 이들 분야의 소비자피해구제에 적극적인 노력을 펼치고 있다.

법률 서비스에 대한 소비자들의 주요 불만은 착수금 반환, 과다한 변호사 수임료, 성공보수, 소송 진행 사항을 소비자에게 제대로 알려 주지 않는 것, 변론 준비를 게을리 한 경우 등이다. 그러나 소비자들이 이처럼 법률 서비스에 대해 불만이 있거나 피해를 입었다고 해도 변호사를 상대로 직접 소송을 제기하여 이기기가 어려우며 이를 맡아 줄 변호사를 찾기도 힘든 것이 보통이다. 한편, 최근 당사자들이 직접 소송을 수행해 나갈 수 있도록 가압류, 가처분 등 채권보전, 소장 작성 및 강제집행 신청에 이르기까지 전 과정에 법률 자문을 제공하는 도우미 변호사(법정 출석 제외)가 등장하고 있다. 한편, 공정거래위원회에서 변호사 업계의 표준위임계약서 내용 중 시정·권고한 내용은 다음과 같다.

〈공정거래위원회 시정권고 사항〉

- 착수금 불반환 조항: 당사자의 사망 등 어떠한 사유가 있더라도 착수금은 반환하지 않는다는 조항(제6조)
- 성공간주 조항: 화해 등과 같이 소송이 중단된 경우에도 성공보수 최고액을 지급토록 정한 조항(제8조)
- 조정청구 제한조항: 분쟁 발생 시 변호사회에 조정신청을 강제함으로써 소비자의 민사 재판청구권 등을 제한하는 조항(제14조)

(1) 법률 서비스 소비자피해 유형

① 과다한 변호사 수임료

변호사의 보수는 사무보수와 사건보수로 나눠 볼 수 있다. 사무보수는 상담료, 감정료, 문서 작성료, 고문료 등이고, 사건보수는 착수금과 성공보수이다. 소비자는 변호사에 대한 정보가 부족하고, 수요와 공급 간의 불균형이 심하여 높은 수임료를 떠안게 된다. 그런데 대한변호사협회는 2000년 변호사 보수기준에 관한 규칙을 폐지했고, 서울지방변호사회도 2000년 보수규칙을 폐지함으로써 변호사 수임료 상한선이 사실상 사라지게 되었다.[2] 변호사의 보수는 사안의 난이도, 소요되는 노력의 정도와 기간, 당사자의 이해관계 등 제반 사정을 고려해 적정하게 결정되어야 한다. 공정거래위원회가 변호사업계의 이 조항을 불공정거래 약관으로 약관규제에 관한 법률에 의거하여 무효라고 심결한 후 대한변호사협회에 시정 권고를 하였음에도 불구하고, 여전히 이러한 약정서를 사용하는 변호사가 있어 소비자불만이 끊이지 않고 있다.

2) 한편, 독점규제 및 공정거래에 관한 법률의 적용이 제외되는 부당한 공동행위 등의 정비에 관한 법률, 일명 카르텔 일괄정리법에 의해 2000년 1월부터 변호사 보수기준이 폐지되어 변호사 보수 관련 피해구제 처리에 어려움은 물론 변호인 선임 약정 시 소비자들의 신중한 대처가 필요하다.

② 불성실한 소송 사무 및 소송 착수금 반환

일부 변호사들이 소송 진행 상황을 제대로 알려주지 않거나 불성실한 업무로 인해 소비자들의 불만이 높다. 공정거래위원회에서는 변호사 업계의 표준 위임 계약서 내용 중 무조건적인 착수금 불반환 조항, 소송이 중단되었음에도 성공보수를 받는 조항 등은 소비자에게 불리한 불공정약관 조항에 해당한다고 심결하였으므로 소비자는 불성실한 업무로 인해 피해를 입은 경우 피해구제를 요청할 수 있게 되었다.

(2) 법률 서비스 이용시 소비자 주의사항

① 상담 단계 소비자 주의사항

- 변호사를 선임하기 전에 무료법률상담소, 대한법률구조공단을 통해 충분히 설명을 듣는 등 충분한 사전정보를 얻는다.
- 2곳 이상에서 법률 자문을 구하고, 유사사건 처리경험 및 전문 분야, 향후 조치계획, 총 소요시간, 승소 가능성 및 취득 가능금액 등을 조사하여 비교해 본다.
- 의뢰할 내용을 미리 사건 발생 순서대로 간략하게 문서로 작성하여 정리한 후 제출한다.
- 사건과 관련된 모든 사실(소비자에게 불리한 내용)을 빠짐없이 설명하고 관계 서류 일체를 제공한다.
- 계약은 서면으로 작성하며 사건위임 계약서(약정서) 또는 선임약정서 1부를 교부받는다. 변호사 선임약정서는 대부분 변호사에게 유리하게 작성되어 있으므로 내용을 반드시 확인하고 의심 사항은 명확히 한다. 약정서의 적정 여부를 확인하기 위해서는 대한변호사협회 종합법률센터에 문의하여 확인하는 것도 바람직하다.
- 변호사 위임시는 위임 범위(1심 또는 최종심, 강제집행, 보전처분 등 부수적 절차)를 확정하고 어떤 조건으로 위임할 것인지를 명확히 한다. 특히, 손해배상 청구소송의 경우 사건보수(착수금, 성공보수) 및 소송비용(인지세, 송달료, 감정료, 예납금, 기타 비용)을 명확히 구분하여 기재한다.
- 약정서에 특약사항으로 소송 당사자 간의 합의, 화해로 소송 사무가 종결될 때 선임료 반환에 관한 문제 등을 변호사와 상의해 기재해 놓으면 분쟁을 줄일 수 있다.

- 법률사무소의 사무장 등 변호사가 아닌 사람과 법률상담을 하거나 사건을 의뢰를 해서는 안 된다.

② 진행 단계 소비자 주의사항

- 변호사에게 보수, 소송비용 등을 지불한 경우 영수증을 받아 둔다.
- 사건 진행 도중 소비자의 직장이나 가정의 연락처가 변경되었을 경우에는 이를 즉시 변호사에게 알린다.
- 소송 도중에 당초 계약과 다는 내용의 합의가 있으면 문서화한다.
- 변호사 측에 참고자료를 넘겨 줄 경우 사본을 남겨둔 후 넘겨준다.
- 소송 진행 과정에서 변호사의 수임 업무 진행 상황을 확인하고, 의뢰인과의 각종 행위는 일시와 내용을 자세히 기록하는 등 향후 법률 분쟁 발생 시 입증할 수 있는 증거자료를 잘 챙겨둔다.
- 변호사의 설명이나 조언 내용은 참고하되, 중요한 판단이나 결정은 소비자가 직접 내려야 한다.

③ 종결 단계 소비자 주의사항

- 패소한 경우에는 그 이유와 상소 여부 등에 대해 논의하고, 항소 또는 상고할 경우 판결서가 송달된 날로부터 2주 이내에 하여야 하므로 상소기간을 넘기지 않도록 한다.
- 보수나 비용 또는 변호사의 업무상 과오 등에 대해 불만이나 피해가 발생하였을 경우, 한국소비자원이나 관련 기관(법률구조공단, 무료 법률상담소) 등에 신속히 상담하고, 피해구제 절차에 응한다.
- 법률 분쟁 시 입증할 수 있는 증거자료들을 잘 챙겨둔다.
- 피해구제접수 전에 내용증명을 상대방에게 발송하여 의사 타진을 해 본다.

참고문헌

강병모(2008). 소비자권리실현을 위한 징벌적 손해배상의 도입에 관한 연구. 한국소비자원 연구보고서.

강봉규(1999). 상담이론과 실제. 교육출판사.

강창경, 정순희, 허경옥(2003). 소비자법과 정책. 시그마프레스.

고형석(2008). 소비자보호법(제2판). 세창출판사.

공정거래위원회(2001). 우리나라 공정거래제도.

공정거래위원회(2004). 소비자보호종합계획.

공정거래위원회(2006). 과징금부과 세부기준 등에 관한 고시, 제2004-7호.

공정거래위원회(2008). 약관규제의 실제: 약관규제법 시행 20주년을 기념하여.

공정거래위원회(2010). 남양유업(주)의 부당한 광고행위의 건.

공정거래위원회(2010). 이베이지마켓의 부당한 광고행위의 건.

공정거래위원회(2010). 홈쇼핑업체의 부당한 광고행위의 건.

국민권익위원회(2012). 담합 방지 및 피해구제 위한 제도개선 권고, 보도자료, 권익위원회.

권오승(1994). 소비자보호법. 법문사.

권오승(2001). 소비자보호법(제3판). 법문사.

김경자(2000). 인터넷 상의 고객불평처리 시스템: 그 실태와 유형분석. 한국소비문화학회 2000년도 추계 학술대회 발표 논문집. 17-25.

김경자, 송인숙, 제미경(1998). 세계 최고의 고객만족. 시그마프레스.

김경자외 6인(1999). 고객관리를 위한 재무상담. 시그마프레스.

김계현(1990). 단기상담, 학생연구, 25, 98-114. 서울대학교 학생생활연구소.

김계현(1996). 카운셀링의 실제. 학지사.

김기옥(2001). 인터넷과 소비자행동. 2001년 한국소비자학회 정기총회 및 학술발표회자료집. 3-20.

김기옥, 김난도, 이승신(2001). 소비자정보론. 시그마프레스.

김기옥, 유현정, 남수정(2001). 민간 소비자상담 사이트의 상담서비스 평가. 대한가정학회지, 39, 7, 145-163.

김기옥, 최영윤(2002). 인터넷 경매사이트이용 소비자의 피해사례연구. 생활과학, 성균관대학교 생활과학연구소, 5, 229-244.

김기옥, 허경옥, 정순희, 김혜선(1998). 소비자와 시장. 학지사.

김남우(2011). 현행 과징금 제도의 주요 쟁점과 그 해결 방안. 경제법연구, 10(2), 77-79.

김두진(2007). 공정거래법 및 소비자 관련 법상 징벌적 손해배상제도 도입방안 연구. 한국법제연구원 연구정책 세미나. 1-210.

김보현, 신영근(2010). 공정거래법상 과징금제도의 개선방안에 관한 연구. 사회과학연구, 16(2), 63-87.
김성천(2001). 소비자피해보상규정의 개선방안 연구. 한국한국소비자원.
김성천(2003). 일반인을 위한 소비자보호 생활법률의 기본지식, 가림 M&B, 100-102.
김성천(2003). 징벌적 손해배상와 소비자피해구제. 한국소비자원.
김애순(1996). 고객상담기법. 보험연수원.
김영, 백경미, 서정희, 유두련, 이희숙(2001). 소비자상담의 이해. 시그마프레스.
김영신, 강이주, 이희숙, 허경옥, 정순희(2000). 소비자의사결정. 교문사.
김영신, 김인숙, 이희숙, 강성진, 유두련(2007). 새로 쓰는 소비자법과 정책. 교문사.
김영신, 백경미, 서정희, 유두련, 이희숙(2001). 소비자상담의 이해. 시그마프레스.
김영신, 서정희, 송인숙, 이은희, 제미경(1999). 소비자와 시장환경. 시그마프레스.
김영신, 이희숙, 정순희, 허경옥, 이영애(2016). 새로 쓰는 소비자의사결정. 교문사.
김유정(2000). 기업 고객상담실 직원의 직무분석에 관한 연구. 동국대 석사학위 논문.
김종두(2007). 약관으로 인한 소비자피해방지, 국회보 2007년 6월호, 66-67.
김준호(2010). 민법강의(제16판): 이론 사례 판례. 법문사.
김진국(1998). 20대 80법칙을 이용한 고객유지 전략. 기업소비자정보, 9-10월호, 6-7.
김진국(1998). IMF시대의 마케팅 전략. 기업소비자정보, 1-2월호, 22-25.
김태선(2010). 징벌적 손해배상제도에 대한 고찰. 민사법학, 235-274.
김현수(2013). 징벌적 손해배상액의 산정기준 - 소비자보호 등 개별법 분야에서의 징벌배상제 도입 가능성을 전제로. 이화여자대학교 법학논집, 18(1), 155-183.
김형태(1998). 상담의 이론과 실제. 동문사.
노희승, 최현자 (2001). 소비자의 사이버금융서비스 이용에 관한 연구. 2001년 한국소비자학회 정기총회 및 학술발표회 자료집. 65-76.
녹색소비자연대(1999). 구조조정 이후 기업 A/S 형태의 문제점과 개선에 관한 토론회 자료집.
박명희, 김주영, 김경자 (2001). 인터넷 사이트에서의 고객서비스와 사이트 성과 분석. 2001년 한국소비자학회 정기총회 및 학술발표회 자료집. 231-242.
박명희, 이기춘, 송인숙, 김경자, 이진국(2001). 기업 고객상담부서 업무조직과 운영에 대한 평가시스템 개발. 대한가정학회, 39, 5, 1-14.
박성주(1999). 상담이론. 한국방송대학교 출판부.
박태동(2002). 공정거래제도와 소비자보호: 특수거래(할부거래, 방문판매, 통신판매 등)에 있어 소비자보호 중심, 대구지방식약청 소비자보호 워크샵 자료집.
박혜경(2009). 우리나라의 영양표시 정책, 식품산업과 영양, 14(2), 9-14.
박희주(2007). 개정 소비자기본법 해설. 한국소비자원.
박희주 외 5인(2007). 소비자정책의 평가와 과제. 한국소비자원.
법무부(2010). 한국인의 법과 생활.
성영신, 정수정, 장세욱(2001). 네티즌은 웹사이트를 평가할 때 무엇을 중요시하는가. 2001년 한국소비자학회 정기총회 및 학술발표회 자료집. 93-104.
송인숙, 김경자(1999). 고객불평처리 핸드북. 시그마프레스.

송인숙, 이승신, 제미경, 김경자(1998). 기관별 소비자상담 현황과 발전 방안 -기업, 행정기관, 민간 단체를 중심으로-. 소비자학연구, 9(3), 21-40.
송인숙, 이은희(2000). 소비자상담 분야의 연구와 활동성과 평가 및 앞으로의 방향모색. 2000년도 정기총회 및 학술대회 자료집. 한국소비자학회. 275-290.
송인숙, 제미경, 김경자(1999). 기업을 살리는 고객만족측정. Bookpark.
송창석, 신종칠(1999). 인터넷 상의 상호작용성 제고방안에 관한 연구. 마케팅연구, 14(3), 69-95.
송현수(2002). 고객 상담실 매니지먼트. 새로운 제안.
송현수(2002). 최고의 텔레마케터가 되는 길. 포시엠 텔레마케팅연구소.
송현수(2002). 텔레마케팅관리. 새로운제안.
송현수(2004). 텔레마케팅 실무포인트. 새로운제안.
스테브 멘델 (1997), 알파경영혁신센터. 효과적인 프리젠테이션 기술.
신보성(2003). 인바운드콜을 활용한 고객 상담실의 매출확대 전략, Shinhan Monthly Review, 10월호, 6-7.
신영수(2008). 약관의 규제와 소비자보호, 여정성, 최종원, 장승화 공편, 소비자와 법의 지배. 서울대학교 출판부.
신용묵(2007). 소비자분쟁해결기준 해설. 한국소비자원.
심철호(1997). 카운슬링의 이론과 실제. 사랑의 전화출판부.
안광호, 이학식, 현용진(1994). 마케팅: 시장전략적 접근. 법문사.
알파경영혁신센터 (1997). 효과적인 프레젠테이션 기술.
알파경영혁신센터 (1998). 커뮤니케이션.
양명조(2007). 경제법 강의(제5판). 신조사.
여신문(2009). 한 · 중원산지 관리제도 비교연구. 경원대학교 대학원 석사학위논문.
오상락(1986). 소비자-그 문제와 보호. 한국경제신문사.
오창수(1995). 법과 소비자보호 법률대책. 법률계.
윤용석, 이병준(2007). 약관심사제도 발전 방향 연구. 공정위 연구용역 보고서.
이강현(2003). 소비자정책행정론. 시그마프레스.
이기춘, 박명희, 이승신, 송인숙, 이은희, 제미경(1997). 소비자상담의 이론과 실무. 학현사.
이기춘, 박명희, 이승신, 송인숙, 이은희, 제미경(2003). 소비자상담의 이론과 실무(개정판). 학현사.
이기춘, 박명희, 이승신, 송인숙, 이은희, 제미경(2007, 2011). 소비자상담. 교문사.
이봉의(2008). 소비자와 공정거래법, 소비자와 법의 지배. 서울대학교 출판부.
이수진, 이승신(2001). 인터넷 소비자정보 요구도에 관한 연구.
이승신(1998). 고객서비스 어떻게 할 것인가. 석정.
이승신, 송인숙, 이은희, 제미경, 변명식(1998). 고객서비스 어떻게 할 것인가. 석정.
이인권(2010). 손해액 추정을 통한 과징금 산정방안 모색-입찰담합을 중심으로. 경쟁저널, 48-61.
이종혜 외 2인(2009). 소비자전문상담사(1급필기). 시그마프레스.
이현림(2000). 상담 이론과 실제. 원미사.
임려규(2001). 상담서비스를 통한 고객만족 결정요인 분석. 기업소비자정보, 봄호, 28-34.
임철일, 최정임(1999)역. 효과적인 의사소통을 위한 기술. 커뮤니케이션북스.

임충희(2008). 법과 현대생활. 삼조사.

장경환(2000). 약관의 불공정성 판단. 권오승 편. 공정거래법강의Ⅱ. 법문사.

장경환(2008). 약관의 규제에 관한 법제의 현황과 문제점, 한국법제연구원 전문가워크샵 자료집.

정기주(1998). 고객 상담실 효율성 향상을 위한 몇 가지 고려 사항. 기업소비자정보, 9-10월호, 14-15.

제석본 외(1999). 유능한 상담자. 학지사.

조관행(2000). 약관규제의 법리와 불공정한 면책약관의 효력. 경제법의 제문제, 재판자료 제87집, 법원행정처.

지광석(2012). 기업의 가격담합과 소비자권익에 대한 소고. 한국소비자원 소비자정책동향, 32, 1-18.

지광석(2013). 담합 규제의 적정성에 대한 고찰: 과징금의 규모와 산정절차를 중심으로. 국가정책연구, 27(1), 65-93.

지식경제부 보도자료(2009). 가격표시제 실시요령. 개정고시.

지원림(2010). 민법강의(제8판). 홍문사.

참여연대(2010). 담합 관련 과징금 제도의 문제점과 대안. 이슈리포트.

필립 보우젝(1998). 알파경영혁신센터. 커뮤니케이션.

하영태(2015). 자본시장법상 과징금제도 확대도입과 효율적 운영방안, 경제법연구, 14(1), 127-170.

한국보건산업진흥원(2005). 영양표시 및 건강강조 표시 규정의 국가별 비교. 식품의약품안전청연구용역보고서.

한국산업인력공단(2000). 소비자전문상담사 1 · 2급 국가기술자격 종목개발 연구보고서.

한상록(1998). 전국 서비스 네트를 실현한 리코 테크노 네트의 고객만족 활동. 기업소비자정보, 9-10월호, 16-19.

허경옥(1997). 제품과 서비스로 인한 소비자불만에 따른 소비자불평행동 연구. 한국가정관리학회지, 15(4), 81-102.

허경옥(1998). 소비자불평행동연구의 개념적, 이론적, 방법론적 고찰과 제언, 생활문화연구, 12, 193-224.

허경옥(2000). 정보사회와 소비자. 교문사.

허경옥(2002). 소비자불만 및 대응행동 비교분석: 전자상거래와 일반거래에서 구매제품을 중심으로. 소비문화연구, 5(1), 85-112.

허경옥(2003). 소비자상담사의 업무수행, 만족도 및 업무지속의사에 대한 연구. 한국생활과학회지, 12(5), 669-686.

허경옥(2004). 기업 소비자부서의 업무현황, 평가, 효율성에 대한 연구. 대한가정학회지, 42, 6, 137-149.

허경옥(2004). 소비자상담사의 업무수행평가: 일본과의 비교를 중심으로. 한국가족자원경영학회, 8(2), 15-26.

허경옥(2004). 일본의 소비자피해구제 행정체제 현황 및 평가: 한국과의 비교를 중심으로. 한국가족자원경영학회지, 8(1), 1-14.

허경옥(2004). 한국과 일본의 소비자업무 현황 파악 및 비교: 업무평가를 중심으로. 대한가정학회지, 42(2), 161–176.
허경옥(2006). 삶의 경제. 성신여대 출판부.
허경옥(2010). 소비자학의 기초. 교문사.
허경옥(2011). 리콜 관련 법제도 현황조사 및 리콜 활성화 방안 조사연구. 소비자정책교육연구, 7(1), 87–108.
허경옥(2011). 소비자상담과 피해구제. 교문사.
허경옥(2011). 소비자안전. 교문사.
허경옥(2011). 소비자의 제품안전의식과 관련 행동, 제품안전사고 현황 파악 및 경제주체들의 제품안전추구행동 방향 모색: 제품 관련 안전정보, 안전교육, 안전정책을 중심으로. 소비자정책교육연구, 7(3), 101–121.
허경옥(2013). 다양한 유형의 소비자정보가 소비자 구매의사에 미치는 영향조사 분석. 소비자정책교육연구, 9(3), 1–22.
허경옥(2013). 정부의 소비자안전정보정책 및 안전정책에 대한 소비자평가 분석. 한국소비자안전학회지, 3(2), 9–26.
허경옥(2014). 블랙컨슈머에 대한 소비자상담사와 기업의 대응행동에 관한 연구. 소비자정책교육연구, 10(4), 73–93.
허경옥(2014). 소비자안전 확보를 위한 정부의 소비자안전정보 정책의 효율성 제고 방향: 소비자의 안전정보행동과 외국의 안전정보시스템 고찰을 중심으로. 소비자문제연구, 45(3), 55–79.
허경옥(2015). 기업 소비자상담사의 블랙컨슈머 대응행동과 업무스트레스가 업무만족도 및 업무수행평가에 미치는 영향. 대한가정학회지, 53(4), 351–362.
허경옥(2016). 소비자피해유발 사업자에 대한 행정조치적, 법 제도적 규제조사 및 소비자 관점에서의 개선방향모색: 소비자, 사업자, 전문가의 규제에 대한 인식 및 요구도 조사를 중심으로. 소비자정책교육연구, 12(3), 167–190.
허경옥(2017). 고객업무 근로자의 자질과 업무 특성이 감정노동에 미치는 영향. 소비자정책교육연구, 13(2), 103–123.
허경옥(2018). 6월 정부 및 공공기관의 대국민 서비스 및 악성 민원 대응 개선을 위한 방안 모색: 준화 전략을 중심으로. 표준인증안전학회지, 8(2), 63–74.
허경옥(2018). KS 인증제도 운영 및 발전방향에 대한 제언. 표준과 표준화연구, 8(1), 49–64.
허경옥(2018). 생활용품 및 어린이제품 안전관리 법제도 변화 및 주요 이슈 조사, 효율적 안전관리 정책 방안 모색: 상생과 소비자지향적 관점을 중심으로. 소비자정책교육연구, 14(2), 1–19.
허경옥(2019). 소비자의 피해보상요구행동에 대한 소비자인식, 소비자책임 및 권리의식이 소비자의 리적 소비행동에 미치는 영향 분석. 소비문화연구, 22(2), 125–143.
허경옥(2021). 소비자학의 기초(개정판). 교문사.
허경옥(2021). 제품안전관리 정책의 현황, 주요 이슈 및 과제, 향후 개선 방향 모색. 표준인증안전학회지, 11(2), 115–132.
허경옥, 김혜선, 김시월, 정순희, 박선영(2008). 소비자정보론. 파워북.
허경옥, 박희주, 이은희, 김혜선, 김시월(2011). 소비자법과 정책의 이론과 실제. 파워북.

허경옥, 여윤경, 유현정, 고선강, 차경욱(2006). 소비자 투자와 보험. 교문사.
허경옥, 이은희, 김시월, 김경자(2006). 소비자트렌드와 시장. 교문사.
허경옥, 차경욱, 유현정, 김성숙, 허은정(2011). 소비자투자와 자산관리. 교문사.
허경옥, 차경욱, 유현정, 김성숙, 허은정(2012). 보험과 은퇴설계. 교문사.
허경옥, 천경희, 최병록, 황혜선(2015). 공산품 규제에 관한 소비자의 인식: 소비자인지, 기대, 필요성 인식을 중심으로. 소비자정책교육연구, 11(3), 163-187.
허경옥, 최혜경, 이성림(2008). 저소득, 노인, 장애인 가족의 소비자복지. 파워북.
홍천룡(1980). 소비자피해구제론. 삼영사.
황적인, 이상정(1993). 소비자보호법. 대학출판사.
황진자(2009). 약관규제법 정비방안 연구, 한국소비자원 정책연구보고서.
Anchin, J. C., & Kiesler, D. J. (Eds.)(1982). Handbook of interpersonal psychotherapy. New York: Pergamon.
Blackwell, R. D., & Miniard, P. W., Engel, J. F. (2005). Consumer Behavior, 10th eds, New York: The Dryden Press.
Haley, J. (1976). Problem-solving therapy. San Francisco: Jossey-Bass Publishers.
Huh, Kyungok, Chul Choi(2016). PRODUCT RECALL POLICIES AND THEIR IMPROVEMENT IN KOREA 7(4), 39-47. SCOPUS http://mper.org/mper/Management and Production Engineering Review(Polish Academy of Sciences) DOI: 10.1515/mper-2016-0034 Book Co.

허경옥
이화여자대학교 경제학과 졸업
미국 Univ of Wisconsin-Madison 소비자학 석사, 박사
현, 성신여자대학교 소비자생활문화산업학과 교수

소비자피해구제 법제도 및 소비자상담

초판발행 2024년 3월 5일 **1판 1쇄 인쇄** | 2024년 3월 10일 **1판 1쇄 발행**

지은이 허경옥
펴낸이 최용구 | **펴낸곳** **도서출판 신정**
주소 (04316) 서울시 용산구 원효로 89길 19 (원효로1가)
전화 02)3211-4782, 0266(영업부), 3211-4783(편집부), 3211-4784(팩스)
이메일 sjbook2002@naver.com | **홈페이지** www.sjbook.co.kr
등록 2001년 5월 11일 제13-702호
기획마케팅 최용구 장만동 최충구 송대용 | **책임편집** 석기은 황가연

ISBN 978-89-5912-895-2 93320
정가 26,000원